한국인의 성공 DNA

한국인의 성공 DNA

초판 1쇄 2007년 1월 15일
　　2쇄 2007년 2월 5일

지은이 백석기
펴낸이 김석규   **담당PD** 권병규   **펴낸곳** 매경출판(주)
등 록 2003년 4월 24일(No. 2-3759)
주 소 우)100-728 서울 중구 필동1가 30번지 매경미디어센터 9층
전 화 02)2000-2610(출판팀) 02)2000-2636(영업팀)
팩 스 02)2000-2609   **이메일** publish@mk.co.kr

ISBN 978-89-7442-434-3
값 15,000원

글로벌 No.1으로 가는
한국인만의 6가지 기질

한국인의
성공 DNA

백석기 지음

매일경제신문사

머리말

현대인은 일을 떠나서 살 수 없다. 같은 일을 하더라도 이왕이면 하고 싶은 일을 평생의 업으로 삼으면서 살아가고 싶어 한다. 이런 소망은 누구나 갖는 소박한 꿈이기도 하다. 그러나 이런 축복받은 기회를 잡는 사람은 그리 많지 않다.

한 통계자료에 의하면 국내 유수 대학의 학생 60% 이상이 전공학문과 적성이 맞지 않는다고 한다. 국내 교육제도가 이상스러워진 데다, 전문인력의 사회적 수요마저 한 쪽으로 치우쳐 있어 자신의 적성에 맞춰 직업을 선택할 수 있는 기회가 부족하기 때문이다. 그러니 많은 사람들이 직장생활과 적성에 맞는 개인생활, 이 두 가지를 오가며 살아가고 있는 것이 현실이다.

여기에는 많은 문제점이 있다. 생리적인 부적응으로 경쟁대열에서 낙오되는 사람들이 있고, 갈등과 부조화로 불행하게 살아가는 사람들도 있다. 이는 조직의 생산성 저하로 이어지고 개인적으로도 자아실현의 길이 막혀, 밝고 건강한 사회를 만드는 데 장애가 된다. 그 부작용이 사회혼란과 무질서를 낳는 한 원인이 되고, 결국 나라는 엄청난 사회비용의 부담을 안아야 한다.

언제부터인지 우리나라 학교나 직장사회에서는 지능지수(IQ) 검사를 통해 인간의 잠재력과 적성을 찾아내는 일이 일상화되어 버렸다. 지능지수의 높고 낮음으로 한 사람의 학업성적이나 직장생활, 심지어 개인의 성공가능성까지 예측해왔던 것이다. 그러나 지능지수란 본질적으로 인간의 서열화, 우열화라는 불평등 논리를 낳게 하는 잣대이다. 우리 사회에서 이런 풍조는 은연중 평범한 사회인들의 미래에 대한 희망과 의욕을 꺾는 역기능도 하고 있다. 하지만 이 제도는 국제사회에서 나름대로 공신력을 인정받고 있다. 산업사회에서의 대량생산체제와 이를 위한 분업화 업무에서의 적응여부를 판단하는 데 효과가 있다고 보았기 때문이다.

그러나 이제는 세상이 많이 달라졌다. 직종도 엄청나게 늘어났고, 하는 일도 다양·복잡해져서 성격분류가 어려운 업무들이 계속 넘쳐나고 있다. 또 삶의 질이 강조되면서 직장이 생존수단이자 꿈을 펼칠 수 있는 자아실현의 장으로 자리 잡아가고 있는 것도 최근의 풍속도이다.

이제는 전문업무 외에 종합적이고 거미줄 같은 연관업무에 밝아야 사회적응이 순조로워진다. 이런 변화 앞에서는 아무리 현명한 부모나 교사도 자녀나 학생의 진로를 책임지고 가르쳐 줄 수 없다. 그 많은 영역과 사회변화를 꿰고 앉아 자신 있게 평가를 해줄 능력이 없어져 버렸기 때문이다. 그래서 이제는 부모나 교사의 역할도 '지식전달자'라기보다는 친절하고 성실한 '상담자'로 바뀌고 있는 것이다.

이런 변화에 따라 최근에는 감성지수(EQ), 네트워크지수(NQ), 사회지능지수(SQ) 등등 다양한 평가제도가 생겨, 진로지도나 적성 파악에 새로운 방향을 제시해 주는 도구 역할을 하고 있다. 앞으로의 사회에서는 인간의 감성적 요인이 사회나 기업, 개인생활에서 중요한 역할을 한다는 데 공감대가 형성되고 있기 때문이다. EQ의 창시자인 대니얼 골먼은 "지능지수(IQ)가 높은 한국인도 감성지능(EQ) 중 다른 사람과의 동화와 사회적 기술에 중점을 두고 있는 사회지능(SQ)을 개발하지 않으면 결국 도태되고 말 것이다"라고 경고한다.

감성적 적응여부를 나타내 주는 감성지수는 출발에서부터 만인에게 희망적 미래상을 제시해 주고 있다. 인간이란 모두 가능성 있는 개체이며, 각자 잠재된 재능의 싹을 찾아내기만 하면 모두 성공할 수 있다는 평등과 긍정적 논리 위에 세워진 것이다. 이는 자아실현을 돕는 보람과 공존의 이념까지 뒷받침해 준다. 이미 선진사회에서는 학교나 직장에서 CDP(Career Development Path)라는 개인별 평생진로 계획을 설정하여 개인의 발전과 조직의 발전이 상승효과를 거두도록 노력하는 곳이 늘고 있다. 사회가 다원화되어 가고 수요자의 욕구가 다양하게 분출하는 현대사회의 추세에 맞는 발상이다.

현대사회는 감성사회로의 특성이 날로 두드러지고 있다. 특히 창조분야에서는 감성이 합리성 못지않게 가치판단과 선택의 주요 요인으로 자리 잡아가고 있다. 요새 젊은이들은 경직된 기존 사고의 틀을 깨고 자신의 적성과 기호를 찾아 분방한 진로설정과 끼를 거리낌 없이 발산하고 있다.

한국인은 세계에서 둘째가라면 서러워할 만큼 감성이 풍부한 민족이다. 그동안은 먹고사는 문제에 하도 시달려, 그 재능을 썩혀와서 스스로도 자신을 잊고 살아왔다. 그러나 1인당 국민소득 2만 달러를 바라보고 있는 지금, 그에 걸맞게 문화적 욕구도 어지러울 만큼 복잡하게 분출되고 있다. 다양한 시장이 형성되고 사회 모든 분야가 들끓고 있는 것만 봐도 알 수 있다.

한국인의 역동적 기질은 연구의 대상이 될 만큼 장단점이 확연하게 드러나고 있다. 소위 아시아적 가치관으로 알려진 연고주의 및 권위주의와 어울려 한국의 정치, 경영관행 등 많은 분야에서 역기능의 온상이 되어 온 것이 사실이다. 그러나 눈을 돌려보면 이 개성적 기질이야말로 뛰어난 장점으로 얼마든지 거듭날 수 있다. 현대사회와 같은 지식창조사회에서는 감성적 잠재력이 가장 값비싼 자산이 된다는 사실에 유의할 필요가 있다.

21세기는 지식과 문화의 세기가 될 것이 분명하다. 잘만 하면 우리의 타고난 지적호기심과 감성기질은 세계가 부러워하는 새로운 부의 원천으로 그 진가를 드러낼 가능성이 크다. 이미 감성은 단순히 문화산업에만 그치지 않고 모든 제조업, 서비스업에서 기업과 국가경영의 묘약으로까지 활용되고 있다.

그러나 무궁무진한 지식·문화시장에서 우리의 위상을 공고히 다지려면, 자생적으로 살아나고 있는 우리의 기질적 잠재력을 그냥 구경꾼처럼 방관해서는 안 된다. 근래 아시아권 일대를 풍미하고 있는 한류(韓流)열풍도 우연히 생긴 것이 아니다. 이런 대세를 지켜보고만 있다가는 한국인의 감성적 다양성이 뛰어난 창조산업으로 터를 잡지 못해 생기를 잃고 말 것이다. 이를 어떻게 발굴하고 조직화해서 국력으로 올려놓느냐에 대한 고민을 해야 한다.

  한 가정에서도 그 구성원의 성격은 제각각이다. 그러나 그 가족이 공동생활을 하다보면 문화적 공감대가 형성된다. 그러다보니 후천적으로 생성된 공동의 가치관 등 개성적인 가정문화를 공유하면서 상당부분 서로 닮아가게 된다. 법조계 출신 집안에 법조인이, 연예계 집안에 연예인이, 의사 집안에 의사가 많이 나오는 것도 다 같은 이치이다.

  그러나 사람이 살다보면 어느 조직에서도 문화차이에서 오는 크고 작은 갈등이 생기기 마련이다. 이때 가풍이나 사회규율이 이들의 재능을 발굴하고 성원하며, 화합할 수 있도록 하는 견인차 역할을 할 때 그 가정은 놀라운 잠재력을 발휘하게 된다. 반대로 이를 억제만 하면, 그 가정은 탈출구를 찾지 못해 불화, 부정, 불륜, 해체의 위기를 자초하게 된다.

  이 같은 현상은 기업에도 적용될 수 있다. 더 나아가 국가로 확대·적용할 수 있다. 현대 국가들은 날로 심각해지는 국가경쟁의 벽을 넘기 위하여 '선택과 집중'이라는 전략에 힘을 쏟고 있다. 이때의 선택과 집중이 한국사회에서 한국인의 기질과 연계될 때 그 결과는 단순히 상식적·계량적 미래전망과는 다른, 예상할 수 없는 큰 수확을 거둘 수 있다.

우리 한국인은 풍부한 감성에서 발원된 풍류기질, 강렬한 호기심과 동조정신, 과시적 형식주의, 접목기술과 융합정신, 숭문정신이 남다르다. 이런 특질을 고려하여 한국인이 정말 잘할 수 있는 것이 무엇인지 알아내고 여기에 맞는 장기적 전략을 세우는 것이 필요하다.

이제는 우리도 국민의 기질적 장점을 발굴하여 이를 산업과 연계시키는 시도에 본격적으로 눈을 뜰 때가 되었다. 개인이 적성에 맞는 직업을 선택하면 만족도가 높아지면서 능률이 오른다. 기업들도 해당 기업의 성격·업무와 궁합이 맞는 인력을 뽑아 그들이 신나게 일할 수 있는 환경을 만들 때 경쟁력의 상승을 경험할 수 있을 것이다. 국가 역시 국민의 기질에 맞는 특화산업을 육성하면 다른 나라보다 국민의 참여의욕도 높아지면서 창의력도 품질도 경쟁력도 높아질 것은 자명한 사실이다.

백석기

차 례

머리말 _ 4

1 한국이란 어떤 나라인가
    01 헌팅톤이 본 한국 _ 14
    02 반도에 갇혀 살아 온 지리적·사회 문화적 환경 _ 17
    03 5,000년을 지켜 온 나라 _ 20

2 한국, 어디쯤 왔나
    01 새롭게 되짚어 보는 한국의 족적 _ 34

3 새로운 세계 질서와 한국의 기회
    01 지식경쟁에서 중심부에 선 나라만이 새로운 부국 _ 54
    02 강대국도 순환주기에 따라 운명이 바뀐다 _ 59
    03 21세기 들어 패러다임이 바뀌는 징후들 _ 64
    04 한국의 기회는 오고 있나 _ 79

4 한국인의 기질
    01 기질은 변한다 _ 96
    02 한국인이 바라본 한국인의 기질 _ 104
    03 외국인이 바라본 한국인의 기질 _ 126
    04 한국인 기질은 강직한 정체성과 부드러운 유연성의 조화산물 _ 143
    05 한국인의 기질 속에 숨어 있는 산업적 잠재력 _ 155

5 동조산업
따라하고 참견하는 기질로 남들보다 반 발자국 앞선다
    01 한국기업의 외국기업 따라하기 _ 166
    02 관여의식의 순기능은 국가와 기업의 경쟁력을 높이는 자극제 _ 175

6 감성산업
풍부한 상상력과 역동적 기질이 새로운 가치를 낳는다
01 한국인의 풍부한 감성은 한국기업의 새로운 생산요소 _ 196
02 한국기업의 역동성은 국민의 모험정신이 견인차 _ 210
03 감성산업의 과제는 역동성 유지와 안정된 체제구축 _ 224

7 접목산업
비빔밥 문화, 즉 융합과 조화는 네트워크 사회의 필수 아이콘이다
01 참신한 연관능력은 한국인의 타고난 재능 _ 236
02 창의력 없이는 발붙일 수 없는 21세기 _ 254

8 속도산업
디지털 시대의 '빨리 빨리'는 흠이 아닌 경쟁력이다
01 한국인의 성급한 기질과 속도산업 _ 280

9 풍류산업
놀기 좋아하는 한국인만의 신바람 기질로 새 문화를 창조한다
01 한국은 얼마나 문화잠재력이 있나 _ 306
02 한류(韓流)는 한국인의 복합적 기질이 만들어 낸 풍류열풍 _ 329
03 한국 문화산업시장 어디까지 왔나 _ 337
04 문화국가로 가는 길 _ 351

10 교육산업
세계 최고의 교육열을 발판삼아 국가 발전에 불을 지핀다
01 거대규모로 떠오르고 있는 지식, 교육시장 _ 368
02 세계 최고의 교육열은 한국인의 생존본능 _ 378
03 국제수준에서 뒤처진 교육환경, 교육제도 _ 384
04 한국에서 교육의 새판을 짜려면 _ 399

11 경영문화에 나타난 한국인의 기질적 특성
01 기업경영에 나타난 한국인의 기질 _ 420
02 국가경영에 나타난 한국인의 기질 _ 456

맺음말 _ 486

1

한국이란 어떤 나라인가

01

헌팅톤이 본 한국

　　새뮤엘 헌팅톤(Samuel P. Huntington)은 한국과 아프리카의 가나에 대해 흥미 있는 비교를 했다. 한국과 가나는 1960년 당시 경제상황이 비슷했다. 그러나 30년 뒤, 한국은 세계 14위의 경제규모를 가진 강국으로 발전했다. 거대한 다국적 기업을 거느리고 있고 자동차, 전자장비, 고도의 기술집약적인 2차 산품 등을 수출하는 나라로 부상했다. 국민소득은 그리스 수준으로 다가섰으며 민주제도도 착실히 다져가고 있다.

　그러나 가나의 사정은 판이하게 다르다. 가나는 1990년대 들어서도 국민 1인당 소득이 한국의 15분의 1 수준에 머물러 있다. 왜 그럴까. 이 엄청난 발전 차이를 그는 '문화' 때문이라고 단정하고 있다. 관련 학자들과 함께 펴낸 《문화가 중요하다(Cuture Matters)》라는 책에서다.[1]

　'문화' 란 사회의 지적, 음악, 예술, 문학적 결과물, 즉 '고등문화' 를 가리키기도 한다. 그러나 헌팅톤 및 그와 생각을 같이하는 학자들은 문화를 주관적인 관점에서 '한 사회 내에서 우세하게 발현되는 가치, 태도, 신념, 지향 등을 통틀어서 말하는 개념' 으로 정리해 놓았다. 그는 한국인의 성공비결을 검약, 투자, 근면, 교육, 조직, 기강, 극기정신 등을 중요한 가치로 보고 있는 독특한 문화 때문이라고 생각하고 있다. 그러나 가나는 그렇지 않다는 것이다.

가나의 인구는 한국의 절반 수준이지만 국토 면적은 남북한을 합친 것보다 더 넓은 23만 8,500평방미터이다. 기독교도가 전 국민의 69%이고 영어를 공용어로 사용하는 사람이 70%에 이른다. 아프리카치고는 서구 문화에 상당히 익숙한, 잠재력이 큰 나라이다. 그런데도 한국과의 경제격차가 커진 것에 대해선 헌팅톤의 말처럼 문화의 차이 외에는 뚜렷한 근거를 찾아보기가 어려운 것이 사실이다.

2000년대에 들어서면서 한국과 가나의 경제격차는 더욱 벌어지고 있다. 2003년 가나의 1인당 국민소득은 320달러로 1960년대에 비해 약 4배가 올랐다. 그러나 같은 해 한국은 가나보다 30배 이상 벌어진 1만 달러가 넘었고 경제규모도 세계 12권으로 올라섰다.

그렇다면 한국과 비슷한 문화를 가진 국가들이나 한국과 비슷한 가치를 지향하는 국가들은 모두 한국과 같은 길을 걷고 있는가.

그렇지는 않다. 헌팅톤이 예시한 중요 가치들은 우리의 전통문화와 맥이 닿아 있음이 분명하다. 따라서 같은 민족인 북한에서도 그대로 통용되는 것들이다. 유교문화권인 아시아 상당수 국가들도 이와 비슷한 문화를 공유하고 있다. 그런데도 결과는 천차만별이다. 서구인의 시각으로 보면 아시아 국가들 간에는 문화적으로 현격한 차이를 발견하기 어려울 것이다. 그러나 자세히 들여다보면 일본, 중국, 동남아의 많은 국가들은 같은 유교문화권에 있으면서도 제각각 개성적인 문화를 지니고 있으며 정치·

경제적 발전성향도 상당히 다르다.

　한국과 북한이 가장 가까운 동족인데도 날로 벌어지고 있는 사회·경제적 격차를 어떻게 설명해야 할까. 이는 헌팅톤이 지적한 한국적 가치관 외에 이질화된 국가체제, 이념 그리고 50여 년간 각기 다른 길을 걸으면서 체질화된 색다른 기질과 문화 등 복합요인에서 그 해답을 찾아야 한다. 특히 민족의 개성적 기질이란 꼭 유전적 요인에 의해서만 결정되는 것은 아니다. 결코 불변의 성질을 갖고 있는 것이 아니라는 말이다. 그보다는 문화적 요인에서 더 큰 영향을 받는다는 것이 통설이다. 세상이 시끄럽고 풍파가 그칠 새 없게 되면 그 지역 문화도 새 환경에 적응하느라 변할 수밖에 없는 것이다.

　문화란 좋다 나쁘다 단정지을 그런 성질의 것이 아니다. 이것은 오랜 세월을 통해 굳어신, 그 지역 사람들만의 체질화된 생활양식이다. 가치관 외에 생리적 기질 등 유전적 요인으로까지 자리를 잡고 있는 것이다. 따라서 마음에 안 든다고 섣불리 바꾸거나 없애려 들면 생리적 저항에 부딪치게 된다. 이런 면에서 국민을 이끌고 가는 통치자의 역량도 중요 변수가 될 것이다.

　인간사에서 마음이 내키지 않으면 사소한 일도 쉽게 넘어가지 않는다. 그러나 마음이 끌리면 아무리 벅찬 일이라도 기대치를 거뜬히 뛰어 넘어 상승효과를 거두는 일이 흔하다. 성공한 국가란 곧 국민의 기질적 특성을 국가발전전략 속에 얼마나 지혜롭게 접목시키느냐에 달려있다. 그러자면 국가정책이나 지도자의 리더십이 중요해진다. 전통 속에서 쌓아온 국민의 기질적 장점이 국가목표와 궁합이 맞아떨어지도록 지혜를 모아야 하는 것이다. 그래야만 국가, 사회, 국민생활에 자생적인 활력이 솟아오르면서 잠들었던 잠재력을 최고조로 끌어올릴 수 있다.

02

반도에 갇혀 살아 온
지리적·사회 문화적 환경

　한국의 지리적 조건은 독특하다. 이 속에서 체질화된 문화도 별난 점이 많다. 한민족은 북방 유목민과 남방 농어민의 오랜 혼혈과 문화적 융합을 통해, 활기 넘치는 도전적 성격과 온건 평화적 성격을 공유해 온 민족이다.
　그러나 주변 이민족들의 끊임없는 침탈로 인해 이 땅에서 태어난 사람들은 개방적·역동적 기질을 뒷전으로 감춘 채 살아왔다. 그 대신 폐쇄적 운명론에 빠져들거나 약소국의 비애를 곱씹어야 하는 자조적 역사의식에 시달려왔다.
　우리는 덩치도 크고 호전적인 대국에 둘러싸여 있는 불리한 입지조건부터가 비극의 시작이라며 탄식해왔다. 우리나라는 북쪽은 대륙에 연결되어 있고, 나머지 삼면은 바다로 둘러싸인 반도 국가이다. 쫓기는 입장에서 보면 반도에 갇혀 있어 막다른 종점에 다다른 외로운 나라이다. 희망이 없는 절박한 나라처럼 보인다.

그러나 생각을 바꾸어 해양국가의 시각에서 보면 한국이야말로 대륙진출의 요충지이다. 시원하게 터져 있는 해상 교통의 요지로 무한한 발전 잠재력을 지니고 있는 선택된 땅이다. 비슷한 지리적 조건을 가진 그리스나 이탈리아가 해양진출을 통해 고대사회의 강국으로 세계를 주름잡았던 역사가 이를 뒷받침해 주고 있다.

기후도 마찬가지이다. 한국은 온대지역에 놓여 있어 변덕스런 풍토 변화에 적응하면서 살아가는 데 이력이 나 있다. 혹한이나 혹서 없이 4계절 꽃이 피는 상하의 나라는 언제나 부러운 낙원으로 비춰졌다. 이런 나라에 비하면 우리나라는 고생스런 땅일 수밖에 없다.

그러나 대부분의 온대지방 국민들은 기후 변화로부터 부단한 자극과 위험을 겪으면서 외부의 변화에 대한 내성과 준비성이 저절로 길러졌다. 이것이 바로 강력한 경쟁의 원동력이라는 데 눈을 뜨면 결과는 달라진다.

세계 30대 부자 국가들은 대부분 온대지방에 위치하고 있다. 이 중에서 열대국가는 홍콩과 싱가포르 두 나라뿐이다.[2] 그러나 이들 두 나라도 국가경제를 이끌고 있는 핵심세력은 중국계 화교들이다. 그렇다면 두 나라의 성공 역시 온대국가의 문화에 의해 국력이 모이게 되었다는 것을 의미한다.

그러나 한국은 근대화의 길을 밟아온 지난 100여 년 이상을 큰 소리 한 번 쳐보지 못했다. 빈곤과 압제로 점철된 수난의 역사를 벗어나지 못했던 것이다. 하도 안팎의 도전에 시달리다보니 해양국가로서의 적극성이나 모험정신을 살리지도 못했고 온대지방의 이점에 눈을 돌려 잠재력을 살려낼 겨를도 없었다.

금세기에 들어와서부터는 세계경제에서 지리, 기후 등을 번영의 주요

기준으로 보는 경향이 날로 줄어들고 있다. 이제는 어느 나라든지 외국에서 손쉽게 부족자원을 들여올 수 있으며 선진기술이나 발전된 경제체제도 받아들일 수 있다.

아예 해외진출을 통해 외국에서 국부(國富)를 가져올 수 있는 세상이 되었다. 세계 모든 나라들이 지리적 한계를 벗어나면서 폐쇄적인 문화도 세계문화로 동질화 경향을 띠어가고 있다. 그러나 아직은 세계문화의 흡인력이 지역문화를 말살할 만큼 강력하지는 않다. 오히려 지역 간 문화적 차이가 지역의 특화된 장점을 살려 차별성 있는 제품과 서비스를 가능하게 해줄 수 있어 새로운 조명의 대상이 되고 있다.[3]

03

5,000년을 지켜 온 나라

1,000여 회 이민족의 침략 역사

한국은 5,000년 동안 주변 이민족으로부터 크고 작은 침략을 당한 것만도 도합 1,000여 회에 달한다. 그 중에서 100여 회는 전면전쟁으로 온 국토, 온 국민이 전란의 참화에 시달렸다.[4] 특히 북방 대륙에서는 정치적 변동이 있을 때마다 어김없이 한반도를 침략해 오곤 했다. 이긴 세월동안 무수히 당한 치욕과 탄압, 수탈은 한국 민족의 기질형성에도 적잖은 영향을 주었을 것이 틀림없다. 모진 전란을 겪는 동안 토착 한국 민족은 인종적으로도 상당한 혼혈이 계속된 것을 미루어 짐작할 수 있다.

한국보다 더 폐쇄된 생활을 해온 일본도 단일민족국가임을 부인하고 있는 실정이다. 일본 학계에서도 야오이와 나라(奈良)시대의 1,000여 년 동안 한반도로부터 100만 명 가까운 이민이 있었다는 학설이 발표된 데

이어 최근 북해도 교육위원회는 교사용 지도 자료에 '일본에는 아이누를 비롯, 여러 민족이 존재하는 까닭에 일본을 단일민족국가라고 하는 것은 적절치 않다'는 공식적 입장을 밝혔다.[5]

우리는 걸핏하면 단일민족, 단일혈통의 민족임을 내세우곤 한다. 그러나 실은 침략민족들이 동양계 황인종이 대부분이어서 외형상 두드러진 차이점을 발견하기 어려운 까닭일 것이다. 아직 한국 민족의 기원에 대해서는 명확한 결론이 나지 않은 상태이지만, 인종적으로는 몽고인종에 속하며, 한반도로 밀려온 퉁구스 족 등 북방의 다양한 민족과 많은 혼혈이 일어난 것만은 틀림없어 보인다.

믿기 어려운 말이지만 한국인에게는 백인 계열인 코카서스 인종의 피가 상당수 섞여 있다는 주장이 있다. 이들은 한국인의 체격이 일본인보다 크며 머리카락의 색깔은 중국, 일본인보다 덜 검은, 옅은 갈색을 띤 사람이 많다는 사실을 근거로 내세우고 있다. 또 우랄알타이어족이라는 점을 들어 한국 민족은, 북방민족과의 무수한 교류의 역사로 미루어 볼 때 중국보다는 오히려 몽고, 여진, 퉁구스, 터키, 헝가리, 핀란드와 뿌리가 같다는 주장에도 상당한 무게가 실리고 있다.

최근 들어서는 한국 민족의 뿌리가 훈족과 같다는 연구결과도 나오고 있는 판이다. 과거 서유럽에서 게르만 민족의 대이동을 촉발시키고 로마 제국을 위기로 몰아넣은 훈족이 실은 한국 민족의 일파라는 주장이다. 그 근거를 세계 각지에서 발굴된 유물과 사료를 통해 밝혀내고 있는 학자들이 있다. 그렇다면 칭기스칸, 알렉산더 대왕과 더불어 세계국가를 건설한 훈족의 영웅 아틸라(Attila, 395~453)에게도 한국인의 피가 흐른다는 결론까지 나온다.[6]

이런 정황으로 보아 한국인이 폐쇄적 민족이 아닌 것만은 틀림없다. 그보다는 다민족의 혈통을 이어 받으면서 다양한 국제문화를 폭넓게 수용,

융합해 오면서 독자적인 문화를 다져온 역동적인 민족이라는 사실을 유추할 수 있을 것 같다.

2004년 기술표준원이 발표한 한국인 체형실태를 보면, 20대의 한국인 남성 표준 키가 173.2센티미터로 미국인보다 5센티미터, 이탈리아인보다는 1센티미터가 작을 뿐이다. 여성의 경우도 거의 비슷한 비율을 보이고 있다. 한국과 소득 수준이 비슷한 아시아권 다른 국가보다 한국인 체형이 긴 다리에 작은 얼굴로 서구인의 체형을 닮고 있다는 사실에서 인과관계를 찾으려는 사람도 있다.[7] 또 한국인은 사회 관습상 법보다 엄격하게 근친혼을 금하고 있어, 섬 안에 갇혀 살아 외지인과의 혼혈기회가 적었던 일본보다 혈통 족보는 복잡하지만 우생학적으로는 유리한 유전인자가 계승된 것이 분명하다.

둥지를 떠난 이스라엘 사람, 둥지를 지킨 한국 사람

우리는 이따금 한국을 이스라엘과 비교하는 일이 많다. 근래 들어서는 아일랜드 또는 벨기에와 비교하는 이도 상당수 있다. 이는 지정학적으로 강대국과 인접해 있다는 공통점 때문이다. 그러나 아일랜드나 벨기에는 민족적, 문화적으로 볼 때 이스라엘이나 한국과는 질적으로 다르다. 아일랜드나 벨기에는 뿌리 깊은 동질문화, 동질집단으로서의 족보가 선명치 않다. 또 이들은 이미 유럽문화의 큰 테두리 안에서 동질화된 국가일 뿐이다.

그러나 이스라엘은 다른 역사에서 찾아보기 힘들만큼 힘겹고 극적인 대목이 많은 나라다. 지리적으로 보더라도 이스라엘은 아랍 국가들에 둘러싸인 고단한 존재이다. 척박한 자연환경과 부단한 외침에 시달리면서도 독창적이면서 심오한 문화권을 일궈온 것을 보면 범상한 민족은 아니다. 이 지역 예루살렘이 기독교, 이슬람교, 유대교 같은 세계적인 종교가 3개씩이나 탄생한 성지인 것만 보아도 이스라엘 민족의 정신적 뿌리가 얼마나 깊은지를 알 수 있다.

이스라엘은 기원전 2000년경에 팔레스타인 지역에 정착한 것으로 보아 한국과 비슷한 4,000년이 넘는 역사를 지니고 있다. 그러나 서기 70년에 로마의 대대적인 박해로 나라를 잃고 세계의 떠돌이 생활을 한 1,800여 년을 빼면 이스라엘 중심의 통치기간은 훨씬 짧다. 현재 이스라엘은 인구 678만 명(2004년 기준)에 영토 크기는 한반도의 10분의 1도 안 되는 작은 나라이다. 지금도 이슬람 국가들로부터의 심각한 위협을 받고 있는 준 전시(戰時)상태에 있는 나라이다. 이스라엘을 에워싼 요르단, 시리아, 이집트, 이란, 이라크 등 이슬람 국가들의 인구를 합치면 넉넉잡아 1억 5,000만 명 정도가 된다. 약 20배가 넘는 잠재 적군과 대치하고 있는 셈이다.

그러나 이스라엘은 좁은 땅이지만 인구 열세를 충분히 덮을 만한 강점도 함께 지니고 있다. 1948년 이스라엘의 건국은 영국, 미국 등 서구 열강의 든든한 후원과 정치적 배려 때문에 가능했다. 이때 이미 이스라엘은 높은 교육수준에다 최신 과학기술 인프라를 갖추고 있었고 무력 면에서도 첨단 병기로 무장, 주변 아랍세계를 압도하고 있었다.

뿐만 아니다. 유대인의 해외 교포 수는 본토 인구보다 훨씬 많은 1,300만 명이 넘는다. 이들은 세계 곳곳에 퍼져 있으며, 이중 74%가 미국에 거주하고 있다.[8] 이들이 굴리는 4조 8,000억 달러에 이르는 자금은 이스라엘에 대한 지원은 물론 미국 등 세계경제에서 막강한 영향력을 미치고 있다. 더구나 이들은 870개가 넘는 대형 인터넷 커뮤니티를 통해 엄청난 사이버 인맥 망을 구축, 정보네트워크사회에서 무서운 세를 과시하고 있다.

그러면 한국은 어떠한가. 일본과 중국, 러시아가 적어도 한국의 100배가 넘은 광활한 영토로 한국을 에워싸고 있다. 인구만도 일본이 1억

3,000만, 러시아 1억 5,000만, 중국 13억 등 15억 5,000여만 명으로 한국의 30배가 넘는다. 남북한을 합친다 해도 20배가 훨씬 넘고 있다. 게다가 이들 3국은 모두 세계 5위권의 초강대국 반열에 올라 있는 나라들이다.

이 속에서 우리 민족은 5,000여 년 동안 질기게 제자리를 지켜왔다. 그동안 완전한 국권상실 경험은 고대 한사군 시절이나 일제 36년 정도로 지극히 적으며 민족의 대이동이나 해체현상은 없었다. 그러나 이스라엘은 서기 70년 이후 로마의 탄압을 이기지 못해 나라 없는 민족으로 1,800여 년 동안을 유랑해 온 민족이다. 한 가지 놀라운 것은 무엇이 풍비박산 흩어진 유랑민족을 오늘날의 이스라엘로 재기하게 했느냐이다.

응전의 비결은 질긴 생명력과 순리의 정신

우리는 고통스런 시련을 겪으면서도 자신들의 근거지를 포기하지 않은 채 민족의 생존과 문화전통을 잃지 않고 살아왔다. 이스라엘은 민족해체로 생존의 근거는 잃었지만 민족문화만은 잃지 않았다. 왜 그랬을까.

아마도 그건 내성이 강한 질긴 생명력의 문화를 가졌기 때문일 것이다. 평범하고 밋밋한 역사와 문화라면 쉽사리 잊혀지거나 다른 문화에 동화되어 사라져 버렸을 것이다. 그러나 오랜 세월, 그것도 수천 년의 역사를 통해 줄기찬 침략과 저항 속에서 축적되고 단련된 독자적 문화는 뿌리가 너무 깊어 쉽게 마르지 않는다. 과거 몽고, 거란, 여진족 등은 중국 땅을 무력으로 점령하여 제국을 건설하는 데는 성공했으나 역사가 짧고 문화기반이 빈약하여 중원 땅에 뿌리를 내리지는 못했다. 오히려 중화문화에 동화되는 문화적 역전현상이 생겨났을 뿐이었다.

그렇다면 이스라엘과 한국의 차이는 무엇인가. 문화의 질에서 그 해답을 찾을 수 있다. 이스라엘을 괴롭힌 침략자가 한국을 괴롭힌 침략자보다 더 잔인했다든가 침략정책이 근본적으로 달랐다고 보기는 힘들다. 당시 이스라엘의 지배국인 로마는 승자가 패자를 군사적으로 억눌러 지배하고 착취하는 방식이 아니라, 승자가 패자를 동화시켜 함께 사는 공생상태로 이끌어 가는 방식을 추구했다.(9) 그런데도 유난히 이스라엘에게만 예외적인 강경조치를 취한 이유는 무엇 때문일까.

이스라엘 사람들은 유일신에 대한 신념이 워낙 강해서 로마제국의 다원 종교를 용납하지 않았다. 따라서 로마 황제의 신격도 단호히 거부했다. 이 때문에 로마가 이스라엘 민족의 문화적 우월 의식과 극단적 저항 문화를 들어 타협의 여지가 없다고 보았든가, 아니면 로마가 지향하는 문화적 동화가 불가능하다고 판단했기 때문으로 풀이할 수도 있다.

반면 한국은 방법론에서 모든 종교와 권위를 수용하는 유연성으로 공존의 길을 열어놓고 살았다. 그러면서 정체성을 보존해 온 것이다.

토인비(Toynbee)는 역사의 기초를 문명에 두었다. 그는 문명 자체를 하나의 유기체로 포착하여 문명의 발생, 성장, 쇠퇴, 해체 과정이 주기적으로 되풀이되는 것으로 보았다. 뛰어난 문명은 살기 좋은 환경에서보다는 열악한 환경에서 만들어진다. 토인비는 살기 힘든 지역, 새로운 땅, 공격, 압력, 제재라는 5가지 유형의 자극에 의해 응전을 불러일으키는 데 '도전이 크면 클수록 자극도 커진다' 는 도전과 응전의 공식을 주장했다.

그러나 외부로부터의 도전이 지나치게 격렬하여 한계점을 넘으면 응전의 성공가능성은 없어져 버린다. 따라서 최대 자극을 주는 도전은 지나침과 모자람의 중간지점에서 찾아야 한다는 것이다. 아무리 용감한 전쟁능력이나 애국심으로 똘똘 뭉친 집단이라도 외부로부터의 도전이 감당할 수 있을 만해야 승산이 있는 것이다. 이때 응전에 성공하면 집단수호에 대한 자극이나 열정도 커지면서 응전 능력이 더욱 증대될 수 있다. 그러나 감당할 수 없을 만큼 거대하면서도 증오에 가득 찬 도전에 직면했을 때 응전자는 멸망할 수밖에 없다는 것이다.

그는 힘의 한계를 극복한 예와 실패한 예를 들었다. 베네치아와 네덜란드, 스위스는 서유럽에서 가장 살기 힘든 곳이었지만 그 지역 주민들은 세계 어느 곳에서도 이룰 수 없었던 높은 수준의 업적을 달성했다. 베네치아는 바닷물이 괴어 있는 진흙투성이 개펄을 힘들게 개척한 것이 의외의 성공을 이루어냈다. 이 거친 땅으로는 외적이 함부로 침입하기 힘들다는 이점을 최대한 활용, 1,000여 년 동안 대륙 국가의 침략을 면하고 번영을 누리는 데 성공했다.

네덜란드는 바다 속에서 건져낸 국가이지만 이러한 지형적 약점을 무기로 삼아 북유럽 평원 속에서 같은 면적의 다른 나라보다 눈부신 활약을 했다. 스위스 역시 엄청나게 거칠고 큰 산으로 된 험한 땅이었지만 주민들의 끈질긴 노력으로 놀랍도록 살기 좋은 환경으로 바뀌었다.

그러나 유럽 야만사회의 가장 외부 층을 형성하고 있던 고대 켈트족은 로마제국에 의해 산산이 해체되고 멸망해 버렸다. 켈트족이 유럽 대부분을 휩쓸고 로마에서 방화, 약탈을 일삼자 로마제국은 이들과의 공존보다는 철저히 짓밟아 버리는 길을 택한 것이다.[10] 아시아, 동양사회에서도 몽고, 거란, 여진족은 지금 역사에서 사라져 버렸거나 겨우 명맥을 부지하는 낙후된 국가로 전락해 버렸다. 이들은 빼어난 문화전통도 갖추지 못한 데다 주변국과도 화해와 공존의 정치역량을 발휘하지 못했기 때문에 화를 자초한 것이다.

유대민족에게서도 뚜렷한 징후를 발견할 수 있다. 제2차 세계대전 때 유럽전역에 흩어져 살던 유대인이 600여만 명이나 나치 독일에 의해 학살을 당했다. 현재의 이스라엘 국민과 맞먹는 숫자이다. 전통적으로 침략국이 점령지역 주민을 탄압하는 예는 흔한 일이다. 그러나 지역적 경계를 넘어 특정 민족의 씨 말리기를 국제정책으로 삼은 예는 역사에서 찾아보기 힘들다. 상상할 수 없는 악랄한 정책이다. 이때 유대인들은 도저히 헤어날 수 없는 수난을 감수할 수밖에 없었다.

왜 그 지경까지 갔을까. 이 대학살의 책임을 히틀러 개인에게서만 찾기에는 무리가 있다. 아무리 독재정권이라 해도 고대사회도 아닌 근대사회에서 한 개인의 증오심만으로 이런 엄청난 범죄가 국제적으로 저질러지기는 어렵다. 그보다는 당시 독일 또는 유럽인의 정서 속에 누적된 유대인에 대한 적개심이 히틀러에 의해 힘을 얻어 폭발한 것으로 볼 수 있지 않을까. 이미 400여 년 전에 셰익스피어는 희극《베니스의 상인》을 통해 '샤일록'이란 유대인을 증오의 대상으로 묘사했다. 여기에서도 이스라엘 수난의 단서를 찾을 수 있지 않을까 생각된다.

결국 유대인은 그들만의 선민의식과 독점욕, 주변 이민족과의 공유와 협력정신 결여 등으로 인해 유럽사회로부터 공존공영의 대상에서 제외되었다고 가정해 볼 수 있다.

중국 고전 속에 비친 한국인

고대 중국의 기록을 살펴보면 한국인은 선량하고 평화적인 품성의 민족으로 표현되어 있다. 《산해경(山海經)》은 중국에서 가장 오래된 지리서로 기원전 4세기경에 편찬된 책이다. 다소 황당한 신화적 내용이 많지만 후한(後漢)시대에 와서 중국 최초의 관찬 역사서로 인정된 서적이다. 이 책에는 우리 조상에 대해 황송할 만큼 호의적으로 기록되어 있다.

「동방에 군자(君子)의 나라가 있으니 그곳에는 죽지 않는 백성(不死之百姓)이 살고 있다.」

「군자국은 북쪽에 있으며 의관을 갖추어 입고 칼을 차고 있으며(君子國

在其北 衣冠帶劍), 그 사람들은 사양하기를 좋아해 싸우지 않는다(其人好讓不爭).」 (4), (11)

《후한서(後漢書)》 동이전(東夷傳)에서도 평화적인 문화민족이라는 찬사를 보내고 있다.

「그 백성이 어질고 생을 귀히 여기며 천성이 유순하다. 도(道)로써 그 운을 지켜나가니 군자불사의 나라를 이루고 있다(仁而好生 天性柔順 易以道御 有君子不死之國焉).」

《위지(魏誌)》 고구려전에서는 유일하게 성급하고 용맹한 감투정신을 강조하고 있다.

「고구려 사람들은 성질이 흉악하고 급하며 덤비기를 좋아한다(其人性凶急 喜寇鈔).」

《구당서(舊唐書)》 고구려조에는 「풍속이 서적을 사랑하고(俗愛書籍)」란 묘사로 문덕(文德)을 강조한 나라로 묘사되어 있다.

《신당서(新唐書)》 고구려조에도 칭찬 일색으로 되어 있다.

「사람이 배우기를 좋아하고 궁벽한 촌락에서 천한 집에 이르기까지 상부상조하였다(人喜學 至窮里厮家 亦相務勉).」 (12)

이 밖에도 한국인을 예의바르고 생명을 귀히 여기며 협동심이 강해서 중국인이 부러워하는 문화민족이었다는 흔적은 많다.

《논어(論語)》에 공자(孔子)가 당시 조선을 '군자국'이라 부르면서 뗏목을 타고 이주하고 싶다고 말한 기록이 있다. 또 동방삭(東方朔)의 《신이경(神異經)》에도 조선의 풍속이 아름답다는 칭송이 있다. 당나라 시대에는 신라를 '동방예의지국(東方禮義之國)'이라 부르고, 신라 사신을 다른 나라 사신보다 항상 윗자리에 배치했는데 이런 전통은 조선시대까지 이어졌다. (13)

중국 고전에 비쳐진 한국인의 기질적 특성을 정리해 보면 지금과 큰 차이가 없다. 먼저 지적·문화적 욕구가 강하며, 도전적이고 성급하며, 평화적이고 협동성이 강하며, 도덕과 예의를 존중하는 민족이라는 평가이다.

한국 민족이 독자성을 계속 지켜 온 이유

이번에는 고대 한국 역사의 기록을 훑어보자. 현존하는 우리의 고대 기록 중에 가장 오래된 것으로는 고구려 광개토대왕비문(廣開土大王碑)과 신라 진흥왕순수비(巡狩碑)가 있다.

광개토대왕은 한국 역사를 통틀어 가장 의욕적인 영토 확장과 대륙 진출의 야망을 불태운 인물이다. 이 시대에는 중국 중원을 호령할 만큼의 국력도 길렀기에 주변국과의 마찰과 갈등도 심했던 시절이다. 그러나 이 비문에 담겨진 기본이념은 침략이나 파괴를 일삼는 비정한 패권주의가 아니다. 주된 내용은 중국과 차별화된 독자적인 건국이념과 민족의 주체성을 강조하고 있다.

고구려 시조인 동명왕(東明王) 건국신화에 대한 설명을 보면, 동명왕이 세자인 유류왕(儒留王)을 돌아보고 '도(道)로써 나라를 다스려라(以道輿治)'는 유언이 담겨 있다. 광개토대왕비가 비록 그 아들인 장수왕에 의해 건립되었다고는 하나 무덕(武德)을 갖춘 광개토대왕의 비석에 패도(覇道)가 아닌, 왕도(王道)를 강조한 것은 우리 전통정신의 맥을 이어 받으려는 통치철학이 강조된 것이라 할 수 있다.

신라 진흥왕순수비 중 황초령비(黃草嶺碑)에도 도덕정치의 중요성이 강조되고 있다.

「순수한 풍습이 베풀어지지 못하면 참된 도리가 어긋나게 되고, 훌륭한 교화가 펴지지 못하면 사특한 것이 다투어 일어난다. 따라서 제왕이 통치이념을 세우는 것은 모두 자기 몸을 닦아 백성을 편안케 하고자 함이다(純風不扇則世道乖眞 玄化不敷則邪爲交競 是以帝王建號 莫不修己 以安百性).」[12]

이런 정신은 고려시대에 건립된 최치원의 난랑비(鸞郞碑) 서문에도 나타나 있다.

「우리나라에는 현묘한 도가 있으니 그것이 바로 풍류이다. 설교의 근원은 선사(仙史)에 갖추어 있는데 그 속에는 3교(유, 불, 선)의 뜻이 고루 포함되어 있으며, 그 교리는 실로 많은 백성들을 감화할 만하다(國有玄妙之道 曰風流 設敎之源備祥仙史 實乃包含三敎 接化群生).」[4]

지금까지 내려온 우리나라 고대 기록이나 중국 고전에서 보인 주된 정신은 큰 차이가 없다. 도(道)와 위민사상, 동양사회의 정신세계를 이끌어 온 유교의 천명사상과 불교, 도교의 자비로우며 자연의 순리를 좇는 바른 사상이 한국인의 기질 속에 깔려있는 보편정신으로 자리 잡고 있다.

생사의 기로에 서거나 위기상황이 와도 양보와 타협, 융합과 조화를 추구하면서 강대국의 정복욕을 자극하지 않도록 힘썼다. 그러나 피할 수 없는 결전에 임해서는 온 국력을 기울여 끈질긴 저항을 멈추지 않으면서 민족생존과 주체성에 대한 강렬한 집착을 보여 왔다.

침략자의 입장에서 보아도 우리의 만만찮은 국방역량으로 보아 함부로 병합하기에는 지불해야 할 부담이 너무 큰 나라로 인식되었을 것이다. 우리 역시 적국으로 하여금 꼭 없애 버려야 할 만큼의 실익이나 증오의 대상이 되지 않도록 평화와 공존, 상생의 외교정책을 꾸준히 유지해 온 것이다. 이는 얼룩진 역사 속에서 터득한 생존의 지혜가 계승되어 온 결과이다. 이렇게 우리는 5,000년을 버텨온 것이다.

〈참고자료〉

(1) Samuel P. Huntington · Lawrence E. Harrion, 《Culture Matters》, 2000
 (이 책은 원래 '문화적 가치와 인류발전 프로젝트' 라는 심포지엄의 결과물로 22명 학자들의 논문을 모은 책이다. 김영사, 2001)
(2) Jeffrey Sachs, '경제발전의 새로운 사회학적 소고'. (《Culture Matters》중에서)
(3) Michael E. Porter, 《The Competitive Advantage of Nations》, NY: Free Press, 1990
(4) 최창규, 《한국의 사상》, 서문당, 1996
(5) 김문환, 《문화로 본 현대 일본》, 나남출판, 1994
(6) 이종호, '고대 유럽을 호령한 훈족 수장 아틸라는 한민족', 월간 신동아, 2003. 11
(7) '한국인 체형 서구화', 중앙일보, 2004. 12. 1
(8) 〈민주평통 정책자료〉, 2000. 6
(9) 시오노 나나미, 김석희 역, 《로마인 이야기 4》, 한길사, 1995
(10) A. J. Toynbee by D. C. Somervell, 《A Study of History》, Oxford Univ. Press, 1965
(11) 이중재 역, 《산해경》, 아세아문화 연구소, 2000
(12) 유승국, 《한국의 유교》, 세종대왕 기념 사업회, 1999
(13) 한영우, 《다시 찾는 우리 역사》, 경세원, 2004. 3

2

한국, 어디쯤 왔나

01

새롭게 되짚어 보는 한국의 족적

2005년 1월 20일 12시. 미국 워싱턴의 국회의사당 광장에서는 조지 W 부시 대통령의 취임식이 열렸다. 이 자리에 초청된 미국과 세계 각국의 유명 인사들은 식장 요소요소에 설치된 TV를 통해 대통령의 취임 서약과 연설 장면을 지척에서처럼 시청했다.

사실 그 자리에 설치된 TV는 공교롭게도 모두 한국제품이었다. 최첨단 고화질의 50~60인치급 PDP-TV였던 것이다. 이날 LG전자의 PDP-TV는 대통령 취임식의 공식 중계 텔레비전으로 선정, 식장은 물론 이어서 열린 리셉션과 축하 연회장에서까지 선명한 화질을 자랑했다. 세계 최강의 기술 선진국이자 강대국 서열 1위인 미국의 안방에서 한국산 IT 기술 제품이 주목받는 순간이었다.

오늘날의 세계를 네트워크(Network) 시대 또는 퓨전(Fusion) 시대라고도 한다. 기술 경쟁에서 앞선 제품은 언제나 세계의 안방을 누빌 수 있는 세상이 되어 버렸다. 이미 세계시장은 치열한 경쟁에 맞추어 무서운 속도로 통합되어 가고 있다.

여기에서 살아남기 위해 선·후진국 가릴 것 없이 많은 나라들이 국가의 틀을 새로 짜느라 여념이 없다. 세계의 첨단기술들이 기업 환경을 뒤바꾸고 있으며 경제와 정치, 문화 분야에서도 엄청난 환경변화에 적응하느라 체질 개선이 다투어 일어나고 있는 중이다.

다행히 한국의 경제상황은 수치상으로 볼 때 순항의 돛이 올라 있는 것으로 보인다. 한국은 2005년 들어 총 교역량이 5,000억 달러를 넘어섰다. 이 중 수출이 반을 넘는다. 해외의존도가 높아 수출이 곧 국력의 받침대라고 믿어 온 우리로서는 고무적인 사건이 아닐 수 없다.

2005년 한국의 국내총생산(GDP) 규모는 7,875억 달러로 세계 12위권에 와 있다.[1] 세계 11위이던 2004년의 6,674억 달러에서 다시 브라질에 추월당해 한 단계 내려앉았다.[2] 1인당 국민소득(GNI)은 1만 6,291달러로 29위(61개국 중), 외환 보유액이 2,103억 9,100만 달러로 4위(78개국 중), 경제성장률 4%, 자동차 생산량 369만 9,000대로 5위(41개국 중), 인터넷 이용자 수 3위(100명 중에 66명)를 기록하고 있다.

여기에다 골드만삭스가 최근 펴낸 〈세계경제보고서(세계 170개국의 2050년 장기성장 시나리오 분석)〉에는 매우 고무적인 예측이 나와 있다. 한국은 2020년이 되면 1인당 국민소득이 4만 6,860달러로 세계 9위, 2050년에는 8만 1,462달러로 미국 다음의 세계 2위국으로 올라설 것이라는 전망을 내놓은 것이다. 이는 세계 170개국의 성장환경지수(GES)를 토대로 한 것으로 물가상승률, 국내총생산 대비 정부의 재정적자비율, 대외부채, 투자율, 경제의 개방도, 전화와 PC 및 인터넷 보급률, 고등교육, 예산수입, 정치적 안정도, 부패수준 등을 고려한 것이다.[3]

이제 한국은 세계 10위권을 오가는 경제 강국이 되어 있다. 모든 분야에서 결코 작은 나라가 아니다. 전쟁의 참화로 쑥밭이 된 폐허 속에서 일구어 낸 성과여서 더욱 그렇다. 그러나 급히 이룬 성공의 뒤에는 어두운 그림자도 짙어지는 것이 현실이다. 국내외에서 발표한 각종 지표 등에 나타난 한국의 현주소를 살펴보면 명암이 엇갈려 있다.

외국(IMD)에서 본 한국의 세계경쟁력 38위(2006년)

스위스 국제경영개발원(IMD, International Institute for Management Development)이 발표한 '2006년 세계경쟁력 조사'에 의하면 한국은 조사대상 61개국 중에 38위를 차지했다.[4] 이는 2005년의 29위보다 9단계나 떨어진 것으로 2000년 이후 최하위를 나타낸 것이다. 조사대상국 중 1인당 국민소득 1만 달러 이상인 36개국 중에 30위로 바닥권에서 맴돌고 있는 것이다. 각 기준 별 순위를 보면 정부 및 행정효율성 47위(2004년 31위), 기업경영 효율성 45위(2004년 30위), 경제운영 성과 41위(2004년 43위), 발전 인프라 24위(2004년 23위)로 평가되고 있다.

이와 별도로 세계경제포럼(WEF)의 국가경쟁력 조사에서도 한국의 국가경쟁력은 중위권을 유지해오고는 있다. 그러나 매년 그 순위가 17위 (2004년), 19위(2005년), 24위(2006년)로 하향 추세에 있다.

이처럼 한국의 경제가 역동적인데 비해 경쟁력이 뒤따르지 못하고 있는 이유 중에는 공공경제발전의 동맥이랄 수 있는 인프라는 갖추어져 있으나 정치, 행정, 기업경영의 효율성이 크게 낙후되어 있어서 국제경쟁력 향상에 걸림돌이 되고 있는 것으로 지적되고 있다. 그 외에 한국의 노사가 갈등관계를 벗어나지 못하고 있는 것도 주요 이유로 지적 되고 있다.[5]

국내에서 본 국가경쟁력 순위 25위

한국의 민간 연구기관인 산업정책연구원에서 발표한 2003년의 국가경쟁력 및 브랜드 가치 순위에서는 한국의 경쟁력이 부정적으로 나타나고 있다. 이에 따르면 한국의 국가 경쟁력은 2001년에는 22위, 2002년에는 24위, 2003년에는 25위로 그 순위가 매년 하락하는 것으로 나타났다. 총 68개국을 대상으로 8개 부문 272개 항목을 분석한 결과이다. 또 한국이라는 브랜드 가치 역시 2003년의 세계 10위에서 2004년에는 12위로 낮아졌다.

국가 브랜드 가치는 한 나라의 제품 및 서비스 수출액과 관광수입액을 더해 계산한 '국가 브랜드 수익'에다 '국가 브랜드 파워 지수(국가 경쟁력, 심리적 친근도, 브랜드 전략 고려)'를 곱해서 계산한 것이다. 따라서 브랜드 가치는 국내총생산(GDP)의 크기와 반드시 일치하지는 않는다. 그 보다 국가의 도덕성, 안정성, 존엄성을 비롯하여 정부와 기업, 민간단체, 국민이 국가 브랜드를 얼마나 잘 활용하는지를 측정한 것이다. 이는 곧 국가의 신뢰성과 도덕성 그리고 국제사회에서의 역동성과 선호도에 더 큰 비중을 둔다는 것을 의미한다.

국가 브랜드 가치 순위(2004)

순위	국가 브랜드	가치 (달러)	GDP (달러)
1	미국	3조2188억	10조9879억
2	독일	1조7518억	2조4032억
3	일본	1조775억	4조2953억
4	프랑스	1조775억	1조7586억
5	영국	1조670억	1조7949억
6	캐나다	7320억	7360억
7	이탈리아	7028억	1조4683억
8	네덜란드	6124억	5122억
9	중국	5972억	1조4099억
10	벨기에	4418억	3018억
11	홍콩	4037억	1586억
12	한국	3737억	6052억
13	스페인	3381억	8387억
14	스위스	2787억	2677억
15	싱가포르	2565억	870억
16	멕시코	2354억	6261억
17	스웨덴	2156억	3018억
18	대만	2138억	2861억
19	호주	1903억	5051억
20	오스트리아	1899억	2531억
21	말레이시아	1442억	1032억
22	덴마크	1436억	2119억
23	노르웨이	1341억	2209억
24	러시아	1274억	4329억
25	태국	1033억	1432억
26	브라질	982억	4923억
27	핀란드	916억	1619억
28	폴란드	616억	1890억
29	포르투갈	604억	1472억
30	터키	524억	2397억
31	그리스	518억	1732억
32	이스라엘	492억	1037억
33	체코	482억	854억
34	뉴질랜드	418억	772억
35	헝가리	409억	834억
36	칠레	307억	721억

자료: 산업정책연구원, 통계청(국제통계연감)

대상 국가는 경제협력개발기구(OECD)회원국 26개국을 포함, 36개국을 대상으로 조사한 결과이다. 한국의 2004년 국가 브랜드 가치는 3,737억 달러이며 미국, 독일, 일본, 영국 등과는 상당한 격차를 보이고 있다.[6]

한국의 국방비는 210억 달러(2005년)

미국 중앙정보국(CIA)이 펴낸,《월드 팩트북 2006》에 따르면 한국의 군사비 지출은 2005년 210억 5,000만 달러로 세계에서 8번째로 높다. 일본은 443억 1,000만 달러로 세계 4위, 북한은 50억 달러로 세계 22위인 것으로 나타났다. 1위 미국은 5,181억 달러이고 2위 중국은 814억 달러로 미국의 6분의 1에도 미치지 못한 것으로 나타났다.[7]

2005년 일본〈방위백서〉에서도 한국의 2005년 국방비는 207억 달러로 세계 10위권 내의 군비지출국으로 평가되고 있다. 스톡홀름 국제평화연구소(SIPRI)가 발간한《SIPRI 2003년 연감》(2003.6.17)에 의하면, 2002년의 세계 군비 총액은 7,940억 달러로 전년에 비해 6%가 증가한 것으로 나타났다.

인도국가안보협회사무국(NSCS)이 발표한〈2003년 인도 국가안보 연간 보고서〉에 의하면, 한국은 국방력, 국내총생산(GDP), 인력개발, 기술연구개발(R&D), 인구 등 5대 지수를 종합한 국가안보지수에서 세계 4위로 순위가 매겨졌다. 또 순수 국방력에서도 한국은 미국, 중국, 러시아, 인도에 이어 5위로 선정되었다.[8] 여기서 진정한 국력이란 국방력뿐만 아니라 경제, 과학기술, 정치행정 능력 등에 달려있는 것으로 평가하고 있다

한국은 1970년대부터 자주 국방을 내세워 국방비 규모가 GDP의 6% 수준 이상을 유지하다가 근래 들어서는 3%대 이하로 크게 떨어지고 있다. 세계 10위권의 GDP 규모에 비해 국방비는 2001년에 2.7%, 2002년에

는 2.8%, 2003년 2.7%선을 유지하고 있다. 이는 세계 평균 군사비 부담률인 GDP의 3.5%에 크게 못 미치는 수준이다.[9],[10] 이에 대한 대비책으로 국방부는 2025년을 목표로 자주국방을 위한 로드맵을 작성해 놓고 있다. 여기에는 군 체제를 양에서 질로 전환하는 것에 초점을 두어 병력감축과 전력증강을 통한 독자적 전쟁수행능력을 확보하려는 데 비중을 두고 있다.[11]

그러나 한국은 지리적, 역사적으로 전쟁의 위험이 한시도 떠나지 않는 나라이다. 더구나 한국은 북한의 117만 대군과 대치해 있다. 중국은 230만 명의 현역군인을 보유한데다, 한반도 인근에 대규모 군사력을 배치해 놓고 있다.[12] 이해에 따라 언제 입장을 바꿀지 모르는 중국과 일본의 막강한 군사력은 모두 힘겨운 잠재세력들이다. 특히 북한의 핵 개발 등으로 미국에 의존하는 방위전략에도 보이지 않는 이견이 불거지고 있어 국가안보가 불안정한 상태에 있다.[13]

나라의 독립과 안정, 평화를 지켜가려면 전력증강도 중요하다. 그러나 더 중요한 것은 고도의 외교력으로 폭넓은 우방과의 신뢰를 다져 나라의 안전보장을 지속적으로 유지·강화하는 일이다.

한국의 부패지수(CPI) 42위(2006년)

국제적인 부패감시 민간단체인 '국제투명성기구(TI, Transparency International)'는 한국을 경제적 위상이 높은 나라 중에서 심각한 부패국가로 지목하고 있다. 2002년 40위(세계 102개국 중), 2003년 50위(133개국 중), 2004년에는 47위(146개국 중)에 그쳐 개선의 기미가 보이지 않는 것으로 나타나고 있다. 그러다가 2005년 들어 다시 40위로 올라섰으나 2006년에는 42위(159개국 중)로 두 단계 내려앉고 말았다. 국가 청렴도가 한결같이 높은 나라는 핀란드, 네덜란드, 뉴질랜드 등이며 아시아에서는 싱가포르, 대만, 일본이 한국을 앞서고 있다.[14]

한국인들이 평가하고 있는 자체 기관별 부패지수 순위는 의회, 정당, 경찰, 세관, 법조계, 매체, 교육시스템, 기업, 군대, 종교단체, NGO로 나타났다. 이는 정치계에 대한 불신과 시민 및 종교단체에 대한 신뢰도를 반영하는 것이다.

국가 행복지수 49위(2004년)

미국 미시간 대학 사회조사연구소가 세계 82개국을 대상으로 한, 국민의 행복과 삶의 만족도 조사에 의하면 한국은 49위로 나타났다.[15] 특이한 점은 경제적 풍요와 국민의 행복이 일치하지는 않는다는 사실이다. 일반적으로 국가, 문화별로 행복에 대한 정의와 인식이 다르며, 그 중 아시아 국가들의 행복지수가 낮게 나타난 것은 개인보다 집단을 중시하는 전통 가치관 때문인 것으로 풀이되고 있다.

세계적인 정보화 및 정보기술(IT) 강국

국제전기통신연합(ITU)이 유엔 경제사회이사회에 보고한 〈2005년도 세계정보사회보고서(WISR)〉에 의하면 세계 180개국을 대상으로 한 디지털기회지수(DOI)에서 한국이 2004년에 이어 연속 1위를 차지한 것으로 보도됐다. 디지털기회지수란 정보통신 인프라의 보급정도와 기회제공 및 활용도 등 11가지를 기준으로 각국의 IT 발전정도를 종합적으로 측정하는 지표이다. 이 중에 인프라는 유선전화가입비율, 100명 당 이동전화 가입자 수, 인터넷 이용가구비율, 100명 당 무선인터넷 가입자 수, PC보

유가구비율 등으로 평가한다.[16]

다보스(DAVOS)포럼으로 알려진 세계경제포럼에서는 '2003년 네트워크 준비지수(NRI, Networked Readiness Index)' 순위에서 한국은 조사대상 82개 국가 중 14위였다. 이는 21세기 정보사회의 꽃이라 할 수 있는 정보통신에 관한 국제경쟁력을 나타내는 지수로 2002년 21위에서 7단계가 오른 수치이다.

〈이동통신 세대를 위한 인터넷〉이란 ITU 보고서에 따르면 한국은 휴대전화와 인터넷 보급 및 활용분야에서 미국, 노르웨이에 이어 세계 7위로 평가됐다. 세계 200개 국가를 대상으로 한 이 보고서는 정보통신 분야의 종합적인 발전정도와 잠재력을 체계적으로 분석한 것으로 기반시설, 사용정도, 시장구조 등 3개 분야에 대해 평가기준이 적용되었다.[17]

유엔사무국과 미국 공공행정학회(ASPA)가 공동으로 발표한 〈2003년 전자정부 평가보고서〉(2003.11.4)에 의하면 한국은 세계에서 13위의 전자정부 구현 국가로 랭크되었다. 이 보고서는 190개 유엔 회원국을 대상으로 정부 웹사이트 운영 수준, PC와 TV, 휴대폰, 전화 회선, 인터넷 호스트 보급률을 포함하는 정보통신 인프라, 인적자본지수(인간개발 및 정보접근 등) 등을 비교해 순위를 매긴 것이다. 1위인 미국에 이어 호주, 뉴질랜드, 싱가포르, 노르웨이 등이 상위 순위에 올랐으며 일본은 23위를 차지했다.

또 한국은 IT 기술에 힘입어 인공위성 선진국으로서의 위상도 높여가고 있다. 한국의 첫 인공위성은 연구목적의 과학위성인 '우리별' 1호를 1992년에 쏘아 올리면서 시작되었다. 곧이어 우리별 위성은 4호(2호-1993년, 3호-1999년, 4호-2003년)까지 발사되었고, 통신 및 통신방송위성인 무궁화 위성은 2006년 무궁화 5호 발사 등으로 총 11개의 인공위성을 성공적으로 띄워 올렸다. 그러나 한국이 국제사회에서 위성선진국 대열에 본격적으로 진입하게 된 것은 1999년 아리랑 1호에 이어, 2006년 우리 기술로 대부분을 만든 '다목적 실용위성' 인 아리랑 2호 발사에 성공하면서부터이다.

이러한 위성기술의 축적을 바탕으로 2007년에는 한국이 자력으로 위성을 우주에 쏘아 올리는 자체 발사대(전남 고흥의 '나로우주센터')를 갖추게 되어, 세계에서 9번째로 스페이스클럽(Space club) 가입의 꿈이 현실화 될 수 있게 되었다.[18]

한국은 정치적 자유국가

미국의 민간 인권기구인 '프리덤 하우스'는 연례보고서 〈2005년 세계의 자유〉에서 한국을 정치적 자유 면에서 세계 수준인 '자유국'으로 분류했다. 평가 대상국인 세계 192개국 중에 정치적 자유 수준 상위 국가는 89번째로 나타났다. 평가 기준은 완전히 자유로움(Least), 비교적 자유로움(Moderately), 통제 심함(Most) 등 3단계로 분류되었는데, 그 구체적 등급에서 한국은 7등급 중에 1등급, 시민적 자유는 2등급의 인권 선진국 대열에 포함시켰다.

지난 2002년 한국은 중간단계인 '비교적 자유로운 국가'로 평가됐었다. 또 이런 현상은 사회의 다양한 주체들의 자유화로 파급되면서 사회, 경제, 문화, 공직사회에도 엄청난 변화를 가져왔다. 전자 정부 추진사업에 탄력이 붙고, 기업 경영에서 국제화, 능률화, 투명성이 확보되는 등 순기능이 자리를 잡아가고 있다.

이와는 반대로 OECD국가 중에서 가장 경직된 노사문화, 보수와 혁신 등을 내세운 낭비적 이념갈등 등 대내적 갈등 증폭으로 해외 자본의 유치를 위축시키고 국내 경제 활성화에 부정적 기능도 나타나고 있다.

영국 시사주간지 〈이코노미스트〉가 평가한 세계 167개 국가의 민주주의 수준에서도 한국은 31위로 선진화 대열에 포함시키고 있다. 반대로 북한은 167위로 꼴찌에 머물러 있다.

한국의 경제자유도는 45위

미국 〈월스트리트저널〉과 해리티지 재단 공동으로 조사한 '2005년 국가별 경제자유지수(Index of Economic Freedom)'에 의하면 한국은 162개국 중 45위를 기록하고 있다. 이는 2등급인 '대체로 자유로운(Mostly Free)' 수준으로 1등급인 '자유로운(Free)' 수준의 그룹과는 상당한 차이를 보이고 있다.

해리티지 재단은 그 이유에 대해서 "한국 정부가 외국인 투자를 가로막는 노동시장을 개혁할 능력이 있는지 아직 의문스럽다. 또 칠레와의 자유무역협정(FTA)을 비준하는 과정에서 초래된 갈등도 정부의 시장개혁능력에 의문을 던졌다"고 지적했다. 지난 2004년 경제적 자유도 향상에 노력해 온 대만은 2005년 들어 7단계나 상승한 데 비해 한국은 2단계 상승에 머물렀다.

세계 11위의 무역 강국, 그러나 무역개발지수는 25위

2005년 한국의 무역규모는 5,466억 달러를 넘었다. 수출이 2,844억 달러, 수입이 2,612억 3,800만 달러이다. 이는 한국이 2005년 들어 세계 11위의 무역 강국(2004년 12위)으로 선진통상국가 반열에 올랐음을 의미한다. 5,000억 달러 정도 무역규모는 멕시코를 제외한 중남미 38개국의 총무역규모(5,136억 달러)보다 많고, 아프리카 53개국 전체무역액(4,435억 달러)보다 훨씬 많다. 무역량의 변화추이를 보면 10억 달러(1967년), 100억 달러(1974년), 1,000억 달러(1988년), 3,000억 달러(2000년), 5,000억 달러(2005년)로 상승세를 이어오고 있다. 수출 물량만 보더라도 2006년 12월 5일에는 수출 규모 3,000억 달러를 돌파했다. 이는 1964년 1억 달러, 1971년 10억 달러, 1977년 100억 달러, 1996년의 1,000억 달러 수출 달성에 이어 2004년의 2,000억 달러를 이어가는 고속행진이다. 수출 1억 달러 고지에 이른 지 42년 만에 3,000배의 급성장을 이룬 셈이다.

그러나 무역품목의 집중화가 심해 수출품 상위 5개 품목이 전체 수출에서 차지하는 비중이 거의 과반수에 이를 정도로 산업구조가 편중되어 있다. 1980년의 5대 수출상품은 의류, 철강판, 신발, 선박, 음향기기로 특화되어 있었다. 그러나 2000년의 5대 수출상품은 반도체, 컴퓨터, 자동차, 석유제품, 선박 등으로 고도화되었다. 2004년에 와서는 5대 수출상품이 자동차, 반도체, 무선통신기기, 컴퓨터, 선박 등으로 정보통신산업이 3개 품목으로 늘어나는 등 선진국 형으로 수출구조가 개선되어 가고 있다.

이에 반해 수입상품은 1980년 이래 원유, 천연가스, 석유제품 등 한국에 없는 에너지 관련제품에 비중이 몰려있다. 또 기타 수입제품도 수출용 원자재가 차지하는 비중이 40%에 이르고 있어 수입의존도가 유난히 큰 우리 경제구조의 문제점과 한계를 드러내고 있다.[19]

무역개발지수(TDI)에서는 한국이 세계 25위에 그치고 있다. 유엔무역개발회의(UNCTAD)가 세계 110개국을 대상으로 무역과 개발부문의 성과를 평가한 결과이다. 이는 한국이 아직도 관료의 질이나 청렴도 등에서 선진국에 비해 낙후되어 있음을 알려주는 신호이다.[20]

무역수지는 흑자 기조를 보이고 있어 외형상 상당히 건실한 형태를 띠고 있다. 그러나 내용을 들여다보면 무역 흑자는 정보통신산업(IT) 등 몇 개 분야에서의 성공 때문이다. 한국의 주력 산업의 대외 경쟁력은 기복이 심한 편이다. 제조업 분야는 중국 및 동남아 등지로의 공장 이전 붐이 일어나고 있어 산업공동화 현상이 우려할 만한 수준에 이르는 등 기반이 흔들리고 있다. 이는 경쟁력이 뒤지고 있는 한국 제조업 분야의 해외 이전이 가속화되고 있다는 반증이 된다.

한국의 대외 무역에서 흑자를 내는 대표적인 효자종목은 단연 정보통신산업과 자동차산업, 조선산업 등이다. 특히 정보통신산업은 최근 몇 년 동안 긴박한 국제 경쟁에서 내세울 만한 희망 종목이 되고 있다. 한국의 정보통신산업은 10여 년 이래 꾸준한 성장세를 보이면서 세계시장에서 뚜렷한 위상을 각인, 한국의 대외 신뢰도를 높여주는 데도 큰 몫을 하고 있다.

세계 정보통신시장에서 차지하고 있는 한국 제품의 성장세는 놀랄 만하다. 서기 2000년경부터 반도체, 초박막 액정화면(TFT-LCD), 휴대전화, PC 및 모니터 등은 매년 30% 이상의 수출신장이 일어나고 있다. 정보통신기기의 생산규모만 해도 2000년에는 미국, 일본에 이어 세계 3위, 2001년과 2002년에는 미국, 일본, 중국에 이어 4위를 차지하고 있다. 정보통신기기의 수출규모에서도 2000년에는 미국, 일본, 싱가포르에 이어 세계 4위를 차지하는 등 5위권을 유지하고 있다.[21]

그러나 우려되는 징후도 나타나고 있다. 한국 상품 중 세계 1위를 차지하고 있는 제품은 1994년 82개에서 71개(1996), 64개(1998)로 감소 추세에 있으며 2003년에는 53개로 내려앉았다. 그나마 반도체, 휴대전화 등 정보통신제품에서 힘을 얻은 덕분이다. 이런 현상은 중국 등 후발 경쟁국의 추격이 날로 맹렬해지고 있는 데다, 위기의식을 느낀 선진국의 분발이 거세지고 있기 때문이다.[22]

여기에다 한국 경제는 주력산업에서 구조적인 취약점이 드러나고 있다. 한국은 산업화 과정에서 철강, 조선, 자동차, 석유화학, 가전, 반도체,

섬유, 의류, 신발, 완구 등을 집중 육성해 왔다.[23] 그러나 이들 산업은 일본 등 선진국들의 산업화 모델을 그대로 베끼거나 의존, 답습해 온 것이어서 규모가 확대되고 국제시장 진출 폭이 넓어지면서 한계를 보이게 된 것이다. 특히 석유, 철강, 비철금속 같은 원자재와 부품뿐 아니라 관련기술 대부분을 수입에 의존할 수밖에 없어 경제구조의 취약성은 예상된 일이기도 했다.[24]

지식사회에서 선후진국을 재는 잣대라고도 할 수 있는 기술무역의 실태를 보면 암담하다. 2002년 한국이 해외에 지불한 기술료는 총 27억 2,100만 달러에 이르고 있다. 지난 1999년도 기술무역 수지를 보면 한국의 수출 비중은 7.1%에 불과하다. 92.9%를 외국기술에 의존해서 막대한 기술료를 제공해야만 하는 어려운 상황에 처해 있다는 뜻이다. 이 수치는 1998년도의 5.9%보다 개선되었다고는 하지만 아직도 한국의 기술수출은 한 자리 수에 머물고 있어 기술 속국 신세를 면키 힘든 실정이다.

지적 재산의 국제거래는 매년 빠른 속도로 늘어나고 있다. 언젠가는 일반 제조업의 거래 비중을 따라잡는 날이 반드시 올 것으로 예측되고 있어 걱정스럽다.

밝은 인적(人的) 잠재력

2004년 들어 한국 내에서의 연구개발 투자금액은 138억 달러, GDP대비 비중은 2.5%로 세계 7~8위 수준에 이르렀으며, 연구개발 인력은 19만 명으로 세계 7위, 연간 논문 발표는 1만 8,635편으로 14위, 인구 1만 명 당 과학기술 논문 발표 수는 3.86편으로 세계 29위를 기록했다.[2]

경제협력개발기구(OECD)는 40개 회원국을 대상으로 한 〈학업성취도 국제비교(PISA, Programme for International Student Assessment) 결과 보고서〉

(2004.12.7)에 의하면 한국 중학생의 학업성취도는 세계에서 가장 높은 수준인 것으로 조사됐다. 조사대상인 15세 학생의 학업능력에 대해서 집중 조사한 결과, 한국 학생은 문제해결능력 1위, 읽기 2위, 수학 3위, 과학 4위를 차지해 중등 수준의 기초학력 면에서 뛰어난 잠재력을 보여주었다.

더 고무적인 것은 해외 유학생의 급증으로 국제수준의 경쟁력 있는 인재양성이 급증하고 있는 것이다. 2004년 한국인의 해외유학생은 18만 7,683명으로 늘어났다. 이는 2003년의 15만 9,903명보다 17.4% 증가한 수치이다.[25] 지난 1980년에 1만 3,000여 명에 불과하던 유학생 수의 급격한 증가는 한국의 국제화와 기술개발 수준을 한 단계 높이는 데 중요한 역할을 담당하고 있다.

미국 국제교육연구원(IIE)이 발표한 '2002~2003학년도 미국 내 외국인 유학생 실태'에 관한 백서에 의하면 한국은 인도, 중국에 이어 세계에서 세 번째로 미국에 많은 유학생을 보내고 있는 나라로 랭크되었다. 미국 내 한국인 유학생은 5만 1,519명으로 전체 유학생의 9%를 차지한 것으로 나타났다. 또 '2003년 미국의 에너지예산안'에 의하면 해외에서 활동하는 한국인 과학자들도 상당수로 늘어나 고국과의 과학적 유대, 협력의 길이 넓어진 것으로 확인되고 있다. 미국에는 1만 600명(거주동포 212만 명), 중국 1,938명(거주동포 188만 명), 일본 2,273명(거주동포 64만 명), 옛 소련지역 1,270명(거주동포 52만 명), 캐나다 800명(거주동포 14만 명), 호주 487명(거주동포 4만 명), 독일 932명(거주동포 3만 명), 영국 800명(거주동포 1만 5,000명), 프랑스 402명(거주동포 1만 명)에 이른 것으로 나타났다.[26]

그러나 이 정도의 인력으로는 방대해지고 있는 국내 산업이나 연구개발 현장의 수요를 폭넓게 충족시켜 주기에는 역부족인 상태이다. 장기적 안목에서 볼 때 국내 대학생들의 학력저하가 산업 전반에서 지속적으로 경쟁력을 높이는 데 발목을 잡고 있다는 사실이다. 양질의 전문 인력에 대한 원활한 공급부족으로 사회의 다양성과 균형발전에 큰 장애가 되고 있는 것이다. 특히 금융 및 국제경영 전문가, 전문 컨설턴트, 국제변호사 등 고급 서비스 인력의 부족현상은 국제경쟁 환경을 극복하는 데 걸림돌이 되고 있다.

희망이 보이는 문화산업

문화산업에서 한국의 잠재력은 눈에 띄게 드러나고 있다. 21세기 들어 감성과 문화가 지식 못지않은 중심 가치로 떠오르면서 문화산업 시장은 정보통신산업에 버금가는 성장산업으로 각광을 받고 있다. 이미 세계 문화산업 시장규모는 1조 3,000억 달러 규모에 이르고 있는데 반해 한국의 문화산업은 아직 15억 달러 규모로 세계시장의 1.2%에 불과한 실정이다.[27]

그러나 문화산업의 핵심으로 자리를 굳히고 있는 문화콘텐츠 산업(영상, 게임, 음반, 만화 등)에서는 뚜렷한 두각을 나타내고 있다. 이미 문화콘텐츠 산업의 성패는 정보통신산업의 발전과 밀접한 관계에 있어 정보통신 강국인 한국에 그 가능성이 보다 넓게 열려 있다. 특히 아시아권에 몰아치고 있는 엔터테인먼트 분야에서의 한류(韓流)열풍은 한국의 문화산업 활성화에 불을 지피고 있으며, 국제사회에서 한국에 대한 우호적 이미지 제고에도 큰 기여를 하고 있다. 여기에다 한국은 세계 최대의 국제행사인 올림픽(1988년)과 월드컵(2002년) 등의 성공적인 개최로 세계수준의 대형 행사수행능력까지 갖추게 되어 문화산업 선진국 대열 진입이 현실화될 가능성을 높여주고 있다.

앞으로의 과제

　21세기에 들어서면서 국제사회에서는 국민국가 중심의 제한된 지역개념에 큰 변화가 일고 있다. 이제는 부국강병이면 만사가 해결되는 단순한 무대가 아니라 안보, 번영, 지식, 문화, 환경의 복합무대로 바뀌어 버렸다. 지역적으로도 국가 중심이 지구 중심으로 넓어진 지 오래이다.[28] 네트워크 사회가 본격화되면서 세계 각국은 인종과 종교와 이념을 넘어 지구촌 모든 나라와의 유대강화를 위해 외교력을 집중하고 있다. 이와 함께 해외 교포와의 공동체의식 강화와 끈끈한 네트워크로 안전장치를 강화해 나가는 데도 힘을 쏟고 있다.

　이런 변화를 어떻게 받아들일 것인가.

　우리는 지금 사회개방과 다양성이 충만한 사회에서 살고 있다. 그만큼 불확실성도 커지고 있어 밝은 미래가 선명하게 보이지 않고 있다. 갑작스런 사회개방과 다양성이 창조와 활력 못지않게 갈등까지 증폭시켜 세상을 어지럽히는 일이 잦아지고 있다. 이렇게 되면 우리가 탄 배는 헤맬 수밖에 없다. 한국을 지지하는 다수 우방국가 확보와 함께 해외 교포사회를 한국의 믿음직한 외곽세력으로 자리 잡게 하는 환경구축도 중요한 과제가 되고 있다.

　이스라엘은 미국 등 주요 국가의 여론형성에 중요한 역할을 하고 있는 해외의 인적네트워크와 교포의 전폭적인 재정적 지원이 없었더라면 존립 자체가 어려웠을 것이다. 중국 역시 해외 화교와의 밀착관계가 중국 경제를 떠받치는 원동력이 되고 있다. 전 세계에 퍼져 있는 6,000만 화교들이 보유한 유동자산만도 2조 달러, 지난 20년간 중국이 유치한 외국인 직접투자의 50% 이상이 화교자본인 것만 봐도 중국의 급성장은 우연이 아니다.[29]

그러나 한국에서는 반대현상이 일어나고 있다. 해외 교민으로부터의 자본 유치보다는 국내 재산의 반출이 더 커지고 있는 답답한 상태에 머물러 있다. 이민자의 재산 반출액 추이를 보면 2000년의 6억 9,000만 달러에서 매년 증가해 2004년에는 18억 850만 달러로 급증하고 있는 등 우려를 자아내고 있다.[30] 또 한국 사회에서는 산업의 분업화 논리도 이미 한계에 와 있다. 네트워크화된 세계적 추세는 모든 장르가 서로 유기적 관계를 맺으면서 시스템적으로 통합화 경향을 띠고 있다. 그러나 아직도 분업논리에 익숙해 있는 한국 사회는 기업보다는 각 분야에서, 또 세대 간에 타협하기 어려운 진통을 겪는 중이다.

고속통신망의 쓰임새가 커지는 등 정보화의 진도가 몇 단계 뛰어오르면서 한국 사회도 어느덧 지적산물의 비중이 몰라보게 커진 지식사회로 변신을 하고 있다. 사회체제도 수요자 중심으로 체질이 바뀌어 가고 있다. 그러나 일반대중의 욕구나 의식수준을 공공기관 등 공급자가 제대로 뒷받침하지 못하고 있어 효율성이 떨어지고 있다. 1990년대에 들어서면서 미국 등 선진 여러 나라는 지식사회로의 체질개선에 총력을 기울이고 있다. 앞으로 세계 주도권의 행방이 여기서 결판나리라는 판단 때문이다.

그렇다면 한국은 지식사회에 대한 비전이나 국제경쟁력을 얼마나 준비성 있게 기르고 있는가. 늦은 산업화의 교훈을 거울삼아 정보사회에서만은 선진국이 되자는 의욕에 부풀어 있긴 하다. 그러나 아직도 한국 민족이 가장 잘 할 수 있는 분야를 선택하고 여기에 국력을 쏟아부을 수 있는 지혜로운 국가전략이나 구체적인 행동방향은 정리가 되지 않은 상태이다.

〈참고자료〉

(1) '한국 GDP 1단계 하락. 브라질에 추월당해', 동아일보, 2006. 8. 29
(2) 재정경제부, '한국경제규모 세계 10위', 매일경제, 2006. 4. 27 및 산업자원부, '세계 속의 한국경제 위상', 2005. 1. 27
(3) '골드만삭스. 한국인 1인당 국민소득 45년 뒤 8만 달러', 중앙일보, 2005. 12. 13
(4) IMD, '61개국 국가경쟁력 조사', 중앙일보, 2006. 5. 11
(5) '공공부문 효과 떨어져', 조선일보, 2006. 9. 27
(6) 중앙일보, 2004. 11. 11
(7) 'CIA 《월드 팩트북》 지난해 각국 군사비 지출 집계', 문화일보, 2006. 9. 12
(8) 중국 신화통신, 2004. 2. 11
(9) 이필중, '국방비 증액, 이래서 찬성', 국민일보, 2003. 6. 19
(10) 전제국, '21세기 첨단 군사력 건설을 위한 적정 국방비 확보 필요성', 2004
(11) 국방부, '2025년 자주국방 목표', 중앙일보, 2005. 4. 29
(12) 미국 국방부, '2006 중국군사력보고서 - 중국유사시 한반도 개입가능성', 조선일보, 2006. 5. 25
(13) 국방부, 《2004 국방백서》, 2005. 2. 4
(14) '한국 투명성지수 세계 42위', 조선일보, 2006. 11. 7
(15) 〈아시안 월스트리트 저널(AWSJ)〉, 2004. 12. 10
(16) 'IT강국 코리아 부동의 1위', 머니투데이, 2006. 7. 6
(17) 전자신문, 2002. 9. 18
(18) '내년 10월이면 한국도 스페이스클럽', 주간조선, 2006. 10. 9
(19) '무역규모 5,000억 달러시대', 동아일보, 2005. 11. 24
(20) '무역개발지수 한국 25위', 중앙일보, 2005. 11. 4
(21) 정보통신정책연구원(KISDI), '정보통신산업 중장기 시장 전망(2003~2007)', 2002. 12
(22) 대한상공회의소, '세계 일류 상품 변화추이와 경쟁력 제고 방안', 2004. 4. 13
(23) 공병호, 《10년 후, 한국》, 해냄, 2004
(24) 부즈 앨런 & 해밀턴, 《한국 보고서》, 매일경제신문사, 1997
(25) 교육인적자원부, 2004. 11. 28.
(26) 한국과학기술정보원, '재외 한국인과 학자데이터 거의 없어 협력연구 글로벌네트워크 시급', 동아일보, 2004. 2. 5
(27) 디지털타임스, '세계 문화콘텐츠 산업', 2003. 3. 4
(28) 하영선, 《21세기 한반도 백년대계》, 풀빛, 2004
(29) 〈포브스〉(2004. 2) 자료 전재, 주간조선, 2004. 3. 11
(30) 한국은행 자료 전재, 동아일보, 2005. 2. 2

3

새로운 세계 질서와
한국의 기회

01

지식경쟁에서 중심부에 선 나라만이 새로운 부국

국제 분업과 신 종속이론

지금까지 대다수 국가들의 흥망은 주로 외국과의 전쟁, 아니면 나라 안 정치나 경제의 성쇠에서 비롯되었다. 또한 뛰어난 지도자를 만나 모든 국민들이 힘을 모아 부지런하게 일하면 저절로 부강한 나라가 되는 것이라 믿어왔다. 넓은 국토, 풍부한 천연자원이 곁들여지면 말할 것도 없다.

이런 생각은 동양에서는 천명사상(天命思想), 서양에서는 칼비니즘(Calvinism) 같은 종교적 신념 속에서 무르익어 왔다. 그러나 근래에 와서는 이런 믿음에 변화가 오고 있다. 세계화가 진행되면서 세계체계(世界體係)이론이라는 것이 본격적으로 고개를 들고 있는 것이다.

월러스타인(Wallerstein) 등이 주장하고 있는 세계체계이론에 의하면 세계는 16세기부터 시장무역이 발전하면서 국제 분업화가 시작된 것으로 보고 있다. 이때부터 자본주의 세계는 세계경제의 중심부(Core), 반주변부(Semiperiphery), 주변부(Periphery)로 역할이 갈라지게 되었다는 이론이다. 그렇게 되면 중심부 경제는 강대국, 부국 중심으로 이루어진다. 주변부 경제는 약소국 경제가 되며, 반주변부 경제는 어중간한 혼성국가(Hybrid State)가 된다.

이 이론을 현대 지식사회에 그대로 적용해 보면 끔찍한 상상이 가능해진다. 중심부에 있는 부국은 값비싼 지적재산과 첨단기술을 무기로 세계시장을 장악, 고이윤·고임금으로 부익부(富益富)의 길을 가게 된다. 혼성국가는 그 중간치에 있게 되며, 주변국은 힘만 들고 얻는 것은 별로 없는, 하청업체 수준에 머물러 저이윤·저임금으로 빈익빈(貧益貧)을 면치 못하게 된다. 그렇게 되면 부국은 축적된 고도기술과 노하우를 독점, 부단한 재생산을 통해 오래도록 행복을 구가할 수 있다. 반대로 약소국은 아무리 근면성실하며 민족중흥이니 국민화합이니 하는 구호를 내걸고 몸부림을 쳐봐도 강대국의 그늘을 벗어나기란 하늘의 별 따기다.

이런 세계체계이론은 한 국가의 운명이 그 나라만의 노력보다는 국제적 환경에 따라 좌지우지된다는 '신 종속이론(新從屬理論)'에 직결된다.[1] 달리 말하면 선진국과 후진국이 되는 근본 원인은 국가 내부의 모순이나 결집력보다는, 국제사회에서 꿈틀대는 새로운 질서체계 속에서 얼마나 신속히 좋은 자리를 차지하느냐에 따라 국가의 미래가 결정된다는 것이다. 이렇게 되면 아무리 국내에서 좋은 정치, 투명한 풍속이 자리 잡아 빈부격차가 사라지고 세계 제일의 민주국가를 만들었다 해도, 또 제아무리 근면한 국민이 넘쳐난다 해도 속수무책이 되어 버린다. 국가 간에 빈국, 부국의 국가 계층이 굳어져 버리면 빈부의 종속관계로 국가운명이 결정되기 때문이다.

이런 발상은 벌써 현실로 나타나고 있다. 국가 간에 국제교류가 잦아지면서 상호의존관계가 점점 심화되고 있지 않은가. 교통·통신의 발달로 국가 간 거리와 시간의 벽이 허물어지면서 국가관계도 과거 나라 안 기업이나 단체, 개인 관계만큼이나 일상화되어 가고 있다. 세계시장 역시 자본과 기술수준에 따라 은연중 국제 분업화가 자리를 잡아가고 있는 것을 실감하지 않을 수 없다.

이런 충격적인 국제질서의 소용돌이 안에 있는 나라들은 지금 선진국으로 올라서느냐, 후진국으로 주저앉아 버리느냐의 운명의 분수령에 놓여 있다. 국제경제 질서가 굳어 버리기 전에 서둘러 목 좋은 자리를 찾아내는 것만큼 중요한 대책도 없게 된 것이다. 그 좋은 자리란 매우 복잡한 조건을 갖추어야만 얻을 수 있다. 그 중에서도 가장 중요한 것은 국제사회에서의 신뢰도를 높여 다수 우방국과의 끈끈한 공존, 상생적 유대관계를 강화시키는 일이다. 이것 없이는 양질의 전문 인력양성, 고급기술 확보, 사회개방과 시장 확대, 해외자본유치와 문화공유 등을 효과적으로 이루어낼 수가 없기 때문이다.

지식경쟁에서 이기는 나라가 강대국

"지금은 지식이 부의 새로운 근거가 되었다. 과거에는 이런 예가 없었다. 오늘날까지 자본가들은 자신들의 부에 대해 말할 때면 으레 공장과 설비, 자연자원의 소유에 대한 것이 대부분이었다. 그러나 미래의 자본가들은 대부분이 무형자본인 지식의 장악에 대해 이야기하게 될 것이다."

이는 클린턴 대통령의 경제자문 역을 맡았던 레스터 서로우(Lester C. Thurow)의 말이다.

21세기 사회체제는 기존의 산업사회와는 성격이 확연히 다른 사회이다. 지금까지 부나 권력의 크기는 유형적, 양적으로 나타내왔다. 기업이나 개인들은 주로 공장, 원자재, 돈, 금, 토지, 건물, 식량 등의 확보에 관심을 쏟아왔다. 국가는 얼마나 넓은 땅에 많은 국민과 군사력, 풍부한 천연자원을 가졌는가에서 그 강약이 결정됐었다.

그러나 앞으로는 부가가치가 높은 상품을 비롯해서 대부분의 권력과 부가 지식에서 나오게 되어 있다. 미국의 마이크로소프트(MS) 사는 고도의 컴퓨터 및 인터넷 기술을 장악하면서 그 보다 훨씬 큰, 세계적인 대기업인 IBM 사를 능가하는 기업이 되었다. MS 사의 총 수입은 IBM의 6분의 1에 불과하지만 시장가치(주식)는 IBM을 뛰어넘어 버렸다. MS 사의 창업자인 빌 게이츠가 세계 최고의 부호가 된 것은 유형의 제조업이 아닌 무형의 기술, 서비스산업에 사운을 걸어 지식경쟁에서 선두에 나섰기 때문이다.[2]

지난 300년 동안 모든 산업화 과정에서나 국가 안에서의 권력투쟁은 거의가 부를 어떻게 나누느냐를 둘러싼 것이었다. 부자와 가난한 자, 좌익과 우익, 자본가와 사회주의자 간의 갈등도 그 근본문제는 '나라 안 재산을 어떻게 나누어 갖느냐' 가 핵심사항이었다. 그러나 앞으로는 세계 도처에서 기업들이나 국가 간의 권력투쟁에서 핵심문제는 '값비싼 지식을 누가 만들고 누가 장악하느냐' 가 될 것이 틀림없다.

이미 현대사회에서 모든 산업과 부는 물론 군사력에서조차 놀라울 만큼 지식의존도가 커가고 있다. 대부분의 첨단 무기나 레이더 등 감시기술도 고도의 과학적 지식에 의하지 않은 것이 없다. 이 중에는 전문가의 지식을 컴퓨터에 입력시켜 마치 능숙한 전문가가 직접 조작하는 것과 같은 체제(Expert System)를 만들어 놓고 인간을 대신해 운영하도록 하는 정도까지 왔다.[3]

지식사회가 본격화되면 기업을 위시한 사회 모든 분야의 발전정도는 그 분야 지식수준으로 결판날 수밖에 없다. 자연히 사회구성원 개개인의 자질도 고도지식사회에 얼마나 잘 적응할 수 있느냐에 따라 우열이 갈라진다. 따라서 이에 대한 대응책은 국제 분업추세에 따라 선택과 집중정책으로 선명한 목표를 선정, 일관성 있게 경쟁력을 기르는 한편, 관련 지식의 주체인 전문 인력양성에 온 힘을 쏟는 길밖에 없다.

21세기는 레고(Lego)형 인간을 필요로 한다. 레고 매커니즘은 다양한 개성을 가진 인간들에게 다양한 삶을 살아가는 방법을 가르쳐 주려는 것이다. 색깔이 다른 레고 조각들을 모아 자신만의 세계를 만들 듯, 세상에 채워진 다양한 직업과 가치들인 철학, 문학, 정치, 경제, 예술, 종교, 취미, 인생관, 세계관 등을 적성과 구미에 맞게 조립하여 자기 개성에 맞는 라이프스타일을 만들게 하는 것이다. 이는 21세기 다원사회가 요구하는 다양한 인재상과 일치한다. 이를 효율적으로 뒷받침하기 위해서는 학교교육의 다양성과 질적 향상 외에 국민교육에도 공을 들이지 않으면 안 된다.

또 사회 각계각층의 사람들에게는 숙련된 근로자가 될 수 있는 재교육 기회가 폭넓게 열려있어야 하며, 일선 노동자에게는 첨단기기나 서비스 등 세계 수준의 인프라 접근기회가 주어져야 한다. 연구개발에 있어서도 다양한 아이디어를 실용성 있는 상품으로 개발하는 실천적 행동에 역점을 두는 지식 실천국이 되어야만 지식강국의 자리를 확보할 수 있다.[4]

02

강대국도 순환주기에 따라 운명이 바뀐다

모델스키의 100년 주기설[5]

모델스키(Modelski)는 월러스타인과 같이 16세기부터 세계의 대다수 국가들은 서로 의존관계를 벗어날 수 없는 정치단위가 되었다고 주장해왔다. 다만 그는 아무리 강력한 부국도 100년을 주기로 국운이 바뀐다는 순환론을 주장한 점이 월러스타인과 다르다. 세계 정치체계는 16세기부터 거의 100년을 한 주기로 하여 순환을 해오고 있는데 그 중심국을 이룬 세계 최강국은 포르투갈, 네덜란드, 영국, 미국으로 바톤이 이어졌다는 것이다. 이들 4개국이 최강국의 국력을 차지한 비결은 누가 물자를 나르는 해양수송로를 장악하느냐에 달려있었다. 제해권을 잃은 국가는 국력이 쇠하면서 그 자리를 넘겨 줄 수밖에 없었다.

포르투갈은 16세기 유럽 최대의 함대를 보유한 데다 대서양, 인도양,

아프리카 서안의 무역항로를 독점함으로써 세계 중심국이 되었다. 나중에 스페인에 병합되면서(1580년) 세계패자의 자리를 잃었기 때문에, 이 시대를 포르투갈과 스페인의 시대라고도 부를 수 있다.

17세기의 최강국 네덜란드는 유럽 상선의 4분의 3을 장악할 만큼 막강한 해운국의 지위를 누렸다. 당시 네덜란드는 멀리 동양 세계에까지 발길을 넓혀 그 영향이 동방의 구석진 한국 땅에까지 미쳤다. 한국도 1627년 일본으로 가던 네덜란드 상선이 제주도에 기항한 것이 인연이 되어 처음으로 유럽사회를 알게 되었다. 이때 상륙한 한 사람(朴淵, Jan Janse Weltvree)은 기술에 있어 한참 뒤처져 있는 한국 군인에게 대포 제작법과 사용법을 가르쳐 주기도 했다. 1653년에도 네덜란드 상선이 제주도에 표류했는데, 그때 억류되었던 하멜(Hendrick Hamel)이 본국으로 탈출하여 《하멜 표류기》를 저술함으로써 유럽사회에 한국이 처음 소개되기도 했다.

18, 19세기는 영국의 시대였다. 국운이 걸린 여러 차례의 해전을 승리로 이끌고 난 다음 세계의 중심국 자리를 차지했다. 영국이 100년 운을 두 차례나 차지한 것은 산업혁명의 선두주자로 동력에 의한 선박제조에 성공함으로써 해가 지지 않는 대영제국의 번영을 누렸기 때문이다. 20세기 들어 영국세력이 퇴조를 보인 것은 미국이 기존의 선박 외에 철도, 자동차, 비행기에 의한 운송로, 운송수단의 다변화에 성공했기 때문이다.

그러나 21세기 들어 정보통신 혁명이 일어나면서부터는 상황이 크게 달라졌다. 21세기에는 주된 운송수단도 그 패러다임이 근본적으로 바뀌고 있기 때문이다. 이제까지는 유형적인 물자의 유통망 장악이 힘의 원천이 되었다. 그러나 앞으로는 기존 유통망 못지않게 지식중심의 무형정보를 실어 나를 수 있는 고속의 정보통신망 관련 산업에서 선두를 달릴 수 있는 나라만이 바로 강대국 자리에 다가설 수 있게 될 것이다.

여기서 더 나아가 민주화 추세와 매체혁명으로 인해 폭넓은 정보공유가 가능해진 나라일수록 국가나 기업이 경쟁력을 높이려면 세계시장을 겨냥한 효율적인 유통망 확보만으로는 부족하다. 여기에는 현지 국가나 국민의 문화적, 정치적, 도덕적 유대와 신뢰라는 다원적 요소에서 궁합이 맞아 체질적 공감대가 형성되어야 비로소 강대국 자리에 들어설 수 있다.

삼국지의 200년 주기설

소설《삼국지(三國誌)》를 보면 국가의 명운에 대한 순환논리가 흥미 있게 묘사되어 있다.

아직 초라한 신세에 머물러 있던 유비(劉備)가 공명(孔明)을 맞아들이려고 삼고초려(三顧草廬)하는 과정에서 최주평(崔州平)이란 현자가 그에게 들려준 말은 다음과 같다.

「비록 뜻이 어진 마음에서 나왔다 해도 자고로 치세와 난세의 뒤바뀜이란 무상한 것입니다. 가까운 예만 해도 한고조(漢高祖)께서 큰 뱀을 베시고 의로운 군사를 일으켜 무도한 진(秦)을 멸망시키니 난세는 치세로 바뀌었습니다. 그러나 200년 태평세월이 가자 왕망(王莽)이 찬역을 해서 치세는 난세로 바뀌었습니다. 그러나 광무제(光武帝)께서 일어나 역적을 내쫓고 나라의 근본을 바로 잡으니 이때부터 200년간 난세는 치세로 바뀌어 지금에 이른 것입니다. 오늘날의 상황은 오랜 동안의 평안이 끝나고 다시 난세로 접어들고 있습니다. 따라서 지금의 어지러움은 순조롭게 평정할 수 없는 것입니다. 장군께서 공명을 얻어 하늘과 땅의 일을 두루 살피고 능력이 아무리 뛰어나게 됐다 해도 부질없이 몸과 마음만 상하고 뜻을 펴지 못할까 걱정입니다. 하늘의 뜻을 따르는 자는 편안하고 거스르는 자는 수고스럽기만 하며, 운수로 정해진 이치는 거역할 수 없고 천명은 사람의 힘으로 어찌할 수 없다는 옛말을 잊지 마십시오.」[6]

동양권 생활 깊숙이 자리 잡은 천명사상과 운명론적인 생활관을 잘 반영해 주는 말이다. 비록 실증적 근거가 희박하다 해도 길게 보면 순환, 반복이란 인간사에서 항시 따라 다니는 섭리임을 부인하기는 어렵다.

사람 한 평생에도 힘이 모일 때가 있고, 펼칠 때가 있으며, 쇠진할 때가 있듯이 가정, 사회, 기업, 국가도 이런 순환이 비슷하게 되풀이된다는 이치는 상식으로 보아도 별 무리가 없다. 창업기에는 모든 일이 어설프고 미숙하나, 의욕과 사명감에 넘치는 신진세력이 중심이 되어 참신한 개혁 속에서 새로운 전통을 쌓게 된다. 이렇게 해서 다져진 체제가 정비되어 안정과 평화가 찾아오면 그 다음에는 자연히 현실에 안주하면서 세속잡사에 매달려 세월을 허송하게 된다. 그러다 보면 힘과 의욕은 시들고 기강이 혼탁해지는 것도 자연스런 흐름으로 볼 수 있다.

우리 선인들은 일찍부터 이 순환의 원리에 눈을 뜨고 밀려오는 시대의 물결을 현명하게 타기 위하여 난세에는 은인자중해 일신을 보존하고 치세에는 다투어 기량을 발휘하는 사람이 많았다. 반대로 시대를 역류해 현실과 엇나간 처신으로 외롭고 불행한 반역아로 전락한 예도 얼마든지 있다. 이로 보아 최주평의 200년 주기설은 나름대로 역사적 사실에서 찾아낸 교훈으로 이해할 수 있다.

매체혁명은 집단문화의 순환까지 주도

근래 들어 이색적인 순환론도 등장하고 있다. 자크 아탈리는 다가오는 새 질서는 폭력을 제어하는 능력에 기반을 두는 시대가 되리라 보고 있다. 처음에는 종교에, 다음에는 군사력에 좌우됐던 이전의 질서와는 달리, 새 질서는 주로 경제력에 의해 좌우될 것으로 본다. 그와 생각을 같이하는 사람들 중에는 21세기에는 경제력에서 앞서는 일본과 유럽이 미국

을 제치고 세계의 패권을 차지하는 시대가 될 것으로 내다보고 있다.[7]

  이 외에도 과거 경제 분야에서 산업 활동변화를 호경기와 불경기의 주기적 되풀이로 보는 경기순환이론을 주장하는 학자들이 수없이 많았다. 1년 주기설, 40개월 주기설, 10년 주기설이 나오는가 하면 콘드라체프는 50년 주기설을 그럴듯하게 설명해 내기도 했다. 그 외에도 슘페터의 기술혁신 주기설이 최근의 시대상황을 잘 반영해 주고 있는 등 보는 관점에 따라 통계적 근거를 조리 있게만 내놓으면 앞으로 새로운 주기설은 얼마든지 나올 수 있을 것이다. 여기에다 종교적 윤회설까지 끼어들면 세상사 순환 주기가 없는 것이 없을 것이다.

  이 모두는 집단사회를 이끌어가는 집단문화의 주인공이 기질적으로 변덕스런 인간이기 때문에 생기는 현상들이다. 특히 현대사회에서는 인터넷 등 시간을 극복한 매체의 보편화가 국가, 사회, 기업 나아가서는 세계 각지로까지 새로운 집단문화를 쉴 새 없이 자극해 가고 있다. 이로 인해 국가이념, 정치 환경, 유행, 문화예술, 가치관, 생활관습 분야까지에도 이런 순환적 변화가 세상을 들뜨게 만들고 있는 것이 오늘의 현실이다.

03

21세기 들어 패러다임이 바뀌는 징후들

신 자유주의와 통신혁명

20세기 말 들어 '신 자유주의'라는 새로운 풍조가 국제사회 주류로 떠오르고 있다. 그 핵심사상은 경제 등 시장적 가치에 해당하는 것들을 모두 자유시장원리에 맡겨 버리자는 것이다. 이런 경향은 국가 중심의 경제체제가 국경을 넘어 다른 나라 경제권과의 경쟁이 본격화되면서 국가끼리도 시장원리가 그대로 적용되기 시작하면서부터이다. 이렇게 되면 자본과 사람의 국제이동도 전과는 비교할 수 없을 정도로 자유로워진다. 그러면 국민국가 중심의 기존 공동체가 해체되면서 지구촌 공동체 의식이 확산될 수밖에 없다. 이미 1990년대 후반부터 세계 70여 국가가 시장개방에 동의했다.

국가기능도 서비스의 제공자로서보다는 조정자 역할로 축소되어 가고 있다. 서유럽은 300~400년간의 국민국가 전통을 넘어서 유럽통합이 급물살을 타게 되었고, 거대 자본의 국가 간 이동이 촉진되면서 한국, 말레이시아, 인도네시아 등 아시아권에도 외환위기가 몰아치는 등 세계 각국의 경제체제에 격변을 불러 일으켰다. 그러나 아무리 시장원리에 모든 것을 맡긴다 해도 체질화된 비 시장적 가치인 가족, 민족, 종교 등 문화적 전통가치는 종전과 같이 보호 받고 있다.

그러나 이러한 사상이라고 다 바람직한 길로만 가는 것은 아니다. 여기에도 많은 문제점이 있다. 자유를 최고의 가치로 내세워 모든 일을 시장원리에 맡겨버리다 보니 빈부격차나 환경문제 등 소홀해지는 분야가 많아진다. 또 정부의 개입이 소극적이다 보니 국가의 균형발전이나 국민복지는 뒷전으로 밀려나 버린다. 더 우려되는 것은 대량생산, 대량소비, 대량폐기의 남발로 인한 각종 부작용으로 전통가치인 근면, 검약, 공정, 성실, 정직 같은 도덕적 바탕이 흔들리며, 약육강식의 패권주의가 승세를 타게 되어 강대국 중심의 불평등한 국제질서를 낳게 할 수도 있다.[8]

이렇듯 지금까지 세계질서를 이끌어 온 국가 중심의 보수적 체제가 갑자기 해체의 운명을 맞게 된 것은 무슨 이유 때문일까. 이는 국가 간의 전쟁이나 패권주의 때문이 아니다.

그 결정적 영향을 준 것은 바로 '통신혁명' 이다. 이것이 다시 디지털사회, 글로벌국제사회로 세계를 바꾸게 된 주역이 되었기 때문이다. 고도로 발달된 정보통신망이 세계 곳곳으로 깔려 온갖 정보의 교류와 공유체제가 가능해지면서 세계는 제3의 산업혁명인 '정보혁명'을 맞이하게 되었다. 정보혁명은 국가경제를 세계경제로 패러다임을 바꾼 일등공신이다.

그러나 여기에도 만만찮은 문제가 싹트고 있다. 과거 산업혁명으로 지역경제가 국가경제로 이행할 때, 당시 국가들은 변화의 과정을 관리할 능력과 힘이 있었다. 그러나 현재는 새로운 세계경제의 관리를 전담할 책임과 권한을 가진 세계정부라는 것이 없다. 현존하는 IMF, 세계은행(World Bank), UN, WTO 등은 세계경제를 다루기 위해 설립된 기구들이 아니다. IMF는 부유한 산업국 사이에서 생기는 일시적 상환금의 결제문제를 다루기 위해 설립됐으며, 세계은행은 개발도상국의 인프라 사업 지원을 위해, UN은 전쟁방지를 위해, WTO는 자유무역을 보증하기 위해 설립된 부분 기능을 가진 국제기구들이다.

이 기구들은 실체가 없는 허울일 뿐 힘 있는 정부에게 이래라 저래라 명령할 권한이 없다.[4] 다시 말해 힘없고 능력 부족하고 외로운 나라는 아무리 정직하고 질서를 잘 지켜도 국제사회에서 버려질 수 있다는 뜻이 된다.

정보통신기술(IT)은 이러한 세계질서 변화에 기름을 붓는 역할을 담당하고 있다. 이제 IT란 단어는 너무 흔히 사용되다 보니 매우 진부한 단어가 되어 버렸다. 그만큼 이미 정보통신기술은 정보산업에만 국한되지 않은 모든 기술, 모든 산업 그리고 사회발전의 기반기술이요, 동력으로 자리 잡아 버렸다.

IT 기반이 튼튼한 나라는 다른 분야에서의 가능성도 저절로 커진다. 반대로 IT 환경이 취약하면 수준급에 오른 선진국이라도 모든 산업이 지지부진해지고 사회체제도 삐걱거리게 된다. 이미 전자적 기술로 인한 시간단축(Electronic Proximity)은 개인이나 기업, 국가생활에서 새로운 힘의 추진력으로 떠오르고 있다. 세계 어느 곳에서든 자유거래가 가능한 정보시장에서는 거리를 측정하는 단위가 킬로미터(km)가 아니라 시간으로 바뀐지 오래다. 이제는 얼마 만에 정보네트워크에 물려 있는 키보드의 입력자 수를 얼마만큼 확보하느냐로 세상 기준이 바뀌어 버린 것이다.

또 이런 조류는 세계경제에 새로운 변화의 물꼬를 트고 있다. 선·후진국 간 빈부격차가 더욱 벌어지면서 남북문제가 새로운 국제적 화두로 등장하고 있으며 국가 간 국제협력체제도 다자주의(Multilateralism)와 지역주의(Regionalism)가 병행하면서 속도시대에 적응해 가고 있다. WTO체제가 다자주의로 세계경제질서를 주도하고 있는 다른 쪽에서는 EC, NAFTA, ASEAN 등 지역적 연합체를 통해, 또는 개별국가 간 FTA로 협력 체제를 강화하는 경향이 왕성해지고 있는 것도 신 자유주의와 통신혁명이 낳은 산물이라 하겠다.

농업사회에서 인간의 행동반경은 걷거나 말이 달릴 수 있는 범위 내로 한정되었다. 산업사회에 들어서자 자동차, 비행기 등 고속의 기계장치로 인해 인간의 행동반경은 수천 배로 늘어났다. 그러나 지금의 전파거리시대에서는 인터넷 하나만으로도 지구촌이 하나의 생활권으로 묶여 있어 세계 각국 국민들과 인간관계를 맺을 수 있게 되었다. 이제는 네트워크를 통해 이해를 같이하는 우호적 친구(Info-friend)가 폭발적으로 늘어나게 된 반면, 지역적·혈연적 친밀도는 상대적으로 약화되고 있다.[9]

기업 활동도 기존의 가치사슬인 협력업체, 판매, 구매, 유통망, 소비자를 잇는 복잡한 연결망보다, 정보로 채워져 있는 새로운 가치의 보고인 시장 공간(Marketspace)의 확보가 더 중요해졌다. 정보의 획득, 분배, 적용이라는 새로운 문화에서 앞서는 기업만이 선두주자 자리를 차지할 수 있게 된 것이다.

그러나 경계해야 할 대목도 많다. 세계 각국이 정보망으로 연결되어 필요한 정보를 활발하게 교류하는 습관에 젖게 되면, 그 다음에는 좀처럼 여기에서 벗어날 수 없는 중독의 굴레에 갇히게 된다. 이것 없이는 생활리듬이 깨져버리고 기업, 국가행정 활동도 마비될 위험이 커진다. 마치 전기나 수도, 가스 공급이 갑자기 끊어졌을 때처럼 인간 활동 자체가 막막해져 버리게 되는 것이다. 이때 가장 비싸고 쓸모 있으며 다양한 정보를 가진 나라에게 다른 나라들이 머리를 숙이고 들어올 수밖에 없게 되는 것은 당연한 이치이다.

정보의 자유유통과 문화종속

1950년대 미국의 아이젠하워 대통령 시절 외교정책을 주도했던 덜레스(John Foster Dulles) 국무장관은 이런 말을 했다.

"나에게 단 한 가지 (외교)정책의 선택만 허용되고 그 외에는 선택이 허용되지 않는다면 나는 정보의 자유유통을 택하겠다."

미국은 오랫동안 정보의 자유유통 정책(Free Flow of Information Principle)을 펼쳐왔다. 이는 공산권에 대한 자본주의 세계의 우월성을 대표하는 강력한 이론적·정책적 무기였다.[10] 실제로 통제사회인 공산권의 붕괴는 매체혁명에서 비롯된 것이다. 국경을 넘어 전파되는 TV와 라디오 방송 등을 통해 자본주의 사회의 자유롭고 분방한 삶의 모습이 전해지면서 공산사회가 맥없이 무너져 버린 것이다.

그러나 이 원칙은 근래에 들어 새로운 국면으로 접어들고 있다. 세계화의 물결이 거세지면서 미국 등 선진국은 이 원칙을 이제는 지적재산권 시장에서 세계를 장악하는 수단으로 사용하기 시작한 것이다. 좁게는 미국 문화상품의 수출증대를 위해서, 넓게는 세계 문화시장에서의 주도권 장악을 위해서이다. 미국이 자랑하는 영화, 음악, 드라마 등 다양한 문화상품의 무분별한 침투에 대해 많은 국가들이 전통문화보호 차원에서 이를 강도 높게 규제해왔다. 그러자 문화시장 개방은 국제사회에서의 새로운 쟁점으로 떠올랐다. 선·후진국 간에 오랜 협상과 절충 과정을 거치면서 어느새 대다수 국가들은 이 원칙이 언젠간 받아들일 수밖에 없는 국제적 추세라는 데 공감을 하기에 이르렀다.

그러자 이번에는 후발국들이 기술선진국의 폐쇄주의를 비판하고 나섰다. 정보의 자유유통을 주장해 온 미국이 왜 중요한 기술정보는 외국에 공개하지 않느냐는 항변이다. 그러자 미국은 기다렸다는 듯이 기술이전의 물꼬를 서서히 터놓기 시작했다. 한물 간 기술부터 후진국에 넘겨주기 시작한 것이다. 물론 지적재산권 보장 장치에 대한 국제적 규제를 강화시켜나가는 것을 병행하면서 말이다.

그 결과, 기술주변국이나 반 주변국들은 비록 한물 간 기술이지만 자기 나라의 산업화, 정보화를 한 단계 높이는 데는 큰 도움이 되므로 산업현장에서 사무실 환경까지 바꾸어 나갔다. 그렇게 되면 이 기계, 이 기술에 익숙해진 많은 생산시스템, 전문 기술자, 소비자 모두는 여기에 발목을 붙잡히게 된다. 이런 환경이 체질화되어 버리면 누구도 쉽게 빠져나올 수 없다. 특히 첨단기술 분야에서 기계장치(HW)나 관련 소프트웨어(SW)의 사용은 마약과 같아서 한 번 익힌 기술은 바꾸기가 여간 힘든 게 아니다. 효율적인 기술이전이란 아무리 상세한 매뉴얼을 익힌다 해도 능숙한 경험자가 터득한 섬세한 암묵적(暗默的) 지식을 전수 받는 것보다는 못하기 때문에 더욱 그렇다.

현대는 기술혁신 주기가 빨라지는 시대이다. 특히 IT 같은 신기술 분야는 아무리 뛰어난 기계, 기술도 1년이 채 안 되어 새로운 개량품이 버전 (Version)1, 2, 3 순서를 맞추어 가면서 나온다. 그것도 비싼 가격으로. 기술이 고도화될수록 기계 덩어리인 컴퓨터보다 그 안에 넣고 이용할 소프트웨어가 훨씬 비싸지는 것이 당연한 추세이다. 그만큼 생산성 증대에 영향을 주기 때문이다. 그러니 새 제품이 출시되면 새 것으로 바꾸지 않을 수 없다. 그렇다고 옛것에만 고집스럽게 매달려 살면 기술 정체에 빠지는 것은 물론 정보교류의 길마저 순탄치 않거나 아예 꽉 막혀버린다.

통신망에 연결된 기술제품은 새 것끼리만 의사소통이 원활하기 마련이다. 그러니 기술 후진국들이 정보 소외계층으로 전락해 버리지 않으려면 울며 겨자 먹기로 새 제품이 나올 때마다 구입하는 수밖에 없다. 결국 기술예속의 길을 자청하는 꼴이 되어버린다.

정보사회의 꽃이라 할 수 있는 인터넷도 마찬가지이다. 인터넷의 효용성을 제대로 만끽하려면 인터넷 선진국이 주도해 만든 규칙을 싫어도 따라야 한다. 그 대부분이 세계표준으로 자리를 차지하고 있기 때문이다. 정보통신망에 물려있는 무수한 정보기술 제품에서도 똑같은 현상이 일어난다. 아무리 세상을 놀라게 할 만한 전자기기를 만들었다 해도 그것이 세계표준에 맞지 않거나 다른 기기와의 호환성이 없으면 아예 처음부터 빛을 볼 수가 없다. 개인도 학력, 경력, 재능이 아무리 뛰어나다고 해도 다른 사람들과의 인간관계가 나쁘거나 전문지식이 남의 것과 공존하지 못하면, 즉 호환성이 없으면 쓸모 없는 재능으로 끝나버리는 것과 같다.

이제는 세계시장을 겨냥하는 기업이라면, 사회적으로 통합된 국제질서에 적응하기 위하여 정보강국 중심으로 엮어진 정보시스템 외에도 상거래, 관세, 프라이버시, 보안, 법, 관습, 절차에 대한 폭넓은 이해와 활용방법을 뒤따라 익히지 않으면 안 된다. 이처럼 정보의 운반수단이나 이 정보에 얽혀있는 각종 운영규칙 등은 모두 정보의 교류를 원활히 하기 위한 전제에 불과하다. 이런 체제가 제대로 갖추어져 있을 때 세계에서 생산되는 무수한 정보들, 즉 뉴스, 운동경기, 드라마, 영화, 음악, 게임 등 다채로운 콘텐츠들이 날개달린 듯 세계인의 안방을 향해 빛의 속도로 전달될 것이다.

매일 시시각각으로 변하는 세계의 주요 뉴스를 예로 들어보자. 세계 뉴스를 공급해 주는 주요 통신사로는 AP, UPI, AFP, 로이터, 신화 등을 들 수 있다. 보다 현장감 넘치는 동영상 정보를 제공하는 CNN 같은 뉴스전문 채널도 있다. 이 중에 미국에 있는 AP, UPI, CNN은 세계 뉴스정보 공급에서 시장의 과반수를 장악하고 있다. 이들은 세계 각국에 수많은 기자들을 상주시키면서 정보접근이나 송수신이 쉬운 기술적, 외교적 환경도 구축해 놓고 있다.

이를 따라 하려면 고도화된 정보기술과 전문 인력을 고루 갖추어야 한다. 막대한 비용과 경험, 체제 등이 필요하므로 아무나 따라 할 수가 없다. 자연히 많은 나라들은 미국 등 정보 강국의 정보를 받아 보도하는 수밖에 없다. 물론 정보사용료는 반드시 내야 한다. 힘이 붙은 정보제공사는 엄청난 광고시장을 장악하게 되고, 그러다 보면 사업도 커지면서 정보선택도 자기 뜻대로 할 수 있게 된다. 이런 흐름은 세계시장을 겨냥한 영화, 음악 같은 방대한 문화시장에서도 똑같이 나타난다.

그러다보니 세계 각국의 안방에는 몇몇 정보강국이 내보내는 각종 정보가 압도적으로 많아지고, 그들의 생각을 따라하는 습관이 세계의 유행이 되어버린다. 문화종속이나 정보제국주의의 위험이 바로 이런 과정을 통해 생겨나는 것이다.

'헤쳐 모여' 시대와 새로운 위기의식의 대두

네트워크 시대가 본격화되면서 세계 국가들은 '헤쳐 모여'라는 새로운 변화 앞에 몸살을 앓고 있다. 한 쪽에서는 국경이나 폐쇄적인 인습, 권위, 계층 등의 강압적인 경계가 무너져 내리는가 하면, 다른 쪽에서는 기능이나 감성, 문화적 친밀도에 따라 공유·통합 문화가 자리를 잡아간다. 이로 인해 지구촌 경제주체들 간에는 무한 경쟁이 가열화되면서 패러다임이 바뀌는 심각한 사태들이 불거지고 있다.

먼저 개별 국가들이 추구하는 국가 이익과 지구촌 공동번영이라는 큰 목표 중 어느 것이 우선인가 하는 선택문제가 국가, 민족, 기업, 개인에게 큰 부담을 주고 있다. 다음으로는 근래 들어 세계화 추세가 거세지면서 서구문명은 지구촌의 표준문명으로 자리를 잡아가고 있다는 사실이다. 이때 독자적 문명을 가진 민족, 국가들과의 문화충돌을 어떻게 소화할 것인가가 문제가 된다. 여기에다 다원사회에서 살고 있는 민족 등 무수한 개성적인 집단들이 어떻게 자기 정체성을 찾으며, 이질감이 심한 민족들 사이에서 어떻게 상호의존적인 호혜관계를 정착시키느냐이다.[11]

인위적으로 분리되어 있는 현재의 세계 220여 국가들도 앞으로 20여 년 안에 문화중심의 3,000~4,000여 국가로 분산되리라는 예측이 나오고 있는 형편이다(N. Negrofonte). 나라 안 생활양식도 중앙집권보다 지방화로 축소되고 있다. 이는 인간의 활동영역이 세계로 넓어질수록 문화적 동질집단끼리 '헤쳐 모여'를 통해 새로운 부담에서 벗어나려는 자연스런 움직임이라 할 수 있다.

권위해체의 징후도 사회 전반에서 쉴 새 없이 나타나고 있다. 전체주의, 공산주의, 민족주의, 국수주의 같은 반민주적 이념이 자리를 잃어가고 있으며, 전통적인 세계 종교들도 권위 약화에 따라 분파가 늘어나게 된다. 노동자나 학생들의 공고한 결속이나 투쟁일변도의 집단문화도 다원사회로의 변화를 수용하지 못하면 힘을 잃을 수밖에 없다. 전통적인 우상인 성인, 위인, 원로, 스승의 설 자리가 좁아지고 있는 것도 한 징후이다.

여기에다 집단문화해체 현상은 인간 고유의 귀소본능을 퇴화시키는 역기능까지 낳고 있다. 이미 대다수 청소년 세대들은 전염병처럼 번지고 있는 국적불명의 외래문화에 노출되고 동화되면서 문화적 정체성을 잃은 세계인(McMonde)으로 변질되고 있다. 국민, 민족, 가족으로서의 소속감이 퇴화되고 비판의식 침체로 자국 문화의 공동화(空洞化) 현상마저 생겨나고 있다.

　1997년 이후 한국인의 자발적인 해외 이민이 매년 1만 3,000여 명 이상으로 늘고 있다. 대다수 국가에서도 이민, 이주, 직업인의 자유이동, 배낭족들이 매년 10억 명이 넘는 것만 봐도 현대인의 소속감 해체 현상을 알 수 있다. 산업현장도 다품종 소량생산 시대(On demand)가 열리면서 거대규모의 대량 생산체제는 약화되든가, 생산주기의 획기적 단축을 수용해야 하는 체제변화에 직면하게 된다.

　한정된 재화의 분배보다 무한대로 창조와 공유의 길이 열린 사이버(Cyber) 경제 비중이 커지면 계급, 인종, 민족적 우월감은 쇠퇴의 길로 접어들게 된다. 이와 함께 국가나 조직의 후광보다는 개인의 능력과 권리, 책임, 보람을 중시하는 다원화·자율화 경향이 보편적인 사회관습으로 자리 잡을 수밖에 없을 것이다. 정보공유체제가 확산되면 소비자 중심사회가 성숙되어 가면서 일반대중의 지적, 예술적 참여 기회도 놀랄 만큼 확대된다. 그러면 고급문화의 대중화, 지적 선도그룹을 이루고 있는 공직자, 학자, 경영인, 문화예술인, 의사, 법률가 등의 권위와 영향력도 줄어들게 된다.

　이러한 다원사회는 무수한 이해관계자들 간에 미묘한 갈등을 불러일으키게 되므로, 이를 조정할 새로운 질서의 필요성도 높아지게 된다. 이미 국제사회에서도 핵 및 생화학 무기 확산금지, 환경보호, 국제범죄 공조, 인권보호, 민주화, 마약근절, 기근 및 자연재난 구호 문제 등은 인류의 공존을 위한 국제질서의 하나로 자리 잡은 지 오래이다.

　과학기술이 고도화되고 사이버 세계의 영역이 커지면 인간행동에 대한 법적, 사회적 규제능력은 점점 힘을 잃게 된다. 그렇게 되면 인간의 정신생활에도 무정부주의, 염세주의, 허무주의 같은 바람직하지 않은 역기능의 만연을 피할 수 없다. 세기말적 종말론이 범람하는 것도 그러한 징후라 할 수 있다. 중국의 고전《순자(荀子)》에 제시된 난세의 징후는 오늘날의 모습을 그대로 옮겨 놓은 듯 보여주고 있다.

「난세의 징조를 보면 옷이 요란스럽고, 용모가 여자 같으며, 풍속은 음란하고, 탐욕스럽게 이익을 쫓으며, 행실이 난잡하고, 음악소리도 거칠고 험악하다(亂世之徵 其服組 其容婦 其俗淫 其志利 其行難 其聲樂險).」

이미 사이버 시장, 사이버게임, 사이버 예술 등 사이버 신드롬이 자리 잡았는가 하면 테크노댄스, 힙합 등 격렬한 음악이 판을 치고, 자유분방한 젊은 세대가 독창적 문화권을 이끄는 선도세력으로 부상, 새로운 유행과 사회풍속의 견인차 역할을 하고 있다. 여기에다 철 지난 노스트라다무스의 예언이 다시 관심을 끌고 테크노샤머니즘, UFO신드롬, 엑스파일(X-file), 이색종교 등도 잇달아 등장하고 있다. 교육 수준이 높은 세대들이 세기말 히피속에 빠져들고 포스트모더니즘(Postmodernism), 카오스(Chaos) 이론, 가이아 이론이 풍미하는 등 비합리적 신비주의 사상이 인간의 무기력을 부추기고 있는 형편이다.

이는 고정된 기존의 틀을 수호하려는 집단문화권에서 보면 분명 말세의 징후이다. 그러나 다원화의 길을 걷고 있는 현대적 시각에서 바라볼 때, 이는 오히려 활력과 창조성을 높여나가는 순기능이 될 수 있다. 이를 어떻게 해야 건강한 사회로 가는 조화적 에너지로 바꿀 수 있느냐가 주요 과제일 뿐이다.

자유냐 질서냐

국가사회, 국가경제를 살리려면 자유와 질서, 어느 것이 더 중요할까. 국민들이 저마다의 재능에 따라 자유롭게 창의력을 펼칠 수 있도록 환경을 조성해 주는 것이 더 중요한가. 아니면 강력한 질서로 국민의 힘을 하나로 모아 정해진 목표를 향해 밀어붙이는 것을 우선순위에 둘 것인가. 사르트르(Sartre)는 이런 말을 했다.

"인간은 자유롭도록 저주받은 존재이다. 인간이 자유를 누린다는 것은 꼭 축복만은 아니다."

그는 인간의 무제한한 자유를 갖고 싶어 하는 본능적 욕구를 저주로 보았다. 인간이란 외부로부터의 강압에 의하지 않고는 스스로 자유를 거부하거나 속박의 길을 자청하는 일이 별로 없다. 이는 곧 인간에게 허용된 자유의 끝이 파멸이란 것을 암시한 것이 아닐까.

창의성이란 자유분방한 혼돈 속에서 꽃피는 경향이 있다. 그러나 최소한의 질서가 없으면 아무리 뛰어난 창의력도 사회발전에 직접 활용하기가 힘들다. 그렇다고 지나친 질서만으로도 큰 효과를 기대할 수 없다. 지나친 자유 역시 마찬가지이다. 성공적 사회란 이 두 개의 대립되는 힘을 내버려두지 않고 국가가 그 사이에서 역동적인 긴장감을 이끌어 상승효과를 낼 수 있는 사회를 말한다.[4]

그 해답은 싱가포르와 이스라엘의 경제발전 모델에서 찾을 수 있다. 싱가포르는 1965년 1인당 국민소득이 500달러였으나 1999년에 2만 5,000달러 수준으로 올랐다. 이스라엘은 1인당 소득이 1965년의 5,000달러에서 1999년에는 1만 5,000달러 선에 이르렀다. 모두 성공한 나라지만 지난 35년 동안 싱가포르는 개인소득이 50배나 뛰어오른 반면 이스라엘은 3배 오르는 데 그쳤다. 비교 연도인 1965년에 싱가포르는 중진국에 불과했지만 이스라엘은 싱가포르보다 10배나 부유한 선진국 문덕에 와 있었다. 그러나 지금의 싱가포르는 세계 일류의 부국자리에 당당히 올라있다.[4]

무엇이 두 나라를 바뀌게 했을까. 한 곳은 질서로 승부를 걸었고 다른 곳은 개인적 재능에 승부를 걸었기 때문이다. 이스라엘 사람들은 전통적으로 탈무드에 실린 랍비의 지혜를 익히면서 개인재능을 높이는 데 힘을 기울였다. 세계 곳곳으로 흩어져 살아 온 이스라엘 민족의 운명적 삶이 개인적으로 자립심과 탐구욕을 자극, 체질화시킨 데서도 원인을 찾을 수 있다. 반면 싱가포르는 동남아 여러 민족이 섞여 사는 도시국가이다. 천연자원이 없는 조그만 나라이다. 그냥 내버려 두었다면 주변국인 말레이시아, 인도네시아 수준에 머물러 있을 가능성이 높다. 그러나 싱가포르는 도시국가의 이점을 살려 강력한 질서 아래 인적, 물적 자원을 총동원하여 선진국 따라하기 정책을 폈고 성공을 거두었다.

그러나 이 두 나라는 21세기 들어서부터 성장세가 둔해지면서 잠재력도 한계에 오지 않았나 하는 의심을 받고 있다. 왜 그럴까. 싱가포르는 지금껏 자원동원과 모방으로 남을 따라잡는 쉬운 단계만을 밟아왔기 때문이다. 이스라엘 역시 개인재능이 소진되고 있는데도 이들 재능을 큰 하나로 묶는 데 필요한 질서를 갖추지 못했다. 래스터 서로우(Lester C Thurow)는 이에 대해 "질서를 다른 모든 것보다 높이 평가하는 사회는 창의적일 수 없다. 하지만 어느 정도의 질서가 없다면 창의성은 마치 블랙홀에 빨려들어 가듯 사그라지고 만다"고 말했다.[4]

시장지상주의 추세는 국제시장의 대형화, 단일화로 줄달음치고 있다. 그러나 세계시장을 장악할 만큼의 덩치를 키우려면 한두 개 기업만의 힘으로는 벅차다. 그래서 선진국들은 국가 자체를 하나의 주식회사로 탈바꿈시키고 있다. 거대자본을 동원하여 국민의 다양한 창의적 재능을 조직화해, 이를 국력으로 승화하는 일사불란한 세계화 전략을 펴고 있다. 다시 말해 국가경쟁력을 높이려면 1차적으로 자유로운 창조활동이 보장되어야 한다. 하지만 이러한 창조적 역량을 보다 거대한 힘으로 키워 내려면 이를 조직화하고 통합화하는 과정이 뒤따라야 가능하다. 네트워크를 통해 무수한 사회기능이나 개인적 역량이 통합·상승작용을 하고 있는 현대사회는 더욱 그런 특성이 강해지고 있다.

싱가포르는 이스라엘 식의 개인 재능 개발에서, 이스라엘은 싱가포르 식의 질서개념 도입에서 탈출구를 찾지 않을 수 없다. 자율과 질서의 조화가 곧 국력을 한 단계 높일 수 있는 해법이 된다는 의미이다. 그러나 현대사회에서의 국가권력이란 옛날처럼 단순하지가 않다. 이제는 과거에 국가권력을 나누어가져 왔던 행정, 입법, 사법권 외에 새로이 생겨난 언론권과 시민권이 제4, 제5권으로 막강한 권력의 주체가 되어버린 것이다.

이처럼 사회가 바뀔수록 자유와 질서의 양상은 날로 복잡해지고 있다. 자유가 아무리 중요시되는 개방사회라도 군대, 경찰 등 사회체제를 유지할 기본적 통제장치가 취약하면 그 사회는 자기제어능력 상실로 그 나마의 자유조차 빼앗겨 버린다. 벌써부터 음성적인 지하경제가 번성하는가 하면 중세 시대에서처럼 자위를 위한 용병제도가 번창하고 있다. 미국에서 지역별 안전을 위한 자구책이 강조되며 청원경찰 수가 급증, 국가경찰의 3배 이상으로 늘어나고 있는 것만 봐도 알 수 있다.

그렇다면 사회가 필요로 하는 질서는 어느 정도여야 하는가. 질서에는 사회적으로 필요한 질서(Socially necessary order)와 잉여질서(Surplus order)가 있다. 잉여질서란 사회이익을 위해서가 아니라 국가를 장악한 자의 이익을 위해 강요된 과잉질서를 말한다. 이는 오늘날의 상호의존적인 세계에서 정당성과 도덕성을 상실하게 되어 조직 내 저항과 다른 국가들의 제재를 불러들이게 된다.[3]

매슬로우는 이런 말을 했다.

"사람이 빵만으로 살아간다는 것은 너무나도 옳은 말이다. 그러나 이는 빵이 없을 때 하는 말이다. 빵이 풍부해지면 인간에게는 다른 욕구들이 지배적으로 나타난다."

빈곤 탈출을 위한 경제 성장기에는 강력한 질서가 필요해진다. 그러나 빵 문제가 해결되면 자유에 대한 욕구는 필연적으로 강렬해질 수밖에 없다. 지금 세계 도처에는 정보화, 민주화, 세계화와 함께 자유화의 물결이 거침없이 밀려들고 있다. 이는 자유가 억제된 통제사회를 경험한 나라일수록 그 속도와 강도가 빠르고 거세다. 당연히 사회갈등이 심화되고 국가의 법질서나 관리자의 영향력이 약화될 수밖에 없다. 다양한 이익집단의 목소리들이 자제의 지혜를 깨달았을 때 쯤에는 국력이 크게 기울어 그들의 요구가 거의 받아들여질 수 없는 지경이 됐을 때가 많다.

역사를 보면 자유의 과잉상태에서 질서의 필요성을 깨닫고 미리 준비해 실패를 예방한 경우가 매우 드물다. 대부분이 역사의 교훈보다는 스스로 수업료를 내고 체득했을 때만 그 효과를 나타낸다. 기업에서 노사대립이 파국을 지난 다음에야 회사 살리기에 나서는 것도 마찬가지이다.

인간의 욕망이란 끝이 없는 것이다. 그러나 인간이 꿈꾸는 바람직한 욕망의 피라미드 꼭대기에는 자아실현 욕구가 자리 잡고 있다.[12] 자아실현이란 국민 개개인의 희망과 의지만으로 이루어지지 않는다. 강력한 국력이 뒷받침되어 다양한 기회가 열려 있을 때만이 가능하다.

04

한국의 기회는 오고 있나

순환주기와 중심국의 기회

국제 경제 질서는 아직 새로운 체계가 정착되지 못한 과도기에 있다. 과도기는 항상 비약과 좌절의 양면성을 가지고 있다. 중심국 자리를 차지하는 나라는 혼란스런 과도기를 비약의 기회로 삼을 줄 아는 나라이다. 우연인지 필연인지 산업혁명이 시작된 1760년경부터 컴퓨터가 발명된 1940년까지는 200여 년이 걸렸다.

21세기에 들어선 오늘의 세계는 정보혁명이 이루어낸 값진 과실들을 수확하는 번영기를 맞이하고 있다. 한국에서도 근대화의 싹을 틔운 실학 사상이 등장한 18세기로부터 200여 년이란 세월이 흘렀다. 최주평의 200년 주기설을 따른다면 세계는 지금 치세의 변화기에 와 있고, 한국도 번영의 전기를 맞고 있다는 계산이 나온다. 모델스키의 주기설을 따른다 해도 21세기 초반, 한국은 번영의 세기를 맞도록 되어 있다. 한국 역사상 최초로 근대화의 몸부림이 시도됐던 갑신정변이 일어난 해가 1884년이다. 그러나 한국은 지지부진한 산업화로 혼돈의 100년 세월을 허비해 버렸다. 그 다음 정보화 사회가 들어오면서부터 한국은 발 빠른 정보화 정책을 앞세워 체제정립기에 들어서고 있다.

전자공학자 이충웅은 한국의 미래에 대해 '기(氣)'라는 동양적 이론을 서구의 과학적 시각에서 흥미 있게 조명하고 있다.[13]

일반적으로 전기(電氣) 스파크(Spark)는 뾰족한 데서만 일어난다. 평평한 곳에서는 전하밀도가 낮아 일어나지 않는다. 한국은 지형이 좁은 반도이지만 남쪽으로 갈수록 지형이 뾰족해서 강한 기가 모여 있다. 이런 전기스파크의 발생현상을 유추법(Analogy method)으로 보면 한반도에 사는 사람들은 기가 세게 되어 있다.

따라서 한반도 사람들은 평소부터 기가 넘쳐서 행동이 폭발적이고 역동적인 면이 자주 나타난다. 데모를 해도 화염병이나 돌 등을 닥치는 대로 던져야 직성이 풀린다. 공부에도 한번 맛을 들이면 너무 도전적으로 빠져들어, 가르치고 배우는 것을 정부가 나서서 억제하고 처벌할 정도가 되어야 제동이 걸린다. 이런 나라는 한국밖에 없을 것이라는 그의 결론은 고무적이다.

"한반도로 밀려오는 기(氣)의 제 현상을 전기 현상론적 아날로지 관점에서 분석하여 그 해답을 찾아보면, 21세기야말로 세계적으로 한국 민족의 시대가 되리라는 강한 신념을 얻었다."

한국은 지금 역사에 드문, 좋은 기회를 만난 것이 확실해 보인다. 과거 한국의 역사는 언제나 세계사의 뒷줄에서 허덕이면서 쫓아온 것이 대부분이었다. 그러나 지금은 아니다. 모처럼 맞이한 유리한 국제조류를 능동적으로 수용할 수만 있다면 가능하다. 세계최고 수준의 정보망이 구축되어 있어 세계의 정보를 누구보다 빨리 접할 수 있는 환경이 갖추어져 있다. 지식사회의 동맥이 어느 때보다 탄탄하다. 정보화 열풍은 세계 어디서도 찾아보기 어려울 만큼 빠른 속도로 전 산업으로 불어대고 있다. 이제는 정보화 추진과정에서 축적한 자신감과 발전리듬이 내부의 잠재력을 끌어올리는 데 활용될 수 있을 때 우리는 일찍이 만난 적이 없는 21세기 중심국의 기회를 놓치지 않을 것이다.

자유와 질서, 지혜로운 접목이 관건

한국의 1인당 국민소득은 1960년에 80달러이던 것이 2003년에는 1만 2,600달러가 되었다. 43년간 150배의 성장을 이룬 것이다. 성장속도를 볼 때 싱가포르나 이스라엘은 물론 세계 어느 나라와도 비교할 수 없을 만큼 빠르다. 1960년대 이후 본격화된 한국의 경제성장은 싱가포르를 벤치마킹한 것은 아니지만 강력한 질서에 바탕을 둔 것이다. 특히 개발 초기 20여 년간은 싱가포르를 능가하는 일사불란한 법적, 제도적 질서 밑에서 추진된 결과이다. 체계적인 경제개발 계획, 정부 주도의 강력한 추진력, 민간의 참여욕구를 끌어올리는 국민운동 등이 어우러진, 분발과 역동적 힘이 뭉쳐 이루어낸 결과이다.

1990년대 들어서부터 사회에 민주화 욕구가 넘치면서 통제적 경제 질서는 자유와 평등 논리에 역전되기 시작했다. 이는 끈질긴 민주화 운동의 당연한 결실로 볼 수 있다. 그러나 그 배후에는 기질적으로 보다 감성적이고 개성적인 한국인의 자유의식이 물밑에 숨어 있다가 햇빛을 보면서 폭발적으로 분출한 결과라 할 수 있다.

한국인은 기질적으로 이스라엘 민족과 유사한 점이 많다. 그러나 한국은 싱가포르와 유사한 경제성장 방식을 택한 것이다. 앞으로의 과제는 한국인의 기질과 국가목표가 융합된, 독자모델을 만들고 이를 추진하기 위해 자유와 질서를 어떻게 효과적으로 접목시키느냐가 관건이 될 것이다.

한국 사회는 해방과 6·25 전쟁을 겪으면서 급속한 권력의 대이동이 일어났다. 양반사회의 몰락, 중상인 계층의 급성장으로 인한 급속한 신분이동이 평등사회 기반을 닦아 놓았다. 그러나 투쟁과 양보, 설득과 합의라는 순화단계를 겪지 못한 한국인들은 각종 발전계획, 법률, 제도의 도입을 선진국에 의존하여 분별없이 받아들였다. 그러다보니 과거의 권위주의와 절대평등의 이상주의라는 2중적 특성을 공유하게 된 것이다. 여기에서 생겨난 한국식 평등의식은 어느새 사회존립에 필수적인 모든 질서, 모든 권위를 인정하지 않으려는 저항문화가 자리 잡고, '네가 하면 나도 할 수 있다'는 모험적 만용주의를 범람케 하였다.[14]

뿐만 아니다. 그동안 갈고 닦은 전통문화의 뿌리와 묵시적인 국민의식마저 개혁이란 이름으로 해체의 위기를 자초하게 되었다. 이는 결과적으로 세대 갈등을 부추겨 값진 전통문화의 계승을 어렵게 하고 있고, 다듬고 축적해 온 사회윤리와 국가의 정체성마저 모호하게 만들어 버렸다.

전통윤리는 사회를 지탱해 주는 가장 근간이 되는 질서이다. 이러한 질서는 곧 그 사회의 문화적 가치가 붕괴되면 빠른 속도로 힘을 잃을 수밖에 없다. 문화적 가치란 '모든 사회는 사회 유지를 위해 자기 사회 성원들에게 강조하는 주요 가치체계를 가지고 있기 마련인데 이처럼 집단 성원들에게 폭넓게 공유되고 집단이나 공동체의 정체성에 중요하다고 여겨지는 신념이나 느낌'을 말한다.[14]

특히 전통적 윤리의 쇠퇴는 인간의 성장과정에서 오랫동안 교육적 기능을 담당해 온 가정, 학교, 종교의 영향력이 줄어들면서 더 한층 세계를 혼란과 분열의 길로 몰아가고 있다. 세계 윤리선언에도 '우리의 다양한 종교적, 윤리적 전통은 무엇이 선하고 무엇이 악한지에 대한 기본적인 개념' 위에 세워져 있음을 강조하고 있다. 한국 문화의 위기는 비윤리적이고 신뢰성이 떨어져있는 정치논리의 혼란에서 비롯된 것이기도 하다.[15] '근심지영(根深枝榮)'이란 말이 있다. 뿌리가 깊어야 가지가 번성한다는 고사이다. 축적된 문화의 뿌리를 소중히 가꾸고 기르지 않으면 잘 익은 과실을 풍족하게 수확할 수 없다.

전통윤리는 마치 고향과 같은 것이다. 그래서 전통과 문화적 특성을 외면한 사회개혁은 성공할 수 없다. 개혁과 실용이란 정체되어 있는 문명에 활기를 넣어주는 강심제가 되어야 한다. 성급한 의욕만으로 머리만 바꾸려들면 온 몸은 균형을 잃고 제 구실을 할 수 없게 된다. 선동적 포퓰리즘은 안개 속에서나 궁전을 세울 수 있다. 그러나 거품이 걷히고 나면 신기루가 되어 홀연히 자취를 감추어 버린다.

세계화・정보화가 대외적 발전의 지름길이라면, 공동체적 전통이나 가치규범은 대내적인 결속을 다지고 정체성을 밝혀주는 버팀목이 된다. 이 두 가지는 어느 하나 소홀히 할 수 없는, 국가경쟁력을 끌어올리는 기본 축이 된다. 이것 없이는 동질화되어가고 있는 국제상품시장에서 개성적인 문화상품으로 경쟁력을 키울 수 없다. 사회의 균형적 발전이나 높은 신뢰사회로 들어 갈 수도 없다. 또 기술, 문화 중심국으로 갈 수 있는 야심적인 국가전략도 실효를 거둘 수가 없다.

무엇을 선택하고 어떻게 집중할 것인가

지난 2004년 11월 아일랜드의 유력한 일간신문 〈아이리시 타임스〉는 이색적인 한국 관련 사진을 게재했다. 대학입학시험을 앞둔 자녀를 위해 학부모가 염주를 든 채로 간절히 기도하는 모습을 담은 것이다. 한국인에게는 입시철만 되면 흔하게 볼 수 있는 광경이다. 낯선 아일랜드에서 현지 신문에 이 모습이 클로즈업 된 이유는 무엇일까.

대학입학시험에 목숨을 걸고 사는 한국인의 풍속에 공감하기 때문일 것이다. 아일랜드 역시 유럽 국가 중에서 교육열이 대단한 나라이다. 이 나라는 21세기 들어서면서 지식산업에서 성공을 거두었고 앞으로도 여기에서 승부를 걸어야 한다는 필연성을 절절히 느끼고 있는 나라이다.

아일랜드는 1990년대 초까지 만해도 유럽의 빈국으로 국가 장래가 어둡기만 한 고단한 나라였다. 특히 인접한 영국으로부터 오랜 세월동안 이만저만 설움을 받은 게 아니다. 가난하고 힘들게 살다보니 말 많고 흠도 많은 데다 노사갈등은 최악으로 낙인 찍혀 한때는 서구사회의 말썽꾸러기 취급을 받았던 민족이다. 그러나 불과 10년 만에 아일랜드는 영국, 프랑스, 독일을 제치고 유럽(EU)에서 가장 잘 사는 나라 중 하나로 우뚝 선 것이다. 1인당 국민소득이 3만 달러를 훨씬 넘어섰고(2003년 2만 6,960달러) OECD국가 평균 경제성장률의 2배가 웃도는 고속성장을 계속하고 있다.[16] 무엇이 이 나라를 단기간에 강소국(强小國)으로 바꾸어 놓았을까.

그 비결은 선택과 집중에서 성공을 거두었기 때문이다. 1990년대 초반 미국을 중심으로 정보통신산업(IT) 붐이 일어날 때, 아일랜드는 이러한 세계적 흐름을 기막히게 활용, 정보산업에 역점을 두면서 경제체질을 바꾸는 데 성공했다.

아일랜드는 한국처럼 수출로 먹고 살아야 하는 나라다. 수출산업 중 소프트웨어(SW)산업을 전략목표로 삼으면서 경쟁력이 살아나기 시작한 것이다. 산업구조 개편 이후 수출산업에서 전자SW부문이 전체의 40% 이상을 차지하고 있고, 그 다음이 화학 관련 제품이다. 집중된 목표에 힘이 붙으면서 4년 동안(1993~1997년) 40%라는 고속성장을 달성했다. OECD국가 중 가장 빠른 경제성장률을 기록한 것이다.

아일랜드와 영국의 관계는 마치 한국과 일본 관계와 흡사하다. 아일랜드는 700여 년간 영국통치 하에 있다가 1922년에야 독립한 약소국이다. 아직도 아일랜드 북부는 영국령으로 되어 있어 분쟁이 끊이지 않고 있다. 영국의 탄압과 정치, 경제적 혼란으로 19세기에만 700만 명이 넘던 인구가 300만 명 이하로 줄어들어 국가의 근본이 위태롭기까지 했었다.

그러나 지금은 다시 인구가 400만 명을 넘었고 계속 외국으로부터의 이민이 급증하고 있는 중이다. 이들은 노사 대타협을 이룬 후, 낮은 실업률에 경제성장이 꾸준히 올라가고 있는 데다 정치적 자유, 사회적 안정, 전통 문화 등과도 순조로운 융합이 이루어지고 있다. 외국투자와 기업유치가 순풍에 돛을 단 듯 밀려온 것은 물론이다. 이미 아일랜드에 터를 잡은 1,000여 개가 넘는 외국 기업들이 아일랜드 전체 수출의 70% 이상을 차지하기에 이르렀다. 영국의 경제전문지 〈이코노미스트〉는 아일랜드를 세계 111개 국가 중에서 '2005년에 가장 살기 좋은 나라 1위'로 꼽기까지 했다.

한국으로서는 부럽기 한량없는 나라이다. 한국도 일본 치하에서 고된 식민지 생활 중에 받은 수모는 아일랜드의 그것을 능가한다. 힘없고 가난하면 없던 흠도 생겨난다. 한국인도 일본으로부터 거짓말 잘하고, 불성실하고, 더럽고, 게으르고 등등 참을 수 없는 민족적, 기질적 모욕을 받아왔다. 한국인과 아일랜드인은 기질적으로도 공통점이 많다. 예를 들면 술 잘 마시고, 화제가 풍부하고, 감성도 풍부하다. 또 이를 근간으로 무엇보다 IT 산업에서 강세를 보이면서 선진국의 꿈을 키워가고 있는 것도 닮았다.

반면에 다른 점도 많다. 먼저 한국은 아일랜드보다 스케일 면에서 훨씬 크다. 인구가 10배 많고, 경제규모도 세계 10위권에 오를 만큼 업종의 다양화를 이룬 나라이다. 문화의 뿌리도 다르다. 따라서 한국 정도의 덩치를 가진 나라가 아일랜드처럼 한두 개 분야만으로 국가의 운명을 걸기에는 위험이 너무 크다. 그렇다고 한정된 자원과 낮은 기술력으로 모든 분야에서의 고른 성공을 욕심냈다가는 영원한 2등국, 3등국을 면치 못할 것이 뻔하다. 그러나 숨 가쁜 기술사회, 정보사회에서 두각을 내는 길은 자신 있고 가능성 있는 분야를 선정, 집중 육성하여 승부를 거는 것이 최선이 될 것이라는 점은 깊이 새겨 배워야 할 것이다.

지금 정부와 다수 기업은 급변하는 세계화 추세가 한국 경제 발전에 유리한 징후로 받아들이고 있다. 한국, 미국, 멕시코 3개국을 대상으로 한 여론조사에서 한국은 경제의 세계화가 한국 경제에 긍정적 영향을 미칠 것이라는 의견이 81%에 달했다. 미국의 64%, 멕시코의 34%보다 국민적 호응도가 월등히 높게 나타난 것이다.[17] 한국의 기업들도 어느덧 세계시장에서의 경쟁력과 적응력이 높아지고 있으며, 기업의 다국적화도 착실히 추진되고 있다. 또한 풍부한 인적자원도 대기하고 있다. 외국 문화와의 장벽도 많이 낮아져서 문화적 내성도 강해지고 있다.

효율적인 선택과 집중은 비생산적 이념갈등 극복이 첫걸음

선택과 집중은 국가와 국민들이 그 필요성을 깨닫고 공감대가 형성된 것만으로는 순탄하게 이루어지지 않는다. 경제 체질을 바꾸고 효율적인 제도가 뒷받침되고, 기업이나 국민들의 참여의욕을 높이는 등 헤치고 넘어야 할 장벽들이 수두룩하다.

그런데 한국은 이런 실질적 과제들을 앞에 놓고 의외의 난관에 부딪쳐 몸살을 앓고 있다. 그것은 비생산적인 이념갈등이 사회전체로 번지면서 국론분열을 부추기고 있어 선택과 집중을 위한 국민적 공감대 형성에 큰 장애가 되고 있는 것이다. 가뜩이나 지연, 학연, 혈연에 의한 내부갈등을 치유하는 것만으로도 벅찬데, 21세기에 들어서 이상스럽게도 해묵은 이슈가 세상을 시끄럽게 하고 있는 것이다. 여기에는 한국인의 독특한 기질이 한몫 하고 있다. 정통성에 대한 집착, 유별난 감성기질, 성급한 냄비근성, 시류에 몰려다니는 동조의식과 과격한 비판의식 등등이 이런 갈등을 증폭시켰으리란 사실을 부인하기 힘들다.

사회가 다원화될수록 사회에는 무수한 사상, 철학, 이념, 종교 등 색다른 정신가치들이 앞다투어 등장한다. 자유화, 민주화가 진행될수록 이런 정신 산물들은 개개인의 성격차이 만큼이나 다채롭게 나타나 생기와 활력을 불어넣어 주며 다양한 창조활동을 꽃피우게 하는 등 순기능들이 아주 많다. 그러나 이런 현상은 생각이 다른 많은 주체들 간에 토론과 설득, 양보라는 민주적 과정을 거치면서 사회통합과 역동적 힘으로 모아질 수 있다.

그런데 우리 사회는 그렇지가 않다. 혁신의 이름을 내건 개혁주의 신봉자들 중에는 공존의 규칙을 깨고 반대자를 척결과 투쟁, 증오의 대상으로 몰아가는 비민주적 독단성이 드러나고 있다. 이것이 사회역량의 결집을 어렵게 하고 있는 것이다. 더 심각한 것은 이런 징후가 정치권을 벗어나 산업계, 노동계, 학계, 교육계로 번지면서 학생, 노동자, 교사 심지어 일반 국민들까지 편 가르기 문화로 뛰어들어 국론분열을 부추기고 있다는 사실이다. 그 원인은 한국인의 독특한 기질에서도 찾아볼 수 있다.

개혁과 수구, 진보와 보수라는 이름으로 갈라져 날을 세우고 있는 이념 대립 문제들은 여러 갈래에서 터져 나오고 있다. 그 핵심 쟁점이라는 것도 미래에 대한 좌표설정이 아닌, 지난 과거 역사를 보는 시각에 대한 이견이어서 더욱 황당하기까지 하다. 이들의 갈등은 먼저 학계에서, 2개의 역사서가 대변, 첨예한 대립을 부추기고 있다.

1979년에 발간된 《해방전후사의 인식》은 진보진영의 논리를 대변해

주고 있고,《해방전후사의 재인식》은 30여 년이 지난 2006년에야 보수진영의 대변지로 발간되었다. 이 책의 머리말에는 이런 대목이 있다.

「2004년 초가을 《해방전후사의 인식》을 읽고 '피가 거꾸로 흘렸다' 는 노무현 대통령의 언급을 지면을 통해 접하고, 우리 사회의 역사인식을 이대로 두고 본다는 것은 역사학자의 직무유기라는 생각이 들었다.」[18]

이 두 책에서 드러난 구체적 쟁점은 분단책임은 누구이며, 한국전쟁은 누가 일으켰나. 이승만 대통령을 어떻게 평가하는가, 친일잔재는 반드시 청산해야 하는가 등이다. 특히 심각하게 느껴지는 것은 이들의 주장이 단순한 과거의 청산에 머물지 않고 현재 우리가 살고 있는 한국의 존립과 권위에 대해서까지 문제제기를 해주고 있다는 것이다. 대한민국의 정통성에 대해서 '재인식'은 옹호하는 데 반해, '인식'은 부정적으로 보고 있다는 점이다.

한국 분단과 한국전쟁의 책임은 미국과 한국정부에 있으며, 이승만 대통령은 민족통일을 저해한 인물로 보고 있는 그룹은 진보진영이며, 그 반대 입장을 취하고 있는 그룹은 보수진영이다. 결국 문제는 한국의 현대사를 보는 시각에서, 한 쪽은 '민족을 주어로 해서 통일이라는 목표를 실현해야 한다' 는 당위론이 강조되어 있고, 다른 쪽에서는 '남한 국가를 주어로 해서 근대문명을 이룩했던 과정' 으로 본 점이다.[19] 여기서 파생된 이념 분쟁은 한국의 경제성장과정과 현 정부의 정책방향에 대한 시각에까지 많은 영향을 미치고 있다.

먼저 박정희 시대의 경제적 성공에 대해서도 첨예한 시각차를 보여 국민을 혼란시키고 있다. 진보진영에서는 박정희 시대의 경제정책은 장기집권을 합리화하기 위한 수단이다. 정권안보를 위해 경제성장을 추진하다 보니 정경유착, 빈부격차, 도덕적 불감증 같은 부작용이 컸다. 더구나 한일협정체결과 베트남 파병은 국가이미지를 크게 실추시켰다고 폄하하는 입장을 취하고 있다.

그러나 보수진영은, 박정희 시대는 바닥난 국내자본과 형편없는 대외신인도 속에서 대규모 외자도입을 위해서는 한일국교정상화, 베트남 파병 외에 다른 대안이 없었다. 선진국들도 산업화 초기에는 관치금융을 통해 전략산업에 집중투자, 불균형 성장이 불가피했다. 결과적으로 박정희의 뛰어난 리더십은 남한에 경제기적을 이루어냈으며, 그 결과 남북한에 엄청난 경제격차를 가져오게 됐다. 또 개발독재의 과실을 이제는 모든 국민이 누리면서 민주주의도 성장·발전하게 된 점 등을 내세우고 있다.[20]

일제 식민지시대가 한국의 근대화에 도움이 됐는가, 수탈만 해왔는가에도 의견이 갈라져 있다. 지금까지 학계나 대다수 일반인의 시각으로는 일제 식민지지배가 한국의 근대화를 저해했으며 한국경제를 피폐시켰다는 입장을 취해왔다. 그러나 근래 들어와서는 국내 학계에서도 다른 시각이 등장하고 있다. 즉, 식민시대가 한국의 근대적 경제성장의 기점이라는 의견들이 공감을 얻어가고 있는 점이다.[21] 다행히 근래 들어 과거사를 놓고 투쟁적 분열조짐으로 미래를 어둡게 하고 있는 학계의 논쟁에 대해, 학계 자체에서도 자성과 우려의 목소리가 나오고 있어 그나마 일말의 출구를 만들어 주고 있다.

진보진영 인사로 386세력의 스승으로까지 알려진 최장집 교수가 진보세력에 대해 비판을 하기 시작했다. "오늘날 386은 더 이상 운동권도, 재야인사도, 시민사회 비판세력도 아니다. 386세대는 민주화 후 현실에 기초해 실천가능하게 이념을 재구성하고 체제저항세대로서가 아니라 민주주의를 실제로 건설해야 할 중심세력으로 역할전환에 대한 인식이 필요하다."[22] 또 자주적, 민족적이라는 최고 가치를 위해서는 어떤 희생도 감수할 수 있다는 진보진영의 주장에 대해서 "진보진영의 통일담론들이 남북한의 헌법적 차이라는 본질적 요소를 간과하고 있다"고 정면으로 비판

하는 세력들도 나타나고 있다.[23]

"현재 한국사회는 과거와의 싸움에 너무 매달려 있다. 분열되고 대립된 모습만 보일 뿐, 미래에 대한 담론이 없다. 그래서 미래가 불안하다. 과거사 정리는 정치권에서 해결하려고 할 것이 아니라 역사가에게 맡겨야 한다."(박세일)

"우리나라는 정보기술 강국, 한류문화 강국, 스포츠 강국인데 유독 정치는 후진국이니 참으로 안타깝다. 정치인들이 국민들의 수준을 못 따라가는 것은 수치이며 내일의 걸림돌이다." (한완상)[24]

그러나 정말 중요한 것은 한국 내부 갈등이 정치권에만 머물고 있지 않다는 사실이다. 여기서 파생된 갈등논리가 학계를 거쳐 사회 전반에서 비판, 배척, 증오, 투쟁의 소용돌이를 일으키고 있는 것이다. 그러니 바람직한 수용대세를 제대로 갖추지도 못하고 이 절호의 기회를 그대로 놓쳐버릴 위기에 처해 있는 것이다. 외환위기 이후 한국 경제는 고실업과 고용불안정, 소득분배구조의 악화, 신용불량자의 양산, 빈곤층 확대 등 사회적 기반이 흔들리고 있다. 경제 분야에서의 선택 말고도 정책의 우선순위에서도 혼선이 문제가 되고 있다.

「서구 민주주의에서는 현실생활에 기초를 둔 사회·경제적 문제가 정책의 최우선 순위로 자리 잡고 있으나 한국에서는 이와 반대로 중요의제로 부각되지 못하고 있다. 과거사 진상규명 같은 이념대립이나, 삶의 현실적 문제와 거리가 먼 행정수도 같은 지역개발주의적 사안들이 최우선 순위에 자리 잡았다.」[25]

외국에서는 한국이 이룬 경제발전을 부러워하고 주목하고 있는데, 정작 한국은 세계질서가 바뀌고 있는 막중한 시기에 내부 갈등과 이념의 늪에 빠져 허우적대고 있다. 과거 개발 국가 건설에 앞장섰던 '보수'들은 모두 시장주의자들로 변질되어 버렸고, 정권을 잡은 '진보'들은 과거 자신들을 탄압했던 기존체제를 해체하는 데 전력투구하고 있다. 많은 외국 경제학자, 사회학자들이 의아해 하는 것도 바로 이 부분이다. 한국은 세계가 부러워하는 성공적 모델이면서 왜 그토록 자아비판만 하는지 모를 일이다.[26] 원래 자주노선 신봉자였던 안병직 교수는 현 정부의 정책노선에 대안을 제시했다.

"대한민국은 자주와 자생으로 출발한 것이 아니라 국제관계 속에서 출발했고, 대회협력관계를 통해 안보와 경제성장을 이룩했다. 그러나 한국 사회에서 사상적 주류를 차지한 사람들은 이를 자주노선의 결핍이라고 매도하고, 대외협력은 대외종속이고 제국주의와의 타협이라고 비판하고 있다. 그러나 자주노선을 가장 잘 구현했던 북한을 보라. 정치의 자유, 경제의 자립, 국방에서의 자위를 주장했던 결과가 지금 어떤가. (중략) 현 집권세력은 오늘날의 자유와 번영이 국제적 관계 하에서 개발과 협력으로 이뤄졌다는 것을 간과하고 한국 근대사를 침략과 저항의 역사로만 규정하려 하고 있다. (중략) 지금 한국은 근대화 민주화에 성공한 다음 목표가 선진화라는 데에 합의와 동의가 이루어졌다. 또 선진화는 자유민주주의와 시장경제를 토대로 이뤄야 한다는 것도 어느 정도 합의가 됐다. 문제는 이게 추상적이고 막연하게만 느껴진다는 점이다. 이제는 구체적으로 자주, 자립, 자위라는 환상을 깨고 글로벌리즘 속에서 자유민주주의와 시장경제를 추구하도록 하는 것이다."[27]

서울대학교에서 열린 국제학술회의(2006.5.31) '21세기 한국학의 진로 모색' 에서 조동일 교수는 기조강연에서 한국학의 방향을 다음과 같이 제시했다.

"21세기 한국학은 한국학이 아니어야 한국학이 될 수 있다. 세계적인 범위의 일반이론을 수립해 민족주의를 넘어서 보편주의로 가야 한다. 20세기 한국학은 자기방어를 위해 배타적민족주의를 이념으로 했다. 하지만 21세기 한국학은 전체 인류를 위해 봉사하는 세계학이 되어야 한다."[28]

지난번 한국을 방문한 '폴 케네디' 예일대 교수는 이런 충고를 했다.

"한국은 아시아의 벨기에이다. 벨기에는 독일, 프랑스, 영국, 네덜란드에 둘러싸여 있다. 따라서 주변국을 무시한 독자정책을 펼치기 힘들다. 한국은 지정학적으로 주변국의 중간자적 위치에 있다. 따라서 한국은 주변국가와 밀접한 관계를 맺어야 한다."

그는 이어 한국이 세계화로 가기 위해서는 기업이나 정부가 외교능력을 갖춘 전문 인력양성이 절대적으로 필요하다는 점을 강조했다. 경계해체시대에, 또 시간과 거리가 극복되는 세상에서는 주변국을 지리적 기준으로 정할 수 없다. 이제는 산업, 학술, 문화, 교육 등에서 얼마나 많은 영향을 주고받느냐가 주변국의 기준이 될 수 있다. 이처럼 함께 어울려 살아가야 하는 국제관계에서 지나친 독자성과 자주성, 민족주의를 내세우는 정책은 국가의 생존과 독립이라는 당초 목표와는 동떨어진, 국가의 고립과 위축을 가져오는 해악이 될 수 있다.

한국은 지금 종적이던 사회체제의 틀이 횡적 다원사회로 바뀌는 과도기에 있다. 이 과정에서 민주화가 엄청난 속도로 확산되었고, 억눌려 있던 개체들의 욕구들이 경쟁적으로 분출되면서 사회의 다원화 물결도 출렁대고 있다. 이는 곧 개인과 집단 모두에게 자기계발의 기회는 물론 자신의 기질과 적성의 발현기회가 폭넓게 열렸다는 것을 의미한다.

한국은 전통적으로 모든 이념, 모든 종교까지를 하나로 수용하는 보편적인 문화를 가꾸어 왔다. 인간사회의 다양성을 폭넓게 수용하는 남다른 적응력이 있기 때문이다. 설사 이념적 경직성으로 인해 사회가 한때 저항과 혼란의 시기를 겪었지만, 나중에는 그 모두가 국가잠재력 발굴에 동력으로 탈바꿈하곤 했다. 과거 불교와 기독교가 한국사회에 정착하는 과정에서 기득권 세력으로부터 견디기 힘든 수난을 겪었지만, 나중에는 한국 정신사를 풍요하게 받쳐주는 지주 역할을 한 것만 봐도 그렇다.

오늘의 이념갈등도 충분히 있을 만한 사건들이다. 이는 시대변화와 역사의 발전을 위해 치러야 할 홍역일 수도 있다. 이제는 대립각을 세운 양측 모두가 그 간의 담론을 통해 믿기 싫지만 은연중 상대입장을 이해하고 스스로의 독선을 반성하는 타협과 조화의 징후가 드러나고 있다.

이제 남은 것은 사회 각계각층의 다채로운 목소리를 국력의 근간으로 모으는 일이다. 그것이 모아져야만 경쟁력이 살아나고 국력도 한 단계 높일 수 있게 된다. 그러자면 우리의 정신문화에서도 차원을 달리하는 다양성과 창조성, 도전의식이 골고루 살아나야 한다. 지금 한국에서 일어나는 이념대결의 열정이 국력으로 이어지는 거대한 에너지원이 될 수 있다면 분명 우리는 다가온 글로벌 시대의 중심국 자리를 차지할 자격이 있는 국민이 될 것이다. 그때쯤 되어야 세계경제경쟁에서 비교 우위에 있는 산업의 선택과 집중적인 노력도 탄력을 받게 될 것이다.

〈참고자료〉

(1) 월러스타인(Wallestein) 외, 정진역 편역,《세계체계론》, 나남출판, 1985
(2) 스테펀 P. 브래들리 · 리처드 L. 놀란 공편,《네트워크시대의 생존전략(Sense & Respond)》, 미디어퓨전, 1998. 8
(3) 앨빈 토플러(Alvin Toffler),《권력의 이동(Power Shift)》, 한국경제신문사, 1990
(4) 래스터 서로우(Lester C Thurow), 한기찬 역,《지식의 지배(Building Wealth)》, 생각의 나무, 1999
(5) 모델스키(Modelski. G), '세계정치의 장기 순환과 국민국가',《세계체계론》, 나남출판, 1985
(6) 이문열 평역,《삼국지》, 민음사, 1993
(7) 자크 아탈리, 유재천 역,《21세기의 승자》, 다섯 수레, 1993
(8) 조순, '한국 중국 일본의 경제개혁-세계화에 대한 동아시아 3국의 대응', 〈학술원 논문집 - 인문사회과학 편(42집)〉, 대한민국 학술원, 2003
(9) 마이클 더투조스(Miichael L. Dertouzos), 이재규 역, 'WHAT WILL BE',《21세기 오딧세이》, 한국경제신문, 1997
(10) 김지운 편저,《국제정보유통과 문화지배》, 나남출판, 1991
(11) 리스본 그룹(The Group of Lisbon),《경쟁의 한계(Limits to Competition)》, 바다출판사, 2000. 6
(12) 스튜어트 크래이너(Stuart Crainer), 박희라 역,《경영의 세기(The Management Century)》, 더난출판, 2000
(13) 이충웅,《한반도에 氣가 모이고 있다》, 집문당, 1997
(14) 홍승직 외, '사회변동과 가치관 문제', 〈학술원 논문집-인문사회과학 편(38집)〉, 대한민국 학술원, 1999
(15) 폴 M. 미너스 외, '21세기 윤리를 위하여',《21세기 예측》, 매일경제신문사, 1996
(16) '아일랜드 10년간 변신', 조선일보, 2004. 11. 23
(17) '세계화 한국경제에 긍정적', 중앙일보, 2004. 9. 30
(18) '뉴라이트 해전사 나왔다', 중앙일보, 2006. 2. 9
(19) 김기봉, '지금 한국은 역사 내전 중', '인식-재인식 넘어 새 인식으로', 중앙일보, 2006. 2. 25
(20) '박정희 시대 근대화 산고였나 반 민중독재였나', 동아일보, 2005. 2. 21
(21) 중앙일보경제연구소, '일제식민지 근대화 대 수탈론', 중앙일보, 2005. 4. 13
(22) '386세대에 정신 차려라', Metro, 2005. 4. 22
(23) '남북장점 살려 통일하자는 것, 헌법적 차이 간과한 것', 동아일보, 2006. 5. 19
(24) '과거사 집착 말고 미래담론 열어야 선진화', 문화일보, 2006. 6. 22
(25) 최창집, '한국 민주주의의 취약한 사회경제적 기반', 아시아 연구, 2004. 가을 117호
(26) 함재봉, '성장과 분배 두 마리 토끼', 중앙일보, 2004. 10. 9
(27) '현 정부 자주, 자립 환상에서 깨어나라, 동아일보, 2006. 4. 27
(28) '한국학, 세계와 통하라', 조선일보, 2006. 5.29

4

한국인의 기질

01

기질은 변한다

인간의 기질은 유전자보다 문화적 요인에서 더 큰 영향을 받는다

「위대한 것이 이 지구상에 있다.

그것은 힘 안 들이고 기관차를 들어 올리는 손을 가지고 있다.

하루에 몇 천 킬로미터라도 달릴 수 있는 발을 가지고 있다.

구름 위를 어떤 새보다도 높이 날 수 있는 날개를 가지고 있다.

물 속을 어떤 물고기보다도 능숙히 헤엄칠 수 있는 지느러미를 가지고 있다.

보이지 않는 것도 보는 눈이 있고, 다른 대륙에서 말하는 소리도 듣는 귀를 가지고 있다.

그것은 산들을 파헤치고, 전속력으로 떨어지는 폭포도 막을 수 있을 만큼 힘이 세다.

그것은 마음먹은 대로 대지의 모양을 바꾸고, 삼림(森林)을 일구며, 바다와 바다를 잇고, 사막까지도 물을 끌어온다.

이 위대한 것은 도대체 무엇일까.

그것은 바로 '인간'이다.

어떻게 하여 인간은 이처럼 위대한 존재가 되고, 이 지상의 지배자가 된 것일까?」

위 글은 미하일 이리인의 《인간의 역사》 첫 페이지에 실린 내용이다. 인간은 육체적 조건으로만 볼 때, 힘도 대단찮고 자연환경에의 적응력도 보잘 것 없는 존재이다. 그러한 인간이 지구를 지배하는 거대한 힘을 갖게 된 것은 정신적·문화적 진화 덕분이었다. 진화의 속도가 다른 어떤 생명체보다 빨랐기 때문이다.

기질이란 개인이나 집단이 가지고 있는 특유의 성질을 말한다. 같은 부모의 혈통을 타고나 같은 집에서 자란 자녀들끼리도 기질은 다르다. 개개인의 유전자가 다르고 생활방식이나 역사가 다르기 때문이다. 그래도 가족이란 집단을 놓고 보면 그 가족 구성원들은 다른 가족과는 다른 그 가족만의 공통된 유전자, 성격, 분위기라는 것이 있다. 각 가정마다 가풍이 다른 것은 이런 이유 때문이다. 이를 확대하면 국민이나 민족들 간에도 각기 다른 기질을 발견할 수 있다. 같은 종(種)이지만, 세계 각지로 흩어져 살면서 신체의 모습, 성격, 문화 등이 조금씩 다른 형태로 진화해왔기 때문이다.

그렇다면 인간의 기질은 생물학적 유전과 문화 중 어느 것으로부터 더 많은 영향을 받은 것일까.

일반적으로 기질이란 선천적인 본성이라 변하지 않지만, 성격은 후천적 관습에 따라 변한다고 한다. 그러나 이런 구분은 큰 의미가 없다. 민족 간의 기질차란 것도 사실은 오랜 세월 동안 격리되어 살아오면서 자리 잡게 된, 그들만의 개성적인 집단성격이기 때문이다. 한국인의 기질과 민족성이란 결국 한반도에 갇혀 살면서 생성된 고유의 특성이다. 단기간의 생활관습은 유전적 변화에 별 영향을 주지 않는다. 그러나 장기간 공통된 생활양식에 젖어 살게 되면 그들만의 문화적 특성이 신체의 유전인자에도 변화를 준다는 것이 유전학자들의 의견이다.

문화란 육체처럼 유기체적 성격을 가졌다고 보는 학자들이 많다. 토인비(A. Toynbee)나 슈펭글러(O. Spengler) 등이 대표적 인물이다. 인간의 육체와 문화는 다 같이 진화를 통해 생로병사(生老病死)의 과정을 밟는다는 것이다. 생물진화는 종(種)의 변화를 가져오는데, 이때 같은 종끼리의 결합과정에서는 유전자 정보들이 활발하게 교환된다. 문화적 진화 역시 문화의 변화를 가져오는데, 이때 그 문화를 향유하는 구성원들 간에도 그들만의 지적정보가 활발하게 교환된다.[1] 이러한 진화론을 어둡고 우울한 시각으로 바라보면 인간의 시대가 곧 끝날 것이라는 종말론과도 통하게 되어 있다.

현대인은 이미 생물학적 또는 사회 문화적 진화과정의 정상 근처까지 올라와 있다는 주장이 많다. 그렇다면 인간이 지구촌의 지배자로서 앞으로도 정상의 자리를 계속 유지할 수 있을까. 그러려면 장기적인 대책이 준비되어 있어야 하는데 지금은 그런 준비가 미흡한 탓인지 내리막길로 가는 중이라는 증거들이 쏟아져 나오고 있다. 지구 온난화, 환경오염 가속화, 핵전쟁 위험, 지구자원의 고갈, 엄청난 인구 증가, 지역 갈등 심화, 기상 이변, 지구 사막화 등등 이런 징후들은 어쩌면 공룡의 멸종 때와 같은 인간사회의 비극적 종말을 알려주는 신호로 보아야 한다는 것이다.

그러나 여기에서는 낙관적인 눈으로 세상을 보기로 하자. 사람도 건강관리만 잘하면 오래 살 수 있듯이, 문화도 인간이 잘만 가꾸면 건강한 진화과정을 밟을 것이 분명하기 때문이다.

〈동물의 왕국〉이라는 TV프로그램을 보면 사자, 치타, 표범 등 여러 종류의 맹수들이 제각기 타고난 본능에 따라 특유의 야성을 계승해 가는 과정이 흥미롭다. 수컷의 역할은 번식과 외적으로부터의 공동체 보호가 주 임무이다. 그러나 암컷은 어린 새끼들에게 사냥법, 위험에 대비한 생존훈련을 시키는 등 양육 전반을 책임진다. 같은 맹수들 중에서도 보다 강인하고 환경적응력이 뛰어난 것들은 번식을 거듭하는 동안 유전적으로 명품을 만들어가기 마련이다. 사람들이 애완견이나 종마를 살 때 족보를 따지는 것도 다 이런 이유에서이다. 유전적으로 좋은 혈통을 타고나야 지능도 높고 환경적응력이나 경쟁력이 강하다고 믿기 때문이다.

인간세계도 예외는 아니다. 족보 등 가계와 혈통에 대한 남다른 긍지를 가지는 경우가 많다. 충신, 학자, 기술자, 시인묵객, 장군, 사업가 등 가문의 혈통을 중시하는 사상은 지금도 이어져오고 있다. 그러나 언제부터인지 인간세계는 다른 동물만큼 유전적인 자질계승이 순조롭지가 않다. 왕대밭에 왕대가 난다는 공식이 맞지 않고 있는 것이다. 부자 3대를 넘기기 어렵다는 말도 정설처럼 나돌고 있다. 성공한 부모의 자녀들이 다 총명하기 어렵고, 품행 방종한 도덕군자에게서 모범생만 태어나기를 기대하기도 어렵다. 왜 인간에게는 유전적 특성이 자식에게 그대로 계승되지 않는 것일까. 인간도 동물이며 적자생존의 법칙이 야생의 그것에 비해 조금도 뒤지지 않는데도 말이다.

이런 현상은 21세기에 들어서면서 더욱 두드러지고 있다. 생활환경이 넓어지고, 거세게 밀려드는 매체혁명에다 세계화, 정보화의 물결들이 부모 자식 간에 이질감을 증폭시키고 있는 것도 중요한 이유가 된다. 여기에다 자질이 뛰어난 부모일수록 사회참여가 활발해지면서 자식에 대한 직접교육 등 문화 전수기회가 점점 줄어들게 된다. 이렇게 되면 부모가 후천적으로 공들여 쌓아 올린 값비싼 경륜, 사고방식, 철학, 가치관, 윤리의식, 생활관습 등의 전수가 불가능해진다. 경우에 따라서는 지식의 역류현상이 일어나는 이변이 생기기도 한다. 그러면 아무리 생물학적으로 우성 유전자를 이어 받았다 해도 보다 발전된 문화적 진화의 기회는 단절되어 버리게 되는 것이다. 마치 혈통 좋은 진돗개의 새끼들이 잡종개로 전락해 버리는 것과 같다.

미국의 한 조사기관 분석에 의하면 인간이 75세 이상을 살 수 있는지 여부를 결정하는 요인에는 유전적 요인이 20%인데 반해, 개인의 생활관습은 52%, 환경이 20%를 차지하는 것으로 나타났다. 아무리 장수하는 집안에서 태어났다 해도 후천적으로 나쁜 습관이 체질화되면 일찍 죽는다는 의미이다. 인간사회에서는 문화적 요인이 유전자보다 개인자질 개발에 더 중요한 역할을 한다는 뜻으로 귀결된다.

그러나 이런 문화적 단절현상을 모두 나쁘게만 볼 수는 없다. 열성 유전자 인간에게도 새로운 기회를 열어주기 때문이다. 생물학적으로 우수 집단이라는 오만한 선민의식에 경종을 울려주고, 반대로 체념에 빠진 천민의식에서 벗어나는, 평등과 존엄의 인간정신을 낳게 해주는 순기능도 있기 때문이다.

인간의 기질은 인위적으로 바꿀 수 있다

최근 들어서 생명공학 기술의 발전 속도는 매우 놀랍다. 인간의 유전자 지도가 완성되면서 생물학적 유전자를 인위적으로 조작할 수 있는 길이 열린 것이다. 이는 생물 유전자 변이와 문화적 진화 과정에서 반드시 거쳐야 할 시간의 벽을 허물어 버릴 수 있는 길이 열렸다는 뜻이다.

생명공학자들의 연구에 의하면 세계 각국 사람들은 민족적, 지역별로 유전자 구조에서 상당부분 차이가 있는 것으로 드러났다. 따라서 같은 인간이라도 지역 및 민족에 따라 질병의 발생빈도와 치료방법이 다를 수 있는 것으로 밝혀졌다.[2] 이는 지역적 특성에 따라 구성원들의 보편적 성격이나 재능이 어떤 일에 더 적합한지를 찾아내고, 다시 이를 특화시켜 경쟁력을 높일 수 있는 과학적 근거를 찾는 실마리가 될 수 있다.

그러나 단기간에 다수 국민의 기질을 바꿀 수 있다는 생각은 현실적으로 망상에 불과하다. 그보다는 집단의 이념에 맞는 문화적 진화에 정성을 쏟는 것이 훨씬 바람직하고 안전한 대안이 될 수 있다. 생물 유전자는 부모 외에 더 거슬러 올라가 조부모, 외조부모 등등 윗대로부터 단계적으로 계승되는 게 원칙이다. 당연히 긴 세월이 필요하다.

그러나 문화적 진화는 그 보다 훨씬 빠르게 계승될 수 있다. 교육에 의해서다. 예컨대 고대의 위인인 공자(孔子)나 소크라테스, 플라톤의 사상은 누구나 원하기만 하면 기록으로 전해오는 그들의 저서나 행적을 통해 지금 당장이라도 쉽게 받아들일 수 있다. 어떤 중간 매개과정 없이도 몇 세기를 순식간에 뛰어넘을 수 있는 것이다. 따라서 문화적 계승은, 아무리 젊은 사람이라도 새로운 지식을 먼저 수용·소화하기만 하면 자신의 부모에게도 거꾸로 계승시킬 수 있는 역류현상이 일어날 수 있는 것이다.

인간의 본성은 후천적 문화요소와 유전정보의 상호작용으로 나타난다. 그러나 비유전적 요소인 교육, 가정환경, 인간관계, 사회활동 등도 인간의 몸속에서 사고 및 행동방식, 뇌 활동에 오랫동안 자극을 주게 되면, 나중에는 유전적 진화에 결정적 영향을 주는 것으로 알려졌다.[3]

그렇다면 현재 우리 주변에서 문화적 진화는 어떻게 진행되고 있는가. 여기에는 두 가지 짚고 넘어가야 할 문제가 있다. 하나는 문화적 진화가 어느 쪽으로 가고 있는가이며, 또 하나는 진화의 속도에 관한 것이다. 먼저 한국인이 가고 있는 진화 방향부터 살펴보기로 하자.

오늘날 세계 대다수 국가에서는 모든 문명, 모든 가치관의 잣대를 서구 문명에 맞추는 것이 상례가 되어버렸다. 서구인들은 자신이 만들어 놓은 민주주의, 인권사상, 도덕률, 각종 규범, 제도, 법체계들이 세계 어느 곳에서도 보편적 원리로 자리 잡을 수 있어야 한다고 생각한다. 이런 확신에는 유럽이 만들어 낸 문명이 지구상에서 가장 옳고 가장 뛰어나다는 전제가 깔려 있다.

이런 서구사회의 독선적 시각은 자신들이 갈고 닦아온 문명의 인센티브를 독점하겠다는 욕심이 숨겨져 있다. 유럽인들의 자기중심적 사고는 오래 전부터 많은 다른 민족들을 미개인으로 낙인찍은 데서 출발한 것이기 때문이다. 이를 그냥 내버려두면 서구인의 선민의식과 함께 세계시장도, 생활양식도, 가치관까지도 서구화로 달려 갈 것이 뻔하다.

이런 추세에 동조하는 것이 과연 옳은 일인지, 문화다양성이 존중되는 열린사회를 맞이하고 있는 모든 나라로서는 깊이 검토할 필요가 있다. 아직도 지구상에는 서구 문명에 비판의 날을 세우며, 자신들의 독자적 잣대에 의한 독자적 문명을 고집하는 국가들이 상당수 있다. 이미 세계질서로 자리 잡고 있는 세계화·정보화에 대해서도 반대여론이 범세계적으로 일고 있다. 또 서구적 진보라는 것이 인류에게 반드시 행복을 가져다 준다는 확실한 근거도 없다. 지금 한국은 한국 문화의 서구화 추세를 어디까지 방관할 것인지에 대한 깊은 성찰이 필요하다. 한국 문화의 서구화는 궁극적으로 독자적 문화를 포기하고 서구인 기질로의 전환을 재촉하는 결과가 되기 때문이다.

이는 속도에 관해서도 마찬가지이다. 속도의 문화는 서구의 과학기술 문명에서 불붙게 된 것이다. 산업혁명 이후 서구사회에서 꽃을 피운 과학기술은 서구사회를 역동적인 세계로 만들어 버렸다. 새로운 부와 권력과 편익을 이끌어 냈으며 새로운 분야, 새로운 세계, 새로운 관습을 향해 질주를 거듭해왔다. 그 결과 서구식 문명의 잣대가 다른 문명에 대해서도 통용되는 경지에까지 이르게 된 것이다.

그러나 질주하는 역동적 문명이 보다 생명력이 강한 바람직한 문명이라는 확증은 없다. 오히려 슈펭글러 등은 그 반대로 정체된 문명이 역동적 문명보다 훨씬 수명이 길다는 사실을 밝혀냈다.[1] 이는 매우 충격적인 사실이 아닐 수 없다.

인도, 중국, 이슬람권 등 전통적 관습이나 종교, 가치관을 고수하고 있는 문명권은 서구문명에 비해 역동성이 떨어지고 있는 것처럼 보인다. 그렇다고 이들 문명을 낙후된 후진문명으로 단정지을 수는 없는 일이다. 성급하게 앞으로만 달려가는 문명이 뿌리에서 멀어질 수밖에 없는 것은 당연지사이다. 결국 문명의 질주는 파국으로도 빨리 도달할 수 있다는 공식이 성립될 수 있는 것이다. 아무리 외부환경의 변화가 절망적일 만큼 심각해도 생명의 뿌리는 쉽게 뽑히지 않는다. 뿌리 깊은 나무는 거친 풍파 앞에서도 버텨낼 힘이 있으며, 메마른 황야에서도 신선한 수맥을 찾아내는 지혜가 있기 때문이다.

이미 서구의 다수 학자들도 21세기는 아시아의 시대가 되리라는 예측에 힘을 싣고 있다. 자신의 뿌리를 포기하는 행위는 오랫동안 쌓아 온 가장 값비싼 자산을 아무 대가없이 내다 버리는 것이요, 민족의 생명력을 포기하는 자살행위이다. 서구 문명에 대한 무조건적인 비판이나 저항도 문제지만 맹목적 수용은 더 큰 문제이나. 그보다는 오랜 세월 속에서 체질화된 민족적 기질을 새로운 경쟁력의 원천으로 재조명하는 일이 더 중요하다. 이를 바탕으로 하여 개성적인 전통문화의 토양 위에 국제사회에서 통용되는 폭넓은 공감대를 이끌어내 국가와 산업발전의 활로를 찾고, 완급을 조절하는 지혜를 찾는 데서 해답을 얻어야 할 것이다.

02

한국인이 바라본 한국인의 기질

《조선왕조실록》에 나타난 기질

《조선왕조실록》에는 사람의 기질에 대한 기록이 곳곳에 나타나 있다. 그러나 한국인만의 공통된 기질에 대한 특별한 기록은 없다. 여기서 언급하고 있는 기질은 국정에 참여하고 있는 관리들의 품성, 임금이나 임금수업을 받고 있는 세자의 기질에 대한 기록이 대부분이다. 주요 내용은 '기질을 함양하고 덕성을 훈도(薰陶)하라' 등으로 반복해서 나온다. 그러나 예외적으로 일반 국민들에 대한 것도 있다. 이때의 기질이란 천성적으로 타고난 특질을 일컫지만, 후천적 교화로 바꿀 수 있음을 강조하고 있다는 점에 주목할 필요가 있다.[4]

▷ 변계량(卞季良) : 세종에게 진언

「지금 유자(儒者)는 구독(口讀)하는데 구속을 받아, 한낮 읽고 외우는 것만으로 업을 삼는 까닭으로 그 기질이 고체(固滯)되고 사부(詞賦)에 능하지 못하여 (중략) 사심(私心)이 없겠습니까.」 (인재 등용에서 형식주의보다는 창의력을 중시할 것을 강조)

▷ 신숙주(申叔舟)가 세종의 교지를 받아 《동국정운(東國正韻)》에 쓴 서문

「대개 지세(地勢)가 다름으로써 풍습과 기질이 다르며, 풍습과 기질이 다름으로써 호흡하는 것도 다르니 (중략) 중국과 말소리가 다른 까닭은 이치의 당연한 것이다.」 (지역적 특성에 따라 국민기질과 언어의 차이 인정)

▷ 정문형(鄭文炯) : 성종 16년 상소

「저 변방 사람의 자제도 역시 창을 쥐고 활을 잡는 것은 영화롭게 여기고, 책을 쥐고 글을 배우는 것은 이로움이 없다고들 보고 있는데, 누가 이들을 감화시켜 그 기질을 바꿀 수 있겠습니까.」 (달라진 백성의 기질을 바로잡는 것은 문화적 풍속이 달라서 쉽지 않음 강조)

▷ 이무적(李無跡) : 연산군 7년 상소

「우리 조종(祖宗)의 여러 임금 중에서 100여 년 동안 인재를 길렀으니, 마땅히 많은 선비들이 훌륭해야 하고, 문학을 숭상하는 기풍이 융성해야 하고, 절의 또한 두드러져야 할 터인데, 지금은 노리어 선비들이 기개가 소진되고 풍습이 낮은 데로 떨어져서 입장마(入仗馬)로 경계를 삼고 강직한 기질을 유순으로 변하는 것(繞指柔)으로 법을 삼으며, 정성스런 마음으로 나라에 보답하려는 신하는 적고 눈앞의 안일만 도모하여 국록만 탐하는 신하가 많으니, 이것은 모두 선비들이 기개가 부진한 까닭입니다. 선

비들의 기개를 진작시키려면 다만 언로(言路)를 크게 틔워서 어진 이를 끌어 올리고 부정한 사람을 물리치는 것뿐입니다.」 (선비들의 강직한 기질 회복과 사회참여 기회 확대 필요성)

▷ 유숭조(柳崇祖) : 중종 6년 사전(謝箋)
「공자는 기질의 성(氣質之性)까지 겸해서 말했고, 맹자는 성선설만을 말하였으니, 천성은 서로 가까우나 습관이 멀어지는 것이니 혼암하고 우둔한 이는 힘쓸 줄을 알아야 한다. 상지하우(上智下愚)는 바탕이 정하여져서 바꾸지 못하지만, 본성의 선함은 가운데서부터 따라 나오는 것이다. 진실로 포기하지 않아 남이 하나 하는데 나는 백을 하면 기질을 변하게 하는데 성공에 가서는 한 가지이다.」 (기질은 유전적이지만 후천적 노력으로 변할 수 있음을 강조)

▷ 정광필(鄭光弼) : 중종 9년
「사람의 기질은 청탁(淸濁)의 차이가 있으므로, 청한 자는 경술과 사장에 능하지 아니한 것이 없으나, 만약 장구(章句)만을 외우는 자라면 모두 부유라 소용이 없습니다. 경학이 비록 중하나 사장을 겸해 취하는 것이 마땅합니다.」 (주입식 교육보다 창의적 교육이 필요)

▷ 허백기(許伯琦) : 중종 39년
「학문하는 도리는 '소학(小學)' 이외에는 다 헛된 것입니다. 늦게 배웠더라도 기질을 변화하는 것은 다 여기에서 말미암이며, '대학(大學)'은 곧 그 용(用)입니다.」 (군신이 서로 화합하지 못하는 것에 대해, 바탕교육의 중요성 강조)

▷ 이이(李珥) : 선조 7년 만언소(萬言疏)

「역행(力行)이란 자신을 극복하여 기질의 병폐를 다스리는 데 있습니다. 부드러운 자는 교정하여 강해지도록 하고, 나약한 자는 교정하여 꿋꿋해지도록 하고, 사나운 자는 조화함으로써 조절하고, 성급한 자는 너그러움으로써 조절하고, 욕심이 많으면 깨끗하게 하여 반드시 청정한 경지에 이르도록 하고, 편사(偏私)가 많으면 바로잡아 반드시 공정해지도록 하면서 쉬지 않고 스스로 힘써 아침저녁으로 게을리 하지 않아야 합니다.」
(사회적 시폐 개선을 위해서는 국민의 기질적 단점을 교화로서 바꾸어야 함을 주장)

▷ 예조(禮曹) : 인조 17년 상소

「교화를 수립하는 데는 '소학'을 근본으로 삼아야 하는데, 연소한 무리들이 과거급제에 급해서 고서(古書)를 보고 전혀 힘쓰지 않으니 걱정입니다. 마음이 어진 사람들이 서로서로 권면하면 기질이 변할 것이니, 어찌 선비를 양성하는 데 있어서 하나의 큰 도움이 아니겠습니까.」 (국민교육에서 기본지침서의 필요, 인재등용에서도 기질의 중요성)

▷ 송준길(宋浚吉) : 현종에게 진언

「상께서는 정치에 마음 쓰심이 점점 전보다 못합니다. 스스로 반성해서 모름지기 기질이 어떤 곳에서 병드는가를 살펴서 바로잡아 다스리는 일에 힘써야 그 요령을 얻을 것입니다. 신의 소견으로는 전하께서 인자하고 후덕함은 넉넉하시나, 밝게 익히고 정성을 기울이는 일은 선조(先朝)만 못하신 듯합니다. 진실로 능히 성찰하시어 더욱 힘쓰지 않으신다면 모든 일이 반드시 해이하게 될 것입니다.」 (통치자에게 필요한 자질)

일제 강점기 전후의 평가

한국인의 기질에 대한 국내 지식인들의 연구나 판단은 매우 주관적이어서 객관성과 진지성이 부족했던 것이 많았다. 한국인의 기질에 대해 본격적인 논의나 연구가 시작된 것은 일제 강점기에 들어서면서부터라고 할 수 있다. 국권상실의 아픈 수모를 당한 데서 오는 반성과 정체성에 대한 재조명을 통해, 재기를 위한 진로모색의 필요성이 절실해졌기 때문이다. 1900년대 초반부터 해방 후, 한국의 대표적 지식인들이 지적한 한국인의 기질적 특성은 대체로 비슷한 양상을 띠고 있다.

▷ 단결심과 신의의 부족 : 박영효[5]

갑신 개혁의 실패원인은 일본 등 외부의 침략정책보다는 한국 내부에서 국민 및 지도층의 무능과 자질부족에 더 큰 원인이 있다. 그 중에서도 밖으로는 조화와 중용의 덕이 부족하여 서구 열강과 타협하지 못한, 준비성 없는 개혁이 사태를 그르쳤다. 또 안으로는 여러 차례 개혁의 기회가 있었지만 국민들의 단결심 부족, 신의의 결여 그리고 부족한 경제력 때문이었다.

▷ 역사를 통하여 본 조선인의 기질(1945) : 최남선[6],[7],[8]

조선인은 공동생활에 있어서 서로 양보하고 다투지 않으며 의리와 염치, 인내심과 감투정신이 강했다. 그러나 다른 한편에서는 조직력과 결속력이 부족하며 공익정신의 결여, 질서의식 부족, 사후 처리가 미흡하고 국민적 노력의 집중도가 약한 것이 흠이다. 생활 및 사고방식에서는 독창성과 낙천성, 결백성 등 뛰어난 장점을 지니고 있다. 그러나 외래문화에 대한 소화 흡수력이 미약하고, 금전거래나 사리판단이 명쾌하지 못하다.

뿐만 아니라 형식 병에 얽매어 살아 외면치레를 중시하고 허명·허례에 빠져 실속을 챙기지 못하는 일이 많다. 또 운명론과 미신숭배 사상에 젖어 있으며 매사를 스스로 개척하려는 적극적인 정신보다는 남에게 기대는 의존성이 강하다.

▷ 힘을 기르소서 : 안창호[9]

그는 '힘을 기르소서'라는 글에서 금전의 힘, 지식의 힘, 도덕의 힘, 단결의 힘, 일반 사회 중류 이상을 자처하는 이들의 인격의 힘을 강조하였다. 이는 한국인의 기질 중 경제 및 실용학문 경시사상, 도덕성 결여, 단결력 부족, 사회를 지탱하는 중산층 및 지식인 계층의 인격적 해이에 경종을 울린 것이다. 조선이 일제 강점기간 중 〈동아일보〉에 '동포에게 보내는 글'에서도 국민의 기질적 단점을 극복하는 구체적 대안을 제시했다.

첫째 주인의식을 가진 국민의 책임감, 둘째 협동생활, 셋째 친소(親疏)와 당파에 구애받지 않는 공평 정직한 지도자 선택, 넷째 요행보다는 과학적 근거를 중시하는 착실주의, 다섯째 허위를 버리고 자신과 가정과 사회를 개조해 나가려는 실천성, 여섯째 국민 모두가 놀고 입고 먹지 않겠다는 각오를 다짐해야 한다는 개업론(皆業論), 일곱째 학생들의 자각과 헌신 협동정신의 생활화, 여덟째 청년들의 인내와 용기, 아홉째 정의돈수(情誼敦修), 즉 사람들 간에 두터운 정을 쌓는 일이 시급하다.

이를 위해서는 님의 일에 간섭을 말 것, 사람미다 성격이 다른 것을 인정할 것, 남의 자유를 침범하지 말 것, 물질적으로 남에게 의뢰하지 말 것 등을 강조했다. 이는 곧 한국인의 병폐로 지적되고 있는 무책임, 이기성, 파당성, 합리정신 결여, 무위도식, 젊은 세대의 패기와 목표의식 결여 그리고 의타심과 독선적 사고 등의 기질적 단점을 지적한 것이다.

▷ 민족 개조론 : 이광수[8]

한국 민족의 기질적 장점으로는 첫째 마음이 어질고 착하며 다른 사람들에게 너그럽다, 둘째 인정이 많다, 셋째 청렴결백하고 자존심이 강하다, 넷째 성품이 쾌활하고 농담과 장난을 좋아한다, 다섯째 낙천적이다 등을 들 수 있다. 그러나 부강한 나라를 만들기 위해서는 한국 민족의 기질적 결함을 개조하는 일이 선결과제이다. 한국 민족은 야심이 부족하며, 재산을 모아 부자가 되기 위한 경영능력이 졸렬하여 상공업을 일으키지 못하고 있다. 또 개인의 자존심이 지나치게 강하여 지도자를 중심으로 조직적으로 단합하는 힘이 약하고, 숙명론적인 인생관에 빠져드는 경향이 있다.

▷ 조선민족 갱생의 도 : 최현배[8],[10]

최현배는 조선 민족의 성격적 폐단을 누구보다 신랄하게 비판하고 있다.

1) **의지박약** : 처음에는 태산을 움직일 듯 용기가 넘치다가 시간이 지나면 곧 용두사미로 식어버린다.

2) **용기 부족** : 생활이 어려워지면서 분투정신, 모험심, 반항심이 시들어가고 있다.

3) **활동력 부족** : 하나도 남보다 나은 것이 없는 데다, 게으르기는 세계에서 둘째가라면 서러워 할 지경이다.

4) **자립정신 부족** : 스스로의 노력으로 근면하게 살아갈 생각보다는 잘 사는 친척이나 친지의 덕을 보려는 의뢰심이 많다.

5) **저축정신 부족** : 조금이라도 수입이 생기면 유흥과 사치로 다 써버린다.

6) **과거에 집착** : 지난 과거사에 미련이 많고, 미래를 향한 밝고 희망적 사고가 부족하다.

7) 신뢰정신 부족 : 자신의 능력에 대한 확신이 부족할 뿐 아니라 남에 대해서도 신뢰감이 별로 없다. 그 때문에 서로 의심하고 시기하여 민족적으로 단결이 잘 안 된다.

8) 민족적 자존심 부족 : 원래는 자존심이 강한 민족이었으나 국권을 빼앗긴 후로는 자존심을 잃었다.

9) 도덕정신 부족 : 공공의 도덕성이 부족하다. 그로 인해 형식의 도덕, 허위의 도덕만 무성하고 공동체를 위한 진정한 도덕이 행해지지 않고 있다.

▷ 수용적 · 굴복적 · 인종적 기질(1964) : 윤태림[11]

한국인은 풍토적 영향으로 반항적, 대항적이기보다는 수용적(受容的), 굴복적(屈服的), 인종적(忍從的) 기질이 몸에 배어 있다. 수용적 태도는 의지력 빈약, 불안, 동요를 잘 느낀다. 그러다보니 감정이 풍부하고 섬세하며 예민하지만 좀체 밖으로 나타내지 않는다. 예민해진 감정의 기복을 억제하며 살아가자니 쉽게 피로를 느끼고 지구력도 약한 게 흠이다.

한국인 성격의 심리학적 고찰 : 이부영 외(1984)[6]

한국인 성격의 병폐 또는 부정적 요소들은 그 이면에 긍정적인 면과 떨어질 수 없는 관계에 있다.

1) 한국인의 '우리'라는 의식은 국민적 일체감을 높이는 긍정적 역할을 하고 있지만, 그 뒤편에는 이기주의, 배타주의, 파벌의식, 족벌주의가 도사리고 있다.

2) 민족적 총화의식은 민족적 우월감을 부추기게 하지만 주변 강대국가의 영향력이 심각해질 때 오히려 민족적 열등감, 사대주의로 빠져

들 위험성이 있다.

3) 모든 것을 포괄적으로 파악하고 한꺼번에 전체에 도달하려는 승벽은 자칫 무엇이든 다 하겠다는 만용, 거대 환상, 자아팽창을 불러일으키게 된다. 따라서 치밀한 분석력과 인내심의 결여, 일확천금의 꿈, 분업습관의 부족 등은 모든 사람이 전문가 행세를 하려는 오만에서 비롯된 것이다.

4) 전통적인 겸양지덕과 윗사람에 대한 공경 그리고 도덕규범의 존중 관습 등은 한국인의 장점들이다. 그러나 이것이 오히려 자기위주의 틀에 갇혀 사는 독선, 자기과신, 비타협, 하극상(下剋上), 비방, 자기비하, 횡적 인간관계에서의 에티켓 부족, 체면의 틀 뒤에 도사린 부도덕성 등을 만연케 하는 역기능을 낳게 한다.

5) 사람을 중요시하며 인정이 넘치는 관습이 생활화되어 있다. 그러나 이러한 관습으로 인해 법 정신이 미약하고, 공과 사의 감정 혼동, 이성보다 정(情)에 의존하며 기대에 벗어나면 원망, 불평이 난무하는 역기능이 생기고 있다. 봐주는 것과 봐주기를 바라는 마음이 야합하여 부패의 온상이 되기도 한다.

6) 참고 복종하며 대세에 순응하는 유연함을 갖추고 있는 반면, 무사안일과 요행을 바라는 패배적 생활에 젖어 있다가도 그 정도가 넘으면 폭발적 반발과 성급함을 나타낸다.

7) 이심전심의 직관으로 사물을 파악하는 경향이 있는 반면에, 미신적 심리가 자리 잡고 있어서 인간관계에서 솔직한 의사전달이 결여되거나 오해의 불씨가 자주 생긴다.

8) 자연과의 화합과 순리를 중요시 해온 결과, 본능적, 즉흥적, 충동적이며 감정에 호소하는 일이 많으며 합리성, 조직력, 기획성이 부족하다.

9) 오랜 조상숭배 사상이 지나쳐서 가문과 조상을 우상시하거나 과거에 집착하는 경향이 강하다.

이부영은 현대 한국 사회의 병폐를 고치기 위한 해답으로 윤리적 침체의 극복을 들고 있다. 한국 사회는 형식적 완전무결주의(표면적 완전주의), 획일주의, 경직된 관료주의, 엄격한 상하관계 등이 사회 구석구석에 만연되어 있고, 이것은 다시 의욕상실, 안일무사, 책임회피, 불신, 거짓말, 체면유지, 임시변통에 급급해 하는 풍속을 낳게 했다. 이러한 윤리적 침체는 국민의 높은 윤리의식 회복으로써만이 극복 가능하다. 이를 위해 관주도의 획일주의적 방법이나, 모든 인간을 집단인간의 수준으로 끌어내리는 평준화 사고로 해결하려 하는 발상으로는 결코 성공할 수가 없다.

한국인 성격을 보다 성숙시키기 위해서는 무엇보다 정직하고 공명정대한 정치만큼 중요한 것은 없다. 진정한 윤리도덕을 정착시키기 위해 청렴성을 강조한 나머지, 모두가 '때 묻은 인간'을 조금도 용서하지 않는 비현실적 과욕 때문에 결국 '깨끗한 탈' 뒤에서 그 몇 갑절의 부패를 자행하는 모순을 감행하게 된다.

또 정치 못지않게 중요한 것은 교육이다. 교육이야말로 한국인의 성숙을 돕는 중요한 조건이다. 가정, 학교, 사회 교육의 방향은 인간 본성을 개별적으로 발휘하도록 유도하는 민주적 교육이어야 한다. 100년을 내다보는 장기적이고 대국적인 교육제도가 필요하다.

한국인의 의식과 행동양식(1987) : 김재은(金在恩)[7]

김재은은 한국인의 국민성에 관한 다양한 문헌들을 종합적으로 취합 정리하고, 이를 토대로 하여 상세 설문조사와 과학적인 분석기법을 통해 한국인이 공통적으로 소유하고 있는 기질적 특징들을 객관화하려는 시도를 했다. 여기에는 이중환, 최남선, 이광수, 문일평, 최현배, 함석헌, 윤태림, 이기백, 차재호, 이부영, 김용운, 이규태 등등의 저술들을 아울렀고, 조선 총독부의 〈조선인의 사상과 성격 보고서〉, 심지어는 외국인들의 저서까지 망라되어 있다.

그는 먼저 역사 풍토적으로 한국인의 성격을 지리적(지리적 결정론)인 것과 정신적인 것(정신 결정론) 두 가지 흐름으로 나누어 고찰하는 방식을 택했다. 그러나 지정학적 특성에 초점을 맞춘 지리적 결정론은 과대 일반화를 범하기 쉽고, 정신 결정론은 안이하게 인간의 정신문제를 다룬 흠을 지적하고 있다. 이에 대한 여러 주장들을 정리해 공통점을 분석한 내용은 다음과 같다. 장점으로는 결백성, 염결성(廉潔性), 낙천성, 용기, 착함, 평화 애호적 특성이 있다. 단점은 형식주의, 응집력 부족, 자존심 부족, 의지력 박약, 의뢰심, 비굴, 배신, 부화뇌동, 관존민비(官尊民卑)사상 등으로 요약된다.

역사 풍토적 고찰에서 장점보다는 단점이 많이 거론되고 있는 것은 우리 자신에 대한 자조적 편향성이 드러났기 때문으로 보인다. 국내외의 여러 원전에 나열되어 있는 성격들을 분류하면 다음의 특성들로 나눌 수 있다.

1) 방종, 사치, 낭비, 사행심이 많다.
2) 표면적이고 형식적인 것을 좋아한다.
3) 부화뇌동(附和雷同)한다.
4) 모방성이 강하다.
5) 원기가 부족하다.
6) 용기가 부족하고 겁쟁이이며 눈치를 잘 보고, 회색분자가 많고 보신책을 잘 쓴다.
7) 이기적으로 판단한다.

8) 진지하지 못하다.

9) 감격성이 결여되어 있다.

10) 의뢰심이 강하고 부탁을 많이 하며, 뇌물을 잘 준다.

11) 은혜와 의리가 적다.

12) 독립심이 부족하다.

13) 우둔하다.

이상의 자료를 기반으로 하여 김재은은 1980년대 한국인 성인을 대상으로 한 설문조사를 통해 전통적으로 지적되어 온 한국인의 성격에 대한 확인작업을 벌였다. 그 결과, 전통적 특성의 계승 외의 상당 부분에서 이질화 경향을 드러내기도 했다. 이는 한국의 개방화 추세에 맞추어 한국인의 국제 교류가 활성화되고 서구문화의 유입이 가속화되면서 문화적 진화가 뒤따랐기 때문으로 보인다.

2,101명을 대상으로 40개 영역에 걸쳐 1980년대 한국인의 일반적 의식과 행동을 분석한 결과, 질서의식, 자기관여(自己關與), 동조성(同調性) 등은 한국인의 의식, 행동, 성격 중에서 가장 두드러진 특징으로 보고 있다.

먼저 한국인의 질서의식은 매우 높은 것으로 나타났다. 질서의식 외에도 신의와 책임의식이 높으며 사리판단에 있어서도 이치에 맞게 결정하는 등의 긍정적 반응을 보여주고 있다. 질서의식은 전통적으로 한국인에게 매우 결여되어 있는 특성으로 인식되어 왔다. 그러나 1980년대 들어서부터 이에 대해 큰 변화가 일어나고 있는 것이다. 교통 신호를 지키는 등의 일반질서는 80% 이상이 잘 준수하고 있는 것으로 나타났다. 그러나 아직도 타인과의 관계가 깊은, 공공성이 큰 상황에서 타인에 대한 의식이 약하다고 나타나고 있다. 예를 들어 사회질서 위반자에 대한 고발정신, 정치 사회적 의식, 세금 문제, 소비자 의식 등등은 매우 낮은 수준에 머물러 있었다.

두 번째 경향은 한국인은 가까운 사람들의 사생활에 자기가 꼭 관여해야 한다는 의식(자기관여)이 매우 강하다는 것이다. 그러면서도 자기의 사생활에 남이 참견하는 것을 꺼리는 이율배반적 경향을 보이고 있다. 여기에는 아직도 한국인이 자기중심적 사고와 객관적 인식의 결여, 자기 자신에 대한 충실감 결여, 권위주의적 사고방식 등에서 벗어나지 못하고 있음을 볼 수 있다.

세 번째로 뚜렷한 행동경향은 동조성이다. 동조성은 자기가 소속되어 있는 집단의 기준이나 다수 구성원의 행동을 따라하는 경향을 말하는데, 집단의 기준과 압력에 잘 맞추어 가는 것을 말한다. 동조성이 높은 사람은 자신감이 약하거나 정보의 내용보다 정보의 출처에 더 많은 관심을 가지며 권위주의적 행동경향을 보인다. 따라서 동조성이 높다는 것은 양보의 미덕이 풍부하다는 의미로 비쳐질 수 있으나, 뚜렷한 주체의식이나 자신감이 부족하다는 뜻으로 볼 수도 있는 것이다.

그 외에도 비교적 두드러진 특징으로는 미신 숭배, 신의, 비공격성, 체면의식 등이 있다. 일반적으로 한국인은 세계에서 가장 뚜렷한 샤머니즘(Shamanism) 문화권에 속하는 나라로 인식되어 왔다. 그러나 30대 미만의 젊은 층에게서는 미신숭상이 크게 약화되고 있다. 또 신의를 지키는 경향이 비교적 높으며, 비 공격적인 특성과 체면의식은 과거와 큰 차이 없는 것으로 나타났다. 이기성, 형식존중, 전통존중, 타당성, 사대성, 비하의식, 경쟁의식 등은 전보다 크게 완화되는 경향을 띠고 있다. 낙천적이면서 미래에 대해 밝게 보며, 매일 매일의 생활에서도 즐겁게 사는 현실감각을 가지고 있다. 인정이 돈독하고 매사에 신중을 기하며 인내심이 많은 편이다. 권위주의적 사고도 크게 줄어들고, 남의 간섭과 참견을 좋아하지 않으며 남에 대한 무리한 대접으로 낭비하지 않으며 다른 사람과의 원만한 인간관계와 화목을 중시하는 등 예전과 다른 현실적, 합리적 생활관도 자리 잡아가고 있다. 그리고 자녀 교육은 부모의 가장 큰 도리라고 생각하며, 예의를 잘 지키고 약속도 잘 지킨다. 외국인에게 우리나라를 비방하지 않는 민족적 자존심도 강한 편이다.

변혁시대의 사회철학(1990) : 김태길(金泰吉)[8]

의식구조라는 것은 고정불변이 아니라 변화하고 유동한다. 사람들의 의식구조나 심성은 조상으로부터 물려받은 유전인자와 후천적으로 만나는 생활환경의 여러 조건들에 의해 형성되는 것으로 보인다. 이때 의식구조의 근간을 이루는 것은 가치관이고 가치관의 핵심을 이루는 것은 윤리의식이다. 한국인 윤리관의 뿌리가 되고 있는 전통적인 윤리는 세 가지 특색을 나타내고 있다.

첫째는 전체 윤리체계 중에서 특정한 대인관계를 위한 규범들이 차지하는 비중이 매우 크다는 사실이다. 이때의 특정관계는 군신, 부부, 형제, 친구, 사제 등의 대인관계가 전체의 근간을 이루고 있는 것으로 알 수 있다.

둘째는 한국인의 윤리의식 가운데 정서(情緖)가 차지하는 비중이 압도적으로 크다는 사실이다. 도덕적으로 높이 평가되는 심성으로 가장 중요한 것은 사리에 대한 지성적 판단보다는 '인간적'이라고 불리는 정서 내지 감정이다. 부모에 대한 사랑의 정이 효(孝)로 나타나며 군왕(君王)이나 주인의 은혜를 잊지 못하는 깊은 정이 충성의 이름으로 찬양되는 것이 그 예이다.

셋째는 인간관계에 있어서 수직적 질서가 중요시되고 있다는 사실이다. 이는 한국인 의식의 한 가운데에 자리 잡고 있는 오륜(五倫) 가운데 '붕우유신(朋友有信)'만 수평적 인간관계에 속할 뿐 나머지 네 가지 모두가 수직적 질서를 강조한 데서 찾아 볼 수 있다.

현대 사회에 들어서면서 한국인의 기질은 내·외부 환경변화에 따라 상당한 변화가 일어난 것이 사실이다. 그러나 그 안에 내재된 특색은 현대 한국인의 기질 속에서도 잠재된 모습으로 계승 발전되고 있음을 알 수 있다. 그 변화된 기질적 특색은 4가지로 나눌 수 있다.

1) 한국인의 기질에는 감정이 이성보다 우세한 경향을 띤다.
2) 외면적 가치를 더 선호한다. 전통적인 내면 가치인 인품, 효도, 청렴, 가계계승보다는 재물, 권력, 지위, 관능적 쾌락을 더 선호하고 있는 것이 전과 달라진 점이다.
3) 부분에 대한 애착이 더 크다. 가문, 자아의식, 국가 민족의식이 쇠퇴하면서 전체보다는 개인적 이기심을 중요시하는 사조가 만연하고 있다. 그 중에서도 관능적 쾌락에 대한 지나친 선호는 인격 전체의 소망보다는 특정 감각기관을 중심으로 하는 순간의 즐거움을 택하는 경향이 짙어지고 있다.
4) 외형을 중요시한다. 체면을 중시하고 부유층의 분수 넘치는 사치와 낭비는 한국인의 보편적 기질로 통하고 있다.

2000년대 전후의 기질에 대한 평가

▷ 사회변동과 가치관(1999) : 홍승직(洪承稷), 홍은화(洪銀和)[12]

한국인의 기질 속에 자리 잡은 주요 문화가치는 크게 두 가지로 유교주의 경향과 급속한 산업화 과정에서 나타난 새로운 변화로 나눌 수 있다.

먼저 유교주의는 인간관계(Relationship), 미덕(Virtue), 의무(Obligation), 가족(Family)을 중시하는 개념으로 특징지어진다. 이는 서구사회에서 개인의 자유와 권리를 존중하는 특징과 근본적인 차이를 보여준다. 한국에서의 유교는 크게 집단주의, 작게는 가족주의의 가치관을 가지게 했고, 이밖에 연고주의, 권위주의, 인정주의가 그 뿌리를 형성하고 있다.

다음으로 급속한 산업화로 나타난 특징으로는 개인주의와 이기주의 그리고 평등주의적 사고방식의 범람이다. 책임을 회피하고 권리만을 내세우는 이기주의 또는 집단이기주의의 팽배는 경제성장에 도움을 준 반면, 무절제와 방종의 역기능을 낳게 했다. 또 일제의 종식과 6·25전쟁을 겪으면서 양반몰락과 중·상민 계층의 물질·사회적인 신분상승은 엄청난 권력이동을 가져왔다. 그러다보니 서열을 중시하는 전통사상에 대한 저항적 평등의식이 강해지면서 평등에 대한 인식도 기회의 평등보다는 기존 사회질서에서 필수적인 권위마저도 인정하지 않으려는 무작정 상향적·절대적 평등의식을 낳게도 하였다.

▷ 한국인의 다양성과 신바람, 감각의 문화 : 이어령[13]

이어령은 한국인의 문화를 푸는 문화, 신바람 문화, 오감의 문화, 자율과 다양성의 문화로 보고 있다.

1) 푸는 문화 : 서구문화가 긴장의 문화라면 한국문화는 해소의 문화이다. 인생 곳곳에서 여유와 정(情)이 개입되면서 화풀이, 분풀이, 살풀이 같은 감성적으로 푸는 문화가 자리 잡고 있다.

2) 오감(五感)의 총화적 문화 : 한국인의 감성은 오감이 따로 해체되어 있는 것이 아니라 이 모든 것이 교향곡처럼 앙상블을 이루고 있는 것이 특징이다. 음식문화에서 일본요리는 눈으로 먹고, 인도요리는 손으로 먹으며, 프랑스요리는 혓바닥으로, 이탈리아요리는 배로 먹는다는 유머가 있다. 그러나 한국인의 식습관은 시각, 청각, 촉각, 후각, 미각 등 오감으로, 즉 온 몸으로 식사를 하는 데 익숙해져 있다. 쌈을 싸먹을 때는 인도식 촉감, 야채와 양념에서는 일본식 색감을

느낄 수 있듯이 한국인은 여러 종류의 감각을 한데 모아 버무리는 총화에 특징이 있다. 한국에는 서양처럼 엄격하고 까다로운 식사코스가 없다. 수프에서 디저트까지 몽땅 한 상에 차려놓고 각양각색의 음식을 보고 음미하면서 제각기 식성대로 자유선택이 가능하다. 그야말로 민주적 식사법이다. 이는 한국인이 타율적 민족이 아니라는 증거이다. 오히려 시간순서에 구애받지 않고 공간을 채우는 동시적 감각, 이것이 바로 한국인의 의식구조이다.

3) **필연성과 우연, 모순을 하나의 인간법칙으로 받아들이는 문화** : 한국인이 생각하는 합리성은 서구 사람들의 그것과 차원이 다르다. 서양의 합리주의는 모순이라는 것을 용납하지 않는다. 그들은 이 세상을 질서정연한 거대한 기계, 필연성이 움직이고 있는 그런 기계라고 생각한다. 그런 점에서 서구인들은 뉴튼(Newton) 같은 과학자를 단순한 물리학자로 보기보다는 서구 지성의 상징으로 보고 있는 것이다. 그러나 한국인은 서구적 합리성과 필연성, 우연, 모순까지를 모두 수용하는 미묘한 인간법칙이 생활화되어 있다.

4) **잘 발달된 다양한 문화** : 한국인은 내적 창의성이 외부제약에서 벗어날수록 감정과 스타일의 표현영역은 더욱 확대된다. 한편에서는 낙천적이고 생에 대한 긍정으로 가득 찬 삶이 있는가 하면, 다른 편에서는 슬프고 손상된 미의식의 표현, 어둡고 환각적인 세계, 타락과 방종 등을 강렬하게 표현한다.

▷ **한국인의 내면의식(이규태)**[14]

이규태는 조선역사나 각종 사료에서 추출한 고사와 일화들을 통해 한국인의 기질적 특성을 흥미롭게 분류해냈다. 한국인의 의식세계에는 열등의식, 은폐의식, 내향의식, 숙명의식, 비하의식, 의존의식, 서열의식,

상향의식, 체면의식, 권위의식, 비타산적 의식, 집단의식, 한(恨)의식, 현세적 통찰의식, 금욕의식 등이 자리 잡고 있다는 것이다.

▷ 2분법적 사고(윤덕민)[15]

윤덕민은 한국인의 가치관이 정의와 불의로 양분하는 극단적인 2분법적 사고방식에 젖어 있는 것으로 보고 있다. 한국인은 중간의 존재를 인정하려 하지 않는다. 중간은 회색분자로 매도의 대상이 될 뿐이다. 또 다른 사람에게는 너무 완벽한 도덕적 잣대로 평가하여 원만한 공존을 어렵게 하는 원인이 되고 있다. 이에 비해 일본인은 설사 정권이 바뀌더라도 현재의 상황에 순응하면서 눈앞의 과제를 점진적이며 현실적으로 풀어 간다.

▷ 현대 한국 학생들의 성격(이근후)[16]

조급성, 감정적, 비합리적, 남의 눈치 의식, 집단주의, 허세, 이기적, 변화에 소극적, 내성적, 권위주의 의식 등을 가지고 있다.

예술 분야에 비친 한국인의 기질

▷ 자득, 창의성, 생명존중 정신(이혜구)[17]

국악인 이혜구는 모방하지 않고 스스로 깨닫는 자득(自得)의 정신, 창작성, 생명력 존중정신은 우리의 강한 예술적 개성이라고 주장하고 있다. 정악이건 속악이건 그 밑에 흐르는 근본정신은 어느 기존 곡(曲)에 구애받지 않고, 기계로 복사하는 것 대신에 흥에 따라서 변하는, 생명 있는 것을 존중하는 정신이다. 연주하는 사람은 있으되 개성이 없으면 꼭두각시이다(有人無我是傀儡).

▷ 무속(巫俗)이 중심이 된 자유분방성(최준식)[17]

조선 후기 예술미 가운데 가장 핵심이 되는 것은 자유분방미로 볼 수 있다. 특히 조선후기 예인(藝人)들의 세계관에 무속이 중심이 된 민간신앙이 자리 잡게 되면서 조선 예술에도 무속적 특성이 영향을 주게 된 것이다.

▷ 자연과의 조화성[17]

「한국 미술의 특색은 자연의 조화를 그대로 받아들여 재현하려는 자연주의요, 철저한 나(我)의 배제이다.」(김원룡)

「한국의 춤은 즉흥적 성격이 강하며, 자연성이 존중되고 음양이 조절되는 특성을 고루 갖추고 있다. 이때의 동작 하나하나에도 여백미(餘白美), 투박스런 단순미, 독특한 곡선미가 함축되어 있다.」(정병호)

▷ 해학적 특성(오주석)[18]

한국의 미술은 해학성이 특히 풍부하다. 머리와 가슴으로 느끼는 것이 아니다. 온몸으로 즐기는 것이다. 온몸으로 즐긴다는 것은 영혼이 깊이 감동받고 즐거워하는 것이다.

한국인 기질의 변화 추세

한국인 기질은 지정학적으로 주변 강대국들 속에서 생존을 위한 적응과정을 거치면서 특화되어 왔다. 그러나 현대에 와서는 교통통신의 발달과 사회개방, 세계화 추세의 영향을 받아 종래의 평화, 소극, 순응, 폐쇄적인 기질도 상당히 변질되어 가고 있다. 물론 여기에는 한국의 주변국인 중국, 일본, 러시아 문화와 해방 후 한국사회 변화에 커다란 영향력을 행사해 온 미국문화를 위시한 서구문화 등이 한국인 기질의 변화에 영향을 주었다고 본다.

고대 한국인 기질은 문덕(文德)의 숭상에서 온 평화적이고 지적, 도덕적 특성이 강했다. 군자의 나라라는 칭송을 들을 만큼 평화적이고 고고하며 유순하여 다투기를 삼갔다. 풍류를 즐기면서 학문을 숭상하고 상부상조하는 아름다운 풍속을 가꾸어왔다. 그러면서도 자기보존을 위해서는 성급하고 과격한 투쟁정신도 함께 지니고 있었다. 이는 현격한 국력차를 보이고 있는 주변강대국 틈새에서 무력에 의한 국가생존보다는 문화적 친애관계를 통한 공존에 비중을 두되, 국가가 생사의 관두에 처해 있을 때는 강력한 저항을 통해 주체성을 지켰다.

근대에 와서는 전통적인 주변국과 서구 각국과의 접촉이 활성화되고 다원화되면서 한국인의 기질도 기존의 뿌리 위에 복잡한 개성이 드러나게 되었다. 여기에는 인정주의(연고주의, 감성중시), 숭문정신, 도덕규범 존중, 전통 존중, 강한 자존심, 윗사람 공경, 독창성과 낙천성, 풍부한 감성, 공명정대한 명분 등이 보편적 특성으로 자리 잡았다.

반면에 허례허식, 결속력 부족, 경제와 실용 경시, 성급성, 도덕적 해이, 과거 집착, 야심 부족, 무책임, 공사구분 결여, 합리정신 결여, 독선적 사고, 파당성(집단이기주의), 용기 부족, 사치성향, 자아팽창, 법정신 부족 등이 문제점으로 지적되고 있다.

그러니 한국이 산업사회로 전환하는 1970년대 이후로는 한국인의 기질에서도 적극적이고 공격적인 특성과 서구인의 합리주의 정신들이 기존 전통정신과 융합되어 가고 있음을 알 수 있다. 여기에는 숭문정신, 질서의식, 용기, 도전정신, 평화애호, 윤리적 가치관, 인정주의(대인관계 중시), 풍부한 감성, 풍류정신, 평등사상, 민주정신, 창의적이고 해학적인 정신 등이 강조되고 있다. 반면에 체면강조, 남을 모방하는 동조정신, 남의 일에 관심이 많고 참견하려는 관여의식, 미신 숭상, 응집력부족, 집단이기주의, 정의와 불의를 양분하는 2분법적 가치관, 조급성 등이 문제점으로 지적되고 있다.

이로 보아 한국인 기질의 근간은 시대나 환경변화 속에서도 크게 바뀌지 않고 있다. 특히 숭문정신, 풍류정신, 감정과 인간관계를 중시하는 인정주의 정신, 환경이나 분위기에 영합하는 동조정신, 남의 일에 대한 관심이 유난스런 관여정신, 유교적 도덕정신, 이질문화에 대한 한국문화로의 포용정신, 성급한 속도정신, 허례허식의 형식주의 정신, 집단이기주의 정신 등은 역사를 통해 이어온 일관된 공통정신이다. 단지 시대환경 변화에 맞추어 잠재된 다양한 기질적 특성들이 자리를 바꾸어 드러나든가 숨어들었다고 볼 수 있다. 근래 들어서는 역동적인 도전 및 모험정신이 새로운 한국인의 기질로 공감대가 형성되어 가고 있다. 또 한편에서는 질서의식과 무질서정신, 포용정신과 독선주의, 단결심과 파당주의 같은 모순된 양면적 특성도 나타나고 있다.

이 모두는 외형상으로 보면 기질의 변화나 독자기질의 해체 징후로 잘못 판단할 수도 있다. 그러나 이 역시 역사적으로 볼 때 외부문화가 전통기질로 흡수되는 순화과정이거나, 모순과 대결이 아닌 공존문화로 볼 수 있다. 한국인의 기질에서 질서의식의 강조는 전통적인 도덕과 유교이념이 깃들어 있는 종적인간관계에서 두드러지게 나타나고 있고 지금도 그 전통은 계승되고 있다.

다만 산업사회에서 발현된 합리주의, 외부 제도와 풍속을 도입해 만들어진 실정법에 대한 질서의식은 상대적으로 희박한 편이다. 이는 아직 횡적 인간관계나 합리주의 정신의 체질화가 덜 된 데서 온 일종의 과도기 현상으로 볼 수 있다.

단결심과 파당성은 모순된 정신으로만 볼 수 없다. 집단이기주의에서 나온 파당성은 다양성을 수용하는 순기능이 있으며, 국민적 위기상황에서는 한국인이란 집단정신으로 모든 이질집단을 아우르는 단결정신으로 발전되곤 했다. 포용정신과 독선주의도 마찬가지이다. 한국문화로 동화된 불교, 기독교가 한국 땅에 정착하고 이들 종교정신이 국민기질 속에 스며들기에는 상당한 시간이 걸렸다. 오늘날에도 국민적 공감대를 해치고 사회통합을 방해하는 독선주의는 민주적 제도의 미숙과 타협을 용인하지 않으려는 이념적 도그마에서 온 홍역으로 볼 수 있다.

　다만 이 과정이 너무 길어질 때 예방할 수 있었던 상처와 부담을 감수해야 한다는 점이다. 이때 생기는 역기능이 국론분열로 이어져 국가발전에 해악을 끼치지 않는다면, 이 역시 국가정체성에 대한 집념과 사회변화에 대한 내성강화로 이어져 국민적 기질을 단련·강화시키는 순기능으로 작용할 수도 있을 것이다.

03

외국인이 바라본 한국인의 기질

서구 등 국제사회에서 한국과 한국인은 어떤 모습으로 비쳐지고 있을까. 처음에는 한국을 아는 중국, 일본 사람들의 눈을 빌려 알려진 것이 고작이었다. 그러다가 한국이 문을 열고 서구의 외국인들을 받아들이기 시작한 1900년대 초반, 이들의 한국을 보는 시각은 거의 단편적이고 피상적, 주관적인 것이 대부분이었다. 열강의 틈새에 끼어 약소국의 설움을 뼈아프게 겪고 있던 시대상황에서 대부분의 외국인들은 이해관계에 따라 한국을 보는 시각도 제각기 달랐다.

그러나 2000년대 전후부터는 한국의 국제적 위상이 높아지면서 대외교류환경도 크게 바뀌었다. 세계 다수국가에서 외국인들이 몰려오고 다양한 분야에서의 협력업무가 급증하면서 한국을 보는 시각도 크게 변하고 있다. 몇몇 나라에서는 한국인 이상으로 한국에 대한 심층연구에 열을 올리고 있다. 한국 역시 대외의존도가 높은 만큼 국가 이미지 개선과 우호적 동반자로서 많은 나라와 결속을 다져야 할 필요성이 커지고 있는 것도 사실이다. 외국인의 한국관은 분야별, 국가별로 매우 흥미로운 반응을 보이고 있다.

통계적 조사방법을 통한, 외국인이 본 한국인 기질

▷ 한국인의 장·단점 요약(김재은)[7]

김재은은 20세기 초반부터 후반까지, 외국인의 눈에 비친 한국인 기질을 조사하여 공통점을 모아 분석했다. 이 중에는 일본의 조선총독부 조사자료와 일본과 외교적 각축을 벌이고 있던 러시아와 미국 등 다양한 국가의 외국인들 의견이 망라되어 있다. 여기에서 한국인의 장점으로는 개척정신과 호기심이 많고 예의를 존중하며 낙천적이라는 정도에 그치고 있다. 한국인 개인의 재능은 비교적 우수한 편이나 국민으로서는 결함이 많은 것으로 보고 있다.

먼저 단체생활에서 한국인은 조직력이 부족하고 단결심과 질서의식이 약한 것으로 평가하고 있다. 즉, 한국인은 노동을 불경시하고 약속을 잘 지키지 않으며 실질보다 외형을 중시한다. 사대적이며 허례와 요행을 바라는 경향이 짙다. 공·사를 혼동하고 공공질서의식이 매우 빈약하다. 당파성이 강하며 과시성이 높고 체념이 빠르며 의존적 성격도 강하다. 개개인의 생활태도를 보면 가족을 중요시하고 강렬한 개성을 가지고 있으나, 미래에 대한 준비성과 독립심이 약하나. 과거 지향적이고 사치와 낭비벽이 심하다. 미신을 숭상하며 폭력성도 다분히 갖고 있다.

한국인이 스스로 지적하고 있는 일반적 기질인 창의력과 낙천성, 감성과 미신숭상, 허례와 과시, 공과 사의 구분 모호, 당파성과 과거 지향성 등을 그대로 지적하고 있다. 그러나 한국인의 시각과 다른 미묘한 이중성도 엿볼 수 있다. 즉, 단결심, 질서의식, 예의 등은 국내 연구조사결과와 정반대 의견으로 나타나고 있다는 점이다.

▷ 한국에서 살고 있는 외국인의 한국에 대한 이미지 조사[19]

국정홍보처가 지난 2003년 한국에 거주하고 있는 외국인 644명을 대상으로 실시한 한국인에 대한 이미지 조사는 21세기 한국인의 의식과 기질의 변화추이를 보여주고 있다.

이 조사에 의하면 한국인의 국제사회 적응력은 중간 정도 수준에 머물러 있는 것으로 나타나고 있다. 또 돈과 권력지향의 성격이 강해진 데다 외국인에 대한 차별의식도 강한 편이다. 이는 전통적인 허례와 과시사상이 그대로 계승된 반면, 과거에 숭상하던 도덕과 예의염치사상에 배치되는 물질우선주의 정신에 오염되었음을 드러내고 있다. 한국인이 아직 신

주한 외국인의 한국인에 대한 이미지 조사

항목	합리성	공공성	윤리성	신뢰성	안전성	수용성	장래성
한국인 기질	2.8	2.8	2.9	3.1	3.2	3.2	3.2

※1점(부정적)에서 7점(긍정적) 사이에서 결정 (2003. 11 국정홍보처)

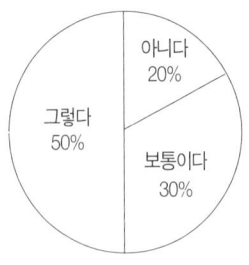

한국은 돈과 권력을 최고의 가치로 여기는 사회인가?

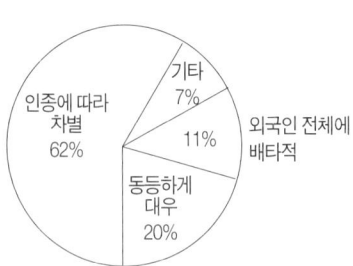

외국인에 대한 한국인의 태도는?

뢰받는 선진국인으로서의 자질을 덜 갖추고 있다는 실상을 반영한 것이기도 하다.

외국 상공인들이 본 한국인 기질

▷ 배 고픈 건 참아도 배 아픈 건 못 참는 한국인

2004년 7월 제프리 존스 암참(Amcham, 주한 미국 상공인 협회) 명예회장은 청와대 직원들의 학습모임인 '상춘포럼'에서 한국인의 아픈 곳을 찔렀다. '외국인의 시각에서 본 한국경제'가 이 날 강연의 주제였는데 그는 한국인의 병폐를 한 구절로 요약했다.

"한국인은 배 고픈 건 참아도 배 아픈 건 못 참는 정서부터 바꾸지 않으면 부자나라가 될 수 없다!"

한국인은 겉으로는 돈이나 권력을 천박스러워 하면서도 속으로는 배금사상에 깊이 물들어 있다. 반면 반(反)기업정서는 강하게 살아 있다. 돈 버는 것에 대한 기본정서를 바꾸고 생산에 기여한 만큼 대가를 받는다는 생각으로 고쳐야 선진국 국민이 될 수 있다는 주장이다. 물론 이를 위해서는 기업의 투명성이 높아야 하고, 옛날처럼 '빽'이나 뇌물 등으로 승부를 하려는, 바르지 않은 방법으로 돈 버는 풍토가 사라져야 한다는 충고가 잇따랐다.

▷ 죽도록 파업(Striking To Death)하는 한국 노동자들

미국 시사주간지 〈타임(TIME)〉은 '죽도록 파업'이란 제목의 기사(2003.9.8)에서 한국 노동자의 경직성을 크게 보도했다.

「지난 해(2002년) 한국 제조업의 임금상승률은 생산성 향상률을 거의 4% 앞섰으며, 올해(2003년)에는 그 격차가 10%까지 벌어질 것이다. 한국

은 임금상승률이 생산성을 앞지른 극소수 공업국가에 속하게 됐다.」

맥킨지 서울사무소 대표 '스티브 베어'도 상공회의소 주최 조찬간담회(2004.9.8)에서 한국노동자를 강도 높게 비판했다.

"한국은 세계 최악의 노사관계를 갖고 있으며, 이것이 외국인의 투자에 장애물로 작용하고 있다."

지난 2003년 8월 22일, 독일의 다국적 기업인 '한국 네슬레'는 직장폐쇄 신고를 냈다. 미국에서 교육받은 이 회사 이삼휘 한국인 사장의 폐쇄 이유는 단호했다.

"선진기업에서는 법과 원칙이 생명이다. 그런데 한국 네슬레에서는 두 가지 모두 하나도 지켜지지 않았다. 그래서 어쩔 수 없이 마지막 방법을 택했다. 가장 큰 애로사항은 한국의 노동자와는 합리적인 대화가 통하지 않는다는 사실이다. 미국 대기업의 임금협상 석상에서는 물가상승률, 생산성 향상률, 인근 사업장의 평균임금 등 객관적 자료들을 협상 테이블에 놓고 이야기한다. 그런데 우리 노사협상에서는 이런 자료들이 무시되는 분위기이다."

여기에다 이삼휘 사장은 한국정부에도 불만을 쏟아놓았다. 한국정부는 말로는 노사협력과 합리적 임금원칙을 내세우면서도 불법행위에 대해서는 법과 원칙을 지키려는 단호한 모습이 없다는 것이다.

한국에 진출한 외국기업인들은 한국인의 개인적 잠재력을 높이 평가하고 있다. 그런데도 한국 진출 외국기업의 한결같은 불만은 한국 노동시장의 경직에 대해서다. 노사관계가 생산성 향상을 위한 협력체제로 가기보다는 투쟁적 대결구도로 가기 일쑤이다. 서로 마주앉아 오순도순 상의하는 일이 드물다. 한국 노동자들은 임금협상에서 사용자의 주장을 그대로 따른다는 것은 곧 패배를 자인하는 것으로 보는 사람들이 많다. 몸담고 있는 기업의 발전이 자신의 발전이라는 밝고 합리적 시각보다, 속고 손해 보고 착취당하고 있다는 선입견에 분노하는 경우가 많다. 그래서 저항 방법도 합리적 대안보다는 파업 아니면 가두데모 등 극단적 투쟁양상을 띠고 있다.

▷ 역동성, 인간미 넘치는 나라[20]

홀스트 카이저 독일 지멘스 최고전략책임자는 한국에서의 근무경험을 통해 한국인 기질의 특이성을 이렇게 보고 있다.

"한국은 역동성, 융통성, 인간미를 느낄 수 있는 나라이다. 특히 한국인의 역동성은 한국에서 모든 일을 빨리 돌아가게 하는 힘이 되고 있다. 또 빠른 인간관계 구축이야말로 한국인의 또 다른 강점이다. 한국에서의 사업은 항상 인간관계가 중요한 역할을 하는 것 같다."

이는 일본 등 주변국의 오랜 침탈 시에도 안으로만 삭여오던, 억눌려 있던 감정이 환경변화로 갑자기 솟구친 것으로 볼 수 있다. 역사의 전면에 당당히 나서서 스스로 주인공이 되어 책임을 지게 되면서 피해자·피착취자로서의 의존적·소극적 대처방법에 익숙해왔던 관성에 대한 저항적 한풀이라 할 수 있다. 국제사회에서 선진사회처럼 노사협력관계를 정상적으로 유지·발전시켜나가기 위해서는 반드시 풀어야 할 걸림돌이 아닐 수 없다. 논리 대신 실력행사가 난무하는 노사관계, 외국자본을 수탈자로 보는 분위기, 고용관련 사업조정 등 경영의사결정에 노조의 동의를 구하는 관행 등은 신뢰의 결여에서 비롯된 것이다.

그 분명한 해답은 기업의 투명성과 공정성, 합리성이 먼저 자리 잡고 그 다음에 단호한 법적 대응이 뒤따를 때 비로소 극복의 실마리도 풀어질 것이다.

외국인 저작(著作)을 통해 본 한국인 기질

한국을 주제로 책을 쓴 저작자들은 상당한 자료수집과 직업의식으로 비교적 예리한 분석력을 보이고 있다. 그러나 개중에는 현장 경험에 기반하지 않은, 특정분야에 대한 편견도 눈에 띈다.

▷ 조용한 아침의 나라, 한국

20세기 초 조선 고종황제 때, 의사이며 선교사인 알렌(H.N. Allen)이 지은 《조선견문기》에는 한국인에 대한 따뜻한 마음이 가득 채워져 있다. 그는 한국에 최초로 서양의학을 도입한 사람이며, 현 연세대학교 의과대학의 전신인 '세브란스 의학전문학교'를 설립한 공로자이기도 하다.

그는 조선인의 성품이 남을 너무 잘 믿으며, 지나치게 낙관적이고, 예의범절에 밝으며 호기심이 많다고 기술하고 있다. 또 이 책에는 한국이 '은자(隱者)의 나라'로 알려진 것은 그리피스(W.E. Griffis)의 저작인 《은자의 나라 한국》(1907)에서 유래한 것이며, 또 '조용한 아침의 나라'라고 불리게 된 것도 미국의 천문학자이며 여행가인 로웰(P. Rowell)이 쓴 《조선전(Chosen: The Land of Morning Calm)》(1888) 때문인 것으로 밝히고 있다.[21]

▷ 온순하고 선량하며 순종적인 민족

조선조 말기, 러시아 장교 카르네프 일행의 조선 여행기에는 한국인이 중국보다는 일본인의 기질에 가깝다는 의견을 내고 있다.

「조선인의 특성은 온순하고 선량하며 순종적이다. 수만의 한국인 군중들이 군대나 총검 없이도 고관의 명령 하나만으로 효율적으로 통치되고 있다. 나는 관청이 전혀 없는 매우 외진 시골 마을에 있기도 했지만 어디서나 질서가 파괴되었던 모습은 한 번도 보지 못했다. 가는 곳마다 평화스럽고 평온했다.」

그는 한국인의 기질을 평화적이고 선량하며 순종적일 뿐만 아니라, 질서의식도 매우 높은 민족으로 묘사하고 있다.

▷ 감성적이며 질서의식이 희박한 민족[22]

독일인으로서 오랫동안 한국에 머물며 한국 이름까지 가진 여동찬(呂東贊)은《외국인이 본 한국과 한국인》(1979)에서 한국인의 특성을 7가지로 나누었다.

1) 체질화된 자기 비하
2) 말에도 서열이 있다
3) 배만 부르면 만사형통
4) 계절에 매인 생활
5) 울고 웃는 정서(다정다감, 감성적이며 우수한 두뇌 소유자)
6) 슬픔 속의 삶
7) 법규는 많아도 잘 지켜지지 않는다

그는 한국인의 역사와 전통 속에 묻혀 있는 한국인의 숙명의식, 종적 사회에서의 겸양지덕, 유난스런 감성적 기질과, 이로 인해 파생되는 준법정신 해이와 풍부한 정서, 우수한 두뇌 등을 대표적인 특징으로 꼽고 있다.

▷ 이상스런 나라, 한국[23]

2000년대에 들어서면서부터 외국인의 한국관은 지금까지와는 달리 상당히 변했다. 스콧 버거슨은《발칙한 한국학》에서 한국인은 이상함이 넘치는 나라로 보고 있다.

「한국에서는 출고한 지 5년 된 차를 보기 힘들며 전통한옥에 사는 사람이 거의 없다. 그런가 하면 예의범절을 중시한다면서 길거리에서 서로 밀치고 발을 밟고 지나가면서도 사과 한마디 하지 않는 사람이 많다. 세계에서 노인 공경을 가장 잘한다면서도 실상은 딴판이다. 길거리 패션이나 레스토랑, 매체, 출판계를 보아도 그 중심에 노인은 없고 청소년층에만 초점이 모아져 있다.

  게다가 현대 한국인은 백인종이 되기를 열망하고 있는 것 같다. 얼굴이 작고 코를 높이고 팔다리를 길게 하며, 엉덩이는 늘어져서는 안 되는 등 서구형 체구를 이상형으로 삼고 있다. 이는 빠른 정보화 물결과 동시에 전통문화의 해체현상이 뒤따랐기 때문이다. 서구인을 이상적 목표로 삼거나 외래문화를 여과 없이 수용하는 요즘 풍토에 경종이 되고 있다.」

  근래 들어 한국인의 성급함, 변덕스러움, 서구사회의 모방심리, 매너 부족 그리고 청소년 문화에의 편중 현상에 대한 예리한 지적이 아닐 수 없다.

▷ 중국인은 한국인보다 무엇이 모자란가

  중국에서 베스트셀러가 된 장흥제의 《중국이 한국인보다 무엇이 모자란가》에는 한국의 실상을 과대포장한 감이 있다.

  「한국은 하나의 큰 가정과 같이 온 국민이 나라 일을 자신의 집안일처럼 여기고 있다. 또 유교의 경전과 충·효·인의 사상을 존중하며 공동체의식이 뛰어나다. 한국인은 국산 자동차를 애용하고 할리우드 영화에 빠지지도 않으며, 그들의 몸속에는 젊고 뜨거우며 오염되지 않은 피가 흐르고 있다는 인상을 받았다.」

  아마도 지은이는 한국의 공동체의식을 2002월드컵 열기에서 찾았을 것이다. 전통사상이 위기에 몰려있는 한국의 속사정을 몰랐던 것 같다. 국산 자동차와 한국 영화의 점유율이 높아진 것은 애국심 때문이라기보다는 품질개선으로 경쟁력이 높아졌기 때문이다. 다만 한국인의 사대정신과 의존심, 자기비하의 패배의식은 고착된 본성이 아니라 얼마든지 바뀔 수 있다는 교훈이 된 것은 사실이다.

▷ 싸움에 능숙한 한국인[24]

니콜라스 크리스토퍼는 《중국이 미국 된다》의 한국판 서문에서 매우 재미있는 글을 실었다. 같은 방에 두 사람이 함께 있을 경우, 각국 사람들의 기질에 따른 반응이 어떠한가를 유머러스하게 소개한 것이다.

「미국인이 두 명 있을 경우에는 법적인 맞고소가 자주 일어나며, 중국 사람은 장사를 위한 흥정을 벌이고, 일본 사람은 친절한 인사를 해대고, 싱가포르 사람은 학교성적표를 보자고 하며, 대만 사람은 해외 이민을 함께 가자고 하며, 인도 사람은 이 세상 모든 문제가 다 미국 때문이라고 소리를 지를 것이며, 스웨덴 사람은 섹스에 빠져들 것이다.」

이때 한국 사람은 어떤 태도를 취할까?

「아마도 한국인은 싸움질을 시작할 것이다.」

매우 신랄한 풍자가 아닐 수 없다.

「미군의 한국 주둔에 대한 한국인의 오랜 반감이나, 인접국가인 일본과 중국에 대한 반목이 쉽게 불붙는 것을 보면 한국인들은 미국 뉴요커와 비슷하다는 사람들이 많다. 한국인은 뛰어난 재능을 가졌으나 거칠고, 쉽게 흥분하는 기질을 가지고 있다. 상대하기 거북한 이런 성질은 양보를 모르는 뉴욕시민들의 운전 습관을 그대로 닮아 있다. 이는 남에게 양보하면 스스로 약자임을 자인하는 것으로 보이기 싫다는 오기 때문이다.」

어느새 한국인의 체면 중시사상과 성급하고 투쟁적 기질은 서구사회에서도 정평이 나기 시작한 모양이다.

▷ 한국은 얼굴미인, 일본은 가슴미인, 중국은 다리미인의 나라[25]

오랫동안 한국과 일본 생활을 한 중국인 젠웬쉐(金文學) 역시 그의 저서에서 한국인의 체면을 앞세우는 기질을 객관적으로 다루고 있다.

「한국은 얼굴미인, 일본은 가슴미인, 중국은 다리미인에 관심이 가장 많다. 복장을 보아도 한국의 한복은 얼굴만 내놓고 모두 감추는 데 비해, 일본의 기모노는 허리띠를 힘껏 동여매어 가슴이 도드라지게 한다. 중국의 '치포우'라는 드레스는 원피스 형으로 허리선으로부터 다리를 일직선으로 표현한 데다 허벅지까지 갈라놓아 다리의 각선미를 자랑하게끔 되어 있다.

또 한국인은 개성이 강해 자기과시가 지나치며 집단질서를 안 지키는 특성이 있다. 여행할 때 일본인은 가이드를 따라 학생처럼 순종하는 데 비해 한국인은 여행 안내인이 난처할 만큼 제멋대로다. 물론 한국 사람들은 활발하고 역동적이다. 그러나 이들처럼 소란스런 민족은 세상에 없을 것이다. 규칙은 규칙대로 안 지키고, 시간은 시간대로 어기며, 게다가 내가 한 마디 하면 자기네들은 열 마디를 한다.」

한국인이 얼굴을 강조하고 있는 것은 과시주의적 기질이 은연중 드러난 것이다.

백두산을 관광하는 행태에서도 이런 만용적 과시주의가 곧잘 나타나고 있다. 산꼭대기에 태극기를 꽂고 "여기는 한국 땅이다!"라며 소란을 피우니 중국인이 경계심을 안 가질 리가 없다는 것이다. 회의 때도 일본인은 대표자가 말하면 회의장에 모인 사람들은 다 귀를 기울이는데, 한국인은 각자 잡담을 하고 있는 경우가 많다고 한다.

그야말로 고삐 풀린 망아지처럼 제멋대로라는 것이다. 역동성이 넘치는 반면, 한국인 특유의 형식적 허세와 비이성적이고 자유분방한 감성적 기질이 조금도 변하지 않고 있음을 그대로 보여준 사례이다.

▷ 급하고 부지런한 한국인, 느긋하고 변통에 능한 한국인[26]

중국 작가 장훙제(張宏杰)는 〈환구시보(環球時報)〉에서 한국인과 중국인의 기질차이를 흥미롭게 비교해 놓았다.

「한국인은 강하고 진지하며 급하다. 반면 중국인은 부드럽고 변통에 능하며 느리다.」

그는 양국인의 기질차이를 지리적, 역사적 환경차이에서 찾고 있다.

반도에 갇혀 사는 한국은 휘거나 부러지지 않는 칼처럼, 외국의 침략 속에서 점점 담금질이 돼 더 강하고 예리해졌으며, 이것이 20세기 이후 고도경제발전에서 보여준 분투정신으로 승화됐다고 평하고 있다. 그 결과 한국인의 조급성과 근면성이 경제발전의 엔진으로 작용, 20~30년 만에 가장 가난한 나라에서 '경제거인'으로 성장했다는 것이다.

외국 언론인의 눈에 비친 한국인 기질

한국의 문화시민운동협의회가 외국 언론인을 대상으로 '한국인 및 한국사회에 대한 인상'을 조사했다.[27] 공교롭게도 중국 언론의 한국관은 상당히 우호적인데 비해, 나머지 국가의 언론은 다소 비판적 입장을 취하고 있는 것이 흥미롭다.

중국 인민일보 왕린칭 서울 지국장이 이야기한 한국인의 부정적 특성은 교통 혼잡 등 매우 지엽적인 것에 그쳤다. 그러나 한국인의 장점으로는 친절하며, 남을 돕기 좋아하는 민족이라는 점을 들었다. 또 한국은 현대의 물질문명을 최대한 누리면서도 민족전통을 훌륭하게 유지하고 있다는 점을 가장 큰 특징으로 꼽고 있다.

이에 반해 일본 기자는 한국인의 성급하고 격정적인 냄비근성과 비정한 이기주의 그리고 매너 상실을 지적하고 있다.

"한국은 1986년 아시안게임과 1988년 올림픽 때 놀라운 '질서와 친절'을 보여 주었다. 그러나 행사가 끝나자마자 질서의식은 자취를 감추어 버렸다. 또 있다. 아는 사람에게는 간도 빼어줄 정도로 친절하지만 모르는 사람에게는 얼음처럼 차갑고 불친절하다. 한국 여성의 매너 상실은 말할 것도 없고, 남녀 가릴 것 없이 길에서 자주 부딪히는데 이는 타인에 대한 무관심과 배려부족 때문이다."

발레리 베이사드 한불(韓佛)친선 협회장의 생각도 비슷하다. 그가 말한 좋은 점은 전통건축, 의상, 음악, 음식 등 고유문화이다. 반면 나쁜 점으로는 거리에서 무례하게 부딪히는 행위, 외국인에 대한 무관심, 남 도와주기를 꺼리는 국민성과 관료사회의 불투명함 등을 들었다.

이들의 지적은 조금도 생소하지 않은 것들이다. 지금도 전통적인 한국인 기질에서 크게 벗어나지 않는, 현대사회에 와서도 그대로 계승되어 오고 있는 일반 특징들로 볼 수 있다.

외국 예술인들의 한국관

한국인의 풍류적 특성은 예술 분야에서도 놀라운 주목을 받고 있다. 한국의 젊은 예술인들 중 상당수의 음악가, 미술가, 발레리나들이 국제무대에서 유명세를 타고 있는 사람들은 흔하게 볼 수 있다.

외국의 예술계에서는 한국의 젊은 예술가들의 문화호소력이 뛰어나며, 한국의 전통문화를 외국의 그것과 뒤섞는 퓨전(Fusion)에 능하다는 평을 받고 있다. 미국 줄리아드 음악대학 재학생의 25%가 한국 학생이며, 독일에 유학 온 전 세계 음악학도 가운데 한국 학생이 30%를 차지할 정도로 많다고 알려져 있다. 독일 바이에른 음악대학의 롤프디터 아렌스 총장도 "한국 학생들은 감성을 연주에 실어 표현하는 재능이 뛰어나고 노력도 열심히 한다"며 칭찬 일색이다.

지난 2005년 3월 예술의 전당에서 공연한 오페라 〈마탄의 사수〉의 연출자 보드람 메링의 한국인 평가는 더욱 고무적이다.

"서양 음악의 본고장인 독일과 이탈리아의 크고 작은 오페라 극장에서 한국인 가수들이 주역을 장악해 가고 있다. 한국어는 모음이 풍부하고 노래하기에 적합한 언어라고 본다. 이 때문에 한국인들이 성악의 강자가 된 것이 아닌가 생각된다."

좀 더 거슬러 올라가 일제시대 한국의 도자기에 매료되어 한국 예술을 누구보다 사랑했던 일본인 유종렬(柳宗悅)은 인정주의와 자연미를 한국의 대표적 특성으로 꼽고 있다.[28]

역동성과 속도, 인정(人情), 한(恨)으로 뭉쳐진 기질

▷ 한국인은 정(情)이 넘치는, 낙천적인 국민[29]

세브란스병원 국제진료센터 소장인 존 린튼(한국이름: 인요한)은 한국인의 정(情) 문화를 장점으로 보면서도, 그 정이 국경 너머로 확산되지 않는 점을 아쉬워한다.

"한국인은 과거, 없이 살면서도 한없이 낙천적으로 살아왔으며 내 것 네 것 없이 살림을 나눠 쓰는 너른 인심을 가지고 있다. 이는 서양인의 합리적 사고틀로는 도무지 이해할 수 없는 마음 씀씀이다. 한국인이 말하는 '정'에 딱 들어맞는 영어단어는 없다. 아주 소중한 한국 고유의 특성인데 지금은 점점 사라져 가고 있다. 다만 이제는 한국인들도 자기 배꼽만 보고 살지 말고, 국경을 뛰어넘어 남을 돕는 훈련이나 사회장치를 활성화시켜야 한다. 그것이 결국 나 자신을 돕는 것이다."

▷ 한국, 전통과 미래를 결합하는 능력이 탁월한 국민[30]

필립 디에보 주한 프랑스 대사는 한불 수교 120주년 기념식에서 한국인의 접목문화와 속도정신을 최고의 특징으로 보았다.

"전통과 미래를 결합하는 능력, 바로 오늘날 유럽인에게 부족한 것이 한국에 있는 것 같다. 또 바깥에서 본 한국은 한 마디로 역동적이다. 한국에 오기 전에 알게 된 유일한 한국말은 '빨리 빨리' 였다."

▷ 한국은 속도정신과 역동적인 나라[31]

"한국말 중 '빨리 빨리' 라는 단어는 내가 특히 좋아하는 말이다. 한국 젊은이들은 혈기가 넘치고, 나라는 역동적이다."

한국축구 대표팀을 맡았던 네덜란드인 아드보카트 감독이 한 말이다. 이 외에도 한국에 본부를 두고 있는 유일한 국제기구인 국제 백신 연구소(IVI) 소장 존 클레멘스는 한국인을 '역동적이고 에너지가 넘치는 민족' 으로 보고 있다. 2002월드컵에서 한국팀을 4강에 올려놓은 히딩크 감독도 한국인을 '풍부한 인정과 단결심 그리고 강한 개성을 지닌 민족' 으로 정의하고 있다.

그런가 하면 정반대로 한국인의 내재적이고 운명적인 기질을 엿볼 수 있는 특별한 사례가 있다. 미국 정신의학자들이 활용하고 있는 〈진단편람〉에는 특별한 질병이 소개되어 있다. 서양의학계에서는 찾아볼 수 없고 해석하기도 어려운, 특이한 질병 25가지가 바로 그것이다.

그 중에 2개가 바로 한국에만 있는 질병이라고 한다. 하나는 화병(火病) 이고 또 하나는 신병(神病)이다. 이 두 병은 한국의 문화 속에서 태동한, 강렬하면서도 운명적이고 체념적인 인생관이 담긴 '한(恨)' 에서 나온 병증인 것으로 알려졌다. 서양인으로서는 이해하기 어려운, 질병이라고 단정할 수 없는 특이한 이 증상을 편람에서는 '문화증후군' 이라는 새로운

용어로 정의하고 있다.[16]

외국인들이 바라본 한국인 기질에 대한 공통된 특성

외국인들이 보는 한국인의 기질은 국가별, 분야별로 약간 차이가 있다. 한국에 대해 중국과 동남아 각국은 호의적인데 반해 일본은 그 강도가 낮은 편이다.

외국의 상공인들은 한국인 기질을 한국의 기업풍토와 연관해서 보고 있다. 한국인은 역동성, 융통성, 인간미가 넘치는 국민기질을 갖고 있으나, 이로 인해 합리성과 준법정신이 부족한 것을 흠으로 지적하고 있다. 또 노사대립이 법적한계를 벗어나 있는 나라라고도 평가한다. 관료적이고 폐쇄적인 경향이 강하며, 기업인들조차 공존의식 부족으로 타 기업의 성공을 축하하기보다는 질시하는 등의 풍토가 기업문화를 흐리게 하고 있다는 평가이다.

언론계와 일반인의 한국관은 좀 더 구체적으로 개개인을 보는 시각에서 나타나고 있다. 한국인은 전통 등 고유문화를 존중하며, 낙천적 인정주의 정신, 활발하고 역동적이며, 불굴의 도전정신, 근면성, 노인공경, 풍부한 감성, 우수한 두뇌를 가진 국민으로 보고 있다. 그러나 너무 성급하며, 거칠고 흥분을 잘 하는 데다, 양보를 모르며, 질서의식이 희박하고 이기주의, 남에 대한 배려부족, 지나친 융통성을 문제점으로 지적하고 있다.

그러나 문화·예술계 인사들의 시각은 다른 분야보다 훨씬 긍정적으로 나타났다. 인정주의와 자연미, 뛰어난 퓨전(Fusion)능력, 타고난 감성적 호소력, 낙관적이고 온순, 선량, 풍부한 정서가 넘치는 국민으로 찬사를 아끼지 않고 있다. 반면 자기중심적 이기주의로 폭넓은 이타정신이 부족하며 미신과 운명론에 빠져드는 경향이 짙다는 평가도 있다.

이를 종합하면 한국인은 개척정신이 강하고, 낙천적이며, 개개인이 우수한 재능과 강한 개성을 지니고 있다는 데 공감하고 있다. 그러나 집단 이기주의와 파당성이 강해 국민으로서의 결함이 많고, 외형을 중시하여 허례와 과시성이 강하며, 과거 지향적이고, 질서의식이 약하며, 감정적으로 자제력이 약해 폭력성을 드러내는 것 등을 문제점으로 지적하고 있다.

이는 한국인이 바라본 한국인의 기질과 큰 차이가 없다. 단지 외국인들은 한국인의 기질을 개방된 국제사회에서의 적응능력에 초점을 맞추어 한국인의 창의력과 역동성, 도전의식을 높이 사고 있는 반면, 공동사회에서의 신뢰구축에 문제가 있다는 등, 우선순위에서만 국내시각과 다를 뿐이다.

04

한국인 기질은 강직한 정체성과 부드러운 유연성의 조화산물

한국인의 정체성은 국민적 동질감을 대표하는 참 모습

한국인의 기질에 대한 평판은 학자마다, 보는 관점에 따라 각양각색으로 매우 산만하고 복잡한 성격처럼 보인다. 질서의식이나 단결심, 공명정대, 합리성, 용기, 창의성, 인정주의, 도덕정신 등등 헤아릴 수 없는 수많은 항목들이 때로는 장점, 때로는 단점으로 평가되고 있다.

그러나 이율배반적인 특성으로 보이는 이 다양한 성격들을 좀 더 거시적으로 내려다보면 두 개의 큰 축, 민족의 '정체성(正體性)과 유연성(柔軟性)'으로 압축해 볼 수 있다. 다만 이 두 가지 특성이 혼재되어 있어 혼란스러워 보일 뿐이다.

한국인의 정체성이 국가와 민족의 생존과 계속성을 유지시켜 주는 버팀목이라면, 유연성은 그 가치를 실현하는 수단이다. 정체성이란 쉽게 바꿰지 않는다. 그 안에는 여간해서 바꾸기 힘든 오랜 전통 속에 녹아있는, 거대하고 미묘한 질서의식이 숨어있기 때문이다.

「국민정체성이란 나라의 운명과 자신의 운명을 동일시하는 국민 개개인의 심리적 정황이다. 국민정체성이 높은 국민은 나랏일을 자신의 일로 여기고 챙기며 나라의 발전을 위해 헌신한다. 그래서 전체적으로 국민정체성이 높은 나라는 안으로 건실하고 밖으로 활력이 있다. 최근 조사에 의하면 우리나라 국민정체성은 매우 높다. 단일민족으로서 오랜 역사를 가진 데다 민주화 이후 크게 고양된 국가에 대한 주인의식 때문이다. 그런 국민이 사랑하며 충성을 바치고자 하는 나라의 모습이 바로 국가 정체성이다. (중략)

오늘날 국가정체성을 규정함에 있어 글로벌 스탠더드는 무엇인가. 바로 자유민주주의와 자본주의 시장경제이다. (중략) 그런데 지금 북한은 이 글로벌 스탠다드에서 가장 먼 나라이다. 이런 북한의 시각에서 우리의 정체성을 정의하려는 진보정파의 시도는 국민의 마음을 살 수 없다. 국민정체성이 약화되면 자연히 국민들은 국가를 떠나거나 정치 불신, 국가에 대한 긍지소멸로 이어질 것이다.」[32]

정체성은 손에 잡히지 않는 추상적, 이념적 성격이 짙어서 때때로 알 수 없는 환상의 늪에 빠지는 위험성을 안고 있다. 고조선은 단 8조의 법만으로 나라를 다스렸다. 소위 군자들의 순리에 맡긴 것이다. 구체적으로 나열된 하무라비 법전과는 영 딴판이다. 방향제시가 애매모호해지면 이를 집행하는 지도자의 신축적인 능력에 의존하는 바가 커진다.

한국인의 정체성은 고대 중국의 역사서에서도 뚜렷한 흔적을 찾아볼 수 있다. 고대 한국을 일컬어 군자(君子)들이 모여 사는 '죽어 사라질 수 없는 나라, 생명이 긴 나라'로 표현한 것이나, 공자 같은 성인조차 뗏목이라도 타고 달려가 살고 싶은 '군자의 나라'로 묘사한 사실에서도 특별난 성격의 나라로 인식되어 왔다는 것을 알 수 있다.

당나라 시절에도 한국을 '동방예의지국'이라 부르고 신라 사신을 특별히 우대해 온 전통 등은 한국 안에서 광개토대왕비나 진흥왕순수비에 새겨진 도(道)로서 통치의 근본을 삼았다는 한국인의 정체성과 깊이 연관되어 있다고 본다. 한국인이 추구하는 지고의 가치는 물질적, 폭력적인 패도의 길에 있지 않고 도덕과 순리, 문화를 통한 왕도정치를 이상으로 삼은 데서 연원을 찾을 수 있다. 그러기에 당시 주변강국들도 한국을 속된 나라로 만만하게 보지 않은 것으로 생각된다.

실제로 기자(箕子) 같은 중국의 현인이 이 땅에다 평생의 거처를 정한 것도 이런 이유 때문이다. 옛날부터 중국인들은 자신의 나라가 세계의 중심에 있다(中原)고 믿는 자존심 강한 민족이다. 그런 민족이 한국인을 이 정도로 추켜세웠다는 사실은 예사로운 일이 아니다. 이로 보아 한국인의 정체성 안에는 한국인들만 공유하고 있는 문화적 특수성 외에 국제사회가 추구하는 보편적 가치관을 그대로 수용하고 있다.

바른 생활, 바른 몸가짐, 바른 생각, 바른 사람은 한국사회 지식인들이 추구하는 공동의 목표이다. 일찍부터 한국 사회에 뿌리를 내렸던 대다수 종교 정신과도 일치한다. 그런데도 유교의 도학(道學)사상이 오래도록 자리 잡은 한국사회에 새로이 불교와 기독교가 터를 잡는 데는 많은 피와 희생이 필요했다. 불교의 8정도나 기독교의 사랑정신은 도학이 추구하는 높은 정신에도 크게 어긋나지 않는데도 말이다. 이는 한국인의 체질에 거슬리는 문화적 이질감 때문이었다. 한국인은 합리적 이치보다는 오랜 정착생활에서 체질화된 감성적 친근성에서 더 동질감을 느껴왔기 때문이다.

한국인의 정체성은 뛰어난 몇몇 지도자에 의해 의도적으로 만들어진 것이 아니다. 또 그렇게 인위적으로 만들어질 수도 없는 것이다. 한국인의 정체성은 마치 들판에 버려진 야생화처럼 거친 환경에 적응하면서 독특한 자신만의 향기를 풍겨왔다. 그 향기가 바로 한국인의 정체성이요, 한국인의 색깔이며 기질로 굳어진 것이다. 그래서 생명력도 길 수밖에 없다. 그 때문인지 한국인처럼 정체성을 따지는 민족도 드물 것이다.

조선왕조 500여 년 동안 폐위된 왕은 2명이다. 연산군과 광해군이다. 이들은 묘호(廟號)도 없이 왕자의 신분으로 격하되어 있다. 그들은 천도(天道)를 어겨 군왕으로서의 정체성을 잃었기 때문에 폐위된 것이다.

연산군 폐위의 가장 큰 명분은 친할머니인 인수대비를 구타, 타살하는 등의 패륜과 무도함이었다. 《연산군일기》에는 「만년에는 더욱 황음하고 패악한 나머지 마음대로 사람을 죽이고, 대신들마저 함부로 죽이니 대간과 시종 가운데 남아있는 사람이 없었다」라고 기록하고 있다. 광해군 역시 동생을 죽이고 어머니를 폐위시킨(殺弟廢母) 천륜의 거역이 최고의 명분이었다.

한국인의 정체성은 두부 모 자르듯 정형화되어 있지도 않다. 처음부터 외형적이고 과격·단호하다기보다는 안으로 갈무리되어 있어서 잘 드러나지는 않지만, 뿌리는 의외로 강하고 질기다. 그래서 정체성에 있어 의심이 가면 아무리 강한 힘 앞에서도 마음으로 승복하지 않는다.

단지 색채를 조율하는 유연한 적응력에 가려져 안 보일 때도 있지만 그렇다고 없어져 버리는 일은 없다. 그렇지 않고서는 이 나라가 그 모진 풍파 속에서 독자적 역사와 문화를 이어올 수도, 살아남을 수도 없었을 것이다.

한국에서 도학정치의 아버지로 불린 조광조는 너무 선명한 색깔을 드러내고, 여기에다 극단적 방법을 한 치의 융통성도 없이 고집했기 때문에 실패자가 되어버렸다. 너무 정형화된 정체성은 오히려 본연의 정체성을 제한하는 결과를 낳게 된다.

이 정체성은 왕조 몰락 이후 민주제도를 수용했다 해서 그 본질이 바뀌지는 않았다. 일제 40여 년간 일본은 내선일체라는 일본으로의 동화작업에 공을 들이면서 신식교육, 신식문화란 것을 끌어들였지만 그렇다고 정체성의 뿌리가 뽑혀지지는 않았다.

해방 후에도 한국은 6·25전쟁이라는 사상 유례가 없는 이념전쟁으로 국토는 피폐해지고 동족상잔이란 광기에 휩쓸리게 되었다. 동족으로서 처음 겪는 전통과 괴리된 인위적인 갈등에 의한 정체성 싸움이 된 셈이다. 과거 고구려, 신라, 백제의 영토싸움이나 후삼국시대의 내전과는 차원이 다르다. 같은 지역, 같은 혈연끼리도 편을 갈라 증오와 살육을 저지르는 파멸적 분열상은 지금도 그 어두운 그림자가 개운하게 가시지 않고 있다.

아직도 50여 년 동안 자본주의와 공산주의라는 두 체제로 갈라진 남북한 사이에는 타협할 수 없는 투쟁이 멎지 않고 있다. 그 후유증은 한국 국내에서도 정치권과 상당수 국민의식에서 정체성 혼란을 부추기고 있다.

한국이 국제사회에서 가장 경직된 노사대결국가로 정평이 나 있는 것도 따지고 보면 외형적인 근로조건 개선보다는, 유산자에 대한 노동자들의 정체성 갈등이 잠재한 때문으로 분석할 수 있다. 한국 사회에서의 뿌리 깊은 반 기업정서나 노동단체들의 짙은 정치성향도 같은 맥락으로 미루어 짐작할 수 있다.

삼전도의 치욕으로 기억되는 병자호란 때, 국민들은 국가를 위한 손익계산에서 유리한 제안을 한 주화파 최명길보다는 김상헌을 생리적으로 더 좋아한다. 사육신이나 삼학사를 줄줄 외고 있는 학생들의 정서부터가 그렇다. 현재의 정당, 대일 외교, 이따금 터져 나오는 반미 운동, 맹목적인 주체의식이나 우려할 만한 좌경사상들이 들끓는 것도 마찬가지 맥락이다.

한국은 서구식 민주제도에 대한 경력을 50여 년간 쌓아 온 이래, 선거라는 국민 참여방법이 국가 정통성을 재는 최고의 판단이요 가치로 존중되어 왔다. 이 정통성의 근저에는 국가정체성의 계승이 은연중 전제되어 있다. 박정희 정권이 이 땅에 경제기적을 쌓아온 확실한 치적이 있는데도 반세기가 다가오도록 정통성 시비에서 자유롭지 못한 것을 보면 한국인이 얼마나 이념에 대한 집착이 큰지 알 수 있다.

한국인의 기질 속에 국민정체성을 상징하는 특성들을 나열하면 매우 다양하다. 전통문화와 유교적 가치관, 천명사상, 평화정신, 대의명분, 도덕규범, 민주적 기본질서, 자유 시장경제 등을 들 수 있다.

한국인의 유연한 조화정신은 긴 생명력을 이어 온 생존의 적응방법

어느 고승이 제자 승려에게 이빨 빠진 입을 크게 벌리고 물었다.
"내 입안에 무엇이 보이느냐?"
"혀가 보입니다."
제자가 대답했다. 그러자 고승은 엄숙히 말했다.
"그렇다. 딱딱한 이빨은 오래가지 못한다. 그러나 유연한 혀는 늙은 이 나이가 되도록 그대로 남아 있지 않느냐."
세상사 유연함이 경직, 투쟁, 극단적 태도보다 생명이 길다는 진리를 보여준 일화이다.

국가나 민족의 생명도 이와 똑같다. 한국인의 유연성은 역사적으로 익혀온 생존 수단이었다. 유연성이란 부드러움을 말한다. 그렇다고 부드러움이 무조건 착하고 온화하고 무기력한 것을 말하는 건 아니다. 노장(老莊)사상의 핵심도 이 부드러움이 강함을 이긴다는 진리를 담고 있다.

권투, 레슬링, 유도 등 격렬한 격투기일수록 선수들의 승패는 몸 상태가 얼마나 유연한가에서 점칠 수 있다. 사람의 체력과 테크닉에서 승패가 결정되는 다른 운동경기에서도 유능한 코치는 선수들이 근육과 정신의 경직을 풀어주는 데 정성을 쏟는다. 유연성이란 겉으로는 평화적이고 온건해 보이지만, 안으로는 가장 강력한 힘을 한꺼번에 발산할 수 있는 승리의 조건이 된다.

이 유연성은 국가나 조직사회에서 또 적게는 개인생활에서도 환경변화에 적응하기 위한 처세의 지혜로 쓰인다. 한국인들은 무수한 외세침략에서도 이 유연성으로 저항과 협력을 반복하면서 둥지를 지켜왔다. 국가적 시련의 농도에 따라 강약(强弱)과 완급(緩急)을 신축적으로 조절하면서 난세의 역경을 헤쳐 나온 것이다.

한국인의 체질적 유연성은 정체성을 유지·계승해 온 끈과 같은 역할을 해오고 있다. 흐트러지는 정체성을 되살리기도 하고, 정체성 싸움으로 국론분열과 새로운 소외계층이 생겨날 때에는 이를 하나로 묶는 아량으로 작용하기도 한다. 사회가 병들면 병든 사회에서 살아남는 지혜를, 권력의 횡포가 심하면 자신을 낮추는 적응력으로 삶을 이어왔다. 어느 때는 탈속한 낙관자로, 어느 때는 희망을 잃은 순종자로 비쳐진 것도 이 때문이다.

유연성이란 단순하고 제한된 지역사회에서는 운신의 폭이 좁다. 사회가 안정된 태평세월에서는 더욱 그렇다. 사회를 지탱해 주는 도덕률이 그만큼 강력한 질서로 작용하기 때문이다.

그러나 사회에 위기감이 충만해질수록 유연성은 새로운 탈출구가 되어 운신의 폭을 한없이 넓혀준다. 근래 들어 우리 사회는 민주화, 자유화의 물결이 봇물처럼 사회 전 분야로 밀려들고 있다. 사회가 그만큼 자유롭고 유연해진 탓이다. 온갖 단체와 개인은 물론이고 무수한 시민 사회단체들이 우후죽순처럼 솟아나 거침없이 목청을 높이고 있다.

한국인의 유연성을 대표하는 특성은 너무 많다. 여기에는 뛰어난 적응력, 감성과 인정주의, 풍류정신, 즉흥성과 속도감, 무궁무진한 상상력과 창의정신, 조화와 융합정신, 강력한 경쟁과 모험정신에다 광범한 포용력까지 낳게 하는 원천이 되고 있다. 마음에 끌리면 어떠한 이념이나 외래문화라도 화해와 융합을 서슴지 않는 퓨전(Fusion) 문화를 열기도 한다.

동조정신과 관여의식이 유난한 것도 감성과 인정적 특성에서 발원된 집단문화의 한 형태이다. 남북한이 타협하기 어려운 정체성 대립 속에서도 한국인의 혈연과 인정적 동질성이 현실적인 접근을 가능케 하고 있는 것도 다 이런 이유 때문이다.

물론 이 유연성이 지나치면 정체성까지 흔들어 놓는 무수한 역기능을 쏟아낼 수 있다. 감상적 민족주의, 친소에 따른 파벌의식, 계급대립과 불신풍조, 지속성과 일관성과 응집력 부족, 부화뇌동에 따른 향락문화, 감성적 포퓰리즘 등은 민족적 기질의 뿌리가 되는 정체성을 흔들어놓을 수 있는 위험요인이 되고 있다. 과거의 역사는 현재의 거울이고 미래의 지침이 된다. 결단코 과거의 잘잘못을 덮어 두던가 방치할 수는 없다. 그렇게 했다가는 역사도 전통도 문화도 모두 잃게 된다.

그러나 한국인의 기질 깊은 곳에는 현재와 과거와 미래를 아우르는 특별한 융합력이 있다. 용서와 화해라는, 민족을 하나로 묶는 질긴 운명의 끈이 민족적 기질 저변에서 면면히 이어오지 못했다면 우리는 세계역사에서 사라진 민족으로 기록되었을 것이다. 무수한 외침 때마다 극단적 저항에 되이어, 극단적 내부청산이 반복되었더라면 멸망의 위험은 좀 더 빨리 다가왔을지 모른다. 증오와 복수의 악순환은 생존기반 자체를 무너뜨린다.

현명한 위정자의 덕목 중에, 거칠고 못되고 버려진 인간마저도 끌어안는 넓고 깊은 도량을 중요시한 것도 이 때문이다. 오죽했으면 옛날 임금은 홍수가 나고 가뭄만 심해도 모두 자기 탓으로 돌려 하늘에 부덕을 호소했을까.

일제로부터의 해방과 독립은 한국인들이 똘똘 뭉쳐 피와 땀을 흘려 얻은 결실이 아니다. 갑작스런 일본의 패망으로 전승 강대국이 가져다 준 선물이다. 따라서 당시 일본제국에 대해 죽기 살기로 저항하지 못한 한국인들에게 큰 소리로 심판하고 비난할 만한 자격을 갖춘 사람은 매우 적다. 일본인들이 썰물처럼 한반도에서 빠져나가 버리자 한국사회 모든 분야가 그대로 공동화현상에 빠져들어 버렸다. 국가를 경영할 능력도 인재도 돈도 태부족인 후진의 빈국일 뿐이었던 것이다.

초대 이승만 정권은 폐허 위에 새 국가를 건설해야 했다. 부득이 소수의 해외파와 일제에 의해 양성된 엘리트들을 이용해 나라의 골격과 질서체계를 구축할 수밖에 없었다. 그 후에도 6·25전란을 피해 외국유학을 다녀온 경제엘리트들과, 독재정권의 하수인이라는 비난을 감수하면서도 의욕적인 국민운동을 선도한 사람들의 창의정신과 헌신이 경제기적의 밑거름이 된 사실은 부인할 수 없다.

한강의 기적으로 불리는 한국경제의 고도성장은 지금까지도 대다수 선진국이나 경제학자의 연구대상이 되고 있다. 중국을 위시하여 수많은 개발도상국들이 다투어 한국경제를 벤치마킹의 대상으로 삼아온 것은 세상에 널리 알려진 사실이다. 중화학 공업의 불씨조차 없는 황무지에서, 또 자본시장이란 것이 성립되지도 않는 가난한 농업 국가를 의욕적이고 공격적인 국가경영으로 단기간에 산업 국가로 탈바꿈시킨 것이다.

이 과정에서도 극복하기 힘든 부작용들은 생겨났다. 소외자와 희생자들을 양산한 것도 사실이다. 그러나 긴 안목으로 볼 때 국가적 손익계산은 흑자를 이루었다는 것이 정설이다.

한국 경제의 기적은 저임금 노동자의 피와 땀의 결실이라는 계급적 시각은 너무 일방적인 독단이다. 그보다 설득력 있는 해답은 온 국민이 '잘 살아 보자'는 목적의식에 맞추어 하나로 힘을 모을 수 있었다는 데서 찾아야 한다.

무엇보다 더 값진 것은 자기비하의 패배의식 등 가라앉아 있는 열등의식을 훌훌히 떨치게 되었다는 점이다. 이제껏 한 편에 비켜서 있던 신바람문화에 역동적인 도전과 모험정신을 접목, 국민적 활기를 살려냈다는 점이다. 이를 계기로 세계시장에서 당당히 한국인의 재능과 가능성을 마음껏 펼칠 수 있는 자신감을 얻었다는 점은 가장 큰 수확이 아닐 수 없다.

21세기 유목민(Nomad)시대와 정체성 위기

21세기 들어 세계는 새로운 유목민 사회로 변질되어 가고 있다. 기존의 정착생활에서 벗어나 세계 곳곳을 자유롭게 떠돌아다니는 자유인이 급속도로 늘고 있는 것이다. 현대판 유목민은 생존의 필수도구인 유목물품(Nomadic Objects)으로 무장하면서 기존의 생활방식과 가치관 전반에 커다란 변화를 주도하고 있다.

유목물품이란 핸드폰, 워크맨, 노트북 컴퓨터와 인터넷, 위성 TV, 멀티미디어 방송(DMB)기기들이다. 이들 휴대용 장비만 갖추면 누구나 집과 공장, 사무실과 떨어져 자신이 원하는 곳이면 어디서도 살 수 있게 된다. 앞으로 유목물품은 독자적으로 자유와 권력을 가지게 되었다는 표시로 여겨질 것이다. 그러다보니 개개인이 소속되어 있는 지역, 국가 그리고 가정에 대한 정신적 결속의 붕괴까지 가져오는 위기의 사회를 자초하고 있다.[33]

그렇게 되면 가족제도를 위시하여 혈연, 지연적 유대와 전통가치관마저 해체의 길을 갈 수밖에 없게 된다. 끈끈한 인정으로 엮어진 우정과 의리도 퇴색의 길로 접어들게 된다. 이것은 국가와 민족의 정체성마저 유전적 변이처럼 변화와 해체를 맞게 해주는 신호가 될 수 있다.

이미 급속한 인터넷의 보급은 한국인의 의식과 체질변화에 결정적 영향을 주고 있다. 그 선도계층은 젊은 세대들이 장악하고 있다. 이미 이들의 왕성한 지식 흡수력과 소화력이 기성세대를 앞지르면서, 전통문화나 가치관의 설자리가 흔들리는 상황으로 치닫고 있다. 기성세대의 권위와 신뢰성 약화는 지금까지 나라의 정신적 지주이던 정체성의 해체에도 기름을 붓는 격이 된다는 우려의 소리도 함께 높아가고 있다.

한국인의 정체성이 무너지면 한국인의 특성도 자연히 사라지게 된다. 그렇게 되면 한국인만이 갖고 있는 한국적 기질이란 것도 국제인으로서의 보편적 기질로 대체되어 버리게 될 것이다. 그렇다면 한국인의 기질이 영영 사라져 버리게 내버려 둘 것인가. 수천 년간 갈고 닦아온 민족적 특성의 해체는 곧 민족의 멸망을 의미한다. 벌써부터 우리 사회 일각에서는 국제화 시대에 맞추어 한국 민족이란 제한된 틀을 벗어나 세계인으로의 변신이 바람직하다는 사람도 생겨나고 있는 판이다.

그러나 다른 편에서는 독창적 지역문화의 주인공들이 그들만의 기질적 장점을 질적으로 우월한 경쟁력으로 살려내고 있다. 그들은 그들 지역문화의 특성을 자체 기업문화에 이식, 기업의 체질개선과 경쟁력향상의 해법으로 활용하고 있다.

　오늘날 세계시장에서 살아남을 수 있는 기업의 두 가지 생존조건으로는, 세계인이 공감하는 보편정신을 폭넓게 수용하는 것과, 구매자를 강한 호기심으로 끌고 가는 독창성을 함께 갖추는 일이다. 이는 정체성, 유연성과 맥이 닿아 있다. 한국이 이 길을 택할 때 한국인의 기질적 특성은 국제사회에서 기업의 신뢰와 경쟁력을 높이고 제품의 독창성을 이끌어 내는 보고가 될 수 있다.

　다시 말해 한국인의 기질을 기업문화에 접목시켜야만 기업의 생명력과 경쟁력을 높일 수 있다는 말이다. 이를 위해 우리는 한국인의 정체성과 유연성을 새로운 시각으로 재조명하여, 국가경쟁력제고의 수단으로 활용하는 국민적 자세변화가 절실하다고 본다.

05

한국인의 기질 속에 숨어 있는 산업적 잠재력

2000년대 한국 권력의 주축은 시장(市場)

2005년 5월 19일 '서울디지털 포럼 2005'에 참석한 앨 고어 전 미국 부통령은 이런 말을 했다.

"서양에서는 구텐베르크가 인쇄술을 발명한 것으로 알고 있지만 이는 당시 교황 사절단이 한국을 방문한 이후 얻어온 한국의 기술이다. 그런 의미에서 한국의 디지털 혁명은 역사적으로 두 번째에 해당한다. 이는 획기적이고 혁신적인 기술발전에 기여하는 사례가 될 것이다. 전 세계는 한국으로부터 인쇄술에 이어 두 번째로 큰 혜택을 보게 되었다."

서양에서는 인쇄산업의 발전 과정을 대략 4단계로 나누어 보고 있다. 지금으로부터 5,000~6,000년 전 처음 문자가 발명된 시기, 기원전 1300

년쯤 중국에서 처음 종이를 발명하여 책을 만든 시기, 구텐베르크가 서기 1450년경 금속활자를 발명한 시기, 그리고 현대에 들어와 컴퓨터와 통신기술에 의한 정보혁명을 겪으면서 인터넷과 다양한 출판기술이 만개한 정보의 홍수 속에 파묻혀 살게 된 시기이다.[34]

인쇄술의 발달은 문명사회의 진도를 나타내는 척도가 된다. 그 중에서도 금속활자에 의한 지식정보의 대량 보급은 정보공유의 길을 널리 터놓았고, 학문과 예술과 모든 산업의 발전은 물론 국력강화에도 결정적 계기를 마련해 주었다. 근래에 들어와서 민주화와 개성적인 자아실현의 길이 열린 것도 다 여기에서 비롯되었다고 해도 과언이 아니다.

앨 고어가 말한 대로 서양의 교황사절단이 고려국을 찾아와 금속인쇄술을 배워갔는지는 확인할 수가 없다. 그러나 이 뛰어난 기술을 세계 최초로 발명한 나라는 분명 한국이다. 이미 14세기 고려시대에 최초의 금속활자 발명국이 되었고 서양사회는 그보다 늦은 15세기에 금속활자 시대를 맞았다.

두 지역 모두가 종교경전의 보급 필요성에 맞추어 출발한 점은 똑같다. 그러나 구텐베르크의 인쇄술은 종교개혁에 불을 붙이면서 국민들의 사회참여를 촉진시켜 주었고, 사회 각 분야에서도 지식정보의 축적과 계승 발전에 결정적 기여를 함으로써 산업발달과 근대화의 촉매제 역할까지 했다. 오늘날의 발전된 서양사회란 것이 사실은 이때부터 싹을 틔우기 시작한 것이다.

그런데도 한국은 왜 세계 강국대열에서 멀어진 것일까.

그 이유는 간단하다. 한국은 이 훌륭한 발명을 산업이나 국력강화에 쓸 줄 몰랐기 때문이다. 세계 최초·최고의 첨단기술을 국가나 산업발전의 동력으로 활용하려는 발상자체가 없었다. 상상력과 응용력이 풍부한 한국인 기질로 보아 이상한 일이 아닐 수 없다. 아마도 농업을 천직으로 삼은 반면 상공업을 천시한 데서 원인을 찾아야 할 것 같다. 또 도학에 근거를 둔 덕치정치를 강조해 온 완고한 유교적 가치관이 이 잠재된 퓨전(Fusion)적 기질을 봉쇄해 버린 것으로 볼 수도 있다. 이 때문에 한국기업이 독자적인 힘과 능력으로 세계시장에서 경쟁력을 키워가게 된 역사는 50년도 채 안 된다.

그 이전에는 좁은 내수시장에만 목매달고 살아온 우물 안 개구리였다. 모든 권력과 사회발전의 열쇠는 정치권이 독점하고 있었다. 법과 제도의 사슬에 묶여 있는 기업환경이 독자적 역량을 개발하고 제 목소리를 낼 수 있는 여건이 마련되어 있지 않았다. 국제시장에서 힘을 겨루기에는 자본 부족에다 역량과 용기마저 부족했다. 스스로의 미래를 개척할 신기술개발이나 창의력, 산업 인력양성 등은 뒷전으로 밀어놓을 수밖에 없었다. 대신 기업의 운명을 쥐고 있는 정치권과 정부기관과의 유착을 통해 살길을 찾는 것이 최우선의 방법이 된 것이다.

일본의 경우 특정산업을 국가정책으로 육성하려면 일정한 질서와 관례가 있다. 먼저 정책결정 이전에 산업계, 금융계, 학계, 관련 전문가 그룹들이 대등한 입장에서 충분한 협의를 거친다. 이것이 다시 국민적 합의에 도달할 때쯤 되어야 정부는 실천에 옮긴다. 정부가 일방적으로 밀어붙이는 일은 매우 드물다. 그래서 일본에서는 정권이나 수상이 바뀌어도 추진 중인 경제정책은 별로 흔들리지 않는다.

한국은 정반대이다. 국가의 경제정책이나 발전전략 같은 것은 정권이 바뀔 때마다 몇몇 실세들에 의해 입안되고 추진된다. 좋게 보면 순발력이 넘치고 의욕적이며 의사결정도 빠르다. 때와 운이 맞으면 대박이 터진다. 그러나 전문성과 일관성 부족에다 전시성 졸속주의로 흘러가다가, 제동이 걸리면 그 손해는 기업이 고스란히 떠안게 된다. 때로는 국민 부담으로 넘어가는 경우도 많다. 그러니 대기업들은 정부와의 관계에 매어 살면서도 항상 불안을 떨치기 어렵다.

한국에서의 정치 환경은 다른 나라의 정치판과는 차원이 다르다. 강대국에 둘러싸여 있어 주변 환경이 변할 때마다 국가존망이 시험대에 오르는 일이 잦다. 이런 속에서 순발력 있는 대응태세로 생존을 이어온 게 한국이란 나라이다. 한번 전쟁에 휩쓸리면 아무리 애써 키운 기업도 하루아침에 물거품이 되어 버린다. 그런 까닭에 국민생활에서도 나라의 생존을 책임진 정치권에의 의존도가 매우 높을 수밖에 없다. 국가리더의 역량에 따라 국가 모든 기능의 흥망성쇠가 좌우되었기 때문이다.

이러한 타성은 현대에 와서도 이어져 한국정치는 국가방위는 물론 경제, 사회, 문화, 교육, 과학에서부터 기업, 가정, 개인생활 전체를 관통하는 중추적 자리를 차지해 왔다. 그러다보니 한국사회에서는 산업사회의 분업논리나 다원적 민주주의 논리가 맥을 쓰지 못한다. 국가기관이 사회 구석구석까지 챙기고 간섭하는 관여적(關與的) 특성이 전통기질로 굳어져 버렸기 때문이다.

이런 타성은 노동자, 농민, 교사, 학생, 관료집단 나아가서는 무수한 이익집단들에게서도 그대로 나타나고 있다. 그들은 자기영역을 지키기 위해 출발한 이익집단인데도 문제해결을 법과 민주적 타협이 아닌, 정치권을 통해 해결하려는 정치집단화 성향으로 변질해 가게 된 것이다.

그만큼 정치권은 국가 최고 권력집단으로 무소불위의 권력을 휘둘러댔다. 한국 정치권에 부정부패, 불공정, 불평등, 불투명 등등이 만연되어 온 것은 권력집중으로 자기 억제력이 둔감해졌기 때문이다. 그러다보니 국가를 이끌고 갈 중추그룹인 정당과 관료집단의 도덕성과 전문성, 투명성 약화는 그대로 기업의 부실과 대외적 위상약화로 이어져 기업의 독자적 경쟁력제고는 멀고도 힘들 수밖에 없게 된 것이다.

아마도 외환위기가 없었다면 정경유착의 고리는 쉽게 풀어지지 않았을 것이다. 외환위기로 인해 한국 경제의 위기이자 기업의 독립을 위한 극약처방이 되었고, 기업과 기업인이 과거의 타성을 벗어나 홀로 서는 결정적 계기가 되었다.

근래 들어 한국기업들의 국제진출이 늘어나고, 정경유착의 고리를 벗어나 기업 활동의 자율과 독자적 경쟁력이 살아나고 있는 것은 이때 겪은 뼈아픈 경험 덕이다. 기업들이 밀실교제로 특혜를 구하기보다는 비장한 경영전략을 세워 시장에서 승부를 거는 일에 눈을 뜨게 된 것이다. 국가나 특정집단, 특정인의 후광에 의존하던 고질적 병폐도 서서히 자가 치유의 서광을 보이고 있다.

이미 대기업들은 경쟁력 향상을 위해 신제품 개발, 품질개선, 판로 확장 등에 전력을 쏟아 붓고 있다. 또 윤리경영을 선언하고 사회적 소외계층에 대해서도 따뜻한 배려의 손길을 뻗고 있다. 장기적으로 소비자의 사랑과 지지를 확보함으로써 생명력 강한 기업으로의 자리를 다지기 위해서이다. 더부살이 신세를 벗어나 홀로 서게 되었으니 스스로 자기관리에 정성을 쏟을 수밖에 없게 된 것이다. 이는 또 기업의 규모나 사회적 영향이 커지면서 국제사회에서의 보편적 기대치에 부응하지 않고서는 살아남을 수 없다는 위기의식이 커졌기 때문이기도 하다.

2005년 5월 16일, 노무현 대통령은 '대·중소기업 상생 협력대책회의'에서 이런 말을 했다.

"이미 권력은 시장으로 넘어간 것 같다. 우리 사회를 움직이는 힘의 원천이 시장에서 비롯되고 있다. 이제 정부에겐 시장을 얼마나 공정하게 관리하느냐가 중요한 과제가 되고 있다."

이 말은 경제 질서가 정치적 영향에서 독립, 시장기능에 맡겨지고 있는 자연스러운 추세를 반영한 것이라 할 수 있다.

지금은 세계화 시대이다. 이제는 국가의 성쇠나 국민의 생존을 기업이 떠맡게 된 세상이 되었으며, 기업의 경쟁력이 곧 국가발전의 원동력이 되었다는 뜻이 된다. 21세기에 들어서면서 한국에는 고무적인 호재들이 터져 나오고 있다.

디지털 혁명이란 새로운 물결이 세계경제에 막강한 영향력을 미치는 것과 때를 같이하여, 한국이 그 중심에 서게 된 것이다. 또 한국의 산업들은 디지털 혁명의 물결을 기업발전의 동력으로 쓰려는 꿈에 부풀어 있다. 과거 산업화에 뒤쳐져 지구촌의 천덕꾸러기가 되었던 시절과는 매우 달라진 풍경이다.

디지털 기술은 꿈에서나 볼 수 있는 상상의 세계를 현실세계에 재현해 낼 수 있다. 창의와 영감에의 의존도가 어느 때보다 커진 장르이다. 이 기술이 열어 놓은 현란한 접목, 복제, 변형 등 다양한 가공 기술은 한국인의 기질적 특성과 이상스러울 만큼 궁합이 맞아떨어지고 있는 것이다.

디지털 기술은 전통적으로 익혀온 문자문화의 연속적이고 순차적인 사고 및 생활방식을 직관과 자유로운 연상이 중요시되는 별세계로 이끌어 가고 있다. 자유분방한 사고와 감성적 기질을 타고난 한국인에게는 여간해서 만나기 힘든 벅찬 무대가 아닐 수 없다.

우리나라 민간 기업들이 국제시장에서 어느 정도 자신감이 붙기 시작한 것은 1980년대 후반부터라 할 수 있다. 이때 붙은 추진력은 1990년대 정보사회에 들어서면서 보다 창조적이고 능동적인 기업문화 발전에 가속도를 붙여 주었다.

그 이전까지 만해도 대다수 근로자는 먹고살기 위해서 일을 했고, 기업들은 할 일만 있으면 무엇이든 가리지 않았다. 그러나 조금 살만해지면서 자신감도 생기고 주변국의 추적에 신경을 쓰면서 기업의 생리도 서서히 달라지게 되었다. 이왕이면 전망이 좋으면서 장기적으로 국제경쟁에서 밀리지 않을 것 같은 튼튼한 업종을 찾기 시작한 것이다. 질의 시대에 맞추어 각 기업마다 좀 더 잘할 수 있는 분야, 자신이 있는 분야, 생명이 긴 분야가 어디에 있으며 어느 것에서 승부를 거는 것이 좋은가에 눈을 뜨게 된 것이다.

한국인의 기질과 궁합이 맞는 산업들

한국인들만이 공유하고 있는 두드러진 기질은 분명 다른 나라의 그것과는 상당한 차이가 있다. 그렇다면 이 공통기질을 산업과 연계시켜 볼 때 과연 한국인의 적성에 가장 맞으며, 재능을 꽃피우는 데 유리하고, 능률과 만족도도 높일 수 있는 산업은 무엇일까.

여기에는 산업별 특성으로 보아 동조산업, 감성산업, 접목산업, 속도산업, 풍류산업, 지식산업 등을 들 수 있다. 이들 산업은 모두 한국인의 다양한 기질들을 함축하고 있다.

동조산업은 남을 따라하는 모방성향의 산업이다. 한국인 특유의 혈연, 지연, 특정집단 중심으로 '우리'라는 공동체의식과 종적 인간관계, 소속구성원의 동질적 행동양식에서 유래된 것이다. 결집력이 강하고 빠른 성장을 기대할 수 있으나 창의적 자기계발능력이 위축될 가능성이 높은 단점이 있다.

감성산업과 풍류산업은 문화예술, 엔터테인먼트, 유행 등 인간의 감성욕구를 만족시켜 주는 산업이다. 이는 한국인의 풍부한 감성과 풍류, 창의적 기질이 발전의 동력이 되어 왔다. 그러나 합리성 부족, 현실과의 괴리, 도덕성 결여, 향락문화에의 심취 등 역기능은 앞으로 극복해야 할 주요 과제가 되고 있다.

접목산업은 분업화된 산업사회의 무수한 개별 기능, 개별 기술, 개별 업무들을 접목시켜 기능의 통합화로 효율성을 높이는 융합산업, 퓨전산업을 말한다. 자의식이 강한 한국인의 개성적 특질 및 강력한 문화적 동화력과 깊은 관계가 있다. 이는 융통성과 순발력, 창의력 발전을 자극할 수 있으나, 의존적이며 책임의식 결핍을 가져오는 단점도 있다.

속도산업은 벤처나 유통, 혁신주기가 빠른 기술 분야 등에서 요구되는 시간단축 산업이다. 이는 한국인의 성급한 기질, 역동적이고 강한 모험심에서 빛을 내는 경우가 많다. 그러나 지속성과 일관성, 속성성과주의에서 오는 부실화를 얼마나 사전에 예방할 수 있느냐가 성패의 관건이 되는 산업이다.

지식산업은 교육산업, 지적자산의 생산 및 유통, 서비스 산업 등에서 시장이 커가고 있다. 이는 한국인의 전통적인 숭문사상과 극성스런 교육열, 이기주의, 출세지향주의적 특성과 밀접한 관련이 있다. 이는 자원이 부족한 나라에서 무형의 수출산업을 키우고 국민의 지적수준을 높여 주는 순기능이 있는가 하면, 출세지향주의와 선민의식을 부추겨 사회통합에 장애를 가져오는 역기능이 우려되는 산업이기도 하다.

글로벌화 되고 있는 국제사회는 지금 고도화되고 있는 지적, 창조적, 감성사회로 달려가고 있다. 그래서 현대사회를 전문가 사회라고 한다.

따라서 이제는 아무리 전문가라 해도 자기적성에 관계없이 전문 교육과 훈련만 받았다고 해서 모두가 최선의 기량을 발휘할 수 있는 것은 아니다. 그보다는 어떻게 하면 적성에 맞는 일거리와 신바람 난 생산인력들이 함께 만나서, 참여열기를 분출할 수 있는 환경을 구축하느냐가 경쟁에서 이길 수 있는 관건이 된다. 한국이 국민적 기질과 궁합이 맞는 산업을 선택하고 여기에 투자우선순위를 매겨 집중할 때 비로소 선진사회를 앞당길 수 있는 지름길도 밝게 보일 것이다.

〈참고자료〉

(1) 프란츠 부케티츠(Franz M. Wuketits), 《자연의 재앙, 인간》, 시아출판사, 2004
(2) 켈러(Evelyn Fox Keller), 《유전자의 세기는 끝났다(The Century of The Gene)》, Harvard Univ. 지호, 2002
(3) 에르리치(Paul R. Ehrlich.), 《Human Natures: Genes, Cultures, and The Human Prospect》, Penguiun books, Ltd, 2000
(4) 민족문화추진회, 국역, 《조선왕조실록》
(5) 박영효 편, '역사탐험', 월간 중앙, 2005. 1
(6) 이부영, 차재호 외, 《한국인 성격의 심리학적 고찰》, 고려원, 1984
(7) 김재은, 《한국인의 의식과 행동양식》, 이화여자대학교 출판부, 1987
(8) 김태길, 《변혁시대의 사회철학》, 철학과 현실사, 1990
(9) 주요한, 《안도산전(安島山傳)》, 삼중당, 1975
(10) 최현배, 《조선민족 갱생의 도》, 정음사, 1930
(11) 윤태림, 《한국인의 성격》, 현대교육총서, 1964
(12) 홍승직, 홍은하, 〈사회변동과 가치관 문제, 학술원 논문집, 인문사회과학편 제38집〉, 대한민국 학술원, 1999
(13) 이어령, 《푸는문화, 신바람문화》, 상성출판사, 1986
(14) 이규태, 《한국인의 의식구조》《속 한국인의 의식구조》, 신원문화사, 1983
(15) 윤덕민, 《21세기 다시 쓰는 조선책략》, 신동아, 1998. 7
(16) 이근후, '허(恨월)의 문화', 월간 신동아, 2002. 7
(17) 최준식, 《한국인은 왜 틀을 거부하는가》, 소나무, 2002
(18) 오주석, 《한국의 미》, 솔출판사, 2003
(19) 국정홍보처 해외 홍보원, 《주한 외국인의 한국에 대한 이미지》, 2003.11
(20) '역동성, 인간미 넘치는 나라', 매일경제, 2006. 6. 14
(21) H.N. 알렌, 《조선 견문기》, 박영사, 1984
(22) 카르네프 외 4인, 《내가 본 조선, 조선인》, 가야넷, 2003
(23) J. 스콧 버거슨, 주요정 역, 《발칙한 한국학》, 이끌리오, 2002
(24) 니콜라스 크리스토프 · 셰릴 유던, 《중국이 미국 된다(Thunder from the East: Portrait of Rising

Asia》, 따뜻한 손, 2005
(25) 찐웬쉐(金文學),《한국인, 중국인, 일본인 여기가 다르다》, 한일문화 교류센터, 2002
(26) '급하고 부지런한 한국인, 느긋하고 변통 능한 한국인', 조선일보, 2006. 5. 26
(27) 문화시민운동 중앙협의회,《외국인이 본 한국과 한국사회(*Korean and Korean Society by Foreigners in Korea*)》, 2000
(28) 유종열(柳宗悅),《조선의 미(美)를 찾아서》, 조선일보사, 1976
(29) '난, 전라도 순천 촌놈', 조선일보, 2006. 6. 14
(30) '한국, 전통과 미래 결합하는 능력 탁월', 중앙일보, 2006. 1. 6
(31) '아드보카트 감독 인터뷰', 조선일보, 2006. 3. 21
(32) 김태현, '국가정체성에 혼란만 주는 정치', 중앙일보, 2005. 10. 18
(33) 자크 아탈리(Jacques Attali),《21세기의 승자(*Ligenes D 'Horizon*)》, 다섯수레, 2000
(34) 피터 드러커,《21세기 지식경영(*Management Challenges of the 21st Century*)》, 한국경제신문사, 1999

5

동조산업:
따라하고 참견하는 기질로
남들보다 반 발자국 앞선다

01

한국기업의 외국기업 따라하기

동조산업(同調産業)과 관여성향은 상호보완관계

동남아 여행객한테서 들은 얘기이다. 방콕 어느 관광단지 내에 한국관광객 20여 명이 어느 음식점으로 몰려들어 갔다. 식당 종업원이 다양한 먹거리를 소개하자, 한국인 관광객 중 지위가 높아 보이는 한 사람이 메뉴 중에 상당히 희귀한 음식을 청했다. 그러자 일행 모두가 약속이나 한 듯이 똑같은 음식을 청했다. 더 난처한 것은 주문한 지 겨우 몇 분 만에 음식 빨리 안 나온다고 난리를 치기 시작한 것이다. 그 날 그 식당은 비상이 걸렸다. 미처 준비하지 못한 재료를 얻기 위해 근처 음식점을 돌면서 수집하느라 부산을 떨어야 했다.

그 날 이후로 그 근처 식당들은 한국 관광객의 '따라하기'에 맞추기 위해 재료의 공유체제를 구축했다는 것이다. 한국인들을 보면 각자의 개성이 강한 데다 성질마저 조급하다. 그런데도 음식이나 선물을 선택할 때 의외로 각자의 기호보다 다른 사람을 따라하는 동조성이 유난히 강하다. 한국 사회에서는 외국 것이든 국내 것이든 유행의 조짐만 나타나면 금방 급물살을 탄다.

한국 기업들이 서양, 일본 등 선진국 기업을 따라하는 관습은 오래 전부터 계속되어 왔다. 산업화 경험이 일천한 후진국이었으니 선진국의 전철을 밟는 것은 위험을 예방하는 최선의 선택일 수밖에 없다. 세계 대다수 기업들도 잘 되는 다른 기업의 성공전략을 따라하는 일은 흔하다. 국제교류가 늘어나고 시장이 커지면서 성공기업을 벤치마킹하는 추세는 어디에서나 두드러지게 나타나고 있다.

한국의 따라하기 관습은 중국의 유교문화를 한국화한 것이 대표적 사례다. 그 다음에 군주제 몰락과 일제시대, 해방을 거치면서 또 한 번의 대변화를 맞았다. 민주주의제도와 산업사회의 근간이 되는 각종제도와 법체계 대부분을 외국 것으로 채워나가면서 현재의 한국문화를 이루게 된 것이다.

그렇더라도 한국 기업의 동조성은 유별나다. 세심한 검토와 장기비전에 의한 경우도 있지만 감성적, 이기적, 자기과시의 허세에서 출발한 경우가 의외로 많다. 한국기업은 남이 좀 된다 싶으면 발 빠르게 끼어들어 경쟁을 벌이는 경향이 짙다.

이는 한국 사람들의 따라하기나, 남에 대한 관심이 병적일만큼 유난스러운 기질이 그대로 반영된 현상이다. 남이 자동차, 집, 가전제품을 새로 사면 나도 사야 하고, 남이 새로 유행하는 명품을 들고 다니면 짝퉁이라도 들어야 직성이 풀린다. 남의 자식이 학원 다니고 외국연수 나가면 내 자식도 같은 코스를 밟아야 마음이 놓인다. 이처럼 지나치게 남을 의식하면서 살아가는 관여의식이 결국은 형식주의와 동조현상을 부추기게 하는 원인이 되고 있다.

외국기업들, 특히 정보산업을 비롯해서 심지어 화장품회사들까지도 신제품 출시에 앞서, 시장반응점검 차 먼저 한국을 찾는 일이 잦아지고 있는 것만 보아도 알 수 있다. 한국소비자들은 어느 나라보다 집단반응이 빨리 나타날 뿐 아니라, 해당 상품의 외형이나 기능 등 전반에 대한 평가도 까다롭고 구체적이어서 미리부터 성패를 가늠해 보는 최적의 장소로 알려졌기 때문이다. 이것은 동조성향과 관여의식이 함께 어울린 독특한 한국인의 기질에서 비롯된 것이다.

많은 한국기업들이 일본의 산업시설과 관련기술, 기업경영기법 등을 그대로 베껴 왔다. 남의 것을 그대로 따라하면, 그 나라보다 더 좋은 제품을 만들기는 힘들다. 그러나 한국기업들은 시간이 흘러 경험과 노하우가 쌓이면 기업마다 자기 스타일이란 것을 만들 줄 안다. 조직 구성원과 리더의 성향에 따라 색깔이 달라지기 때문이다.

이런 현상이 확대되면 지역이나 국가별로 일종의 정체성 비슷한 동질적인 기업문화로 자리 잡게 되는 것 같다. 일본 것을 베꼈으면서도 일본과는 다른, 특색 있는 제품을 만들어 내기 때문이다.

김재은 교수는 한국인의 질서의식, 자기관여, 동조정신은 한국인의 의식, 행동, 성격 특징 중에서 매우 두드러진 특징으로 꼽고 있다.[1]

「동조성이란 자기가 소속되어 있는 집단의 기준이나 다수 구성원의 행동과 같은 행동을 취하는 경향을 말하는데, 집단의 기준과 압력에 잘 맞추어가는 경향을 보인다. 동조성이 높은 사람은 자신감이 약하거나 정보의 내용보다 정보의 출처에 대해 더 많은 관심을 가지며, 권위주의적인 행동경향을 보인다. 따라서 동조성이 높은 것은 양보의 미덕으로도 해석할 수 있으나 뚜렷한 주체의식이나 자신감이 낮을 가능성이 있다. (중략)

자기관여 의식은 가까운 사람들의 사생활에 자기가 꼭 관계해야 한다는 의식이다. 한국 사람은 이러한 일종의 강박관념을 가지고 있다. 그러면서도 자기의 사생활에 남이 참견하는 것을 꺼리는 이율배반적인 경향을 보이기도 한다. 이는 자기의 관심영역 안의 모든 사람과 사건에 자기가 관심을 가지고 참여해야만 한다고 생각하는 의식이다.
　이 의식은 두 가지로 해석할 수 있다. 하나는 자기중심성이다. 이는 권위의식과 관계가 있어서 객관적인 인식이 약하다는 특징이 있다. 또 하나는 자기 자신에 대한 충실감의 결여이다. 이는 자신에 대한 불만이나 불안의식, 자신감 상실 등이 그 대상(代償)으로서 타인에 대한 관심, 관여로 전이된다고 하겠다.」

　한국인들은 남의 성공이나, 남의 사업에 축복을 보내기보다는 꼬투리를 잡아 삐딱하게 보는 습성이 배어 있다. 관여의식의 대표적인 현상이다. 사촌이 땅을 사면 배 아파하는 것이 그것이며, 자신의 입김이 작용되지 않은 일에는 초를 치고 싶어 하는 훼방기질도 바로 그런 것이다. 그러나 이런 간섭과 비판의식은 단순한 비방과 험담으로 끝나지 않는다. 때로는 순기능도 갖는다. 공격받는 당사자들이 이런 신랄한 비판에 대비하여 확실한 준비와 설득력 있는 논리로 완성도를 높이는 자극제가 되기도 하기 때문이다.
　한국에서 인터넷서비스가 활성화되면서 각종 인터넷매체나 관련기업, 단체들의 웹사이트에는 넘쳐나는 댓글들이 본문 이상으로 인기를 끌고 있다. 이들 댓글에는 세계에서도 가장 극성스런 댓글 족에 의해 훼방과 감시, 때로는 격려와 지혜까지 제공되고 있어 경영전반에 상당한 순기능을 하기도 한다.
　그러나 동조현상의 폐해는 그 이상으로 심각하다. 남이 발굴한 제품이나 서비스가 좀 된다 싶으면 경쟁업체들은 물론, 신규업체까지 생겨나서 순식간에 모방홍수를 부추겨 난장판을 만들어 버리는 예가 허다하다. 하다못해 방송매체들까지 경쟁업체의 유사프로그램을 무분별하게 도입, 시청자의 외면을 자초하는 경우도 흔하다. 이 모두는 남의 일에 사사건건 참견하고 싶어 하는 관여의식과 이를 집단적으로 따라하는 동조현상에서 나온 역기능 사례들이다.

한국인의 동조정신은 개인과 사회발전을 앞당기는 견인차 역할도 한다. 개인적으로는 성공한 인물을 따라하기 위해 열정적인 자기계발로, 지역사회에서는 애향심, 애교심, 애사심이라는 순기능을 발휘한다. 그러나 그 안에는 항상 개인적 이기주의, 나아가 집단이기주의라는 병폐가 따라붙는 것을 피할 수 없다. 요는 사회적 가치기준이나 도덕적 환경이 동조성과 관여의식 어느 쪽에 비중을 두느냐에 따라 상호보완적인 순기능 또는 역기능으로 자리를 바꿀 뿐이다

한국 산업의 외국 베끼기, 그 다음은 순발력과 역동성에서 승부

자원 빈국인 한국이 산업경쟁력을 기르려면 수출산업에서 승부를 거는 수밖에 없다. 한국에는 5대 수출주력상품이 있다. 반도체와 전자제품, 자동차, 철강, 조선, 석유화학 등이 그것이다. 이는 일본의 5대 수출주력상품과 같다. 또 세계시장을 개척하면서 수출입 업무 등을 전담하는 종합상사라는 것도 역시 일본의 것을 그대로 들여왔다.

이처럼 한국의 산업화는 일본을 기본모델로 따라한 것이 대부분이다. 업종 선택 과정에서 상당한 고민과 주저보다는 막연한 확신이 더 앞섰던 것 같다. 비슷한 문화를 가진 일본이 하니까 우리가 해도 승산이 있을 것이라고 낙관적으로 생각했기 때문일 것이다. 그 외에 다른 분야인 석유,

비철금속 분야 등도 일본과 서구의 주력산업을 모델로 하여 따라한 것이 대부분이다. 경험이 부족하면 남이 잘하는 것을 본받아 하는 것이 현명한 선택이다.

실제로 이를 통해 시간과 노력을 절약하여 재미를 본 기업이 많다. 특히 반도체, 철강, 자동차, 조선 사업 등은 처음에는 일본 것을 도입, 일본식으로 운영했으나, 체제가 정비되고 난 다음에는 공격적 마케팅 등 한국적 색깔을 입힌 차별화 전략을 통해 거꾸로 일본에 위협을 줄만큼 성장하기에 이르렀다.

유통산업에서도 비슷한 현상이 일어나고 있다. 선진국의 대형유통업체들이 진출하면서 한국의 취약한 유통산업은 한때 고사 위기에까지 몰렸다. 그러자 한국의 유통업체들은 재빠르게 선진국 유통업체의 장점을 따라하는 데 이어 개성적인 차별화 전략으로 버틴 결과, 한국시장을 탈환하는 데 성공했다.

미국 〈인터내셔널 헤럴드 트리뷴(*IHT*)〉은 세계 1위 유통업체인 미국의 월마트가 한국에서 철수하게 되었다는 소식을 주요기사로 보도했다.[2] 「월마트는 한국 내 16개 매장을 한국 유통업체인 신세계에 매각하는 등 세계적인 유통업체들이 한국소비자들의 입맛을 맞추는 데 실패하고 있다」는 요지다. 월마트는 늘어나는 적자(2005년 99억 원)로, 까르푸는 수익의 급감을 견뎌내지 못한 반면, 한국의 대형업체들은 흑자행진을 계속하고 있다. 한국소비자들은 서구소비자와 달리 구매 관습이 변덕스러운 것으로 정평이 나 있다. 그런데도 서구유통업체들은 이들의 입맛에 대한 신속하고 순발력 있는 대응력에서 한국기업을 따라가지 못했기 때문이다.

이러한 따라하기 풍조는 국내 기업들 간에도 예외가 아니다. 오히려 더욱 극성스럽다. 잘못했다가는 너도나도 투자 중복에 출혈경쟁으로 함께 망할 것이 뻔한데도 막무가내다. 물론 이런 풍조는 국내 기업들에게 역동성과 창의성, 내성을 길러주어 대외경쟁에서 강인한 전력을 갖게 한 동력이 된 것을 부인할 수는 없다.

IT 분야에서 삼성전자와 LG전자가 세계시장의 선두주자 자리를 꿰차게 된 것은 내수시장 쟁탈 과정에서 길러온 풍부한 경험과 내성 때문이다. 이러한 열풍은 한국사회 곳곳에서 교육열을 자극하고 학계와 산업계에서의 연구개발 붐 조성에도 긍정적 역할을 하고 있다. 최근 한국에서 IT 붐에 이어 생명공학기술(BT) 붐이 일고 있는 것도 같은 맥락으로 볼 수 있다.

물론 이런 관행에도 문제점은 있다. 일종의 사대정신이 은연중 도처에서 작용하고 있는 것이 현실이다. 특히 기업보다 관공서, 심지어 국회나 정당의 의사결정과정에서도 이런 특성을 흔하게 볼 수 있다. 외국의 성공 사례를 재빠르게 도입하면 비판적인 국내 여론에 대한 설득도 용이하고, 시간을 앞당길 수 있으며, 시행착오를 줄일 수도 있다.

그러나 국내에서 수립된 독창적 전략이나 대단위 프로젝트는 의외로 공감대 형성이 부진한 경우가 많다. 이는 선진국의 성공사례에 대한 과신과 국내 여론의 비판적 관여의식이 시시콜콜 문제를 일으키기 때문이다. 이것이 독창적, 주체적 기업 활동을 위축시키는 요인이 되고 있다.

근래 들어서부터는 이러한 따라하기 관습도 점점 한계에 도달하고 있다. 내수시장은 말할 것도 없고 수출산업에 미치는 후유증도 심각해지고 있다. 한때 삼성그룹이 자동차산업 진출로 그룹이 휘청댄 일이나, 현대가 반도체 산업 진출로 엄청난 경영악화를 초래하고, 나중에 구조조정의 아픔을 겪은 사례 같은 것들은 얼마든지 있다.

이미 세계시장은 양에서 질의 시대, 브랜드 시대로 접어들고 있다. 모방산업으로는 새 시장개척이 날로 어려워지고 있다. 1등 선도 기업 대부분이 몸체를 불리면서 방대한 세계시장 구석구석으로 영역을 확대해 가고 있기 때문이다. 그러니 남을 따라하는 2등 후발주자들이 발붙일 자리는 점점 줄어들 수밖에 없다.

한때는 한국 상품의 수출호조에 고무되어 우리도 머잖아 일본을 따라잡을 수 있다는 희망에 부푼 적이 있다. 겉으로 보면 한국 것이나 일본 것이나 그게 그거다. 오히려 디자인의 다양성과 순발력을 보면 한국이 한 수 앞서가고 있는 것처럼 보이기도 한다.

그러나 이런 판단은 착각이다. 껍질은 순 한국산이지만 실속은 일본제인 상품이 즐비하다. 한국의 주력상품 중에는 원천기술이나 정밀부품 중 지금도 일본에 의존하고 있는 것들이 엄청나게 많다. 일본은 이미 20세기 초반에 세계강국의 대열에 올라선 선진국이다. 근대화의 경험도 풍부하다. 제2차 세계대전 때 미국을 상대로 전쟁을 벌일 만큼 근대적인 국가경영 노하우를 갖춘 나라이다. 비록 전쟁에서는 패망했지만 그들은 지금 과거에 축적해 온 인적·물적·기술적 잠재력을 살려 순식간에 옛날의 영화를 되살려 가고 있다.

종합상사의 경륜만 해도 한국은 30년 역사에 불과하다. 그러나 일본은 미쓰이, 미쓰비시, 스미토모, 이도추 등등 길게는 300년 역사를 자랑하는 거물들이 즐비하다. 그러니 매년 일본과의 무역역조는 점점 벌어지고 있다. 중국시장에서 흑자를 내고 있다고 흐뭇해 하고 있지만 그 이익의 상당부분을 일본에 바치고 있는 것이 현실이다. 그래도 현재의 경쟁력이 그대로 지속된다는 보장만 있으면 한국에도 미래가 없는 것이 아니다. 국제시장에서 단련을 받는 동안 나름대로의 경쟁력을 기를 수 있기 때문이다.

그러나 시장은 한가롭게 우리를 기다려 주지 않을 것이다. 한국이 일본만 흉내 내면서 내달리는 동안, 중국과 동남아 각국들이 눈에 불을 켜고 턱밑까지 치고 올라오고 있지 않은가.[3] 그들 역시 한국에서 배운 동조관습을 익혀 유리한 고지들을 하나씩 넘어 오고 있다. 한국이 가장 믿고 의존해 온 세계시장이 흔들리고 있는 것이다.

앞으로도 선진국의 앞선 산업은 후발국의 발전모델이 될 수밖에 없다. 그러나 이제는 대상과 방법에서 전과는 다른 접근이 필요하다. 한국적 색채를 강화시켜 개성화시키는 데 주력하지 않으면 안 된다. 그 선정대상을 고도기술 산업으로 특화시켜 나가는 것은 중요하다. 그 보다 더 중요한 것은 한국인의 기질에서 우러나온 순발력을 최대한 동원, 특유의 역동성과 속도문화에서 승부를 거는 등 한국화 된 새로운 모델개발에 나서야 한다.

그러나 여기에서는 정부의 적절한 조정이 반드시 뒤따를 필요가 있다. 한국은 초고속망, 휴대전화 산업 등에서 고무적인 성공사례를 가지고 있다. 다만 한국인의 동조정신을 위축시키지 않으면서도 빠른 성장과 경쟁력을 함께 유지하는 지혜가 필요하다.

02

관여의식의 순기능은 국가와 기업의 경쟁력을 높이는 자극제

기업의 영토 확장 붐은 허세적 과시주의의 산물

한국 재벌 순위 2위까지 올랐던 전 대우그룹 김우중 회장의 구속. 그는 외국에서 5년이 넘은 피신생활을 청산하고 '책임을 지기 위해' 귀국을 결심했다고 한다.

외환위기 이후 정부가 대우그룹 산하 기업들을 살리기 위해 퍼부은 돈은 30조 원이 넘는다. 41조 원의 분식회계, 10조 원의 사기대출, 25조 원의 외환유출 등 그에게 씌워진 혐의만 해도 엄청나다. 그러나 한때는 한국 내에서 세계 경영의 기치를 내건 도전과 신화의 주인공이기도 했다.

한국 대기업의 성장사를 보면 도산의 위험이라는 살얼음판 위를 아슬아슬하게 걸어온 역사의 반복이다. 이 속에서도 빠른 시일 안에 기적적인 경제성장을 이룩했다. 원래가 자본도 기술도 전문 인력도 없는 나라이다.

근대화된 산업국가의 경영경험도 없다. 신용도 없다. 그렇다고 내놓을 만한 지하자원도 없다. 그야말로 앞뒤가 꽉 막힌 고단한 나라이다. 가진 게 없으니 무에서 유를 창출해 내는 재주라도 있어야 한다.

이런 나라 국민들이 국가번영이라는 야망에 도전하려면, 무엇보다 쌈짓돈을 마련하는 일이 시급하다. 그것 없이는 모두가 허황된 꿈으로 그칠 수밖에 없다. 나라 안에는 돈도 없고 별다른 길도 없으니 남의 동정을 받아 내거나 이자를 주면서라도 빚을 내는 수밖에 없다. 모험을 해서라도 그 돈으로 공장을 짓고 사람을 길러 산업을 일으켜 세워야 한다. 얻은 빚은 벌어서 갚는 수밖에 없다. 장사가 잘 되면 일은 쉽게 풀리겠지만 여의치 못하면 밀린 빚은 쌓이고 새로운 자금을 차용할 길도 막혀 버린다.

여건조성을 위해 국가는 보다 공격적인 경제정책과 화려한 청사진을 내걸면서 다소 과장된 실적 홍보에 열을 올릴 수밖에 없게 된다. 돈을 꾸어준 나라에게는 믿음을 주어 새로운 투자를 유치하고, 빚보증을 서고 있는 국민들에게는 불안을 씻어 주는 두 가지 효과를 거두기 위해서이다.

우리 기업이 걸어온 길도 이와 똑같다. 자생능력이 약하고 정부와 금융권에의 의존도가 절대적인 상황에서 채권자에게 믿음을 주기 위해서는 보다 공격적인 영토 확장 정책이 뒤따를 수밖에 없다. 산업 초창기의 우리 기업들은 대부분이 법과 도덕의 한계를 넘나드는 위험한 곡예 속에서 어렵사리 기업을 꾸려갔다.

여기에는 남에게 뒤떨어져서는 안 된다는 강박관념을 벗어나기 위해서라도 자기과시와 체면과 형식을 내세우는 풍속이 요란했다. 이것이 역동적이고 공격적인 기업문화를 낳게 한 원인도 되고 있다. 그 안에서 군중적 감성을 자극해 온 집단이기주의 성향과 개개인의 성취 욕구에도 불이 당겨지면서 기업들은 앞다투어 공동체적 역량강화, 소속집단에 대한 긍지 등으로 힘을 결집시켜 갔다.

이런 성향은 기업들 간의 모험적인 수출시장개척 경쟁을 촉발시켜 한국경제에 활력을 심어 주었다. 1970년대 이래 10% 대의 고속성장이 한국의 경제기적을 이끌어 온 것은 이때의 동조정신과 여기에 참여한 기업들의 도전정신 덕분이다.

2004년 한국무역진흥공사(KOTRA) 통계에 의하면 한국 상품은 중국의 전체 수입시장 점유율이 11.09%에까지 이르렀으며, 신규개척지나 다름없는 러시아에서는 2.88%, 유럽연합(EU)은 2.55%를 차지하기에 이르렀다. 그러나 이러한 성급한 성장의 뒤안길에는 성장 동력을 약화시키고 사회통합을 해치는 동조현상도 함께 자라고 있었다.

한국에서의 강성 노동운동과 절대 평등주의 논리는 외국에서도 특별한 관심거리가 되고 있다. 지난 2004년 11월, 전경련의 초청으로 한국을 방문한 중국공산당 중앙당교(당·정부관리 양성기관) 자호후지(趙虎吉) 교수는 공산주의자답지 않게 한국의 현실을 진단했다.

"한국인들은 자기능력은 생각하지 않고 결과의 평등만 따지는 것 같다. 한국의 노사갈등도 평등만 따진 탓이다. 한국 노조의 강성은 한국으로의 투자유치를 어렵게 할 것이며 결과적으로 그 피해는 노동자들에게 돌아갈 것이다. 중국에는 결과의 평등이란 없다. 평등은 의료와 교육에서나 적용되어야 하며, 나머지 분야는 경쟁밖에 없다. 또 한국 정치권을 보면 흑백논리와 편 가르기가 횡행하여 중국에서는 한국이 계급투쟁시대에 접어들었다고 평하기도 한다."

국내 학자도 신랄하게 지적하는 사람이 많다.

「한국 경제는 평등주의의 덫에 걸려 성장 동력을 잃어가고 있다. 사다리 층층에 사람이 있고, 노력하면 그들 간에 위치를 바꿀 수 있는 상태가 되어야 성장할 수 있다. 그러나 우리 사회는 모든 사람이 나란히 한 층에 서서 어깨동무를 해야 한다고 잘못 생각하고 있다. 잘하는 사람에게 돈이 몰리다 보면 자연히 경제력 집중이 일어난다. 경제력 집중과 독점은 다른 것이다. 경제력 집중 없는 성장이란 없다.」[4]

　지나치다 싶을 정도로 선진국 따라하기에 몰두해 온 한국이 선진국조차 수용하지 않고 있는 편향된 시각을 고집하고 있는 것은 아직도 감성적 이상론에 대한 집념강한 국민기질이 작용하기 때문으로 봐야 할 것 같다. 정치·이념 논리가 한국인의 반 기업정서에 편승해서 기업경쟁력 제고의 발목을 잡고 있는 것이다.

　한국의 벤처기업 열풍도 한국인의 동조성과 자기관여 의식이 없었더라면 힘을 얻지 못했을 것이다. '묻지마 투자'가 기승을 부리고 있는 곳도, 안 된다 싶으면 절망적 소문이 증폭되면서 순식간에 벤처열풍이 얼어붙는 곳도 한국밖에 없을 것이다. 방만한 문어발 경영으로 몸체를 있는 대로 불려 가는 기업풍토 역시 마찬가지다. 장기적·합리적 사려보다 허욕·허세가 빚어낸 따라하기의 결과이다.

　외환위기 사태 이전까지만 해도 한국 기업환경은 '자회사의 수, 매출액 규모'가 곧 기업의 경쟁력과 서열의 기준으로까지 인식되었다. 이런 인식은 필연적으로 기업끼리의 치열한 과당경쟁을 촉발시켜, 기업과 국가의 이익과 신뢰에 큰 상처로 남았다.

　일본은 해외에서 수출입거래를 할 때 한 기업이 홍정을 시작하면 다른 기업은 물러서는 게 관례처럼 되어 있다. 그러나 한국기업들의 풍토는 전혀 다르다. 낌새만 느껴도 그 사이를 비집고 들어가 가로채기를 망설이지 않는다. 그 과정에는 가격인하에다 상대기업 죽이기가 뒤따른다. 온갖 헐뜯기, 모략 등 극단적 방법으로 공존의 질서를 깨뜨려 버리는 일이 비일비재하다. 외국기업들은 한국인의 이런 성질을 이용하여 한국기업들끼리 싸움을 붙여 가격협상을 유리하게 이끄는 경우가 다반사다.

이런 현상은 한국기업들이 좁은 시장에서 공급과잉을 이겨내기 위한 부득이한 생존전략일 수도 있다. 또 남을 따라하는 동조성으로 인해 동종 경쟁기업이 많아진 데다 독자적 영역개발이 안 된 특수상황 탓으로 돌릴 수도 있다. 그러나 장기적 시각에서 볼 때 이러한 타성은 부메랑이 되어 우리 기업의 생존을 점점 어렵게 할 것이 뻔하다.

한국 종교계도 예외가 아니다. 언제부터인지 우리나라 교회나 사찰을 보면 특이한 따라하기와 과시성향이 짙게 드러나고 있다. 주요 교회나 사찰마다 신도 불리기와 건물 신·개축이 경쟁적으로 이루어지고 있다. 교회 회보에는 고액 헌금자 명단과 헌금액을 게재하고 치하하는 일이 일상처럼 되어 있고, 사찰에서는 헌금자의 명단을 돌이나 건축물에 새겨 넣는 경우도 많다. 다른 나라 교회나 사찰에서는 좀처럼 볼 수 없는 진풍경이다.

때로는 다른 종교를 비하하고, 종교적 상징물을 훼손하는 일조차 생겨나고 있다. 놀랍게도 한국에서는 종교가 기업의 냄새까지 풍기면서 여기서도 경쟁논리가 작용되는 우려할 만한 사태가 생겨나고 있는 것이다. 세계종교로서의 깊은 가르침과는 거리가 먼 세속적인 동조성이요, 폐쇄주의가 아닐 수 없다.

또한 모든 종교와의 공존이 자연스럽게 수용되는 한국적 전통에 반하는 이상 징후로 볼 수 있다. 이는 집단이기주의 특성이 종교세계에까지 번지고 있음을 의미한다. 공존을 위한 자정, 자제 노력이 이루어지지 않을 때 예상치 못한 새로운 갈등이 기업환경에도 심각한 영향을 미칠 수 있다. 우리 기업들의 안정적 영토 확보를 위해서나, 나아가 한국인과 한국이라는 국가위상을 위해서라도 득이 될 수 없는 현실을 방관할 수는 없다.

한국인의 자기과시주의는 디자인 강국으로의 동력

지금까지 한국인의 허례허식과 과시주의 성향은 합리적이고 실용을 추구하는 근대화정신에 위배되는 망국적 병폐로만 지적되어 왔다. 그러나 지금은 그렇지만도 않다. 〈비즈니스 위크〉(2005.12.17)는 '메이드 인(Made in)의 시대는 가고 디자인드 인(Designed in)의 시대가 왔다'는 제목 하에 대기업들의 새로운 생존전략을 소개했다.

「미국이 다른 나라와의 경쟁에서 살아남기 위해서는 더 반짝이는 창의성과 더 나은 디자인으로 승부하는 길밖에 없다. 한국과 대만기업들이 중국산 제품을 누르기 위해 잇따라 디자인 분야에 승부수를 띄우고 있는 점은 시사하는 바가 크다.」

이런 위기의식 탓인지 이미 미국의 일류 IT 기업들도 기술보다 디자인으로 승부를 거는 움직임을 보이고 있다. 컴퓨터기업 애플 사의 MP3플레이어 히트작인 '아이팟'이나, 모토로라의 '레이저폰'은 상품 한 개로 빈사상태에 빠진 회사를 극적으로 살려낸 경우이다. 이 두 상품은 처음부터 화려한 첨단기술은 포기하고 디자인에서만 역점을 둔 것이 고객의 인기를 끌어 히트상품이 된 비결이 되었다.[5]

산업화 초기 한국 상품의 포장이나 디자인 수준은 거의 꼴찌에 머물렀다. 내실보다도 겉모양이 더 형편없었다. 다행히 1990년대 들어서부터 상황이 조금씩 달라지기 시작한 것이다. 삼성전자가 1996년을 '디자인 혁명의 해'로 선언한 데 이어, LG전자 역시 '디자인혁명'을 선포하는 등 디자인경쟁력 강화에 나서면서부터 그 파급효과는 국내 다른 기업으로 빠르게 퍼져나가고 있다. 한국인의 과시주의 성향과 너무나 궁합이 잘 맞기 때문이다.

그러나 아직도 디자인 강국으로서의 한국의 면모는 몇몇 선도 기업들에 의해서만 빛을 발하고 있을 뿐이다. 국내 모든 산업이나 공공부문 등에서 디자인에 대한 중요성이 폭넓은 호응을 얻고 있지는 않다. 따라서 국제적 인식만큼 현장변화나 붐 조성이 본격적으로 일어나지는 않고 있다.

세계 유일의 디자인 연구소인 미국 디자인경영연구소(DMI)의 얼 파월 소장은 한국이 겉으로는 디자인 경영을 표방하는 등 디자인의 중요성을 강조하고 있는데도, 이상스럽게 납득되지 않는 현상이 있다고 지적하고 있다.

"회사 이미지를 바꾸려면 기업이미지 통합작업(CI), 인테리어 디자인, 서비스개선 사업을 동시에 해야 한다. 애플 사의 '아이팟'이 성공한 것은 디자인팀이 기술연구진과 함께 소비자의 취향을 먼저 조사해 제품전략을 세웠기 때문이다. 그런데 한국기업은 대부분이 디자인과 마케팅팀의 협력기반이 없는 데 놀랐다. 회사 차원에서 볼 때, 디자인과 브랜드 전략을 함께 세우지 않으면 한국제품의 브랜드이미지를 올리는 데 한계가 있다."

그는 한국 내 기업의 디자인 경영은 아직 걸음마 단계라고 평가했다. 이는 한국인 스스로 '한국인은 개인 하나하나는 다시없이 영리하고 똑똑하지만, 이들이 모이면 모래알처럼 흩어진다'고 자책해 온, 시스템적 협동정신이 아직 기업전반에서 체질화되지 못했기 때문으로 분석할 수 있다.

그러나 신속한 동조성 때문인지 2000년대 들어서부터는 한국이 국제사회에서 디자인 강국으로 주목을 받고 있는 것이 사실이다. 미국, 독일 등 세계적인 디자인 전시회에서 삼성전자와 LG전자 등이 최고디자인상을 휩쓸고 있는 것이 그 모두를 말해 주고 있다.

중국 유명 비즈니스전문지 〈환구기업가(環球企業家)〉는 2006년 7월 베이징, 상하이, 광저우 등 중국 10대 도시 거주자를 대상으로 한 브랜드 인지도 조사를 실시했다. 여기서 외국계 기업 중 삼성전자가 22.4%로 1위를 차지했다. 세계적으로 명성과 품질에서 최고 수준을 자랑하는 다국적 기업인 MS, IBM, SONY, NOKIA 등을 제칠 수 있었다는 것은 기능 이상으로, 외형에서도 고객의 호감을 이끌어내는 데 성공했음을 의미한다.

이는 한국인이 지금까지 악습으로 부끄럽게 여겨, 감추어 왔던 자기과시 기질이 정보화, 자유화, 개방화의 물결을 타면서 새롭게 해석되는 계기가 된 것이다. 이미 한국인의 허세적 기질은 디자인 산업에서 특별한 장점으로 각광을 받기 시작했음을 의미한다.

집단이기주의는 개성적인 시장창출의 원동력

한국에서는 가진 자들이 재산의 사회 환원이나 기부문화에 상당히 인색한 것으로 알려졌다. 그 이유에 대해서 외국은 물론 국내에서도 한국인의 이기심과 공존의식 부족, 단결심 부족 때문이라고들 지적하고 있다. 그러나 한국인들은 고대사회 때부터 주변 강대국들의 계속된 침략에서도 끈질긴 저항으로 나라를 지켜냈다. 남다른 단결심이 있었기에 가능한 일이다.

민간에서도 상부상조정신이 체질화된 미풍양속으로 이어져 내려왔다. 수해 등 재난이나 애경사가 있을 때, 한국인은 지금도 어느 나라 국민보다 자발적인 봉사나 기부활동에 적극성을 보이고 있다.

왜 이처럼 한국인은 이율배반적인 특성을 보이고 있는 것일까. 이는 유교적 가치관에서 그 원인을 찾을 수 있다. 공자, 맹자 등은 천하를 주류하면서 바르고 어진 정치 실현을 위해 일생을 바쳤다. 그들은 결코 특정 국가의 편협한 이익에 매달려 살지 않았다. 그 보다는 개인이 유교적 도덕관을 체득하는 것이 먼저이고, 그 다음에 가족, 국가와 천하로 확대될 수 있다고 가르쳐 왔다.

조선은 세계 어느 나라보다 유교적 가치관이 국가의 지배윤리로 일관되게 자리 잡은 나라이다. 따라서 이때부터 길들여진 '수신제가치국평천하(修身齊家治國平天下)'라는 유가의 정신적 가치관이 한국인의 개인, 가족, 국가생활의 중심부에 자리 잡은 데 반해 국가의 실체에 대한 절실한 결집력은 덜했던 것 같다. 이런 생활관으로 인해 한국인은 개인주의가 몸에 배이기 시작했으며, 가정과 지역사회에서도 유난히 강한 소속감이 자위 본능으로 발전된 것으로 볼 수 있다.

다분히 집단이기주의와 이에 대한 동조정신이 작게는 강인한 결집력과 상부상조정신으로 나타나지만, 집단규모가 국가차원으로 방대해질수록 그 강도가 약해지는 것이 단결심 부족으로 비쳐졌을 수 있는 것이다. 사회 일각에서는 이를 두고 한국인의 수치스런 결점으로 비하하는 경향이 있다. 그러나 이 역시 성급한 판단이 아닐 수 없다.

한국인의 기질은 결코 논리나 훈련만으로 만들거나 없앨 수 있는 것이 아니다. 이미 우리 기질 속에는 남다른 강인한 결집력과 자아실현을 희구하는 이기주의 성향을 두루 간직하고 있다. 다만 환경에 따라 특정기질만이 두드러지게 나타나 보일 뿐이다.

역사적으로 세계주의를 표방하는 사상들이 본격 보급 되었을 때에는 하나같이 개인주의가 성행해 왔다. 지금도 마찬가지다. 오늘날의 세계화 추세는 특정 국민이나 특정민족의 우월주의로는 설 지리를 잃게 된다. 지나친 민족주의, 국수주의는 앞으로 지구촌으로부터 소외받게 되는 악습이 될 수 있다.

이로 보아 한국인은 일찍부터 지구촌을 하나로 묶는 세계인의 기질을 가꾸어 왔다고 본다. 여기서는 지구촌 인류의 공존의식을 전제로 하여 개인마다 재능을 기르고, 기업들은 저마다의 특성을 살려나가는 세계화 전략이어야만 힘을 받을 수 있는 세상이 되고 있다. 이때 각 집단중심으로 계승해 온 문화와 전통의 힘은 개성적인 시장창출의 동력이 되고 있다는 점을 간과해서는 안 될 것이다.

관여의식의 최대 순기능은 경쟁, 투명, 신뢰사회 구축

한국인의 관여정신 끝자락 부분에는 만사를 선(善)과 악(惡) 둘 중 하나로 단정 짓는 2분법적, 극단적 사고에서 확연히 드러나고 있다. 이런 분위기에 한번 휩쓸리면 구체적 법적효력도 맥을 추지 못하게 된다.

한국사회에는 언제부터인지 '법률 위에 헌법, 헌법 위에 떼법'이 있다는 속설이 사회통념이 되어 버렸다. 특히 한국에 민주화 열기가 뜨거워지면서 노사 간 불법시위를 시작으로 하여, 각종 이익집단에서 지역사회에로까지 떼법의 위력은 점점 커지고만 있다. 떼를 쓰면 들어 주는 '국민정서법'이란 것이 무소불위의 능력을 발휘하고 있는 것은 한국인의 끝도 없는 불평불만에 가득 찬 참견의식이 실정법의 권위를 떨어뜨려 왔기 때문이다.[6]

더 큰 문제는 이런 시위문화가 결과적으로 정부나 기업의 일관성 있는 계획수립과 강력한 추진력을 약화시키고 방만한 융통성을 낳게 해주어 대내외 공신력에 큰 상처를 주고 있다는 사실이다. 여기에다 인터넷의 보편화는 자유분방한 관여정신에 날개를 달아준 꼴이 되고 있다.

2006년 현재 전국에는 약 2만여 개의 시민단체가 활동하고 있다. 자유화, 민주화 물결에 따라 1990년대부터 누구든 맘대로 단체를 설립할 수 있게 되면서, 그 정확한 숫자파악조차 어려울 만큼 불어나고 있다. 불과 10여 년 만에 이들은 무시 못 할 권력집단으로까지 급성장해 버렸다.[7]

시민단체는 수익을 목적으로 할 수 없는 비영리단체이다. 그런데도 이렇듯 번성하고 있는 것은 무엇 때문일까. 이는 이익이 생기지 않아도 남의 일에 관심이 쏠리면 도시락을 싸서 쫓아 다니면서라도 참견하고 싶어하는, 못 말리는 관여의식 때문으로 볼 수 있다. 또한 이들의 영향력이 날로 커지고 있는 것은 인터넷을 통해 여론형성에 막강한 영향력을 행사하고 있기 때문이다.

이미 인터넷 여론을 생산하는 '댓글족' 들은 정부나 기업의 손길이 닿지 않는 사회 구석구석까지 헤치고 들어가서 하루 평균 50만~100만 건의 다양한 의견을 퍼부어, 여론을 조종하고 있다.[8]

인터넷의 익명성(匿名性)과 익면성(匿面性)은 전통적으로 이름과 체면, 명분을 지키려는 자율적 한계마저 무너뜨려 버렸다. 사이버 상에서 대중을 선동, 인민재판식 여론몰이를 하는 풍속을 일컬어, 매카시즘(McCarthyism)을 흉내 내 '네카시즘' 이라는 신조어가 생길 정도가 되었다. 인터넷을 통한 악플 등 사이버 폭력은 이미 테러수준에까지 이른 실정이다. 특히 무책임한 중상·모략·비방이 여론의 이름으로 난무하면서 개인의 사생활 침해는 물론 기업의 이미지 훼손에서 국론 분열까지 부추기는 위험성을 가중시키고 있다.

지난 2005년 5월 국적법개정과 관련해 합법적으로 한국 국적을 포기한 자에 대한 세상의 시선도 마찬가지다. 언론이 한번 문제를 제기하자 국회, 사회단체, 인터넷 여론의 질타가 봇물처럼 터져 나와 당사자들은 얼이 빠져버렸다. 국적포기자의 처신이 위법행위가 아니므로 범죄자가 아닌데도 개개인의 사정을 무시하고 부도덕한 사람, 변절자, 배신자로 몰매를 가한다는 것은 지나친 이기적 처사가 아닐 수 없다. 6·25동란 때 지역주민들에 의해 자행된 감정적인 인민재판이 성행한 이유도 아마 이와 같을 것이다.

최근 부패방지위원회는 개정된 부패방지법에 따라 부패신고 고발자에 대한 보상금을 최고 20억 원까지 주는 시행령을 만들었다. 내부 고발자에게 강력한 동기부여로 부패행위를 근절해 보자는 취지에서다. 남의 일에 간섭 잘하고 말 퍼뜨리기 좋아하는 한국인 기질로 보아 고발자들이 엄청나게 늘어날 것이 확실하다.

　어느새 우리 사회에는 파파라치처럼 남의 약점을 신고해 포상금을 주는 고발문화가 만연하고 있다. 공식적으로 정부주요부처와 기업들이 내건 포상금제도만도 50개가 넘는다. 이는 공권력의 손길이 미치지 않는 음지를 시민의 힘으로 정화한다는 장점은 있다. 그러나 전통적으로 어느 나라나 내부 고발자에 대한 사회적 평가는 냉담하다.

　현행 법체계에 고발의 길이 막혀 있다면 모를까 굳이 청렴사회 구현이라는 명분을 내세우더라도 그 방법이 한국인의 인정주의라는 값비싼 무형자산을 축내어 불신풍조와 사회통합을 해치면서까지 물질욕을 자극, 고발을 장려한다면 얻는 것 못잖게 잃는 것도 많을 것이다.

　중국의 고전《수호지》를 보면 합법적 질서의 건너편에서 살고 있는 소위 흑도(黑道)의 세계가 백도(白道)의 세계와 융합하는 것으로 되어 있다. 양산박 도적 떼들이 사면을 받아 밝은 세상에서 함께 살게 되는 줄거리다. 한국 독서계의 방향을 바꾸어 버린 무협소설의 흐름도 대강 비슷하다. 등소평도 '흑묘백묘(黑猫白猫)'론으로 흰 고양이든 검은 고양이든 쥐만 잘 잡으면 다 좋다는 공존논리를 펴고 있다. 지금도 중국에는 '헤이서후이(黑社會)'라는 폭력조직이 지하에서 버젓이 활동하고 있다. 중국 정부는 이들의 불법을 단속하고는 있지만 결코 뿌리를 뽑는 수준으로는 가지 않는다. 전통적인 음양(陰陽)철학이 국민기질로 정착되어 있어서 흑도와의 공존을 용인하는 분위기가 작용했기 때문이다. 일본도 이와 비슷하다.

그러나 우리는 다르다. 한국사회에서는 임꺽정이나 홍경래 같은 인물이 용서받아 공존할 수가 없다. 정부정책도 걸핏하면 폭력조직, 부정부패, 공직자 비리 뿌리 뽑기 구호가 난무하지만 정말 뽑혀진 적은 없다. 남을 용납하는 데는 인색하면서, 자기만은 당연히 참견하고 단죄할 수 있다는 관여의식과 감성주의 논리에 깊이 물들어 있기 때문이다.

이러한 과격성은 오랫동안의 억눌림을 통해 쌓여온 사회, 집단, 개인적 울분과 실체회복을 위한 몸부림의 한 표현으로 볼 수 있다. 그러나 이제는 자유와 기회의 확대, 왕성한 사회참여의 장을 보호하기 위해서라도, 또 사회통합과 건강한 사회구축을 위해서라도 자율과 자제의 필요성이 높아지고 있다.

다행스럽게도 노동계, 학계 일각에서는 이와 같은 타성에 대한 반성의 움직임이 일고 있다. 김충남 교수는 《대통령과 국가경영》에서 역대 대통령을 긍정적 시각으로 재조명하고 있다.[9]

이승만 초대대통령은 건국의 아버지로 한·미 안보조약을 이끌어내 국가안보에 큰 기여를 한 것으로 평가하고 있다. 박정희는 일본과 독일의 발전상을 미래 한국의 모델로 삼아 경제기적을 이루어 냈으며, 전두환은 박정희가 미완으로 남긴 '한강의 기적'을 완성시켰다. 또 김영삼과 김대중은 한국사회를 선진 민주사회로 한 단계 올려 놓은 공로자로 본 것이다. 역대 대통령을 무능과 부패 아니면 반민족적 인사로만 규탄해 온 편향된 시각에서 벗어난 참신한 발상이다. 한때 반독재, 민주화 투쟁에 앞장섰던 손학규 전 경기도지사는 영국 유학생활을 통해 그의 고집스런 이념적 집착을 바꾸게 된 동기를 이렇게 밝히고 있다.

"영국유학시절 큰 충격을 받았다. 당시 국제사회에서는 박정희 대통령과 한국경제의 발전모델이 화제였다. 공산국 중공의 유학생들조차 '한국은 자신들이 바라는 발전모델'이라고 했다. 여기서 세상을 넓게 보는 시각을 갖게 되었다. 결국 반성할 것은 반성하고 비판할 것은 비판하되, 긍지와 자부심을 갖고 내세울 유산은 긍정적으로 평가해 미래의 에너지로 삼아야 한다고 생각했다."[10]

이제껏 국력의 걸림돌로 인식되어 온 사회여론의 감정적 쏠림현상이나 이에 대한 자유분방한 관여정신도 생각의 방향을 조금만 틀어주면 순기능으로 바꿀 수 있다. 이것이 앞으로 사회부패구조 청산, 지역갈등 극복, 근로자의 청렴도, 투명성과 공정성을 높여가는 자정작용으로 이어질 때, 우리는 남이 부러워하는 새로운 기질의 국민으로 거듭날 수 있을 것이다.

이젠 어떻게 해야 이 유난스런 기질을 생산 활동과 정신전력강화 쪽으로 돌려놓을 수 있는가에 대한 고민을 해야 할 때다. 앞으로 이 나라를 건강한 동조정신으로 이끌고 갈 지도자의 리더십이 어느 때보다 더 절실해진 이유이다.

한국기업의 홀로 서기 운동

최근 들어 우리 산업계에도 블루오션(Blue Ocean) 바람이 불고 있다. 이는 치열한 경쟁으로 생존의 고비 고비를 어렵게 넘기고 있는 기존 사업영역인 레드오션(Red Ocean)의 반대말이다. 동종업체와의 치열한 경쟁보다는 경쟁 없는 새 시장을 발굴하고 새로운 가치를 창출하자는 경영전략을 말한다.[11]

이런 움직임은 대기업 중에 LG그룹을 선두로 다른 제조업체 등으로 확산되어 가고 있다. 금융계도 경쟁은행들과 예금, 주택담보대출 등 비슷비슷한 상품으로 출혈경쟁에 애를 먹고 있어, 그 해법으로 블루오션이 떠오른 것이다.

이는 카드업계도 마찬가지이며 식품업계에서도 '비타 500' 같은 드링크가 나타나 웰빙 트렌드(Trend)에 맞추어 소비자의 새로운 욕구를 자극하면서 전통적 드링크 시장에 큰 변화를 몰아오고 있다. 블루오션 전략에 대한 공감대가 확산될 때 아마도 한국인의 성급한 동조성으로 보아 의외의 방향에서 한국 기업체질 변화에 새로운 돌풍이 일어날지도 모른다.

우리나라 기업들 치고 동종업종 간의 과열경쟁으로 경영난을 겪고 있지 않은 기업이 거의 없다. 이 속에서 살아남은 몇몇 기업들조차 허기지고 기운 빠져 있는 곳이 너무 많다. 자연히 도산 아니면 구조조정, 해고의 악순환이 반복되면서 국가경제에도 심각한 타격을 주고 있는 것이 오늘의 현실이다.

레드오션은 후발국들이 선진국을 따라하는 주된 업종이 되고 있어 앞으로 이 험난한 바다를 헤쳐가려면 지금보다 몇 배의 기술혁신과 품질개선, 경영혁신 등이 거듭되어야 승산이 있다. 기업이 위험을 줄이고 장기적으로 안정을 유지하려면 경쟁의 파고가 낮은 새로운 장르를 찾아 자리를 잡고 힘을 길러가야 한다. 이는 선진국 따라하기로 고착된 한국 기업들이 새로운 돌파구 탐색과 구조적 모순을 극복하려는 움직임으로 볼 수 있다. 특히 정경유착의 고리가 풀어지고 스스로의 책임의식이 높아지면서 강도 높은 구조조정으로 홀로 서는 길을 찾지 않을 수 없게 되었다.

이미 상당수 동종업체들이 고객친화적인 독창적 경영전략에서 경쟁의 벽 깨기에 눈을 돌리기 시작했다. 과감한 보험정신은 몸체불리기와 혁신주기 단축에만 머물지 않고, 신규사업발굴과 연구개발 쪽으로 돌려지고 있다. 경쟁업체에 대한 양립할 수 없는 적대의식에도 변화의 조짐이 일고 있다. 산업화의 황무지 시절과는 달리 이제는 시장, 기술, 고객 모두가 한계에 부딪치면서 자성과 변화의 필요성이 커졌기 때문이다.

대형 재벌 그룹들이 분가(分家)를 하는 등 전문화로 길을 찾는가 하면 경쟁업체 간에도 전략적 제휴를 통해 윈윈(Win Win)전략에 나서고 있다. 이는 경쟁력 개선에도 도움을 주지만 극단적 갈등구조에서 한 가닥 공존 공영의 화해분위기를 조성하는 데에도 서광이 되고 있다.

동종 기업들과 정부, 연구기관들이 투자효율을 높이기 위해 개발영역을 분담하기도 하고 개발과 실용화, 자본도입과 판로구축, 유통망의 공유 등에서 손을 잡는 사례가 눈에 띄게 늘어나고 있다. 또 한국 IT 산업은 지금까지 거의 사장되어 있다시피 한 수많은 국가지적자원에 생명력을 불어 넣는 데도 큰 몫을 하고 있다. 오랜 역사 속에서 축적되어 온 다양한 지적자원을 디지털화하여 현대사회에 재현시킴으로써 전통문화의 계승·확산에 이바지하고 있다.

그러나 이런 현상은 일부 기업들 간에서만 일어나는 자구책에 불과하다. 한국 기업의 홀로 서기가 한국 산업계 전반에 폭넓은 호응과 결실을 거두려면 국민적 지지와 정부정책의 뒷받침이 뒤따르지 않으면 안 된다.

우리에게는 기업환경을 개선하고 블루오션 전략이 터를 내리기 위한 준비가 너무나 미흡하다. 그 중에는 뿌리 깊은 반 기업정서를 바로잡고 시장경제 활성화를 막고 있는 불합리한 규제를 완화시키는 일도 당연히 해결해야 할 과제들이다.

동아시아연구원(EAI)과 〈중앙일보〉가 공동으로 기획한 '파워 조직의 영향력 신뢰도 조사'에 의하면 다수 국민들이 친 기업 정서를 가지고 있는 것으로 나타났다. 이미 대기업의 위상은 청와대, 국정원, 국세청 등 전통적인 권력기관을 압도할 만큼 높아졌다.[12] 이는 개방화 추세에 따라 시장기능의 힘이 강해지면서 기업들의 자립정신, 독자성이 강해지고 그 영향력 또한 사회 전반에서 커지고 있음을 의미한다.

한국의 반 기업정서는 세계에서 가장 악화되어 있는 것으로 정평이 나 있다. 이는 지난 500여 년간 한국사회를 이끌어 온 유교사상이 삶의 보람이나 목표를 정신세계에 두었기 때문이다. 기업이나 상업 활동은 지배계급이 아닌 중·상·천민 계급이 맡아온 천직으로 치부해 왔기 때문이다. 기업인은 '장사꾼'이요 '도적놈'으로까지 폄하되어 왔다.

다행히 외환위기 이후 국가 부도위기를 벗어나게 된 선봉장 역할은 기업인들이 해냈다. 나라를 살려낸 일등공신은 기업이며, '기업하는 사람들이 진짜 애국자'란 칭송까지 받기에 이르렀다. 복잡한 행정절차와 규제의 벽을 헤쳐가면서 또 변덕스럽고 까다로운 고객의 입맛을 맞춰가면서 세계시장을 개척해 왔기 때문이다.

블루오션이라는 것도 따지고 보면 아무도 들어가기 힘든 별세계가 아니다. 레드오션에서의 힘겨운 경쟁을 벗어나기 위한, 일시적인 이색발상에서 나온 것일 뿐 시간이 지나면 금방 동조산업의 공격을 막을 길이 없게 된다. 그때 가서는 블루오션이 레드오션에 편입된 후가 된다.

따라서 블루오션 전략이란 것이 일과성 대책으로 끝나지 않으려면 새로운 창의력이 쉴 새 없이 솟아날 수 있는 창조적 환경이 조성되어 있는 곳에서만 가능하다. 그 해답은 미리부터 소비자의 믿음과 지지, 참여를 통해 시장친화적인 발상과 전통문화에서 찾는 것이 바른 순서라고 본다.

과거를 돌이켜보면 우리 한국이야말로 일찍부터 블루오션 전략에 눈을 뜬 나라이다. 조선시대에도 명필 추사 김정희는 청나라의 명필 옹방강(翁方綱) 밑에서 공부한 적이 있다. 여기에서 얻은 지식을 바탕으로 그는 서예종주국의 명필들도 오르지 못한 '어린아이의 천진난만한 글씨'의 세계를 새롭게 개척해 놓았다.

간송미술관 최완수 실장은 추사 김정희를 이렇게 평가한다.

"추사는 외래문화를 배운 뒤 그보다 수준이 높은 우리 것을 만들어 냈

기에 참된 세계화에 성공한 학자가 된 것이다."⁽¹³⁾

다른 예술부문에서도 중국의 아류로 출발했으나 나중에는 회화, 도자기, 음악 등 많은 장르에서 점차 한국적 색깔이 두드러진 독창성을 발휘한 경우가 허다하다.

산업화 초기에서도 한국은 정상적인 산업화과정을 밟기에는 시간, 기술, 인력, 돈, 경험이 너무 빈약해서 특단의 조치로 이 기간을 단축하는 것이 최대과제였다. 더구나 한국은 세계에서도 전쟁의 기운이 가장 살벌하게 피어오르는 위험지역이었다. 나라를 지킬 만한 전비를 감당하는 데도 국가재정이 휘청거리고 있었다. 그래서 변칙적인 무리수를 감수하면서 독창적 산업 전략을 세울 수밖에 없었다.

그래서 선택한 블루오션 전략이 산업화를 위한 물질 환경 구축에 덧붙여 국민 참여 열기를 최대로 끌어 모아 그 속도를 높여온 것이다. 이때의 국민 참여운동이 바로 '새마을운동' 이다. 환경개선 운동을 통한 유통망 확장, 자조 자립의 도전정신에 의한 산업시설 도입, 모험적인 중화학공업 건설 등을 마치 전쟁을 치르듯이 해결해 나갔다.

새마을운동은 나름대로 주체적이고 능동적이며 공존협동운동에 초점을 둔 국민운동이었다. 그러나 새마을운동은 개발독재 정권이 물러나고 민주화세력이 집권하면서 마치 인권탄압과 정권유지를 위한 수치스런 유산으로 매도되어 천덕꾸러기가 되고 말았다. 이미 2000년대에 들어와서는 순수 민간운동으로 변신해 버렸지만 그 뿌리는 아직도 깊다. 2006년 현재 전국에는 1만여 개의 단위 조직, 20여만 명의 새마을 지도자, 200만 명의 새마을 일반회원을 거느린 무시 못 할 잠재력을 과시하고 있다.⁽¹⁴⁾

그러나 놀라운 사실은, 한국 새마을운동이 2000년대에 와서 중국과 동남아 국가에서 국민혁신운동으로 인기를 끌고 있다는 사실이다. 특히 중국은 2005년 10월 제11차 경제개발계획(2006~2010년)에 '신 농촌운동' 을

포함시켜 농촌개혁에 대한 강력한 의지를 천명하고 있다.[15]

신 농촌운동이란 한국의 새마을운동을 중국식으로 옮긴 말이다. 이 계획의 추진을 위해 중국정부는 '사회주의 신 농촌 건설 추진에 관한 중국 공산당과 국무원의 의견'이라는 제목의 〈1호 문건〉을 내놓았다. 〈1호 문건〉이란 새마을운동을 그 해에 추진할 최우선정책과제로 정했다는 것을 의미한다. 또 중국은 이 운동에 전념할 전문 인력을 확보하기 위하여, 한국의 새마을운동 지도자교육을 모방, 새마을 사관학교까지 출범시켜 놓았다. 이 학교에서는 매년 1만 명씩의 신 농촌건설 지도자를 배출한다.[16]

홍콩의 시사주간지 〈아주주간(亞洲週刊)〉은 중국에 불고 있는 '새마을 한류' 기사를 커버스토리로 보도했다. 농촌과 사회가 발전하기 위해서는 근면, 자조, 협동하는 불굴의 새마을정신을 배워야 하며 현재 중국 공무원들의 한국방문이 줄을 잇고 있다는 내용이다.

중국 충칭(重慶)시는 시장을 포함한 시 공무원 59명이 한국을 방문, 강도 높은 새마을 연수교육을 마쳤다. "한국을 다녀온 뒤 주민들의 생활환경을 개선하고 소득을 증대할 자신이 생겼다." 시장이 한 말이다. 여기에 고무된 중국 정부는 2006년부터 앞으로 35만 명의 공무원을 한국에 보내는 방침까지 세워놓은 상태이다.[17]

그런데 지금 한국에는 이러한 야심찬 국가전략이나 국민에게 꿈을 키워줄 만한 힘찬 청사진이 없다. 있다 해도 낙관적 미래상보다는 어두운 과거청산의 집착을 못 벗어나고 있다.

최소한 국민들에게 벅찬 희망을 심어주지는 못할망정 미래에 기대를 걸고 기다릴 만한 낙관적인 비전은 있어야 한다. 이는 탁상에서 꾸며지는 경제정책이나 해박한 경제논리만으로는 안 된다. 여기에는 국민이 동참하여 함께 뛰고 함께 고락을 공유하는 참여운동이 뒤따라야 성공다운 성공을 기대할 수 있다. 그 정도의 국민 참여와 성원이 뒤따른 다음에라야 분배나 평등논리도 어느 정도 설득력을 얻을 수 있다. 새마을운동이 아니더라도 이제는 사회적 갈등을 푸는 국민적 공감대 형성을 위해서 정부나 기업, 사회단체가 동참하는 국민운동이 필요해지고 있다.

이러한 운동이 기업경영으로까지 전파될 때 기업의 투명성과 사회적 책임은 보다 고조될 것이며, 창의적 자조정신과 경쟁력도 저절로 높아질 것이다. 물론 이때는 한국인의 동조성과 관여의식이 기업에 힘을 실어주고 응원하는 동조세력으로 거듭날 수 있을 것이다.

⟨참고자료⟩

(1) 김재은, 《한국인의 의식과 행동양식》, 이화여자대학교 출판부, 1987
(2) '한국은 글로벌 브랜드의 무덤', 문화일보, 2006. 5. 24
(3) 모모세 타다시, 《한국이 죽어도 일본을 못 따라 잡는 18가지 이유》, 사회평론, 1998
(4) 좌승희, '평등주의의 덫', 중앙일보, 2004. 8. 11
(5) '국내 휴대폰업체 하반기 대반격 준비', 조선일보, 2006. 7. 24
(6) '떼쓰기 식 불법시위 약발은 더 잘 먹힌다', 중앙일보, 2006. 6. 29
(7) '시민단체의 명함이 곧 권력, 전국 2만여 개 우후죽순', 중앙일보, 2006. 5. 25
(8) '인터넷 수퍼 댓글족이 여론 흐름 입맛대로 조종', 중앙일보, 2006. 3. 8
(9) 김충남, 《대통령과 국가경영》, 서울대 출판부, 2006. 3
(10) '중공 학생들 박정희모델로 여겨 내 생각 바꿨다', 조선일보, 2005. 11. 2
(11) 김위찬 · 르네 마보안, 강혜구 역, 《블루오션 전략(Blue ocean strategy)》, 교보문고, 2005
(12) '반 기업 정서 · 국민다수는 친 기업', 중앙일보, 2005. 5. 25
(13) '그림같은 글씨, 글씨같은 그림', 조선일보, 2006. 10. 24
(14) '새마을운동. 한류로 부활', 중앙일보, 2006. 8. 1
(15) '한국 새마을운동 학습', 중앙일보, 2006. 2. 14
(16) '중국 새마을사관학교 출범', 중앙일보, 2006. 3. 30
(17) '중국에 새마을 한류바람', 중앙일보, 2006. 6. 19

6

감성산업 :
풍부한 상상력과 역동적 기질이
새로운 가치를 낳는다

01

한국인의 풍부한 감성은
한국기업의 새로운 생산요소

감성은 창조사회를 살찌게 하는 보석

　　　　　미셸 푸꼬(Michel Foucault)는 앞으로의 사회는 이성이 아닌 비이성이 주도하는 세상이 될 것이라고 예언했다. 그는 인간의 감성적 열기가 고조되어 있는 광기(狂氣)를 모든 즐거움, 행복, 진리, 창의의 원천으로 보고 있다.[1]

　「광기는 이성보다 행복과 진리에 더 가깝다. 또 광기는 이성보다 더 이성 그 자체에 가깝다는 점을 내세워서 자신을 방어한다. 우리는 예술적 창작을 발광적 상상과 연결시킨다. 화가나 시인이나 음악가의 변덕은 그들의 광기를 문명 속에서 완곡하게 표현하기 위한 이름일 따름이다. 광기란 세상에 있는 쉽고, 즐겁고, 경박스런 모든 것을 지배한다. 광기와 어리석음은 인간을 유쾌하고 즐겁게 만든다.」

푸꼬는 인간의 역사란 국가권력이 국민의 노동력을 착취하거나, 국가에 복종시키기 위해 육체 또는 정신을 감금해 온 기록이며, 이성이란 이런 국가행위의 정당성을 뒷받침하기 위해 활용되어 온 수단이라고 주장한다. 그는 광기나 정신착란을 병적 현상으로만 보지 않았다. 잠자지 않고 있는 사람이 꾸는 꿈, 즉 깨어있는 상태에 나타나는 꿈의 변형이라고 주장한다.

실제로 17세기 서양 각국은 광기를 치료할 병으로 보지 않고 처벌해야 할 범죄로 죄악시했다. 그래서 광인은 무조건 감금하고 잔혹한 고문을 일삼았다. 광인에게는 부르주아 사회의 미덕으로 보고 있는 노동의 신성함과 규칙을 가르칠 수 없다. 또 광인의 행동은 부르주아 사회를 지탱하는 질서와 윤리에도 반한다고 보았기 때문이다.

18세기 이성의 시대에 들어와서는 국가권력이 보다 지능적으로 광인의 자유를 속박했다. 이성지상주의자들은 광인들을 고문하는 대신 정신병원에 수용했다. 겉으로는 인도주의라는 명분을 내세우고 있지만 그 진정한 목적은 광인들을 권력에 순응할 수 있는 대상으로 재교육, 순화시키려는 데 있었다. 결국은 육체의 감금보다 더 철저하게 정신을 감금시킨 것이다.

21세기에 들어와서야 푸꼬가 펼쳐낸 감성의 가치에 대한 재조명은 철학, 역사, 문학뿐만 아니라 사회과학, 심지어 의학에까지 광범위한 영향을 미치게 되었다. 더욱이 사회체제가 지식사회로 바뀌고 인간의 직관과 감성이 새로운 가치로 등장하면서, 이제는 기업도 경쟁력 향상을 위한 필수 요인으로 감성의 중요성이 전면에 등장하게 된 것이다.

감성산업의 핵심 분야는 문화, 예술을 비롯한 엔터테인먼트 산업 등으로 대표될 수 있다. 이 분야는 감성적 발상과 흥거운 활동이 있어야 사람의 마음을 사로잡는 생산품을 만들어 낼 수 있으며, 그래야 고객에게도 감동을 줄 수 있다.

한국인은 풍류적 기질이 몸에 배어 있는 타고난 감성민족이다. 기술도 기회도 시장도 보잘 것이 없어 자신의 재능과 가능성에도 눈을 감고 살아 온 것이다. 이는 전통적인 유교적 생활관이 개인의 사생활까지도 감정의 표출을 금기시해 온 때문이다.

그러나 현대사회가 지식, 정신사회로 접어들면서 사태는 달라져 버렸다. 다양한 이념과 가치관이 보급되면서 기존 사회에서의 계층 간 벽의 해체, 횡적 인간관계의 보편화, 소득수준 향상, 삶에 대한 질적 욕구 등이 한꺼번에 살아나면서 감성산업의 사업영역과 시장이 폭발적으로 확장되고 있는 것이다. 더 주목할 만한 것은 소비자의 욕구가 날로 변덕스러워지면서 모든 산업, 모든 기업경영에서도 감성문화의 영향력이 몰라보게 커지게 되었다는 사실이다. 문화산업은 별도 장에서 언급하기로 하고 여기서는 감성산업과 국민기질과의 연관성에 초점을 맞추기로 한다.

한국은 전 세계 소비시장의 유행을 보여주는 창문

세계 유수의 광고회사인 제니스 옵티미디어는 1년에 평균 150억 달러의 광고물을 취급한다. 이 회사 아시아 담당 사장 필립 탈보는 2005년 5월 하얏트호텔 기자 간담회에서 이런 말을 했다.

"한국은 전 세계 소비시장의 유행을 보여주는 창문과 같습니다. 해외 광고주들이 새로운 마케팅에 대한 소비자의 반응에 대해 궁금해 하면 '한국을 보라'고 말합니다. 우리가 한국 시장에 관심을 갖는 것은 이 이유 때문입니다. 한국은 인터넷이 발달한 데다 소비수준이 높기 때문에 특정광고에 대한 반응을 미리 점쳐 볼 수 있는 최적지입니다."

삼성패션 연구소에서 낸 〈2005 대한민국 소비자 감성 세분화 보고서〉

에서도 한국인의 감성적 기질을 잘 드러내고 있다. 한국인의 패션 감각은 매우 뛰어나서 4명 중에 1명(25.4%)은 남다른 패션 감각을 지닌 '패션 얼리 어답터(Fashion Early Adapter)'형을 이루고 있다. 이들은 화려하고 섹시한 이미지를 좋아하며 개방적 특성을 가진 유행의 선도 주자들로서, 그 수도 매년 증가일로에 있는 것으로 분석되고 있다.

한국인의 높은 패션 감각은 국내업체의 디자인경쟁력 향상에 결정적 영향을 주고 있다. 프랑스 등산용품 브랜드인 '라푸마'는 홍콩에서 판매할 스틱, 재킷, 양말 등을 한국의 라이선스 업체인 LG패션에서 수입해 갔다.

라푸마의 총괄 매니저는 "한국 제품의 디자인이나 색상이 프랑스 제품 못지않게 뛰어나다. 앞으로 한국산 디자인의 품목을 늘려 프랑스에서도 팔고 싶다"고 말할 정도이다. 독일 명품 잡화 브랜드인 MCM의 라이선스 사업을 하고 있는 '성주 디앤디'는 독일 본사가 새로운 디자인을 못 내놔 고전 중일 때 2005년 가을, 겨울 시즌 글로벌 상품디자인을 거뜬히 만들어 냈다.

프랑스 수영복 브랜드인 '아레나'의 라이선스 업체인 한국 아레나도 최근 본사에서 하지 못한 토털 스포츠 브랜드를 혼자서 해냈다. 미국의 월마트나 JC페니 백화점 등 외국 유명 유통회사들은 아예 한국에 구매사무소를 차려놓고 의류, 잡화 등을 사가고 있다. 한국 제품의 디자인이 세계인의 구미를 끌만큼 세련되고 매력적이기 때문이다.[2]

한국인은 전통적으로 예민한 감성기질을 가지고 있다. 풍류적 기질이 남달라 놀고 먹기를 좋아하는가 하면, 의리와 이념 등 인정주의나 정체성 시비에도 쉽게 빠져든다. 이런 특성이 동조성을 띨 때 그 파급효과는 폭발성을 띠는 경우가 많다. 이 감성기질에도 2중성이 있다. 하나는 이념에 대한 집념처럼 뿌리 깊은 편파성에서 쉽게 헤어나지 못하는 완고함이 있는가 하면, 다른 편에서는 유행과 엔터테인먼트 같은 분야에서 변덕스런 기질을 보여주고 있다.

'기분에 살고 기분에 죽는다'는 말은 한국인의 감성적 기질을 함축한 속언이다. 한국인의 감성적 특질이 산업에서 드러나고 있는 면면을 보면 매우 다채롭다. 특히 엔터테인먼트, 관광, 향락 등 놀이문화산업의 잠재력은 특별나다. 그런데도 한국의 문화산업이 아직까지 세계시장에서 큰 빛을 보지 못한 데는 이유가 있다.

한국은 과거 수십 년 동안 본능산업이라 할 수 있는 먹고사는 문제에 매달려 사느라고 눈을 돌릴 틈이 없었기 때문이다. 의·식·주 문제가 해결되지 않은 곳에는 인간다운 삶이란 수면 밑으로 가라앉아 버리기 마련이다. 그러나 절대빈곤이 해결될 때쯤 되면 문화적 욕구는 자동적으로 고개를 들게 된다.

한국은 1990년대에 들어서서야 문화욕구가 분출하고, 여기에 맞추어 다채로운 개성들이 자신만의 세계를 찾아 나서는 정신적 질풍노도시대를 맞이하게 되었다. 수요자 시장이 다변화되고 넓어지니 공급자 시장도 물이 오를 수밖에 없다. 한국의 감성산업이 외국의 주목을 받기 시작한 것은 이때쯤부터다.

세계적인 브랜드 조사기관인 '인터브랜드'에 따르면 2004년 삼성전자의 브랜드 가치는 125억 5,000만 달러로 평가되었다. 3년 만에 42위에서 21위로 껑충 뛰어 올랐다. 삼성의 브랜드 가치가 급성장한 것은 글로벌 마케팅에서 삼성의 브랜드이미지를 소비자의 감성에 각인시키는 데 성공했기 때문이다.

지난 2005년 6월 삼성전자가 새로 시작한 브랜드 캠페인의 테마는 '이매진(Imagine)'이다. 디지털 시대에 들어가면서 기술공유가 세계로 확산되면서 관련 기업별 제품의 기술 차는 점점 좁혀지고 있다. 대부분의 새 기술 개발 업체들은 기업의 특성상 자기 것을 움켜쥐고만 있지 않다. 기술 혁신주기가 너무 빨라 아무리 뛰어난 기술도 순식간에 낡은 기술로 전락할 가능성이 높기 때문이다. 그 보다는 일찌감치 다른 제조회사들에게 기술을 팔아 기술 사용료 수입도 올리고, 대외홍보 효과도 높여나가는 것이 유리할 수밖에 없다.

요새는 경쟁 기업 간에 제품별 기술격차가 날로 좁아지고 있다. 뚜렷한 승부는 주로 외형에서 결판이 난다. 어느 것이 더 새롭고 감성적 호소력이 강하냐로 승부가 난다. 현대를 디자인의 시대라고 부르는 것도 이 때문이다. 휴대전화만 해도 6개월을 주기로 모델이 바뀌고 있다. 고객들의 기호가 시시때때로 변하기 때문이다. 이런 시장의 변화는 외모와 체면을 앞세우는 한국인의 감성적이고 변화를 즐기는 기질에 딱 맞아떨어지고 있는 것이다.

삼성그룹은 2005년 4월 그룹 내 최고경영자들을 소집, 디자인의 본고장인 밀라노에서 디자인 전략회의를 열었다. 이건희 회장의 감성경영 의지가 이 회의의 주요 테마였다.

"디자인 같은 소프트한 창의력은 기업의 소중한 자산이자 21세기 기업 경영의 최후 승부수가 될 것이다. 백화점에서 한 제품이 고객의 눈을 붙잡는 시간은 0.6초에 불과하다. 이 시간 안에 고객의 발길을 잡지 못하면 경쟁에서 이길 수 없다. 애니콜은 일류이지만 삼성의 디자인 경쟁력은 1.5류이다."[3]

이런 시도는 최고경영자의 창의적 안목과 확고한 경영의지에 의해 주도된 것이다. 그러나 이런 움직임은 삼성그룹에만 머물지 않고 다른 산업, 많은 기업 현장으로도 무서운 기세로 퍼지고 있다. 가전, 핸드폰 등 IT 제품을 비롯하여 자동차, 의류 등 다른 분야 많은 기업들이 디자인의 중요성에 눈을 뜨고 있다. 기업 로고나 제품의 상표를 바꾸고 제품 이미지 개선에 심혈을 쏟고 있는 현장에서도 한국인의 감성기질이 때를 만난 듯 분출하고 있는 것을 볼 수 있다. 이런 현상은 국민적 감성기질로 보아 결코 우연한 일로 보아 넘길 수 없다.

젊어진 기업문화

요즘 청소년들의 생활문화를 보면 20~30년 전과 현저한 차이가 있음을 실감할 수 있다. 혼자 공부하는 모습만 봐도 그렇다 소음이 단절된 골방에서 책과 씨름하는 학생들이 별로 없다. TV나 라디오를 켜놓고 공부해야 능률이 오르는 사람, 심지어는 TV에 MP3로 음악을 들으며, 인터넷까지 들락거리면서 공부하는 사람도 있다. 옛날과는 비교할 수 없을 만큼 산만하다.

계획적이고 합리적인 자기계발 태도가 아니라, 감성적이며 불합리하고 무계획적인 학습방법이다. 이래가지고서는 개인의 장래는 물론 나라의 앞길마저 큰 걱정이라는 기성세대의 우려가 그치지 않고 있다. 그러나 시각을 달리해 보면, 신세대들은 이미 멀티미디어사회에 익숙해져 있다. 자신도 모르게 대량정보의 다중(多重)적 소화에 적응해 가고 있는 것이다.

오늘날 청소년들은 지식정보의 교류통로가 엄청나게 다변화되어 있다. 세칭 한물 간 사람들의 정보교류는 사람과의 대면접촉 아니면 글이나 책 같은 문자문화에 집중되어 있다. 이는 문자가 발명된 이래 5,000년 동안 내려온 전통문화이다.

그러나 신세대들은 완전히 달라져 있다. 이들은 스크린 문화에 경도된 세대(Homovidiocus)로 세계에 흩어져서 돌아다니고 있는 온갖 형태의 정보들을 오감(五感)의 세계를 통해 흡수해 가고 있다. 이는 불과 30여 년 만에 생긴 변화이다. 인터넷, 휴대전화, MP3, DMB 등 갖가지 정보통신 이기에 대한 활용도, 친숙도가 뛰어나서 왕성한 지식의 흡수력, 소화력에 비판능력까지 두루 갖추고 있다.

사이버(Cyber) 세계에서의 활동성은 더욱 뛰어나다. 전자게임에 빠져 살고 있으며 전자상거래, 음악과 영화, 최신유행 등 엔터테인먼트 분야에서는 전문가 수준에 이르러 있다. 그러다 보니 이들끼리는 네티즌(Netizen) 세대로서의 공감대가 형성되어 집단문화 형태를 띠면서, 개별적으로는 자의식 강한 개성문화의 선도세력으로 자리 잡아가고 있다.

오늘날의 신세대들은 소득이 없거나 낮은 계층이지만 이들의 안목은 매우 높아서 신제품, 문화상품 등에 대한 구매의사 결정에서 가장 영향력 있는 계층으로 입지를 굳힌 상태다. 미국에서는 틴에이저의 소비 지출액 증가율이 매년 10%대를 육박하고 있다. 한국에서도 가정에서 전자제품을 구입할 때 90% 이상이 10~20대 자녀의 자문을 거치는 것으로 나타났다.

어느새 신세대들은 새로운 상권 형성에도 결정적 영향력을 행사하기에 이르렀다. 각종 매체나 광고시장에서도 마찬가지다. 국내 대표적인 지상파방송국을 필두로 대부분의 영상매체의 목표는 단연 '청소년 붙잡기'이다. 방송국의 황금시간대를 차지하고 있는 프로그램 대다수가 신세대를 외면하게 되면 존립 자체가 어려워지는 것이 현실이기 때문이다.

한국의 신세대들을 트윈슈머(Twinsumer) 세대라고 부른다. 트윈슈머는 다른 소비자들의 경험을 알아 본 다음에야 구입여부를 결정하는 사람들이다. 화장품업체인 태평양은 만 25세 전후의 스튜어디스로 구성된 '라네즈 EO 클럽'의 의견을 수렴하여 신제품 개발에 활용하고 있다. 스튜어디스는 세계 각지를 날아다니면서 화장품시장의 트렌드가 어떻게 변하고 있는지를 가장 잘 알 수 있는 계층이므로 그들의 경험이 젊은 소비자들의 신뢰를 얻고 있기 때문이다.

그러니 기업들이 이들을 끌어안지 않고서는 기존 시장은 물론 새로운 시장개척을 꿈꿀 수가 없다. 기업들이 다투어 관심을 쏟는 감성경영이란 것도 실상은 신세대 문화를 겨냥한 발상이다. 대기업, 중소기업들이 앞으로 세계시장을 헤쳐 나갈 주된 공략목표로 신세대를 선택, 판매 전략을 세우는 것은 당연한 추세가 되어버렸다.

한국의 기업문화가 본격적으로 신세대 취향으로 바뀌게 된 것은 외환위기 이후로 볼 수 있다. 그 전에는 의욕은 있어도 배짱과 실천의지가 부족했다. 그러나 기업도산이 줄을 잇고 더 이상 주위 사정에 매달릴 수 없게 되면서부터 기업들은 과감한 자구책을 펼치면서 감성경영에 도전하기 시작한 것이다. 기업마다 '변하지 않으면 자멸한다'는 구호가 번지면서 강력한 구조조정과 통폐합, M&A 등이 뒤따랐다.

그 중에서도 기업문화 변화에 결정적 영향을 준 것은 급속한 세대교체로 경영층의 연령이 눈에 띄게 젊어졌다는 사실이다. 나이든 직원들이 줄줄이 물러나고 30~40대 임원들이 기업의 미래를 짊어지면서부터 한국의 기업문화는 적어도 10여 년 이상 빠른 속도로 젊은 문화로의 체질적 전환기를 맞이하게 된 것이다. 언론계에서도 주요 칼럼을 담당한 필진 상당부분이 30~40대로 바뀌면서 발랄한 기업문화에 여론의 힘을 실어주고 있다.

그런 점에서 외환위기 사태는 기업체질 강화를 위한, 독성이 강한 치료제가 된 셈이다. 전통적으로 권위주의적이고 강한 질서의식 속에 갇혀 있던 한국의 기업문화는 이제 탈 권위, 빠른 의사결정, 창의력과 순발력을 중시하는 업무 관행, 능력 위주의 인사정책 등으로 질적 변화에 속도가 붙고 있다.

직원 채용 관행에 얽힌 흥미로운 얘기가 있다.

삼성그룹인가의 창업주는 직원 채용에서 세칭 일류대학 출신에만 치중하지 말고 '전삼국 후삼국(前三國 後三國)' 출신을 더 많이 뽑으라고 지시했다고 한다. 전삼국이란 대학 이름 첫 글자가 국(國)으로 시작되는 3개 대학이고, 후삼국은 마지막 글자가 국(國)인 3개의 대학을 지칭한 말이다. 몇십 년 전 대학 수가 적고, 지방대학들도 취약하던 시절 얘기이다. 그러나 이들이 남다른 충성심과 자기계발 노력으로 조직에 큰 힘이 되어 온 것은 사실이다. 이미 이때부터 학벌 위주의 기존 관습을 타파하고 소속감과 성실성, 능력주의에 비중을 둔 것을 보면 선견지명이 아닐 수 없다.

젊어진 기업문화에는 순기능만 있는 것은 아니다. 우려할 만한 후유증도 함께 생겨나고 있다. 신세대 중심의 감각적이고 성급하며, 단기적, 모험적인 경영문화가 기업의 안정성과 신뢰도를 해치고 있는 것이다.

인터넷 세대답게 게임 등 사이버 세계에 푹 빠져 살다보니 현실과 상상 세계의 중첩, 혼동으로 인한 인격 장애 현상도 생기고 있다. 목표업무에 대한 집요함과 인내심이 부족하여 하던 일이 조금만 안 된다 싶으면 쉽게 포기하고 새 판을 벌이기 좋아하는, '리셋(Reset)증후군'이 젊은 경영자에게 곧잘 나타나고 있다.

이는 빠르고 순발력 있는 판단과 단기간에 수익성 높은 일만을 찾아다니는 철새기질을 낳게 하여 기업의 공신력과 직원의 소속감을 해이하게 하는 원인이 되고 있다. 한국 기업 환경이 근래 들어 인수합병(M&A)같은 기업 사고팔기가 유행하고 있는 것도 이 때문으로 볼 수 있다.

또 기존질서 파괴 추세가 전통문화의 해체를 부추기고 있어 이것 역시 큰 문제가 되고 있다. 더 심각한 것은 중간계층의 해체와 무력화 증상이다. 기업을 지탱하고 있는 인적구성을 보면 임원급의 의사결정그룹과, 열정과 헌신으로 앞만 보고 뛰는 신세대 그룹이 위아래에 포진해 있고, 그 중간에 중간계층이 있다. 중간계층은 풍부한 경험과 실무에 밝으면서 조직의 전통문화를 이끌고 가는 핵심 중견집단이다. 이들은 계층 간 갈등의 완충적 역할을 맡고 있는 조정자이기도 하다. 국가도 중산층이 튼튼해야 국민 계층 간 갈등이 심화되지 않는다. 또 여론의 주도그룹으로 안정적인 사회발전의 버팀목을 한다. 기업에서도 이 중간계층의 설 자리가 없어지면 위계질서의 파괴, 즉흥적이고 위험한 모험사업에 대한 적절한 제동기능 상실, 사내 갈등의 완충지역 소멸, 기업의 전통문화와 노하우의 전수체계 혼란 등으로 기업의 정체성 위기를 불러올 수 있다.

사회에서 왕성하게 일할 수 있는 정예인력의 실직사태는 새로운 갈등을 낳게 되고 아까운 경륜이 사장되는 등 국가, 사회적으로도 큰 손실이 아닐 수 없다.

창조적 감성은 문화적 소속감에서

하이데거는 "현대인은 고향을 상실했다"고 설파했다. 실제로 현대인에게서는 고향에 대한 뼈저린 향수나 귀속의식이 점차 식어가고 있다. 국제교류가 빈번해진 21세기, 도시생활에 묻혀 살고 있는 사람들은 아예 고향감각이 없는 사람이 많다.

통계를 보면 서울 시민의 20% 정도가 매년 이사를 다닌다. 벌집 같은 아파트 생활은 어디를 가나 비슷하다. 어디 하나 마음을 붙이고 살기에는 강렬한 정신적 구심체가 없다. 고향이 없는 사람에게는 고향에 대한 남다른 향수나 애정이 있을 리 없다. 국적을 바꾼다 해서 심각한 가책에 시달리지도 않는다. 이러한 징후는 신세대일수록 더욱 심각하다.

현대사회에서 '국가는 지는 해, 민족은 뜨는 해'란 화두가 유행된 지

오래이다. 국가는 국경이라는 물리적 경계로 나라를 구분하지만 민족은 문화로 경계를 짓는다. 앞으로는 인간생활에서 국가보다는 문화가, 국적보다는 문화적 소속감이 더 중요시되는 세상이 된다는 뜻이다. 지금 물리적 국경은 힘을 잃어가고 있다. 유럽 수십 개 국가들이 국경을 트고 통합화의 길을 걷고 있는 것이나 국가별로 이주와 무역, 여행의 자유화가 날로 활성화되고 있는 것으로도 알 수 있다.

기업환경도 마찬가지이다. 세계시장을 주름잡는 기업이 되려면 특정 국적의 기업에서 다국적(Multi-national)기업, 초국적(Trans-national)기업으로 변신하지 않고는 살아남기 힘든 세상이 되고 있다.

그러나 문화에서만은 아직도 뚜렷한 국경이 있다. 오히려 존재의의가 더 커지고 있다. 응집력 강한 문화래야 개성적 특성도 두드러지게 나타난다. 이런 이유 때문에 많은 나라, 많은 기업들이 한편에서는 국경을 넘어 세계문화로의 동질화 추세에 맞추면서, 다른 편에서는 자신만의 독창적 문화를 살려내고 강화하는 데 심혈을 기울이고 있다. 이 개성적인 문화야말로 앞으로 국가와 기업의 경쟁력을 끌어올리는 원천이 된다고 믿기 때문이다.

민족문화는 그 민족이 태생적으로 가지고 나온 유전적 기질에서 우러난 것이다. 여기에다 선조로부터 누적된 경험과 관습, 가치관이 더해지면서 그 문화는 더욱 풍요하고 다양해지며 세련되고 고급화 된다.

그런데 우리 신세대는 우리 문화를 잘 모른다. 우리 문화에 대한 긍지도 별로 없다. 몸만 한국인이지 정신과 관습은 서구문화에 동화되어 있기 때문이다. 이래서는 문화국적을 잃은 '문화적 미아'가 되어 세계문화시장에서 방랑자로 전락할 가능성이 크다. 우리가 버린 문화를 다른 나라 사람들이 사랑해 줄 리 없다.

전통문화란 구성원에게는 마음의 고향이다. 여기에서 경쟁력 있는 창조산업이 싹을 틔울 수 있으며, 긍지와 보람도 심어줄 수 있다. 그러자면 감성적으로 우리 신세대들의 마음을 사로잡는 문화적 귀속의식을 심어 주는 일이 중요하다. 전통문화에는 정체성이 살아있고 오랫동안 거르고 다진 값진 가치들이 무한대로 숨어 있다. 젊은 세대의 넘치는 창의력과 끼에 전통문화가 융합될 때 우리 제품은 독창성이 뛰어난 보석 같은 명품으로 거듭날 수 있을 것이다.

이를 위해 기업들이 할 중요한 일이 있다. 그것은 감성경영을 표방하고 디자인 센터를 만들며, 청소년들의 넘치는 끼를 수용할 만한 장터를 만드는 것만으로는 부족하다. 장수기업으로 살아남으려면 마치 마르지 않는 샘물처럼 독창적인 상품개발의 맥이 닿아 있는 민족문화, 기업문화를 청정 지역처럼 가꾸고 보존해야 한다.

그 첫걸음이 젊고 상상력이 뛰어난 젊은 세대에게 문화적 고향을 찾아 주어 소속감과 긍지를 심어 주는 일이다. 그 다음에는 이들을 정예인력으로 육성, 창의적 꿈을 펼칠 수 있는 문화시장을 활성화시켜 나가야 한다.

옛날 중국의 춘추전국시대나, 유럽에서 르네상스 문화를 꽃피운 이탈리아 도시국가 때에도 지금과 비슷한 분위기가 무르익고 있었다. 이때는 국민들의 거주지 이동이 자유로워서 마음에 끌리고 재능을 살릴 수 있는 살기 좋은 나라를 찾아 다녔다. 공자와 맹자도 그랬고 소진과 장의 등 내노라하는 전략가, 야심가들이 천하를 돌며 뜻을 펼 수 있는 곳을 찾아다녔다

이탈리아도 마찬가지다. 피렌체 같은 번영하는 도시국가에는 각국의 젊고 잠재력이 특출한 인재들이 구름같이 몰려들었다. 이때 발굴되고 육성된 인물 중에는 다빈치, 라파엘, 미켈란젤로, 갈릴레오, 프란체스카 등 당시 문화, 예술, 철학의 대가들이 거의 망라되어 있다. 이들이 둥지를 틀

고 제자를 가르친 덕분에 피렌체는 문예부흥의 중심지라는 명예를 얻을 수 있었다.

그 중에서도 대표적인 재벌가문이랄 수 있는 메디치(Medici) 가문은 문화·예술에 남다른 집념과 투자, 인재육성, 부의 사회 환원 등으로 국민의 지지를 받아 300여 년간의 영화를 누릴 수 있었다.[4]

그 비결은 무역, 금융업 등에서 번 돈으로 문화, 예술가의 창작욕을 북돋워 준 데다, 역사적 건축물 건립과 그 안에 거장들의 명화들을 담아 시민에게 되돌려주는 데도 인색하지 않았기 때문이다. 이는 거대 가문의 재산축적을 질시하는 대중의 저항을 무마하면서 스스로의 양심을 달래려는 의도도 있었지만 장기투자로 불경기에 대비하려는 상술도 포함되어 있었다.

한국인의 감성적 기질은 타고난 문화예술 기질과 깊이 연관되어 있다. 특히 감성경영시대에서는 문화·예술적 재능이 모든 산업, 모든 제품에 반영, 경쟁력을 높이는 잣대로까지 평가되는 세상이 되어버렸다. 우리 기업들도 발랄한 생기 위에 문화적 품위를 얹혀주는 데 신경을 써야 한다. 그래야 세계인의 사랑을 받으면서 강하고 질긴 기업의 생명력을 이어갈 수 있을 것이다.

02

한국기업의 역동성은
국민의 모험정신이 견인차

한국기업은 사람이 먼저, 법과 제도는 나중

미국, 일본, 중국의 세 나라 오피니언 리더 각 200명씩을 대상으로 한 '한국, 한국인의 이미지 조사'에서 '한국에 대한 긍정적 용어와 부정적 용어' 5개씩을 고르는 조사를 실시했다. 그 결과에는 한국인의 특성이 놀랄 만큼 정확하게 지적되어 있다.[5]

먼저 긍정적 형용사로는 '강한, 개방적인, 빠른, 역동적인, 투명한' 등 5개가 뽑혔다. 부정적 형용사로는 '거친, 무질서한, 불안한, 이중적인, 충동적인' 등 5개가 선정되었다.

한국이 세계화 조류에 적극 동참하면서 역동적이고 개방적인 성격이 두드러진 데다, 전통적으로 성급한 기질이 여기에 가세하면서 다른 나라 사람들의 주목을 받게 된 듯하다. 긍정적 형용사 중에서 예상 못한 것은 한국을 투명한 나라로 생각하고 있는 점이다. 아마 정권교체기에 정당의 투명성에 대한 폭풍이 지난 다음, 정치와 경제계 비리나 밀월관계가 수그러들고 있기 때문으로 보인다. 또 우리 기업들이 해외에서의 공신력 확보를 위한 절실한 필요성 때문에 투명성 제고에 공을 들였기 때문이기도 하다.

주목할 만한 것은 이 조사에서 선정된 긍정·부정적 형용사 모두가 한국인의 감성적 특성과 무관하지 않다는 사실이다. 이성적인 침착성이 부족하니 매사에 충동적이고 즉흥적이어서 행동방식이 거칠고 불안정해 보인 것은 예상 할 수 있는 평가이다.

한국의 경제성장 속도가 가파른 것이나 기업의 도전정신이 유별난 것은 역동적이고 모험심 강한 한국인 기질에서 나온 결과로 볼 수 있다. 한국기업의 부단한 자기 혁신과 신속·강력한 실천의지는 유럽에서도 정평이 나 있다. 중국이나 러시아, 인도, 동남아 시장 진출을 놓고 유럽과 일본이 망설이는 사이에 한국기업들은 모험을 무릅쓰고 과감하게 진출을 결행했다. 그 결과 진출기업 중 상당수가 무모한 모험과 적응력 부족으로 문을 닫은 곳도 많다. 그러나 가전제품 등 IT 산업과 자동차 등 상당 분야에서 현지시장 선점에 성공, 일본이나 유럽기업을 제칠 만큼 터를 잡은 곳이 더 많다. 최근 몇 년 사이에 불황에 허덕이는 내수시장을 공격적인 수출로 극복한 것은 모두 기업들의 역동성과 모험정신이 거둔 결실이 아닐 수 없다.

삼성경제연구소(SERI)가 2000~2004년의 한국인 소비패턴 분석결과를 보면 모두가 소비자의 감성과 관련되지 않은 것이 없다.[6] 여기에서 찾아낸 한국인 소비 트렌드는 5가지가 있다.

첫째 사람끼리의 교감을 중요시하는 '5감 소비', 둘째 유비쿼터스

(Ubiquitous)가 추가된 '실시간 소비', 셋째 개성과 대중성을 동시에 추구하는 '개중(個衆)소비', 넷째 웰빙 바람을 탄 '휴식형 소비', 다섯째 소비의 효용을 높이는 '스마트(Smart) 소비' 등이다.

특히 시선을 끄는 대목은 1990년대만 해도 한국인의 소비패턴은 미국과 일본에 비해 상당히 뒤진 것으로 알려졌는데, 2000년대 들어서부터는 한국, 미국, 일본 사이에 수준 차가 거의 없어져 버렸다는 사실이다. 이는 인터넷이 시간차를 극복해 준 데다, 문화적 동조현상이 변화와 순발력과 붐 조성을 촉진시켜 주었기 때문이다.

LG전자의 김쌍수 부회장은 개인 홈페이지에 '굳어진 관습'에서 탈피하자는 글을 올렸다.

「구성원 각자의 사고방식, 업무 프로세스, 생산 공정, 비즈니스 파트너와의 관계 등 모든 영역에서 '관습'이라는 이름의 매너리즘이 존재해서는 안 된다. 관습타파는 곧 경쟁력이다. 현재의 상태에 안주하게 되면 매너리즘에 빠지게 되고 결국 쇠망하는 것이 당연한 이치이다. 비즈니스에서도 현재의 사업이 번성하고 있다 해서 안주하게 되면 머지않아 경쟁에서 낙오하고 말 것이다.」

부단한 변화와 개혁, 도전 등 역동적 기업문화를 강조한 말이다. 여기서 한 가지 짚고 넘어가야 할 것이 있다.

한국인의 기질에 대해 국내외 전문가들이 한결같이 지적하는 것 중에는 '공(公)과 사(私)의 구분이 애매하다'는 점이다. 이는 한국인의 감성적이며 집단 이기성이 강한 기질로 보아 충분히 예상할 수 있는 지적이다. 중요한 것은 이러한 성향이 도전적 성취 욕구를 강화시키는 순기능보다 조직문화에 미치는 악영향이다.

최근 투명사회협약실천협의회 보고서에 의하면(2006.9), 한국에서는 불법로비가 매우 심각하다는 데 기업 및 기관의 대외업무종사자의 68%가

공감하고 있는 것만 봐도 알 수 있다.[7]

　기업, 나아가 국가 공직사회에까지 이런 역기능이 만연하게 되면 조직의 시스템적 기능이 제 구실을 못하게 되고 공신력도 엉망이 되어 버린다. 한국 사회에 아직도 월권, 불공정, 특혜시비가 멈출 줄 모르는 것을 보면 타고난 기질 바꾸기가 그만큼 어렵기 때문일 것이다.

　대다수 국가는 법과 제도에 의한 합리적이고 과학적인 조직문화를 갖추고 있다. 따라서 공적업무와 사적관심사는 엄격히 구분되어 있으며, 소속 구성원들도 이를 충실히 따른다. 당연히 경영자들도 법과 제도의 틀 속에서 미래를 구상하고 개인적 역량을 살려내는 쪽으로 방향을 잡는다.

　그러나 한국의 조직문화는 다르다. 조직 리더의 철학과 의지와 야망에 따라 법과 제도라는 것은 언제나 바꿀 수 있는 수단이라고 믿는 경향이 강하다. 흑묘백묘론에 대해서는 줏대 없는 논리라고 나무라면서, 때로는 '꿩 잡는 게 매'란 논리를 펴는 곳이 한국이다. 한국인은 사람이 먼저이고 아무리 중요한 국사도 결국은 사람이 하는 것이니, 좋으라고 만든 법이나 제도가 걸림돌이 되어서는 안 된다는 고집을 피우는 사람이 많다.

　그래서 법과 제도는 사람에 따라 자주 바뀐다. 법과 제도라는 삭막하고 비정한 틀 속에 갇혀 살기보다는 조직에 생명력을 불어넣어 꿈틀대는 유기체로 활동하는 것을 더 좋아한다. 그러다보니 공·사 조직에서는 월권, 불공정, 잦은 정책 남발, 일관성 부족, 특혜시비 등이 항상 따라다니게 된다.

　한국의 최고 법인 헌법만 해도 1948년에 제정된 이래 1987년까지 40여 년 동안 무려 9번이나 바뀌었다. 자질구레한 법률개정은 말할 것도 없다. 헌법이란 그저 고치기가 좀 어려운 법쯤으로 보는 것이 일반적 시각이다. 아무리 까다로운 절차로 개정을 어렵게 해 놓아도 한번 바꾸기로 마음을 굳히면 결국은 바꾸고 만다. 이는 여·야를 막론하고 정치인 모두가 다 한국인이기 때문이다.

　미국이나 일본, 유럽 등 대다수 선진국에서는 헌법의 권위를 하늘처럼 떠받든다. 일본은 패망 후 미국 영향 아래 만든 헌법이지만 지금도 함부로 손대지 못하고 있다. 이들의 눈으로 볼 때 한국인만큼 하늘 높은 줄 모르는 겁 없고 통 큰 민족은 없을 것이다. 그러나 기질적 특성을 음미해 보면 이해되는 구석이 있다. 원래 감성영역에는 한계가 없다. 상상의 세계란 차원을 넘어 거침없이 넘나들 수 있다.

　기질적으로 감성적인 사람일수록 환경에 따라, 기분에 따라 감정의 고저강약(高低强弱)이 변덕스럽게 일어난다. 한번 감정이 복받치는 데다 주위의 동조현상이 뒤따르면 태산이라도 무너뜨릴 듯 무서운 집중력으로 기적을 만들어 낸다. 그러나 관심이 시들하고 사기가 꺾이면 허망하게 주저앉아 버리는 악점도 있다. 한국인과 한국기업, 한국정부의 발전계획들이 시작은 거창하지만 용두사미로 끝나는 일이 비일비재한 것도 이 때문이다.

　그렇다면 어떻게 해야 이 변덕스런 감성적 힘을 경쟁력의 원천으로 가꿀 수 있을까.

　특별난 묘방을 특별나게 찾을 수는 없다. 거창한 구호일수록 구호로 끝나 버리는 경우가 많다. 길이 있다면 수그러지려는 감성의 고삐를 다잡고 죄어줄 수만 있으면 된다. 그러자면 발랄하고 역동적인 작은 계획들이 쉴 새 없이 이어져야 한다. 한국인의 냄비근성은 바로 이 기복 심한 감성기질에서 연유한 것이다. 농축된 감정을 한꺼번에 분출해 내는 데는 많은 에너지가 소모된다. 이 에너지의 쉴 새 없는 충전은 조직이나 법, 제도로는 효과를 거두기 어렵다. 꿈을 심어주고 신바람을 부추길 수 있는 지도자의 리더십이 더 효율적이다.

　한국의 국가경제나 잘 나가는 기업이 지속성장을 거듭하는 곳에는 뛰어난 지도자가 있다. 그들은 조직 구성원의 잠재력을 하나로 끌어 모으고 이를 생산과 경쟁의 동력으로 조종하는 탁월한 능력이 있다. 감성기질은 정밀성이 떨어지고 성급하며 일관성이 부족한 것이 흠이지만 전체를 한 눈에 조망하는 균형의식과 힘찬 추진력을 끌어내는 장점이 있다.

21세기가 지식사회로 접어들고 인간의 감성이 경쟁력 향상에도 깊이 개입되면서, 각국은 감성경영, 감성산업 개발에 정성을 쏟고 있다. 이로 보아 한국인의 타고난 감성기질은 기업경영에서도 뛰어난 힘을 발휘할 수 있다. 아마 한국인처럼 감성적이고 감정에 따라 이성적 활동이 영향 받는 집단도 드물 것이다. 여기에 집단적 동조성이 한번 발동되면 거의 광적인 반응이 나타나곤 한다.

물론 외국에서도 특정 운동경기나 독재정권타도, 민주화운동 등에서 광적인 국민결속이 일어나는 경우가 종종 있다. 그러나 한국과는 비교가 안 된다. 한국은 거의 전천후다. 한국의 집단문화는 공식적인 대화의 장에서 법과 제도를 통해 순리로 문제를 풀어가는 것보다는, 비공식적인 밀실타협이나 장외투쟁을 통해 정치적으로 해결하려는 변칙에 더 익숙해져 있다.

더 큰 문제는 이런 거친 충동적 힘이 산업분야 노동운동에 머물지 않고, 정치권을 비롯하여 사회 모든 이익집단에서 더 큰 위력으로 분출하고 있다는 점이다. 2002년 월드컵의 길거리 응원열기를 빼고라도 노동단체, 학생단체, 종교단체, 농민단체는 물론이고 심지어 정치권에서도 헤아릴 수 없는 집단욕구가 활화산처럼 뿜어대고 있는 것이다. 독재정권이나 민주화 투쟁 등 국민적 저항의 명분이 사라졌는데도 그 열기는 식을 줄을 모른다. 그 대부분이 불법행위인데도 법의 집행기관마저 령(令)을 세우지 못하고, 감성적 대응으로 융통성을 주고 있어 악순환의 고리가 끊어지지 않고 있다.

이는 뿌리 깊은 감성문화를 암묵적으로 용인하고 있는 잘못된 관행 때문이다. 이런 타성의 극복 없이는 한국의 선진국 진입은 꿈으로 끝나 버리게 된다. 적어도 신뢰받는 국제사회의 선도국가, 선도기업 자리에 앉으려면 법과 제도라는 공통의 질서를 존중하는 문화부터 다져놓아야 한다. 이제부터는 정부와 기업, 이해집단 모두가 이 역동적 감성의 힘을 경제 살리기, 국가경쟁력 제고에 집중할 수 있느냐가 감성산업의 성패를 결정해 줄 것이다.

한국인의 방(房) 문화는 투기와 모험정신의 산실

근래 들어 한국의 놀이문화는 주로 폐쇄된 방(房)에서 꽃을 피우고 있다. 사람들이 꼬이는 번화가에는 PC방, 게임방, 노래방, 만화방 등이 있고 그 외에도 찜질방, 휴게텔, 머리방, 빨래방 등 셀 수가 없을 정도이다. 국토가 좁고 인구밀도가 촘촘한 것이 한 이유일 수도 있다.

그러나 더 큰 이유는 한국인의 감성적 기질에서 찾을 수 있다. 풍부한 감성의 세계에 몰입하려면 정신의 자유를 침해받지 않는 자기만의 공간이 필요하다. 그런데 이상스럽게도 우리 청소년들은 혼자서 골방 속에 파묻혀 있기보다는 여럿이서 떼를 지어 같은 방으로 몰려다니는 일이 많다. 그러나 일단 방에 들어가 PC나 게임기 앞에 앉으면 주위를 잊고 각자 고립된 자기만의 세계에 빠져들게 된다. 개방적이면서 동조적인 집단 심리와 고립된 개성세계를 공유하는 별난 성격 때문이다.

이러한 방 문화는 일부 계층을 벗어나 전 국민생활 속으로 뿌리를 내리고 있다. 그만큼 한국인은 자기세계에 빠져 사는 것을 좋아한다. 아마도 한국인의 파괴적 열정이나 심미적 안목, 식을 줄 모르는 호기심, 창의적 발상, 편집광적 집념은 모두 여기서 잉태된다고 보아도 무리가 아니다.

컴퓨터에 손을 댔다 하면 단순한 즐기기가 아닌 심취경지에 빠져드는 사람들이 부지기수다. 이미 인터넷 중독현상에 빠져 있는 청소년이 16%에 이르고 있다. 한류열풍이란 것도 사실은 엔터테인먼트에 관한 한국인의 집단열정이 아시아권 사람들의 눈에 이채로운 공감대로 형성되었기 때문이다.

한국인의 특별한 감성기질은 음주관습, 모험이나 투기산업에서 그 진면목이 드러나고 있다. 한국인 1인당 소주, 위스키 같은 증류주 소비량에서 세계 4위를 차지하고 있다. 20세 이상 성인인구를 3,500만 명으로 가정할 때 소주소비량이 1인당 연간 86병을 마시고 있다.[8] 알콜 중독자만도 220만 명에 이른다는 통계가 나와 있다.

한국인은 70% 이상이 고스톱을 즐기는 것으로 알려졌다. 2004년 한국갤럽이 한국인 성인 대상으로 실시한 '고스톱 이용실태와 태도 면접조사'에 따르면 '고스톱은 심심풀이로 좋은 오락'이라는 데 동의한 사람이 60.1%였다. 4년 전(2000년)보다 10.3%나 높아진 것이다. 이는 인터넷과 휴대전화를 통해 고스톱게임 보급이 확대되었기 때문으로 보인다.

한국인의 도박성은 세계 일류수준이다. 이것 역시 폐쇄성과 동조성을 공유한 한국인의 감성기질과 궁합이 맞다. 여기에 한번 빠져들면 식음을 전폐할 만큼 몰입되어 모든 것을 잊고 사는 사람이 많다. 나라에서 법으로 도박을 금지하기 전에는 재산탕진으로 거리에 나앉는 가구가 흔했다. 겉으로 보면 노력하지 않고 일확천금을 꿈꾸는 불성실한 과대망상 자가 넘치는 나라로 보일 수도 있다. 그러나 그 안을 헤쳐 보면 스릴과 서스펜스를 즐기는 모험 심리와 특유의 낙관적 태도가 깔려 있다.

한국에서 갬블산업에 의한 재정수입도는 1999년에 1조 210억 원에서 2003년에는 4조 66억 원으로 4년 만에 약 4배나 올랐다. 또 전체 조세대비 합법적 사행산업(갬블)의 재정기여도는 1999년에 0.4%이던 것이 2005년에는 2%대로 뛰어 올랐다. 이는 OECD회원국 중 2위로, 1위 이탈리아에 이어 도박을 가장 많이 즐기는 나라 중 하나라는 것을 의미한다.[9]

그러나 음성시장을 합치면 더 엄청나다. 국내 사행산업 시장규모는 정부지원을 받고 있는 합법적 사행산업과 불법 도박시장을 합쳐서 연간 55조 원에 이르는 것으로 추산되고 있다. 형사정책연구원 등의 자료에 의하면 이 중에서도 '바다이야기', 스크린 경마 같은 성인오락실 시장규모가 24조 원, 불법 사설경마장 시장도 3조 4,000억 원(2004년), 카지노 시장규모만도 18조 원이 넘는 것으로 알려졌다.[10]

많은 한국 가정들이 가계를 꾸려 가는 풍습에서도 이런 기류를 느낄 수 있다. 서양이나 일본 같으면 직업을 가진 사람들은 5년이나 10년 후 자신의 재산 상태를 예측하면서 가계를 꾸려간다. 한국의 건강한 직업인들도 이런 방식에는 익숙하다. 그러나 심정적으로는 많은 사람들이 자신의 미래가 이처럼 기계적이고 따분한 계획대로 진행되지는 않으리라는 믿음을 갖고 있다. 자신에게는 무슨 기적 같은 변화가 기다리고 있을 것 같은 낙관적 예감 속에서 살아간다.

실제로 국가나 기업의 정책조차 차분하게 자리를 잡고 규칙적으로 굴러가는 일이 별로 없다. 그러니 박봉에 시달리면서도 씀씀이가 헤픈 사람이 많은 것은 이런 변화에 대한 기대심리가 깔려 있기 때문이다. 연간 2조 원대로 추정되는 한국의 거대한 점술시장과 그 이상의 종교시장만 보더라도 이런 풍속과 무관하지 않다. 개인들이 사생활에서 진 카드 빚이 나라 경제를 흔들어 놓을 정도에 이른 나라는 한국 말고는 찾아보기 힘들 것이다.

국내에서 내국인에게 도박이 허용된 곳은 강원랜드뿐이다. 2000년에 개장된 강원랜드의 성장속도를 보면 한국인이 얼마나 도박에 목말라 있는지 알 수 있다. 강원랜드는 개장 1년여 만에 몰려든 고객이 100만 명을 돌파했고 4년 차에는 500만 명을 훌쩍 넘겼다. 매출액도 매년 20~30% 신장률을 보이고 있다. 강원도 산간벽지가 하루아침에 번화가로 바뀌면서 지역경제에 미치는 파급효과가 1조 2,590억 원으로 뛰어 올랐다. 이곳에는 도박 '꾼' 들이 득실대고 있다.[11] 세계 최대의 카지노 단지를 이루고 있는 미국의 라스베이거스에도 이와 같이 도박에 묻혀 사는 군상들이 한국보다는 적다.

도박 산업은 지금 세계적인 호황을 맞고 있다. 일과 시간에 쫓기며 사는 직업인이 늘어나면서 여가 즐기기와 스트레스 해소의 필요성이 커졌기 때문이다. 특히 자신과 국가의 정체성 혼란을 겪고 있는 나라일수록 도박 산업은 더욱 번창하고 있다. 러시아만 해도 자본주의 물결을 받아들이면서 '급속히 번진 금전만능주의와 한탕주의가 도박열풍의 최대 원인이 되고 있으며 모스크바 주민의 5%인 50만 명 정도가 도박편집증 환자'로 알려졌다.[12]

도박장의 세계적인 추세는 단순히 카지노나 슬롯머신에만 의존하지 않는다. 명품 쇼핑몰, 가족형 테마파크 등 종합관광 휴양지이자 고급문화의 향유지로 영역을 확대해 가고 있다. 라스베이거스를 찾아 온 관광객은 매년 3,600만 명에 이른다. 그러나 이들 중 90% 이상은 도박하려고 온 사람들이 아니다. 각종 이벤트와 다양한 음식문화를 즐기기 위해서이다.

라스베이거스는 순수 도박업만으로는 채산성이 안 맞는다. 오히려 도박 아닌 다른 용도로 이들 관광객이 떨어뜨리고 가는 돈이 카지노 매출 중 60~70%에 이른다는 사실에서 알 수 있다.[13] 중국의 마카오, 유럽의 모나코, 프랑스의 니스 등 세계적인 도박 명소들도 라스베이거스와 비슷한 유형을 이루고 있다.

그러나 한국의 도박문화는 도박 자체에 더 큰 비중이 주어지면서, 그

폐해도 심각하다. 2005년 국가공인도박시장이 약 14조 원으로 2000년에 비해 2.5배나 증가한 것으로 나타났다. 2004년 강원랜드 카지노를 비롯하여 경마, 경륜, 경정 등 기존 사행산업의 매출액만도 7조 9,163억 원에 이르고 있다. 이외에도 천문학적 매출을 올리고 있는 복권시장 등 우연과 운수에 운명을 거는 감성산업은 부지기수다.

특히 인터넷이 보편화되면서 인터넷 노름사이트의 활황은 세계의 선두를 달리고 있다. 이곳에서 온라인고스톱, 포커, 훌라 등으로 생기는 매출이 2004년에만 2,343억 원에 이르고 있다. 대표적인 도박 사이트 4곳의 가입회원만도 1,500만~2,400만 명으로 추산되고 있다. 또 해마다 100만~200만 명씩 늘어나고 있으니 크게 잡아 한국의 젊은 세대의 70% 이상이 여기에 익숙해 있다고 해도 과언이 아니다.

지금 한국에는 사행성오락 게임업소만 1만 4,000개가 넘는다. 빠칭코 왕국 일본도 1만 5,000개에 불과하다. 이미 그 폐해는 국가가 손쓰기 어려울 지경이다. 건강한 근로의식이 회석되어 파산하는 기업들이 생겨나고, 개인적으로는 실직과 이혼, 자살, 범죄에 노출되는 사례가 허다하다.

한국인 중 인터넷을 게임목적으로 이용하는 사람이 1,693만 명에 달하고 있다. 인터넷을 할 줄 아는 사람의 53.6%가 게임을 즐기고 있으며, 도박은 이 게임의 탈을 쓰고 성인과 청소년사회를 침식해 오고 있다. 2005년 도박중독증에 걸린 사람이 300만 명으로 성인인구의 9.3%에 달했으며, 도박으로 인한 사회적 비용 8조 2,000억 원이나 날아갔다. 미국같이 도박 산업이 성행하는 곳도 병적도박중독 환자는 3%에 불과하다.[14]

이러한 한국인의 극성스런 모험정신은 벤처기업에서도 여실히 드러나고 있다. 이미 선진국들은 우리보다 앞서서 극심한 국제시장을 헤쳐나갈 대안을 벤처기업에서 찾고 있다. 〈포천(FORTUNE)〉의 보도에 의하면

2000년 미국 500대 기업에 들어가는 대기업이 미국경제에서 차지하는 비중은 7%에 불과하다. 나머지 93%는 벤처기업이 차지하고 있는 것으로 나타나고 있다. 미국경제의 거대한 힘과 활력은 모험심 강한 무수한 중소 벤처기업에서 나오고 있다는 분석이다.

우리 정부도 '벤처기업육성에 관한 특별조치법'을 만들고 적극적인 지원정책을 펼친 지는 불과 몇 년밖에 안 된다. 이때부터 우리나라 벤처기업들은 무서운 속도로 증가, 국내 투자자들의 벤처투기 열풍을 자극하면서 국내 경제의 숨통을 터놓는 듯했다. 그동안 창업과 폐업을 계속하면서 기술수준도, 사업화 가능성도 괜찮은 벤처기업이 1만여 개에 이르고 있다.

"과거에는 대기업이 미국경제를 좌지우지했으나 이제는 벤처기업이 신 경제에서 그 역할을 대신하고 있으며, 한국에서도 이런 움직임이 있다."

한국을 방문했던 미래학자 존 나이스비트가 한 말이다. 한국의 기업풍토에서 벤처기업의 성장가능성을 점친 말이기도 하다. 그러나 한국 벤처기업은 지금 내리막길을 가고 있다. 창의적 기술과 집요한 기업정신보다는, 저돌성과 모험심에만 치중하여 실패율이 높은 데다 사회적 신뢰마저 잃고 있기 때문이다. 한국인의 모험정신은 이외에도 증권투자, 땅 투기, 집 투기 등 투기산업에서도 나라 경제를 흔들어 놓을 만큼 위력을 발휘하고 있다.

정부에서 이런 과열현상 진정을 위해 여러 방법을 다 동원하고 있으나 큰 효과를 거두지 못하고 있다. 일빈 경제논리나 강력한 억제해 정도로는 여간해서 식지 않고 있기 때문이다.

이를 진정시키기 위한 최선의 대안은 감성적 유인책에서 찾을 수밖에 없다. 끓어오르는 국민적 열기를 쏟아 부을 수 있는 신바람 나는 무대를 만들어 주는 것만큼 바람직한 대안은 없을 것이다. 공작기계 세계 톱 메이커인 일본의 '야마자키 마작'에서 41년간 일해 온 베테랑 엔지니어 마쓰오카가 한 말이다.

"한국 기술자들은 일에 대한 집중력이 대단하다. 뛰어난 손 기술이 있기 때문에, 특유의 신바람을 타면 세계 최고의 제조업 강국이 될 수 있다. 한국인은 한번 분위기를 타면 무섭다. 따라서 그런 분위기를 만들어 주면 한국 제조업은 무섭게 클 수 있을 것이다."[15]

이런 발상은 기존 기업들이 직원들의 감성적 잠재력을 끌어 올려 생산현장에 분출시키려는 '기(氣) 살리기 경영'에서도 나타나고 있다. 2005년 6월 취업포털 인크루트가 실시한 매출액 500억 원 이상 기업 84개사에 대한 조사결과를 보면 흥미롭다. 전체의 78.6%인 66개사가 '직원 기 살리기 프로그램'을 운영하고 있는 것으로 집계되었다. 이 프로그램 실시 후 성과에 대한 분석을 보면 전체의 92.4%가 생산성 향상, 직원 이직률 감소, 조직분위기 쇄신 등에서 큰 효과를 본 것으로 나타났다.

'기 살리기 경영'이란 한마디로 감성적 동기유발을 의미한다. 공식적인 기업전략이나 사규와는 상당한 거리가 있는, 공식과 비공식 성격이 혼재된 묘한 성격을 띠고 있다. 외국 같으면 공식적 업무 외에는 일절 개인생활을 간섭하지 않는다. 그러나 한국인은 칭찬과 격려, 표창 등 감성을 자극하는 비공식적인 근로환경에서 더 많은 영향을 받는다. 오히려 그곳에서 더 큰 힘과 잠재력을 끌어내 조직발전에 기여도를 높이는 경우가 많다.

부실 공기업이던 한국중공업이 '신바람 경영'으로 기업정상화를 앞당기자 다른 기업에서도 신바람 경영이란 특이한 감성문화가 유행했다. 삼성, 한화, 교보생명 등 대기업에서는 경영진에게 경영구상휴가, 독서휴가, 건강증진휴가, 스위트홈휴가, 온라인상의 칭찬 릴레이, 해외연수 등으로 사기진작을 해온 지는 이미 오래다. LG전자의 한 사업부는 직원들이 뱃살 1킬로그램을 뺄 때마다 순금 1돈을 지급하고 있다. 다른 기업에서도 쾌적한 환경을 위해 사옥 안에 화원, 운동시설, 호화 휴게실 등에 거금을 투자하는 등 감성자극과 소속감 높이기에 힘을 쏟고 있다.

　한국기업의 감성경영은 사원의 복지수준을 높이려는 배려차원의 발상만이 아니다. 사원의 잠재력을 끌어 모아 기업의 생산성과 경쟁력을 높이려는 적극적인 투자행위가 되고 있다고 보아야 할 것이다. 또 이는 국가의 밝은 비전과 맞물려질 때 그 효과는 배가될 수 있다.

　이처럼 한국인의 감성기질은 어떤 임자를 만나, 어떤 길로 유도되느냐에 따라 나라나 기업의 운명에 커다란 영향을 준다. 다른 나라보다 한국에서 리더의 역량이 특히 중요한 것도 이런 이유 때문이다.

03

감성산업의 과제는 역동성 유지와 안정된 체제구축

감성이 고조되어 있는 곳에는 극단적 폭발력이 생겨난다. 이것이 증오와 투쟁에 스며들면 엄청난 파괴력으로 나타난다. 그러나 이것이 밝고 흥겨운 문화·예술이나 산업현장에 집중되면 신바람 문화, 폭넓은 포용정신으로 발현된다. 문제는 이 고조된 정신이 긍정적이며 평화적으로 흐르지 않을 때다.

감성적인 사람들은 체계화된 조직의 틀 속에 갇혀 있으면 신이 나지 않는다. 오히려 저돌적이며 창의적인 활동이 위축되면서 스트레스가 쌓여 본인과 기업 모두에게 부담을 안겨 주게 된다. 한국에서는 조직의 책임자가 한번 바뀌면 전임자의 추진계획이나 방침은 뒷전으로 밀리는 일이 흔하다. 새 책임자는 자기 색깔이 반영된 새 사업계획을 거창하게 벌이기 일쑤이다. 형식과 체면을 중시하는 기질에다 개성적인 성취욕구가 작용되기 때문이다.

한국인의 감성적 기질은 모험과 도전성, 창의성, 다양성, 폭발적 힘의 결집 등을 낳은 원동력이 된 것이 사실이다. 그러나 즉흥적이고 불합리하며 변덕스러워서 어느 한 곳에 정착하지 못하는 단점이 있다. 이런 사람에 의해 운영되는 기업은 전략목표가 애매해지며, 주력업종도 산만해서 문어발 경영이 되어버리기 쉽다.

그 다음에는 자유남용과 방만 경영으로 정체성 혼란을 겪게 되며 나아가 존립기반마저 흔들릴 위험성이 커진다. 여건이 좋은 쪽으로 흘러가면 기대 이상의 상승세를 타게 되지만, 나쁜 쪽으로 기울면 그 반대현상이 나타나 위험부담이 훨씬 커진다. 이때 개인의 사기는 떨어지고 냉소적 기류가 팽창하게 되면서, 자학과 불만, 염세에 빠지는 사람이 늘어난다. 이런 기업에서는 구성원들의 불만이 엉뚱하게 자신이 몸담고 있는 조직에 대한 투쟁적 태도로 바뀌는 기현상도 생겨난다.

이런 기업은 국민기업으로 사랑과 믿음을 받을 수 없다. 이런 정도의 기업에 자신의 미래를 걸 사람은 별로 없다. 불투명한 미래에 인생을 걸려면 최소한도 심리적 확신을 가질 만한 뚜렷한 비전이 있어야 한다. 그 근거는 전통문화나 경륜일 수도 있고 국가나 민족, 기업에 대한 소속감일 수도 있다.

요즘 국가기관이나 기업의 핵심세력에 신세대가 포진하면서 국가정책이나 기업전략이 정신없이 변덕을 부리는 것은 그들을 제어하고 이끌어 줄 수 있는 믿음직한 정신적 버팀목이 허약해졌기 때문이다.

한국인은 카리스마에 대한 동경이 남다르다. 기업에서 존경과 지지를 받는 리더들은 민주적이고 인정스런 경영자보다 감성적으로 사람의 마음을 휘어잡는 강력한 통합력과 자신감 넘치는 카리스마형 지도자를 선호한다. 한국에서는 국가나 기업을 막론하고 조직의 장래성이나 견고성 이상으로 그 조직의 최고경영자의 역량이 중요시되고 있다.

이는 감성문화가 힘을 얻고 있는 조직 특성상 시스템적 경영보다 개인적 리더십이 더 큰 영향을 주고받을 수 있기 때문이다. 그러나 이런 성향은 조직이 거대하고 복잡해지고, 문화가 다른 세계시장 공략에는 한계가 따를 수밖에 없다. 이를 극복하기 위해, 감성문화의 역동성을 살리면서 안정된 체제를 구축하는 일은 보통 어려운 과제가 아니다.

그 방안으로는 첫째, 가장 중요한 것은 희망이 보이는 밝은 비전을 통해 구성원 모두에게 감성적 동참의식을 자극할 수 있어야 한다.

국가든 기업이든 꿈이 적고 참여기회가 축소된 곳에서는 신명이 나지 않는다. 기성세대의 성숙한 경륜에 신세대의 신선하고 역동적인 추진력이 활발하게 접목될 때 신바람문화가 살아날 수 있다. 그러나 현재 한국의 세대 간 이견은 역사인식에서부터 이상조짐을 보이고 있다. 국가 정체성을 중심으로 한 동질감 속에서 조화와 타협의 역사를 이끌어 와야 하는데 그것이 잘 안 되고 있다.

「한국의 근세사는 다양한 체제와 이념, 종교와 사상의 타협의 역사이다. 그런데 21세기에 들어서면서 남한에서도 폐쇄적인 민족주의자들이 정권을 잡게 되었다는 사실이다. 자본주의에 회의적이면서 외세를 배척하는 폐쇄적 민족주의로 무장된 이들이 한국의 진보세력이며, 그 선봉이 386세대이다. 또 한 번 우리 역사의 시련기, 방황기가 시작되려는가 보다.」[16]

이는 환경적응에 뛰어난 한국인의 전통기질에 역행하는 길이 아닐 수 없다. 정치권의 이념갈등과 이를 통한 불협화음은 그대로 국민의식과 국제사회에 심각한 영향을 주게 된다. 그렇게 되면 국내시장은 물론 세계시장에서도 다양한 문화권 고객으로부터 환영받지 못할 것이 분명하다.

둘째, 전문화된 시스템적 조직을 적극 수용해야 한다.

한국의 직장인은 자율에 맡겨 주는 것을 좋아한다. 이들을 시스템화된 조직 속에 가두어 놓으면 사기가 떨어지고 스트레스가 쌓여 업무능률이 안 오르는 경우가 많다. 그러나 조직이 커지고 시장이 다변화되면 사정은 달라진다. 몇몇 개인의 이기심과 열정만으로 기업을 끌어 가려고 하면 한계에 부딪힌다. 싫든 좋든 통합된 조직의 틀 안에서 일관성 있는 목표를 향해 사내 자원을 최고도로 집중시키면서, 중복업무, 부서 간 갈등을 최소화하려면 조직생리를 익히는 습관을 기르지 않으면 안 된다.

지극히 상식적인 대안이지만 한국기업의 현주소는 아직도 조직총수의 결단에 조직운명이 좌우되고 있다. 이를 시스템이 이어받을 때 단순히 개인의 독단을 줄이고 안정을 유지하자는 의도만으로는 의미가 약하다. 시스템의 성패는 얼마나 감성적인 사람들의 잠재력을 기업의 힘으로 이끌어 내느냐에 달려 있다.

셋째, 윤리경영으로 도덕성을 높여야 한다.

한국은 지금 OECD 국가 대열에 끼여 있고, 경제력도 세계 10위권에 포함될 만큼 커졌다. 앞으로는 동북아 허브에 아시아의 리더가 되겠다는 꿈에 부풀어 있다. 그러나 '우리끼리만 잘 살아보자'는 한국인의 집단이기주의 극복하지 못한다면 어렵다. 자기이익만을 앞세우는 나라에 대한 주변국가들의 시선이 고울 리가 없다.

오히려 경계심을 증폭시켜 적국의 수만 늘려 줄 뿐이다. 한 나라의 경제발전은 그 나라만의 노력으로 되지 않는다. 실타래 같이 얽힌 국제관계에서 호혜적 거래를 유지·발전시키려면 그들 모두로부터 신뢰와 이해를 얻어야 한다. 그렇지 못하고서는 불가능하다.

한국이 정말 아시아의 리더가 되고 싶으면 '세계와 함께' 잘 살자는 공동체의식을 가져야 하는데, 이것이 무리라면 최소한 '아시아인과 함께' 하겠다는 포용력과 믿음 정도는 보여주어야 마땅하다.[17]

도산 위기에 빠진 세계적인 기업들을 보면 하나의 공통점이 있다. 경영전략 실패 못지않게, 투명치 못한 내부 문제로 인해 일파만파의 악재들이 쏟아져 나오면서 도산으로 치달은 예가 많다. 아직도 한국을 대표하는 간판기업 대부분이 여기서 떳떳한 곳이 별로 없다. 미국 '엔론' 사도 부도덕성이 드러나자 하루아침에 사라지는 신세가 되어 버렸다.

시장은 냉정하고 용서가 없다. 소비자들은 앉아서 주는 것만 받아먹는 순종자들이 아니다. 요즘 소비자는 기업이나 상품을 선택할 때 상품의 질이나 값 못지않게 기업의 투명성과 신뢰성에다 감성적 친밀도까지 따진다. 다행히 한국의 기업풍토에도 즉흥적 모험이 현저히 줄어들고는 있다. 투명성과 성실성이 강조되기 시작했고 윤리경영이 기업생존의 필수조건이라는 데에도 눈을 떠가고 있다.

윤리경영은 기업이 살아남을 수 있는 최소한의 필요조건이다. 또 최고의 협상전략은 정직성이라는 데 공감대도 형성되어 가고 있다. 그러나 상당수 우리 기업이 세계기업으로의 위상을 높여가려면 소비자친화적인 감성경영도 중요하고 기업의 투명성과 윤리경영도 중요하다. 그러나 이에 못지않은 것이 하나 더 있다.

이는 기업이 얻는 부의 상당부분을 지속적으로 사회에 환원하는 일이다. 소비자에 대한 시혜의 차원에서보다는 기업의 영속성과 생명력 강화를 위한 필수적인 투자라는 발상전환이 필요하다. 그때 기업은 소비자의 감동은 물론 믿을 수 있는 동반자라는 인식을 공고히 심어줄 수도 있을 것이다.

넷째, 밝은 공존문화를 체질화해야 한다.

강한 조직에는 강한 조직문화가 있다. 문화 없이 힘에 의한 통합은 힘의 논리가 사라질 때 해체되어 버린다. 현대는 기술혁신 주기가 엄청나게 빠른 사회다. 라이프사이클 주기도 정신없이 빨라지고 있다. 이때 정신부담이 커지는 것은 당연하다. 한때 중국의 주인노릇을 했던 몽고족의 원나라, 만주족의 청나라는 문화의 다양성과 깊이에서 한(漢)민족을 이기지 못했기 때문에 중국 땅에 뿌리를 내리지 못했다.

지역이나 민족 속에서 뿌리를 내리고 있는 문화는 구성원의 소속감을 높여 주고 여유와 정신적 귀소본능을 자극해 준다. 더 나아가 문화는 동질집단 안에 있는 구성원 간에 상호유대와 의존적 공생관계를 강화시켜 준다. 마치 정신적 안정제 역할을 해주는 것이다.

그런데 세계화 바람이 불면서 민족문화나 전통문화의 설 땅이 허물어져가면서 새로운 부작용이 세계 도처에서 불거져 나오고 있다. 과거 소련, 유고, 아프리카 여러 나라 역시 힘의 의한 강제가 풀어지자 동질적 문화집단 중심으로 뿔뿔이 흩어지는 운명이 되어 버렸다.

이런 현상은 감성적인 집단, 감정적인 사람일수록 더욱 심하다. 스트레스에 시달리면 정신질환자를 증가시키고 기업의 생산성을 위축시키는 등 기업환경에도 심각한 영향을 주고 있다. 미국에서는 정신질환으로 입원한 환자가 매년 25%씩 늘어나는 것으로 알려졌다.

미국의 인기 프로그램인 〈오프라 윈프리 쇼〉에서 다룬 청소년문제는 미국의 앞날을 어둡게 하고 있다. 세계 최강국 미국의 미래를 짊어진 청소년의 정신건강이 위기에 와 있는 현장이 다각도로 분석되고 있다. 미국 고등학생의 50%가 술을 즐기고 있으며, 모임이 있을 때면 마리화나, 코카인 등의 마약이 조금도 이상스럽지 않게 상용된다는 것이다.

존슨&존슨, 듀퐁, 릴리 등 많은 선진기업들은 진작부터 직원들의 스트레스 완화를 위한 근로자 정신건강지원프로그램(EAP)을 시행하고 있다. EAP란 직장뿐만 아니라 가정문제, 재산관리, 경력관리 등에 대해 전문가 상담을 통해 직원들의 스트레스를 완화해 주는 서비스다. 존슨&존슨은 전체 직원 11만 명의 7~8%가 EAP를 이용하면서 결근율이 78%나 줄고

정신건강 상태는 38%가 호전된 것으로 평가되고 있다.

한국 직무스트레스학회 자료에 의하면, 국가별로 직무에서 가장 스트레스를 많이 받는 직장인은 한국인인 것으로 밝혀졌다. 이는 주위 환경에 민감하고 변덕스런 한국인의 기질 때문으로 풀이된다. 미국인은 40%, 유럽인은 28%, 일본인은 61.5%인데 비해 한국인은 95%로 밝혀졌다. 또 스트레스로 인한 경제손실 추정치에서도 경제규모나 인구비율로 볼 때 한국은 안전지역이 아니다.[18]

한국인이 세계에서 스트레스를 가장 잘 받는다는 것은 정신활동이 왕성하다는 긍정적 측면도 있지만, 정신장애의 가능성이 높다는 뜻도 되고 정신적으로 믿고 의지할 만한 지주가 없다는 뜻으로도 풀이된다.

한국에서의 자살자 수는 암, 뇌혈관 질환, 심장질환, 당뇨병에 이어 5번째 사망원인이 되고 있다. 특히 20~30대 젊은 층에서는 사망원인 1위에 올라섰다.[19] 보건복지부 통계에 의하면 2003년 전국 자살자 수는 1만 932명이다. 이는 하루에 30명, 48분마다 1명꼴로 사망하는 셈이다. 한국의 자살률은 2002년 기준으로 OECD회원국 중 4위, 증가율로는 1위를 기록하고 있다. 한국인이 얼마나 감정에 영향을 많이 받는 민족인지를 알려주는 수치이다.

서울대학교에서도 정신장애 학생들의 조기발견 및 치료에 신경을 쓰기 시작했다. 「인구의 10%가 정신과 문제가 있음을 감안해 볼 때 서울대 학생 중 상담이 필요한 학생이 연간 1,200명 정도는 될 것」으로 추정하고 있다. 이제는 우리 사회도 사회구성원의 정신건강을 개인에 맡겨버릴 단계는 지난 것으로 보아야 한다. 앞으로 기업뿐만 아니라 국가가 가장 소중히 가꾸어야 할 정신자신의 보고는 건강한 정신에서 나오기 때문이다.

요즘 미국 정계에서는 '앵거 매니지먼트(Anger Management)'라는 성질 죽이기 운동이 새로운 이슈로 등장하고 있다.

"힐러리 상원의원은 분노를 삭일 줄 모르는 사람이므로 2007년 대선에서 대통령에 당선돼서는 안 된다."

"역사적으로 미국국민들은 분노에 찬 사람들을 대통령으로 뽑지 않는다."

이는 미국 의회 지도자나 지각 있는 여론 주도층이 주장하는 여론의 소리이다. 그래서인지 최근 힐러리 상원의원도 '앵거 매니저(Anger Manager)'를 고용, 어떤 경우에도 화를 내지 않도록 정신조절을 하는 방법을 공부하고 있다고 한다.[20]

이런 앵거 매니지먼트야말로 한국처럼 절실하게 필요한 나라는 없을 것이다. 한국 국회의 각종 회의장 풍경을 보면 법안심의, 국정감사, 대정부 질의, 청문회 등에서 분노와 질타 일색이 아닌 때를 찾아보기 힘들다. 이는 다른 분야 회의문화에서도 동조성을 보이고 있다. 기업에서도 알게 모르게 이런 풍조가 전염된 곳이 많다.

우리 사회도 이제는 감성적 자극과 여기에 휩쓸리는 동조문화에 대해 반성과 자제가 절실한 시기에 와 있다. 극단의 증오와 적대성으로 공조, 공유문화를 해치는 사람에게 조직의 미래를 맡기는 일은 생명력 강한 조직체질을 포기하는 것과 같다.

요즘 한국인의 일상을 보면 내일을 기다리는 벅찬 희망과 기대감이 너무 가라앉아 있다. 정치계, 경제계, 노동계, 언론계까지 비난, 개혁, 투쟁 등으로 위기의식이 가득 차 있다. 마누라와 자식 빼고는 다 바꾸자는 발상이 긴박한 환경을 대변해 주고 있다. 절박한 기업의 생존을 위해서는 개혁대상에 한계를 두지 말자는 뜻이 된다. 그러나 개혁은 강력한 변화나 체질개선과 같은 강수만으로 되는 것은 아니다. 여기에도 강약과 완급이 함께 균형을 이루어야 상승효과를 낳을 수 있다.

개혁의지가 아무리 거세다 해도 정신의 뿌리조차 흔들어놓는 실수를 저질러서는 안 된다. 그렇게 되면 감성적 공감대를 이끌어 낼 수 없다. 뛰어난 창조력은 감성적 도전의식 속에서 피어난다. 오랜 역사 속에서 걸러내고 정제된 지혜를 저버리고 동질감마저 해체될 때 그 집단의 구성원은 정신적 황폐에 빠져 한 곳으로 힘을 모을 수 없다.

이런 때일수록 몇 걸음 물러서서 끓어오르는 감성을 순화시켜 가면서 옆도 살피고 뒤도 돌아보는 여유와 발상전환이 필요하다. 아울러 밝고 의욕적인 미래설계를 통해 국민적 공감대를 끌어내야만 안정된 체제구축과 경쟁력도 함께 길러갈 수 있을 것이다.

〈참고자료〉

(1) 미셸 푸꼬, 김부용 역, 《광기의 역사》, 인간사랑, 1996
(2) '한국디자인 잘 나가지만', 중앙일보, 2005. 7. 14
(3) 이필재, '대한민국 대표 브랜드 삼성전자', 월간중앙, 2005. 7
(4) 크리스토퍼 히버트, 한은경 역, 《메디치 가 이야기》, 생각의 나무, 2001
(5) 월간 중앙·한국 이미지커뮤니케이션 연구원, '한국 이미지 대 해부', 월간중앙, 2005. 7
(6) 삼성경제연구소, 〈최근 5년간의 힛트 상품을 통한 소비성향 분석〉, 2005. 3
(7) '불법로비 심각하다', AM7, 2006. 10. 25
(8) '한국인 증류주 소비량 세계 4위', 중앙일보, 2005. 9. 14
(9) 김현아, 〈갬블 관련 과세 및 재정정책에 관한 논의〉, 재정포럼, 2006. 6
(10) '정부, 연간 2조 5,000억 수입, 중앙일보', 2006. 8. 24
(11) '카지노 빛과 그림자', 굿모닝 서울, 2004. 12. 6
(12) '모스크바는 카지노 천국', 중앙일보, 2005. 3. 15
(13) '신규 카지노', 주간조선, 2004. 11. 25
(14) '신임호. 때늦은 도박병 치료', 매일경제, 2006. 8. 23
(15) '한번 분위기 타면 한국사람 무서워', 조선일보, 2005. 12. 30
(16) 함재봉, '타협의 역사와 순수의 역사', 중앙일보, 2004. 8. 28
(17) 모모세 타다시, 《한국이 죽어도 일본을 못 따라 잡는 18가지 이유》, 사회평론, 1998
(18) '스트레스로 인한 경제손실', 중앙일보, 2005. 6. 24
(19) '48분마다 1명 꼴 자살', 포커스, 2005. 3. 15
(20) '권력을 원하면 분노를 죽여라', 조선일보, 2006. 2. 10

7

접목산업 :
비빔밥 문화, 즉 융합과 조화는
네트워크 사회의 필수 아이콘이다

01

참신한 연관능력은
한국인의 타고난 재능

비빔밥과 네트워크 사회

클린턴 전 미국 대통령은 한국을 방문하면 비빔밥을 즐겨 찾는다. 2005년 초에도 한국 저명인사들과의 회식 때, 그는 비빔밥을 주문했다. 그는 외국인용으로 싱겁게 내온 비빔밥 재료를 보더니, 옆에 있는 야채를 한 줌 가져다 찢어 얹고 김치, 고추장을 듬뿍 넣어 쓱쓱 비벼서 먹기 시작했다. 같이 있던 한국인의 말을 빌리면 "클린턴은 가장 한국인답게 비벼 먹었다"고 한다.

한국 존슨 사장 폴 리차드슨은 비빔밥이 세계적인 음식이 될 수밖에 없는 3가지 이유를 들었다.

"우선 싱싱한 야채를 풍성하게 먹을 수 있다. 둘째, 고추장의 양을 스스로 조절할 수 있다. 따라서 매운 것을 못 먹는 서양 사람에게도 거부감이 없다. 끝으로 자신이 직접 비빌 수 있다는 점이 음식을 만드는 재미를 선사한다."[1]

비빔밥은 지극히 보편화되어 있는 한국의 전통음식이다. 그러나 이 비빔밥이야말로 주변국가에서 밀려 온 외래문화를 전통문화 속에 조화롭게 융합함으로써 한국 특유의 문화를 창조해 내는 용해력의 상징물로 볼 수 있다. 그러나 우리 비빔밥이 외국인들에게 한국의 대표음식으로 명성을 날린 지는 몇 년이 안 된다. 비빔밥이 한국 항공사 기내식의 주요 메뉴로 각광을 받은 지도 1년여에 불과하다.

수백 년 역사를 지닌 비빔밥이 왜 이제 와서 외국인의 관심을 끌게 된 것일까. 못살고 허기진 백성들이 먹는 음식은 외국인의 주목을 끌지 못한다. 그러나 한국의 위상이 높아지면서 국제사회에서 한국 문화에 대한 인식이 바뀌게 되자 한국의 색다른 음식도 시선을 끌게 되었을 것이다. 외국인의 왕래가 잦아진 데다 우리 비빔밥 만드는 기술도 더욱 진화, 위생적이고 세련된 요리법을 개발해 내고 있는 것도 한 이유가 될 것이다.

비빔밥은 다양한 재료를 섞어 버무린 음식이다. 주·부식을 한 그릇에 수용할 뿐만 아니라 온갖 양념이 곁들여지면서 조화로운 맛을 낸다. 비비는 사람의 능력에 따라 멋과 맛도 얼마든지 다양해질 수 있다.

이 비빔밥은 현대사회의 새로운 추세인 네트워크사회의 생리를 그대로 닮은 음식이다. 특히 디지털 시대가 열리면서 세계는 무수한 정보나 장르 간의 접목, 융합이 일상사처럼 되고 있다. 시각, 청각, 후각, 미각, 촉각 등 5감 표현의 길이 다채롭게 열리면서 세계는 지금 '섞어 문화' 시대를 맞고 있는 중이다. 특히 현대에 와서는 이런 접목 현상이 사회 모든 분야로 확산, 세계적 추세로 달려가고 있다. 이는 한국인 기질에 너무 잘 맞아, 마치 한국인의 시대를 맞이한 듯 도처에서 잠재력을 한껏 살려내고 있다. 이런 전통은 과거 고려청자에서도 쉽게 찾아볼 수 있다.

「고려청자가 천하제일이라는 평판을 받게 된 것은 그 독창성 때문이다. 이 독창성은 중국청자의 영향을 무턱대고 그대로 받아들이지 않고 선조들의 도자기전통을 계승하면서 특유의 창의성을 발휘해 받아들인 결과, 융합의 묘미를 살렸기 때문이다.」[2]

20세기 후반부터는 우리 사회에도 독립적 기능상품이던 라디오, TV, VCR, 컴퓨터, 전화 등등이 활발하게 접목되면서 새로운 복합 상품들이 한없이 쏟아져 나오고 있다. 업무처리 방식에서도 하나의 시스템 안에 다양한 정보를 수용하는 'All in one'이나, 복잡한 절차를 한꺼번에 처리해 주는 원스톱 서비스(One stop service) 같은 것들이 한국기업이나 정부 행정 업무에서 보편화되어 가고 있다. 한 개의 상품이 다른 장르와 접목되어 퍼져나가는 'One source multi-use'도 영상산업에서 엄청난 위세를 펼치고 있다. 이는 정보통신 기술과 디지털 기술이 접목되면서 세계 어느 나라와도 시간과 거리를 극복해 정보교류가 자유로워졌기 때문에 가능해진 것이다.

이미 국제사회에는 생활주변의 모든 이기들을 하나의 체제로 융합시키는 새로운 기술 환경이 무르익어 가고 있다. 유비쿼터스 컴퓨팅(Ubiquitous Computing)이란 개념이 첫 선을 보인 것은 1990년대 초반이지만 한국은 어느 나라보다 발 빠른 적응으로 선진국 대열에 올라서고 있다. 머지않아 이 기술은 가정생활에서 금융, 교육, 교통, 물류, 치안, 환경, 방재 등 분화된 사회 기능을 하나로 통합시켜 줄 것이 확실해지고 있다.[3]

최근 3년간 생산되는 정보의 양은 과거 30만 년간 생산된 정보의 양보다 더 많아졌다. 그 정보의 상당 부분은 기존 정보들 간의 접목, 융합을 통해 새롭게 태어난 것들이다. 근래 들어 특허건수가 폭발적으로 늘어나고 있는 것은 무수한 독립기술과 기계들을 하나로 묶는 새로운 방법, 새로운 접목기술들이 비즈니스 모델(BM)이란 이름으로 태어나고 있기 때문이다.

"천재의 기준은 얼마나 참신한 연관 능력을 갖추고 있느냐에 달려 있다." 캘리포니아 대학 시먼튼 교수가 접목산업의 가능성을 밝힌 명언이다.

이런 접목문화는 기술 등 특수 분야에 국한하지 않고 사회 전 분야로 파급되고 있다. 미국에는 학생들에게 레고(Lego)블록 테스트를 하는 대학이 9개쯤 된다고 한다. 독창적이고 개성적인 라이프사이클(Lifecycle)시대에 대비하여 적응력을 높여주기 위해서이다. 서로 다른 색깔을 조립하여 자신만의 세계를 만들 듯 다른 철학, 이데올로기, 문화, 취미, 정치체제, 예술, 종교 등을 자신의 구미에 맞게 설계하는 능력을 키워 주려는 것이다.

예술부문에서도 디지털 문화의 영향은 세계 각국에서 활발하게 꽃을 피우고 있다. 예술이란 장르는 직관과 감성문화에의 의존도가 절대적이다. 특히 현대사회가 감성사회로의 특성이 강해지면서 소비자 욕구도 점점 고급스럽고 다양해지면서 예술은 모든 분야에서 가치를 증대시키는 양념과도 같은 역할을 하고 있다.

20세기 들어 분화의 길을 걸어온 다양한 예술들이, 21세기를 전후해 왕성한 접목이 시도 되면서 새로운 형태의 실험예술들이 다투어 등장하고 있다. 또 예술의 응용 영역이 넓어지면서 예술이 예술가만의 전유물에서 벗어나 누구나 참여할 수 있는 생활예술의 길도 함께 열리고 있다.

'포스트모더니즘(Post-Modernism)'이란 새로운 장르가 풍미하면서 절충주의 미술양식이란 새로운 길을 열고 있다. 이는 과거 고급예술, 고급취향의 예술적 이미지를 벗어나는 계기를 마련해 주고 있다. '팝아트(Pop-Art)'는 유화, 조각, 사진, 콜라주, 판화 같은 다양한 미술적 표현기법과 접목하면서 무수한 미술 파벌들을 모두 수용하는 길을 열어 놓았다.

줄거리에 구애 받지 않고 시간, 장소, 인물의 틀을 대담하게 생략한 '해프닝(Happening)'이란 장르가 생기는가 하면, 사진과 회화기법을 접목한 '포토리얼리즘(Photo-Realism)'이 등장하여 기존 사진과 그림의 벽을 허물어 놓았다. 또 정적 예술인 조각에도 동적 숨결을 접목시켜 움직이는 조각예술인 '키네틱 아트(Kinetic-Art)'란 것이 등장, 예술가와 장인, 예술가와 도시 계획가의 합작세계도 열리게 되었다.

전통적인 개별 예술보다는 음악과 미술과 무용의 요소가 융합된 뮤지컬, 영화 등이 더 인기를 얻게 되었다. 공연장도 폐쇄된 공간에 머물지 않고 야외 공연이 늘고 있으며 무대장치도 정보기술에 의해 보다 현장감 넘치는 3차원 세트(Visualset, Hologram 등)가 각광을 받고 있다.

TV화상과 전자통신 기술을 접목시켜 살아 움직이는 듯한 동적 전위예술이 세계예술계에 큰 충격을 일으킨 바 있다. 비디오아트(Vidio Art), 레이저아트(Laser Art)라는 새로운 장르가 바로 그것이며 그 선구자는 한국인 백남준이다.

한국의 음악평론가 박용구는 총체예술인 '삼별초'라는 작품을 내놓았다. 음악, 연극, 발레, 영화를 아우르는 '심포닉아트(Symphonic Art)'라는 새로운 예술장르를 생각해 낸 것이다.

"8세기 중국 당나라에서 문예부흥이 한차례 일어났고, 16세기 이탈리아에서 르네상스가 일어났지만, 그런 기회가 21세기에 들어와서는 한반도에서 이제 막 펼쳐지고 있다고 봅니다. 한류와 정보기술이 그 예지요. 꿈틀대는 에너지의 이런 르네상스에 물꼬를 터주고 싶습니다."

앞으로는 개별 장르들이 대 통합한 총체예술의 시대가 온다는 것이 그의 주장이다. 문화적 배경과 제작기법이 각기 다른 세계의 미술가들이 정보통신망을 통해 창작활동을 함께하는 '네트워크 미술'이란 것이 TV방송에 선보이고 있다. 또 과거의 거장인 미켈란젤로나 다빈치의 그림을 차용하여 현대회화기법을 접목시킨 리메이크 작품도 새로운 유행을 타고 있다.

음악가들도 노래만을 담은 음반작업으로는 히트하기가 힘들다. 여기에는 뮤직비디오를 통한 영상작업이 아울러야 한다. 음악과 의상과 춤과 패션과 노랫말, 여기에 어울린 영상줄거리(Story)까지 포함시켜 음악의 극적 효과를 노려야 성공하는 세상이 되었다. 책을 내도 밋밋한 글자만으로 된 것은 독자로부터 외면당하기 일쑤다. 세련된 글자에 미술적으로 돋보이게 하는 장정(Visual Book)을 갖추어야 명함을 내놓을 수 있다.

뿐만 아니다. 운동경기 부문도 단순히 육체적인 힘겨루기 차원을 벗어나고 있다. 예술과의 접목이나 종합 이벤트 성격을 띠어가고 있다. 체조, 싱크로나이즈드, 피겨스케이트 같은 종목은 채점기준에서 기술성과 예술성을 같은 비중으로 다루고 있다. 이런 종목들이 대중의 인기를 끌고 있는 것은 예술적 아름다움과 체육경기의 힘찬 율동이 접목되었기 때문이다.

예술부문에선 교육과 질병치료와도 접목하여 기대 이상의 효과를 거두는 사례가 늘고 있다. 일반교육에 흥미 있는 감성요소를 접목시켜, 교육효과를 높이는 에듀테인먼트(Edutainment)가 교육시장의 대세가 되고 있는가 하면, 교육에 정보통신기술과 예술이 접목된 사이버(Cyber) 교육도 보편화되고 있는 상태이다.

질병치료 방법으로도 환자로 하여금 댄스나 음악, 연극에 참여시켜 치료효율을 높이는 댄스치료(Dance Theraphy), 음악치료(Music Theraphy), 연극치료(Play Theraphy) 같은 예술치료(Art Theraphy) 방법 등이 보편화될 정도에 이르고 있다.

한국인들의 비빔밥 문화는 이런 현란한 문화접목을 수용하고 적용하는 데 그 가능성이 매우 높다. 비디오 아티스트 백남준은 자신의 예술세계를 비빔밥으로 묘사했다.

"내가 뭐 거창한 예술을 하는 게 아닙니다. 어릴 때 먹던 비빔밥처럼 마구 섞어 놓은 것뿐이지."

상상세계에 빠져들기를 좋아하는 사람은 시간과 공간, 사물 간 접목이 자유롭다. 이성과 질서에 길들여진 사람들에게는 논리가 다르고 개성이 다른 개체의 융합이 체질적으로 잘 이루어지지 않는다. 한국인은 체질적으로 접목과 융합에 익숙한 민족이다. 한국인의 생활관습 속에는 알게 모르게 동·서양의 문화가 자연스럽게 접목, 융합되어 있는 사례가 부지기수다.

예술부문에서 한국의 접목문화는 서양 못지않게 활성화되고 있다. 이미 몇 년 전부터 국악관현악단이 생겨 서양식 지휘문화와 합주방식을 도입 정착시켰고, 동·서양 음악의 접목 실험도 잦아지고 있다. '김덕수 사물놀이'에 재즈를 접목시킨 특이한 공연이 인기를 얻는가 하면 미국서 교육받은 유진 박은 청바지를 입고 무대 위를 자유자재로 뛰어다니며 전자바이올린을 켜는 파격적 연주문화바람을 일으켰다. 이것은 서양에서 실험 중인, 클래식에 팝(POP)을 섞은 크로스오버(Cross Over) 음악이 한국에서 자연스럽게 뿌리를 내린 사례이다.

또 클래식과 대중음악의 접목활동도 왕성하게 대중을 자극시키고 있다. 쇼팽이나 베토벤의 음악을 재즈음악으로 편곡해서 현대리듬을 타게 하는가 하면, 콧대 높은 관현악단이 대형 홀에서 대중가수의 반주를 맡는 일이 큰 흉이 되지 않을 정도까지 왔다. 테너 박인수와 대중가수 이동원이 함께 부른 '향수'가 이제는 대중의 인기곡으로 자리 잡았지만 10여 년 전만해도 박인수는 품위를 잃은 이단 음악인으로 지탄을 받은 적이 있었다.

이런 접목문화는 식습관에서도 비빔밥만으로 그치지 않는다. 소위 퓨전(Fusion) 음식이라는 이름의 국적불명의 새 메뉴들이 식당가를 채워가고 있다. 전통 한식메뉴 속에 서양 음식이 끼어드는가 하면, 김치피자와 된장피자 같은 동·서양 혼합식이 피자의 종주국으로까지 역수출되고 있다. 중국음식에도 기존의 우동, 자장면, 짬뽕 같은 단일 메뉴들을 짝짓기한 우짜면, 짬짜면 같은 복합제품이 붐을 일으키고 있다.

이런 추세는 사회 여러 분야에서도 쉬지 않고 일어나고 있다.

대형 백화점이나 쇼핑센터, 재래시장, 대형놀이터나 서점들에서도 본래의 목적 외에 예술과 놀이문화와의 접목이 한창이다. 동대문 시장을 비롯하여 롯데월드, 테크노마트 같은 데는 방대한 상품매장 틈틈이 놀이 공간, 먹거리 시장이 끼어 있다. 이는 신 패션의 통합체인 종합생활공간(Total Valley)으로 원스톱쇼핑(One stop shopping)이 보편화되고 있는 징후들이다. 종교계에서도 천주교 대주교가 석탄일 축하메시지를 보내는가 하면 불교, 천주교, 기독교 지도자들이 만나 교류를 확대하면서 이질감을 줄여나가는 움직임도 잦아지고 있다.

한국의 '섞어 문화' 전통은 역사 이래 거의 멎은 적이 없다. 그러면서도 한국인은 외래문화를 전통문화에 접목시키면서 한국적인 독창문화로 거듭나곤 했다.

지금 우리 사회 구석구석을 적셔 오고 있는 다양한 외래문화의 홍수 역시 우리 전통문화의 세계화에 자극이 될 것이 틀림없다. 그 보다 더 큰 바람은 이러한 융합 기질이 언젠가는 한국사회의 어두운 과제가 되고 있는 계층 간, 지역 간, 장르 간, 나아가서는 이념 간 경계까지도 해체시켜 주리라는 것이다.

선진국을 이기는 비결은 접목기술 활성화

"드라이브 샷이 250야드 나가는 사람이 10야드 더 내려면 근육이나 손목의 힘 그리고 목 힘이 달라져야 한다. 아이언을 처음 치는 사람이 50야드 내려면 아주 쉽지만, 150야드에서 160야드로 10야드 더 보내기란 제로에서 100야드 보내는 것보다 더 힘들다."

삼성 이건희 회장이 한 말이다. 기업이나 개인의 한계를 극복하려면 단순한 노력 이상으로 시스템적 개혁이 이루어져야 한다는 의미이다.

한국인은 변화에 대한 갈망이 간절하면서도 다른 한편으로는 정착본능이 강해서 변화를 부담스러워하는 사람이 많다. 기업도 목표가 설정되고 제품이 출시되면 기업 활동도 은연중 현실에 안주하려는 경향이 짙다.

유수 내기업 총수들이 변화와 혁신을 강조하고 관습의 굴레에 안착해서는 미래가 없다고 강조하고 있는 것은 기업체질이 매너리즘에 빠질 것을 우려한 경고의 메시지이다. 앞에서는 소비자가 펄펄 날으면서 제멋대로 구미를 바꾸는 등 변덕을 부리고 있고, 뒤에서는 무수한 경쟁기업들이 눈에 불을 켜고 쫓아오고 있다. 이것이 오늘날 우리 기업이 당면하고 있는 절박한 현실이다.

기업이 희망을 갖고 경쟁력을 키우려면 기존 주력상품의 기능을 고도화시키는 것도 중요하지만, 사회변화와 궁합이 맞는 신상품 개발 역시 쉬지 않고 이어져야 한다. 그러나 여기에는 많은 투자와 모험이 뒤따르게 되어 있다. 세상이 놀랄 만한 원천기술 하나를 개발하는 데는 엄청난 비용과 많은 세월이 필요하다. 탄탄한 기초과학의 힘을 업은 뛰어난 연구인력들의 개발노력이 쌓여야 될까 말까다.

이런 기술은 기업 혼자만으로는 힘들다. 국가차원의 기술개발 정책과 지속적 뒷받침이 있어야 한다. 그러나 이런 기술을 갖지 못한 기업이 어떻게 시장 최전선에서 경쟁의 벽을 헤쳐갈 것인가. 한국인의 기질로 보아 기존의 기술들을 순발력 있게 접목시킨 새 제품을 만들어 내는 것이 이상적이지 않을까.

기존 제품에 다른 기능을 접목, 다기능화시키는 것이 훨씬 효과적이다. 접목산업이 활성화되면 주력상품이란 것도 제자리걸음을 벗어나 변신을 거듭하게 되면서 변화는 변화를 불러오게 된다. 세계시장은 지금 기업과 기업, 상품과 상품, 상품과 서비스의 접목시대라 할 만큼 활발한 교류, 협력, 접목, 융합, 합병운동이 맹렬하게 불붙고 있다.

산업사회 분업체계가 정보사회에 들어오면서 무수한 개별기술들, 독립적 상품들이 경계를 풀고 통합과 협력시스템으로 바뀌고 있다. 디지털과 네트워크 기술이 열리고 방송과 통신의 융합이 이루어지면서 그 틈새 앞에는 상상할 수 없는 새 기술, 새 제품, 새 시장들이 들어서고 있는 중이다.

그 중에서도 가장 눈부신 기술접목이 일어나고 있는 곳은 전자기계 상품들이다. 특히 디지털 기술의 발전은 PC와 PC 같은 동종기계 간에 또는 PC, TV, VCR, 전화 같은 다른 기종 간 접목의 길을 크게 열어 놓았다. 카메라, 휴대전화, MP3 등이 단일 기능에서 복합기능으로 합쳐지는 디지털 컨버전스(Convergence) 제품은 한국산이 세계시장을 선도할 만큼 앞서 달리고 있다.

카메라와 휴대전화가 합쳐진 '카메라 폰', MP3에 휴대전화를 합친 'MP3폰'이 선보인 지는 한참 지났다. 라디오에 녹음기가 합쳐진 데 이어 PC를 통해 TV를 보는 서비스가 상용화된 것은 더 오래 전 일이다. PC와 문화콘텐츠와 매체가 접목되어 즉석에서 볼 수 있는 비디오(VOD), 즉석 뉴스 찾아보기(NOD) 서비스 등도 활성화되고 있다.

근래 들어서는 TV폰, DVD콤보(DVD+VCR), 사무용복합기(팩스+프린터+

복사기), 복합형캠코더(캠코더+디지털카메라+MP3) 등이 줄지어 등장하고 있다. 또 휴대전화에 인터넷이 접목되고, 다시 휴대전화에 지상파방송이나 위성방송까지 볼 수 있는 디지털멀티미디어방송(DMB)서비스가 새로운 시장으로 떠오르고 있다. 또 삼성전자는 유비쿼터스 기술시대에 맞추어 휴대인터넷(WiBro)에 음성통화기능을 융합한 휴대전화 일체형 모바일 단말기를 세계 최초로 개발해 냈다. 2007년에 본격 출시될 디럭스엠아이티에스(Deluxe MITs)는 와이브로(WiBro) 복합단말기이고, 와이브로 엠아이티에스는 인터넷전화(VoIP)와 지상파멀티미디어방송(DMB), 수신기능을 갖고 있는 개인휴대용단말기(PDA)형태의 단말기이다.[4]

이러한 접목 아이디어는 정보통신산업에만 머물지 않고, IT 산업과 다른 산업과의 융합으로 진행, '산업 컨버전스(Convergence)' 시대로 달려가고 있다. 어느새 금융, 건설, 자동차, 방송 산업들이 한계극복을 위한 혁신방안으로 IT 산업과의 활발한 융합에 나서고 있다. '21세기에는 IT 산업을 축으로 한 산업 간 컨버전스가 전면적인 양상으로 전개되면서 산업진화(進化)의 새로운 패러다임으로 부상할 것'으로 예측되고 있기 때문이다.[5]

특히 문화적 접근을 통해 신제품을 개발할 때 의외의 성과를 올리는 경우가 많다. 한국시장에 내 놓을 제품을 그대로 외국에 수출하는 데 그치지 않고 현지의 관습, 문화에 맞는 가공과정을 거쳐 내놓는 것이다. 이는 현지인의 감성을 자극, 그 나라 코드에 맞춤으로써 구매 욕구를 높일 수 있다.

LG전자는 중동 사람들이 기호식품인 대추야자를 숙성해 먹는 점에 착안, 야자를 영하 25도로 급냉각시켜 대추야자 맛을 6개월 간 유지하게 하는 '대추야자 냉장고'를 출시했다. 그 결과 4개월 만에 20만 대 매출을 올리는 대박을 터뜨렸다. 또 휴대전화에 메카의 방향을 가리키는 나침반 장치를 넣은 휴대전화 '메카 폰'을 중동국가에 내놓자 순식간에 타사 제품을 압도해 버렸다. 이슬람권의 종교적 열망을 최대한 활용한 문화상품에 눈을 돌린 탓이다.

대우 일렉트로닉스의 '자물쇠 냉장고'는 중동지역 수출냉장고 시장의 80%를 차지했다. 이것은 기존 냉장고에 자물쇠를 달아 아무나 열지 못하게 한 간단한 발상에서 나온 것이다. 대가족제도에다 고용 인력이 많은 중동지역 가정구조상 냉장고 사용을 제한할 필요성이 큰 점을 감안해 만든 것이 히트의 주요인이 된 것이다.

대우의 '코란 TV'와 '블루 TV'가 중동지역에서 호평을 받은 것도 그들의 문화를 제품에 입힌 덕이다. 코란 TV는 TV를 켜자마자 코란 기도문이 저절로 자막에 뜨도록 설계된 TV이고, 블루 TV는 브라운관의 색깔을 중동 사람들이 좋아하는 파란색으로 만들어 놓은 것이다.

현대자동차의 '상트로'가 인도 시장 개척에 대성공을 거둔 것도 인도 현지의 지리적 특성을 고려한 제품을 내놓았기 때문이다. 현대자동차는 인도에 비포장도로가 많아 충격완화 장치가 필요한 점을 감안, 소형차 '비스토'를 개량하여 시판한 결과, 단번에 소형차시장 점유율 2위로 올라섰다. 이를 계기로 현대자동차는 인도 전체 자동차시장 점유율을 20%까지 끌어 올리는 데에도 성공했다.

이미 한국에는 소비자가 경제의 흐름을 좌우하는 소비자 권력시대를 맞고 있다. 제조업체나 유통업체들이 과거와 같은 공급자 중심으로 기업을 이끌고 갔다가는 낭패를 보기 십상이다. 이제는 소비자의 감성이나 정서변화의 추이를 세심하게 관찰하여, 거기에 합당한 제품을 순발력 있게 내놓지 않으면 금방 위기를 맞게 된다. 벌써부터 미국, 일본에서 유행하고 있는 '소비자 천국, 생산자 지옥' 이라는 화두가 한국에서도 본격적으로 등장하고 있다.

　요즘 소비자는 단순한 상품소비자에 머물지 않고 있다. 강력한 압력단체화되어 제조업체에게 '이런 제품을 만들어 달라' 는 등 생산부문까지 간섭하고 있다. 그래서 현대를 프로슈머(Prosumer = Producer + Consumer) 혁명의 시대라고 한다. 소비자가 생산자 역할에까지 영향을 미치는 세상이 되었다는 뜻이다. 이렇게 된 이유는 소비자 욕구의 변화도 있지만 그 직접원인은 인터넷을 통해 다수 소비자의 공조활동이 거대한 힘을 낳게 했다는 의견이 지배적이다.

　제일기획이 2004년 전국 5개 도시의 3,500명을 대상으로 한 설문조사를 보면, 소비자 경제시대의 개막은 인터넷 네트워크 환경구축과 정보를 공유하려는 커뮤니티 활동이 활발해진 것을 가장 큰 요인으로 분석하고 있다.(6)

　무엇보다 획기적이고 폭발력이 융합현상은 거대한 매체시장에서 일어나고 있다. 콘텐츠의 양과 질로 경쟁력이 판가름 나는 매체시장이 어느새 소비자를 축으로 하는 권력의 이동이 빠른 속도로 일어나고 있는 것이다.

　근래 들어 한국의 인터넷매체시장에 불고 있는 'UCC(User Created Contents, 사용자제작 콘텐츠)' 바람은 이런 변화를 나타내는 심상찮은 징후이다. 이 UCC 열풍은 기존의 공급자가 수요자의 구미를 맞추어가는 형국이 아니다. 이건 수요자가 스스로 주도적 생산자로 입지를 바꾸고 있는 체제 혁신의 신호이다. 이 UCC는 네티즌들이 직접 만든 다양한 소재의 콘텐츠를 자신의 미니홈피나 블로그 등 인터넷에 직접 올리면서 본격화되고 있다. 여기에는 댓글 달기, 사진과 동영상 올리기, 댄스, 노래, 스포츠, 연기 등등 개인의 취향에 따라 콘텐츠의 종류는 무궁무진하다.

　지금 한국의 UCC는 콘텐츠 소비자가 생산자의 중심에 우뚝 서서 업체,

전문가와 한데 어울려 새로운 문화, 새로운 시장을 만들어 내는 새 역사를 개척해 내고 있는 중이다. 이런 발상과 성공이 한국에서 빛을 보고 있는 것은 어느 모로 보나 한국인의 기질을 십분 발휘할 수 있는 환경이 갖추어져 있기 때문이다.

한국은 품질 좋은 초고속망 서비스에 인터넷과 다양한 휴대전화서비스, 역동적인 포털시장과 소비자 참여 광장마저 세계 어느 나라보다 활성화되어 있다. 이것들이 자신을 자랑하고 싶어 하는 과시주의를 만족시켜주고 있고, 남의 일에 참견하기 좋아하는 끝을 알 수 없는 호기심, 집단의 호응과 열광을 끌어낼 수 있는 기질과 너무나 궁합이 맞기 때문이다.

이런 문화의 흐름은 산발적인 개별적 시장을 벗어나, 조직화된 거대시장으로 떠오르고 있으며, 앞으로 세계시장에서도 엄청난 풍파를 일으킬 전망이다. 이미 한국에서는 거대 기업들이 본격적으로 참여, 치열한 경쟁을 벌이고 있다. 한국통신(KT)의 메가패스UCC사이트, 하나로텔레콤의 하나TV, SK텔레콤의 모바일UCC를 위시하여 다음 등 포털업계는 물론 기존 지상파 방송매체로까지 무섭게 번져가고 있다.[7]

기업 간 제휴, 연대는 경쟁력과 자위력을 높이는 필수 수단

접목현상은 기업 간에도 일어나고 있다. 과거 동종업체 간에는 최대한 기피해 온 정보공유와 협력관계가 이제는 함께 살자는 윈윈(Win Win) 전략으로 급선회하고 있는 것이 오늘날의 추세가 되고 있다.

이미 미국에서 MS와 야후(Yahoo)가 서로 채팅할 수 있게 한 메신저 연동 베타서비스를 시작으로 하여, MS는 발전된 한국의 포털과도 활발한 '적과의 동침' 전략을 펴고 있다. MS는 다음과의 업무제휴로, 다음 카페의 '알림탭'과 '알림창'을 통해 우수활동을 하고 있는 50여 개 카페의 소식을 실시간으로 제공하는 '윈도우 라이브알림' 서비스를 개시했다. 이 밖에도 MS는 '하나포스닷컴', '웹하드' 서비스를 무료로 제공하고 있는 등 국내외 포털 간에 다양한 전략적 제휴가 점점 활발해지고 있다.[8]

기업 간 경쟁이 치열해지면서 이제는 제품의 다기능에서 한 걸음 더 나아가 '솔루션비즈니스(Solution Business)'라는 새로운 흐름이 대세를 이루어 가고 있다. 아무리 다기능의 우수 제품이라도 그것만 달랑 파는 것으로는 고객을 오래도록 붙잡아 둘 수가 없다. 고객을 안정적으로 확보하기 위해서는 부가가치가 높은 제품과 서비스에 더해 고객의 구체적 요구사항을 시원하게 풀어 주는 해결사 역할까지 해주어야 안심할 수 있다.

이것이 솔루션 비즈니스이다. 이미 미국의 IBM은 컴퓨터만 만들어 파는 것으로는 한계를 느껴 비즈니스컨설팅 사업에 본격 진출하고 있다. 의약품 유통업체인 '카디널 헬스'도 주요 고객인 병원의 의약품과 재고관리업무 등으로 병원의 일손을 덜어주는 솔루션비즈니스의 비중을 늘려가고 있다.

LG경제연구원은 〈2015년 한국사회의 모습과 산업패러다임의 변화〉라는 보고서에서 한국사회에서도 솔루션 비즈니스 바람이 본격적으로 불어올 것을 예고하고 있다. 산업간 및 산업 내 융합현상이 가열화되면서 신제품과 신 시장의 대거 등장은 구체적 고객문제해결로까지 융합현상이 확대될 수밖에 없다.

PDP, LCD기술이 각광을 받으면서 기존의 TV시장은 새로운 변혁기를 맞고 있다. 여기에 얽혀 있는 수많은 기술들이 등장하면서 제조업체들 간의 뜨거운 경쟁은 기술 특허분쟁에서 달아오르고 있다. 세계 PDP시장에서 한국의 삼성과 LG는 선두그룹에 우뚝 서 있다. 자연히 선진기술국인 일본, 미국 등과 복잡한 갈등이 생기지 않을 리가 없다.

그러나 이들 기업들은 법정분쟁을 거치면서, 생산적인 윈윈 전략 쪽으로 눈을 돌리기 시작했다. 법적 싸움으로 힘을 낭비하기보다는 차라리 상대 특허를 공유하여 원가를 줄이고 서로 상승효과를 거두는 것이 유리하다는 판단에서이다.

삼성SDI와 일본 후지쓰 간의 PDP특허분쟁은 2004년 6월 서로 상대특허를 사용하는 것으로 마무리지었다. LG전자와 일본 마쓰시다 간에도 PDP특허분쟁이 법정으로까지 갔지만 결국은 상대특허를 서로 사용하는 크로스라이선스(Crosslisence) 계약에 합의했다.[9] 삼성전자는 소니(Sony)와 포괄적 특허공유에 합의(2004년)한 데 이어, 대만의 AU옵토일렉트로닉스와도 손을 잡아, 유기발광다이오드(OLED) 분야 특허와 LCD TV 패널제조 기술 특허를 공유하는 데 합의했다.[10]

일본의 신일본제철과 한국의 포항제철도 2000년 전략적 제휴계약을 체결한 이래 협력분야를 다각화해 가고 있다. 한때 세계 조강생산 1, 2위였던 이 두 회사는 서로 상대기업의 주식을 각각 2,000억 원씩 사들인 다음 10여 건의 특허를 공동으로 출원했고 그밖에도 해외사업, 기술교류, 원료조달 등에 공조체제를 강화해 가고 있다. 현대 · 기아차도 세계적인 전기전자업체인 독일의 지멘스와 BCM(Body control module) 개발을 위한 전략적 제휴를 했다.

이러한 접목산업은 특히 IT 분야에서 분쟁해결을 위한 특허공유에 그치지 않고, 적극적인 제휴 사업으로 확대해 가고 있다. LG전자는 네덜란드 필립스의 LCD및 브라운관 사업을 합쳐 기술공유와 세계시장 선점의 길을 열어 놓았다.

그보다 더 광범하고 밀접한 공유체제는 세계 일류 기업인 삼성전자와 일본의 소니(Sony) 사이에서 일어나고 있다. 삼성과 소니는 이미 2001년에, 소니가 삼성의 메모리칩을 대량으로 구매해 준 데 이어 삼성이 소니의 메모리스틱을 저장장치 표준으로 채택하면서 상호신뢰의 물꼬가 터지기 시작했다. 그 이후 이 두 회사는 2004년에 한참 떠오르는 신규사업인 LCD생산을 위한 합작회사(s-LCD)를 설립했다. 각각 1조 원씩을 분담해서 충청남도 탕정에 세운 이 공장은 7세대 패널을 양산, 양사 모두에 큰 이익을 안겨 주고 있다. 여기에 머물지 않고 두 회사는 2만 4,000개의 기술특허를 공유하는 데도 전격 합의했고, 차세대 동영상 기술인 '블루레이'를 국제표준으로 만들기 위한 컨소시엄까지 출범시켰다.

몇 년 전까지 만해도 치열한 경쟁 상대이던 이 두 회사가 원천기술까지 내놓고 협력체제를 구축한 데는 윈윈 전략의 필요성이 커졌기 때문이다. 단발성이 아닌 광범한 분야로 공유관계의 폭이 넓어지고 있는 것은 상호 신뢰구축과 동양적인 동병상련의 유대감도 상당부분 작용했다고 볼 수 있다.

그러나 근래 들어서는 기업 간 제휴, 연대가 차원을 달리해서 기업의 방어 전략의 수단으로서도 그 중요성이 커지고 있다.[11] 특히 주식시장이 국제사회에 개방되면서 유망기업들은 언제 어느 외국기업에 의해 인수·합병(M&A)으로 경영권을 잃을지 알 수 없는 상황에 처해 있다. 이는 국내보다 국제사회에서 더 심각한 양상을 띠고 있다. 현재 국내 대기업들은 주식의 50% 이상을 외국기업, 외국투자자들이 소유하고 있는 것이 대부분이어서 그 위험성이 더욱 커지고 있다.

지금까지 기업들의 대외관계란 외국에서의 원자재 확보나 판로 개척이 주를 이뤄 왔으며, 기업 간 전략적 제휴로 시장점유율을 높여 가는 것이 고작이었다. 그러나 이제는 한 걸음 더 나아가 공격적인 인수·합병에 맞서기 위한 대책으로, 현 경영진에 우호적 주주인 '백기사'를 폭넓게 확보하는 것도 기업경영에서 못지않게 중요해진 것이다. 비슷한 처지의 기업들끼리 사냥꾼에 대항할 동맹을 맺는 외교 전략을 세워 놓는 것도 기업생존에 필수적 요건으로 등장하기에 이른 것이다.

한국의 인삼·담배회사인 KT&G는 2006년 외국기업(스틸파트너스, 아이칸) 연합체의 공격을 받아 경영권이 넘어갈 위기에 처했을 때, 라이벌 담배회사인 '마일드 세븐'의 JTI(재팬 타바코) 지원으로 주주총회에서 박빙으로 경영권을 지켜냈다. 이외에도 (주)SK가 외국계 기업 '소버린'에게 넘어갈 위험에 처했을 때, 국내 기업 팬택이 백기사로 등장하여 경영권을 지켜낸 일이 있다. 한국의 포스코와 일본의 신일본제철은 라이벌 관계에 있지만 철강계의 적대적 M&A에 대비하여 상호지분보유협정을 맺은 것도 같은 이유에서이다.

한국 비빔밥 문화의 저력은 지금 산업현장에서 화려하게 꽃을 피워 가고 있다. 국내외 환경에의 적응력과 자신감이 높아지면 잠재된 접목기질은 더욱 빛을 발할 수 있을 것이다.

02

창의력 없이는 발붙일 수 없는 21세기

창의력 개발은 극기(克己)를 통한 심리적 해방감에서

주 5일 근무제가 시행되면서 직장분위기가 몰라보게 달라지고 있다. 사회분위기에도 만만치 않은 변화징후가 나타나고 있다. 토요일 반나절 근무제도만을 없앤 것에 불과하지만 그 파급효과는 엄청나다. 시간에 쫓기고 임금에 시달리는 중소기업에서 근로시간 단축이란 그대로 경영악화를 의미한다. 대기업들도 처음에는 별로 달가워하지 않는 분위기였다. 그러나 주 5일 근무제가 대세로 굳어지면서 기업이나 공·사 기관들의 근로 관습에서 생각지 않았던 장점들이 생겨나고 있다. 기업들은 업무 강도를 높이고 거품을 빼면서 좀 더 조직적인 관리체제를 갖추기 시작했다. 한술 더 떠서 근무시간 단축이 직원들의 자질 향상과 업무의 질적 향상을 기할 수 있다는 긍정적 효과도 생겨나기 시작했다. 삼성, LG

를 비롯한 대기업들은 직원들의 여름휴가를 보통 1주일 이상에서 3주 정도까지 늘리고 있다. 단순한 피로회복보다는 충전의 기회로 삼으라는 뜻이다.

지금까지 한국의 직장인들은 인생의 황금기 중 90% 이상을 직장생활에 바치면서 살아왔다. 그러던 직장생활에 찾아온 주 2일 휴무제도는 직장 및 개인생활의 리듬을 바꾸어 놓는 계기가 된 것이다. 자기계발에 눈을 돌리기 시작했고, 하숙집 같던 가정에도 생기가 도는 등 개인생활의 내용과 의미가 달라지기 시작한 것이다.

프랑스 경제학자 존 프라스티에(John Fourastie)는 21세기 사람들의 시간설계로 유명하다. 인간의 평균 수명을 80세로 잡았을 때 이를 시간으로 환산하면 약 70만 시간이 된다. 그는 이 70만 시간 중에 여가 37만 시간, 수면 및 생활준비기간 29만 시간, 생산 4만 시간으로 나누었다. 다소 황당한 분류같이 보이지만 나름대로 설득력을 가지고 있다. 실제 생산시간이 80 평생 동안 4만 시간에 불과하다면 하루 평균 1.4시간 정도만 일하고 나머지는 놀고 먹으며 산다는 결론이 나온다. 그러나 성인이 되어 취업까지의 기간과 정년퇴직 후 은퇴생활을 제외하면 실제 근로기간은 30년밖에 안 된다. 이 기간을 평생근로시간으로 환산하면 하루 평균 5시간 이상을 일하는 꼴이 된다. 정보화·자동화 사회가 고도화될수록 근로시간의 단축 추세가 이어질 것이므로 충분히 가능한 얘기다.

여기서 깊이 검토해야 할 부분은 여가시간이다. 일반적으로 여가(餘暇)란 쉬는 시간, 남는 시간, 노는 시간이란 의미로 쓰여 왔다. 그러나 창조적 지식사회가 열리면서부터는 그 의미가 크게 달라지고 있다. 노동의 질을 향상시키고 정신건강, 정신전력 강화를 위한 필수조건으로써의 의미가 더 커지게 되었다는 것이다. 결국 여가가 지적 생산력의 주요요소가 되고 창조력의 원천이 되는 세상이 되었다는 뜻이다. 평탄한 인생에서 뛰어난 창의력이 솟아나기란 어려운 일이다. 역사를 빛낸 위인들은 거의가 어렵고 힘겨운 역경 속에서 남다른 극기의 세월을 헤쳐 나온 공통점이 있다. 세계적인 문명의 이기들도 절실한 사회적 필요 속에서 창조된 것들이 대부분이다. 칸트는 "고된 노동 후에 갖는 잠시 동안의 휴식이야말로 천상의 기쁨을 안겨준다"고 했다.

여가란 힘겨운 생활에 묻혀 쫓기면서 살아온 사람에게는 가뭄 속의 단비와 같은 심리적 해방감을 만끽하게 해주는 시간이다. 이때 얻은 정신적 자유는 여가의 즐거움 못지않게 새로운 사물에 대한 호기심, 의욕, 분발의 텃밭이 된다. 편안한 숙면이 다음 날의 기분을 호전시키고 일의 능률을 올려주듯이, 편안한 여가는 고단한 인생사에 시달려 살아갈 수밖에 없는 사람에게 삶의 보람과 자극을 함께 주는 청량제 구실을 한다.

인류사를 바꿔 놓을 만한 철학이나 발명, 발견은 주로 절실한 사회적 필요와 다채롭고 풍부한 상상력이 맞물려 탄생한다. 그런 의미에서 창의력이란 생명의 정체(停滯)나 위기를 딛고 일어서는 생존능력이라고 할 수 있다.

한국도 입지조건이 불리한 까닭에 평탄한 역사를 가질 수 없는 나라였다. 그러나 오히려 무수한 전쟁과 가난이라는 불리한 여건을 헤쳐 나가는 과정에서 창의적 적응력이 체질화되었다고 볼 수 있다. 척박한 이스라엘 땅에서 기독교, 이슬람교, 유대교 같은 세계 종교가 3개씩이나 생겨날 수 있었던 것은, 사람이 살기 어려운 지리적 조건이 인간정신을 단련시켜 주고 창의적 영감을 길러주었기 때문이다.

창조력이란 개인의 재능 위에 호기심이 고조될 때 솟아난다. 창조적 잠재력이란 것도 사회 구성원들이 자발적으로 몰두할 수 있는 일들이 있고, 주변의 문화 환경이 함께 어울릴 때 쌓이게 된다. 「문명이 완성된 형태를 가지면 그 다음에는 정치, 예술, 종교 등에서 창조적 전진력은 정지된다.」

서구사회의 몰락을 예언한 슈펭글러의 말이다.

실제로 오늘날의 서양사회는 역동성이 떨어지고 있다. 특히 정치나 종교나 사회체제가 안정된 기반 위에서 편이성 개발이나 삶의 질을 높이는 데에만 주력하고 있다. 치열한 실험정신이나 열정적 목소리도 없고, 있다 해도 사회가 요동을 치는 정도의 일은 별로 없다. 그러나 한국은 전혀 다르다. 한국에서는 정치, 경제, 사회, 문화, 교육, 종교 등 어느 하나도 '이만하면 괜찮다'는 분야가 없다. 매일 새 틀을 짜고 부수는 과정이 되풀이 되면서 갈등과 변화의 바람이 곳곳에서 터져 나오고 있다. 여기저기에서 새로운 실험이 계속되고 있다. 새로운 제도와 법이 번갈아 선보이고, 조그만 정치적 이슈 하나에도 전 국민이 들끓고 있다. 이런 현상을 들어 한숨을 쉬는 사람들도 많다. 어디를 가나 할 일이 첩첩이 쌓여 있어 처리할 일이 막막한 나라, 자기와 직접 관계없는 일에도 죽기 살기로 폭발적 반응을 보이는 열혈 국민이 넘치는 나라, 이런 나라에는 미래가 없다고 낙담하는 사람도 많다. 아예 나라가 망할 징조라고 짐 싸서 이민 갈 궁리까지 하는 사람도 있다.

그러나 조금만 생각을 고치면 세상은 얼마든지 달라 보일 수 있다. 이건 엄청난 힘이다. 기운이 뻗쳐 펄펄 뛰는 사람들을 조그만 울타리에 가둬 놓아 보라. 별별 사건들이 한꺼번에 터져 나올 것이다. 이곳이야말로 수많은 기회와 무서운 잠재력이 도사리고 있는 화산섬 같은 곳이다. 한국을 찾은 외국인들의 한결 같은 인상은 사회 분위기가 거칠어 보이면서도 싱싱하고 역동적인 힘이 느껴진다는 것이다. 그래서 자신들도 괜히 마음이 바빠진다고 말한다.

사회를 이끌고 갈 동력은 바로 여기서 나온다. 이러한 힘을 한 곳으로 모을 수만 있다면 비약과 기적을 만들어 낼 수 있다. 현명한 지도자는 남들이 날뛰고 야단법석을 떨 때 몇 발짝 뒤로 물러나 생각을 고르면서 이들의 넘치는 힘을 어떻게 하면 하나로 묶을 수 있을 것인가를 고민하는 사람이다. 여가와 창조력은 뗄 수 없는 관계에 있다. 동적인 창조력은 조용한 여가 속에서 무르익는다고 한다. 특히 고된 시련의 과정에서 정신적 여유를 되찾을 때 창조적 힘은 극기의 수단으로도 사용된다.

조선시대의 유배(流配)제도는 별난 의미의 문화를 만들어 냈다. 당시 귀양살이의 주된 대상은 상류층에 도전정신이 강한 지식인들이 많았다. 나라에 죄를 졌다는 점에서는 일반 범죄자와 다를 게 없지만, 귀양살이라는 형식은 감방과는 다른, 외떨어진 섬이나 심산유곡으로 격리시켜 자숙의 기회를 준다는 점에서 큰 차이가 있다. 유배된 선비에게 어느 한 지역을 정해주고 나면 제한된 범위 안에서 신체자유가 용인되었다. 이때 유배자는 장기적인 여유시간을 연구나 사색 등 지적 활동으로 보내는 경우가 대부분이었다.

이 때문에 유배자들은 현지 주민의 요청으로 자제들 교육을 맡아 하는 등 낙후된 지역문화를 발전시키는 데 큰 기여를 하기도 했다. 당시 유배자의 상당수가 당쟁의 희생자이거나 임금에 대한 충간으로 노여움을 사게 되기는 했지만, 마음으로는 떳떳하고 자존심 강한 선비들이 많았다. 그러다가 정치상황이 바뀌면 다시 임금의 부름을 받아 더 큰 신망을 얻는 경우가 흔히 있었다. 그런 까닭에 귀양살이 경력을 그다지 불명예스럽게 여기지 않았으며, 오히려 뼈대 있는 선비나 충절의 상징으로 보는 풍조까지 있었다.

그렇다면 이러한 유배제도가 창조력 개발에 얼마만큼 기여를 했을까. 당시 유배자들은 장기간의 유배생활 동안 적절한 긴장과 기대감 속에서 주로 저술활동을 하며 보냈다. 체념을 통해 얻어진 정신적 안정감에 나라에 죄를 지었다는 정신적 부담감은 건전한 지적 활동을 찾는 자극제가 되었다. 유배자들은 죄의식 때문에라도 결코 방탕하거나 나태한 생활에 빠져들 수 없었으며, 바르고 생산적인 창조활동에 전념할 수밖에 없었을 것이다. 송강 정철의 〈속미인곡〉, 〈사미인곡〉 등 한국 가사문학의 백미들은 거의 유배 중에 탄생한 것들이다. 원교 이광사는 33년 동안의 유배생활 동안 '원교체' 라는 독창적인 서법(書法)을 완성했다. 추사 김정희의 '추사체' 역시 8년간의 제주도 유배 중에 창조된 것이다. 다산 정약용의 시서, 예악, 정치, 경제 등 모든 사회 분야를 망라한 뛰어난 역작들은 모두 18년간의 유배생활에서 얻어진 것이다. 이때 저술한 230여 편의 방대한 연구업적은 지금도 귀중한 지적유산으로 후학들의 연구대상이 되고 있다.

평범하고 안이한 생활에 젖어 사는 사람에게는 창의적 동기유발이나 드라마틱한 삶을 기대할 수 없다. 그러나 지적 호기심이 남다르거나 격심한 고통과 시련의 세월을 넘기면서 좌절을 이겨낸 사람은 남보다 뛰어난 창조적 능력을 발휘하는 경우가 많다. 이들에게는 절박한 현실을 극복하려는 도전의식과 과거에 축적된 지식 위에 미지의 세계에 대한 열렬한 상상력을 접목하는 데 속도가 붙기 때문이다. 이들은 사소한 계기로도 큰 영감을 얻는 경우가 많다.

찰스 다윈이 《종의 기원》으로 진화론의 길을 연 것은 해군 탐사선 '비이글 호'로 남아메리카 지역을 돌면서 얻은 체험에서 비롯되었다. 인류학자 프레이저는 테일러의 《원시문화》를 읽은 감동에서 《황금가지》라는 역저에 평생을 바쳤다. 모택동이 중국공산당의 아버지가 된 것은 그가 북경도서관 재직 중에 사서인 이대교라는 인물로부터 공산주의 이데올로기 교육을 받았기 때문이다. 이러한 인과관계는 김옥균과 유대치, 유비와 제갈공명 등 한이 없다. 단종 폐위라는 비극이 없었더라면 한국 최초의 소설인 김시습의 《금오신화》도 탄생할 수 없었을 것이다. 사마천도 명저 《사기열전》을 궁형(宮刑)을 받고 난 다음에 썼으며, 손자의 《손자병법》도

두 발이 끊기는 체형을 받고 난 다음에 완성한 것이다. 잘 나가던 정치인 퓨리처는 40세에 맹인이 된 다음에 저술활동에 몰두, 언론인의 우상으로 거듭나게 되었다. 고대 그리스에서 맹인인 호머가 《일리아스》, 《오디세이아》를 탄생시킨 사실에서도 같은 맥락을 느낄 수 있다.

집념이 강하면 꿈에서도 지혜를 얻을 수 있다. 강력한 잠재의식이 창조본능을 계속 자극해 주었기 때문이다. 소설가 스티븐슨이 쓴 《지킬박사와 하이드》는 인간성격의 이중성을 묘사한 걸작으로 평가되고 있지만, 그 줄거리는 꿈속에서 얻은 것이었다. 최초의 재봉틀 발명가 일라어스 하우에도 꿈에서 발명의 힌트를 얻은 경우이다. 그는 꿈속에서 창을 든 미개인에게 줄곧 쫓기다가 깨어났다. 그 미개인의 창 머리 부분에 구멍이 뚫려져 있는 것을 이상하게 여기며 생각에 잠겨 있다가 떠오른 것이 재봉틀의 원리이다. 바늘의 뒤끝에 구멍을 뚫고, 여기에 실을 꿰어 하는 기존의 바느질 방식으로는 기계화가 어려워 고민하던 중에 해결의 실마리를 찾은 것이다.

여기서 또 한 가지 집고 넘어가야 할 것이 있다. 과거 역사를 되짚어 볼 때, 서양사회에서 지식인들의 탐구영역은 사회과학적 이론, 과학적 논리나 발명 등 장르를 가리지 않았다. 이것이 동서양 간 힘의 균형이 깨진 원인 중 하나라고 볼 수 있다. 여기에도 종교적 규제가 있기는 했지만 그것은 종교적 세계관이 위험해질 때뿐이었다.

그러나 한국 등 동양권에서는 과학적 탐구나 발명은 소외된 영역으로 발전이 미미하기만 했다. 국가의 정책지원이나 뛰어난 인재들은 모두가 유교사상과 연관된 형이상학적 도학사상에만 몰려있을 뿐, 실용사상은 홀대해온 것이 사실이다. 과학, 법률, 외국어 등 실용영역은 잡과의 이름으로 중상인 계급이 담당해온 것이 고작이었다. 나라의 지배계층은 형이상학에 빠져 살았고, 과학적 실용 분야는 변두리로 내몰려 겨우 명맥을 유지해 왔을 뿐이다. 그나마 측우기, 자격루, 혼천의 같은 과학적 명품들이 빛을 보게 된 것은 세종 같은 국가지도자의 특별한 장려책이 있었기 때문이다. 임진왜란 때 거북선을 위시하여 화차, 비격진천뢰, 각종 총통 등의 과학적 발명이 잇달아 이루어진 것도 긴박한 위기상황과 국가적 필요성이 맞물려 이루어 낸 결과일 뿐, 나라에 평화가 찾아오면서 그 명맥은 싱겁게 단절되어 버리곤 했다.

그때의 족적만으로도 한국인에게 남다른 과학기술적 자질이나 실용적 창의력이 잠재해 있음을 충분히 예측할 수 있다. 단지 사회 관습이나 체제, 가치관이 거대한 걸림돌이 되어 이를 막고 있었을 뿐이다.

한국에서 계층의 벽이나 장르의 우열이 무너지는 등 과학기술 발전의 장애요인이 제도적으로 사라지게 된 것은 지금부터 100여 년이 채 안 된다. 기존의 틀에서 해방되어 자유로운 발상전환과 천의무봉한 상상력이 응용되기 시작한 것은 불과 20~30년 정도라고 봐야 할 것이다.

그러나 일상적 사고의 틀을 깨고 나와 공인된 형식, 체제, 전통, 가치관, 관습의 규제까지 벗어난, 소위 수평적 사고는 아직도 창조환경에서 충분히 기를 펴지 못하고 있다. 인문·사회과학 분야는 더욱 취약하다. 1990년대 영국 최대의 수출 상품인 앤우드의 '텔레토비', 성경 다음으로 많이 팔리고 읽힌다는 《해리포터》시리즈, 《반지의 제왕》 같은 획기적 상상물에 감히 접근조차 못하고 있다. '텔레토비'는 천진한 인간적 모습에다 감정적 표현이 생략된 비인간적 형상을 접목시켜 기이한 신비감과 친근감으로 시청자를 사로잡았다. 《해리포터》나 《반지의 제왕》은 사이버 시대의 감성에 맞는 발상과 줄거리로 현실과 상상의 세계를 접목시켜 나약한 인간세계 탈출을 꿈꾸는 현대인에게 새로운 세계와 용기를 심어 주었다. 발상이나 캐릭터, 줄거리에서의 비약이 상식을 벗어나면서도 설득력이 있어 공감을 불러일으킬 수 있었던 것이다.

그러나 이 짧은 연륜 속에서 우리가 이룬 과학적 업적도 결코 만만치는 않다. 특히 IT 같은 정보통신 분야의 발전과 다양한 접목 문화는 선진국의 부러움을 살 만큼 빠른 성장을 거듭하면서 연구대상이 될 정도가 되었다. 한 번 발동이 걸린 과학적 창의력은 기술 분야에만 머물지 않고 다른 분야로도 맹렬하게 전파되고 있다. 한국인의 동조성과 성급성이 낳은 순기능 때문이다. 여기에 전통문화가 스며 있는 한국적인 색깔이 입혀진다면 경쟁력 제고를 위한 새로운 자극과 도약의 길이 더 넓게 열릴 것이다.

활성화되고 있는 미디어 융합바람

미디어산업에 IT 기술이 접목되면서 미디어 시장은 어느 분야보다 빠른 속도로 영역을 넓혀가고 있다. 세계의 미디어산업계는 디지털과 융합바람으로 몸살을 앓고 있다.

미디어 황제로 불리는 루퍼드 머독 뉴스코퍼레이션 회장은 그 선두에 선 사람이다. 신문, 방송매체의 왕자로 군림해온 그가 인터넷에 눈을 돌리기 시작한 것은 2005년부터이다. 그는 성업 중인 인터넷매체 '인터믹스(Intermix)미디어 닷컴'을 580만 달러에 사들였다. 이 사이트는 음악, 채팅, 게임, 생활광고 등으로 젊은이들의 인기가 대단하다. 머독 회장은 하루 평균 1,200만 명이 방문하는 사이트의 고객을 기반으로 좀더 튼튼한 매체시장을 굳혀 나가려는 전략에 공을 들이고 있다.

이런 변화는 비교적 보수적이던 신문업계의 판도조차 바꿔 놓고 있다. 정보에 민감한 독자들의 관심이 신문에서 TV로 넘어가기 시작한 것은 오래 전 일이다. 그러나 요즘은 신세대들의 뉴스 공급원이 다시 TV를 떠나 인터넷상의 온라인 정보로 선회하고 있다. 이제는 신문사끼리도 기사내용 이상으로 인터넷, 방송, DMB 등 매력적인 영상매체로 승부를 걸고 있다.

세계 대다수 유명 신문사들이 자체 인터넷 신문 운영에 그치지 않고 경쟁적으로 방송과 인터넷 포털사업에 뛰어드는 것도 매체환경의 급변에 적응하기 위한 몸부림이다. 미국 〈뉴욕타임스〉는 'about.com' 이란 인터넷 사이트를 인수했고, 〈워싱턴포스트〉는 'slate.com' 을 인수하면서 인터넷 포털사업에 박차를 가하고 있다. 일본 〈아사히신문〉은 20대를 겨냥해 휴대전화와 신문을 접목한 '모바일 아사히' 로 100만 명 이상의 유료회원을 확보했다. 일본의 소니(Sony)는 10여 년 전부터 문화콘텐츠 사업에 진출, 비중을 높여가고 있다. 문화시장을 통한 전자제품 판매 시너지 효과를 얻기 위해서이다. 소니는 미국의 대표적인 메이저급 영화사인 컬럼비아를 인수한 데 이어, MGM마저 수십억 달러를 들여 사들였다. "MGM의 인수는 가전사업 집중화 전략의 일환이다. 방송, DVD, 인터넷 등 매체가 증가할수록 소프트웨어 자산에 대한 중요성도 커질 것"이라는 게 소니의 이데이 노부유키 회장이 접목사업을 하게 된 배경 발언이다. 컬럼비아와 MGM이 보유한 엄청난 양의 영화, 음악, TV 프로그램과 숙련된 콘텐츠 제작기술은 앞으로 거대시장으로 떠오를 온라인 콘텐츠시장에서 소니의 경쟁력을 높이는 키워드가 될 것이 분명하다.

그러나 미디어 융합기세는 한국에서 훨씬 다양하고 활기에 넘쳐 있다. 신문, 방송, 통신, 인터넷 분야에서 다양한 짝짓기가 유행처럼 번져가고 있다. IT 선진국의 이점을 살린 데다 한국의 비빔밥 문화가 기업체질에도 자연스럽게 녹아들었기 때문이다. 한국에서 미디어 융합은 휴대전화에서 가장 활발하게 일어나고 있다.

이미 휴대전화에는 기본적인 전화 기능 외에 음악, 사진, 커뮤니티, 홈쇼핑, 인터넷, 지리정보시스템 등 대부분의 매체와 다양하게 접목되어 있다. 이제는 휴대전화로 언제 어디서나 방송을 볼 수 있는 위성디지털멀티미디어방송(DMB) 서비스가 시작되어 몇 달 만에 가입자 10만을 훌쩍 넘겼다. 곧이어 문을 연 지상파 DMB 서비스도 엄청난 속도로 늘어나고 있어 기존의 방송문화에도 큰 변화를 몰아오고 있다. 방송과 인터넷의 기능이 결합된 '인터넷TV(IP-TV)'도, 휴대전화와 인터넷을 결합한 와이브로(WiBro)도 한국의 전략산업으로 세계수준의 경험과 기술을 키워가고 있다. 방송과 쌍방향 통신의 결합이 가능해지면서, 머잖아 한국의 고객들 앞에는 맞춤뉴스, 맞춤정보, TV 광고를 골라서 볼 수 있는 '맞춤 광고' 시대가 열리게 될 것이다. 이러한 미디어 접목산업은 디지털 TV 기능의 고도화에 맞추어 더욱 활성화될 전망이다.

삼성전자는 2005년 미국 최대의 케이블 방송사인 '차터 커뮤니케이션즈'와 제휴, 홈네트워크 관련 기술의 공동개발과 공동 마케팅에 합의했다. 앞으로 가정자동화 시장이 엄청난 규모로 늘어날 것에 대비하여 세계시장을 선점하려는 전략적 고려에서이다. 지상파 방송계에도 동조현상이 일어나면서 다른 매체와의 공조체제를 강화, 시청자 참여열기를 높여가고 있다. KBS는 인터넷 포털 네이버(Naver)와 제휴, 교양 오락프로그램인 '스펀지'에 시청자와의 대화(Interactive) 길을 열어 놓았다. MBC는 네이트닷컴과 제휴, '찾아라 맛있는 TV'에 시청자들의 즉석 투표로 주제에 맞는 음식을 소개하고 있다. SBS도 야후코리아와 제휴, 비슷한 전략을 펼치고 있다.[12]

다만 아쉬운 것은 접목기술과 발상은 세계최고 수준인데 비해 이를 뒷받침해 주어야 할 국가정책이나 제도는 제대로 뒷받침이 되지 못하고 있다는 사실이다. 결정적 이유는 국가정책과 법과 제도가 아날로그에 머물러 있기 때문이다. 신문과 방송과 통신이 결합되고 있는 선진국들의 발 빠른 매체환경 변화와는 달리, 한국은 방송·통신 융합시대에 맞는 새 미디어 정책이 아직도 자리를 잡지 못하고 있다.[13]

한국에는 신문과 방송의 겸영을 금지하는 신문법이란 것이 생겼다. 그

것도 신문, 방송, 인터넷 등 매체의 벽이 무너지면서 매체통합화가 세계의 대세가 되고 있는데도 2005년에 이 법안이 만들어졌다. 나라 정책이 나라 안 문제만을 내세워, 보다 큰 세계시장을 외면할 때 그로 인한 국가적 손실을 어떻게 감당할지 걱정스럽다.

창의력을 재는 잣대

특허는 과학기술 분야에서 국가 간 창의력의 수준을 재는 국제기준으로 인식되고 있다. 세계지적재산권기구(WIPO) 통계에 의하면 한국은 2005년에 세계 6위의 특허국으로 올라섰다. 특허출원 건수가 총 4,747건으로 미국, 일본, 독일, 프랑스, 영국 다음 순위를 차지한 것이다. 2004년보다 33.6%나 늘어나 창조력 발굴사업에 속도가 붙고 있음을 알 수 있다. 세계적 기업들의 특허출원 건수에서도 삼성전자가 14위(483건), LG전자는 29위(332건)에 랭크되었다.[14] 산업자원부와 한국산업기술 평가원이 미국에 특허등록한 13개 국가의 특허기술을 분석한 자료(2005.8)에 의하면 1994~2003년, 10년간 한국의 미국 특허등록 건수가 5위, 기술력 지수는 8위로 나왔다. 특히 정보통신과 반도체 분야 응용기술은 세계 3, 4위 수준에 이르고 있지만 자동차, 전자의료기기, 바이오산업 등은 10위권으로 밀려나 있다. 응용기술은 세계수준인데 원천기술이 취약하며 산업 간 불균형이 문제로 지적되고 있다.

미국 특허청이 발표한 세계적 기업들이 2004년 미국에 낸 특허출원 건수 서열에서는 삼성전자가 6위로 기록되어 있다. 삼성의 출원건수는 1,604건으로 세계적 반도체기업인 인텔과 네덜란드의 필립스를 제치고 2003년의 9위에서 3단계나 뛰어 오른 것이다.

특허제도는 예전에도 중요시되었다. 그러나 글로벌 지식사회로 세계체제가 바뀌면서 또 정보통신망을 통한 지적교류가 왕성해지면서 이제는 예전과는 비교할 수 없을 만큼 더 중요해지고 있다. 세계 주요 국가들이 국력을 쏟아 부어가면서 값비싼 무형재산을 창조하고 축적하고 보호하려는 열정은 전쟁을 방불케 할 만큼 도전적이다. 이제는 국력의 기준도 특허, 저작권 같은 창의적 지적 산물 쪽으로 기울고 있기 때문에 더욱 그렇다.

아무리 한국에서 만들어진 기술제품이라 해도 순수 한국산은 거의 없다. 대다수 정밀기계제품에는 적게는 몇 개에서 몇 십 개의 특허나 저작권이 복잡하게 접목되지 않은 것이 거의 없다. 한국이 세계적 경쟁력을 가지고 있는 TV나 휴대전화의 원가에는 수많은 해외 기업들의 지적 재산 사용료가 포함되어 있다. 지적 재산권도 희소성이나 사회적 수요의 크기에 따라 값이 천차만별이다. 그래서 세계 각국은 비싼 지적 재산을 생산할 만한 창의적 인재를 발굴하고 육성하기 위해 눈에 불을 켜고 있다. 교육제도를 개선하고 전문인력들이 앞다투어 창의적 잠재력을 이끌어 낼 수 있는 환경을 만드는 데에도 공을 들이고 있다.

창조산업은 인간의 머릿속에서 황금을 캐는 산업이다. 창조력은 강력한 동기유발을 일으키는 주변 환경과의 미묘한 역학관계에서 많은 영향을 받는다. 국가나 기업이 원대한 목표 아래 남다른 공을 들이지 않고서는 인재다운 인재들이 몰려들지도 않을 뿐더러 양성은 더욱 힘들어진다. 높은 품질의 기술 환경에서만이 더 높은 기술을 만들어 낼 수 있다. 고급인재들이 모인 곳에 고급기술이 생산되고 축적될 수 있다. 고급기술 인력만이 가지고 있는 특유의 암묵적 지식은 아무나 쉽게 터득할 수 없기 때문이다.

1990년대 초 중국인 노벨상 수상자 리엔체 박사는 대만 정부의 간청을 받아들여 미국생활을 접고 대만으로 영구 귀국했다. 그는 대만정부의 전폭적 지원 아래 10대 전략산업 육성의 청사진을 함께 만들면서 미국 등 선진국에서 활동 중인 중국인 고급인력 유치에 심혈을 기울였다. 이때부터 5년(1994~1999년) 동안 모여든 학자, 기술자, 경영전문가들이 6,000 명에 이르렀으며, 이들이 오늘날 대만두뇌의 주축을 이루게 되었다.

그 결과 대만의 IT 산업은 여러 면에서 한국에 큰 위협이 될 만큼 세계적인 경쟁력을 갖추게 되었다. 반도체 메모리 분야에서는 아직 한국에 뒤져 있지만, 앞으로 수요가 엄청나게 늘어날 것으로 보이는 반도체 설계(팹리스), 여러 기능을 가진 시스템을 하나의 칩에 담는 기술집약적 반도체(시스템 온 칩: SoC), LCD, 휴대전화 등에서는 한국을 앞지르거나 근소한 격차로 거리를 좁히고 있다. 이는 대만 IT 산업체들의 공격적인 투자와 정부의 적극적인 지원이 어우러진 결과이다.[15]

우리도 황폐한 과학기술 풍토에서 기술입국의 꿈을 키우기 시작한 것은 1970년대 해외 우수과학자 유치활동에 정부가 적극 나서면서부터이다. 삼성전자 이윤우 부회장은 한국인의 민족기질에는 일찍부터 남다른 창의적 잠재력이 이어져 왔다고 추론했다. 한국과학기술원 최고경영자를 대상으로 한 강의에서 "한국이 D램, 조선 등에서 세계 최고의 위치에 올라 설 수 있었던 것은 역동적이고 융합을 좋아하는 민족성에 남다른 과학기술 유전자(DNA)를 지닌 때문"이라고 분석했다. 또 한국 반도체기술의 유전자는 2400년 전 머리카락의 10분의 1보다 가는 선을 새겨낸 동경(銅鏡)을 만드는 기술에서, 조선기술도 세계 최초의 철갑선인 거북선에서, 철강기술은 봉덕사의 에밀레종에서 엿볼 수 있다는 것이다.

다행히 한국의 기술 환경은 지금 어느 때보다 무르익어 가고 있다. 자원이 없어 수출로 먹고 사는 나라에게는 경쟁국들의 도전만큼 큰 자극은 없다. 치열한 무역전쟁을 이겨내기 위해서는 독창적인 기술을 늘려나가는 것만큼 안전한 길이 없다. 이는 국가 생존과도 맞물린 중대사일 수밖에 없다. 수출량이 늘어나고 경제규모도 커지는데 이에 걸맞는 고급기술을 개발·축적해 나가지 않으면 속빈 강정으로 전락해 버릴 수밖에 없다.

이런 분위기는 기술입국으로 승부를 걸어야 한다는 국가정책과 함께 산업계, 학계, 연구소 그리고 무수한 중소벤처기업으로까지 팽배해 가고 있다. KAIST 신소재공학과 홍순형 팀은 세계 최초로 '꿈의 소재'로 불리는 탄소나노튜브를 이용해 고강도 나노복합재료를 만들 수 있는 새로운 공정을 개발해냈다. 이 복합재료는 구리보다 2배나 강한데다 내마모성도 3배나 향상된 것이어서 앞으로 경제적 효과가 엄청날 것이다. 이런 연구실적에 힘입어 한국의 나노기술은 미국 내 나노 특허 6위까지 뛰어올랐다.

첨단 의학 분야에서도 한국인의 빼어난 창의력은 주목의 대상이 되고 있다. 세계적인 의료영상 과학자인 조장희 박사가 주축이 된 가천의과대 뇌 과학연구소는 미국 하버드대 뇌 영상센터와 공동으로 기술개발을 하는 외에 특허까지 공유하는 데 합의했다. 양측은 각각 개발 중인 차세대 인체의료 영상기기와 수술시스템의 공동연구에 들어갔다. 조 박사가 개발한 PET 장비와 하버드대 율레즈 박사가 개발한 MRI 장비는 암이나 치매 등 난치병의 조기진단을 돕는 첨단 영상장비들이다. 앞으로 이를 통합하여 연구 및 운영을 하게 되면 각종 난치병의 세포까지를 입체영상으로 볼 수 있게 될 것이며, 이로 인해 파생되는 의료시장만도 연간 수천억 원이 훨씬 넘을 것이다.

한국전자통신연구소(ETRI)는 CDMA 관련 기술개발 외에 2005년 세계 최고 성능을 가진 '휘어지는 태양전지'를 개발했다. 원자력 현미경 제조업체인 PSIA 역시 최고 성능의 한국산 원자현미경 개발에 성공, 미국 항공우주국(NASA)을 비롯하여 세계최고 수준의 연구소와 대학의 필수장비로 자리를 확고히 하고 있다.

한국인의 창의력은 다른 장르에서도 빛을 발하고 있다. 일본 아이치(愛

知)현에서 열린 '2005 아이치 엑스포'의 한국관이 최고상인 금상을 받았다. 참가 12개국 가운데 한국관의 전시공간은 청, 적, 황, 흑, 백의 다섯 가지 색깔을 혼합, 한국문화의 신비감과 역동성을 나타냈다. 여기에서 사이버 세계의 현란한 변화를 통해 한국문화의 다양성과 외국문화와의 화해, 융합까지를 상징적으로 표현하는 데 성공했다.

삼성경제연구소는 '2004년 10대 히트상품' 1위로 싸이월드를 선정했다. 한국의 신세대는 '미니 홈피'로 유명한 싸이월드를 모르는 이가 없다. 2005년 초에만 국내 가입자 1,400만 명을 넘어섰다. 해외로 수출이 본격화되면 색다른 한류 상품으로 지구촌에 새로운 관습을 심어줄지도 모를 일이다. 집단 중심사회에서 개인 중심사회로 전환되는 새로운 문화적 흐름에 맞추어 한국인의 기질적 특성인 자신을 내세우고 싶어 하고, 주변사람들과 부담 없이 어울리며, 복잡한 규칙의 틀을 벗어나 쉽고 간단한 것을 좋아하는 습성을 충분히 반영한 것이다. 축적된 기술이나 인력, 역사 모두 일천한 상황에서 이루어낸 자랑거리들이 아닐 수 없다. 강한 탐구심과 동조정신, 예민한 감성문화에 시간을 앞당기는 속도정신이 이룬 결과라고 할 수 있다. 모두 한국인의 단점으로 자성의 대상으로 여겨지던 기질적 특성이 거대한 힘으로 작용한 경우이다.

정보통신(IT) 산업은 한국인의 기질이 종합적으로 응축된 접목산업

미국의 일간신문 〈샌프란시스코 크로니클〉은 '미래는 한국'이라는 특집기사를 실었다(2005.3.13). 한국은 세계 제일의 광대역 인터넷망을 구축했으며, 휴대전화 보급률도 세계 최고수준인 IT 강국이다. 한국의 가정 중 76%에 고속 인터넷망이 연결되어 있으며, 휴대전화 보급률도 75%가 넘는다. 이에 비해 세계 제일의 기술선진국을 자처하는 미국은 광대역 인터넷망 보급률이 30%로 세계 13위에 머물고 있으며, 휴대전화 보급률도 60%에 그치고 있다는 내용이다. 휴렛팩커드의 마케팅 담당자는 한국과 미국의 차이를 이렇게 말하고 있다. "미국은 아직도 휴대전화 통화 때 '내 말 잘 들리니?' 하고 묻는 수준에 머물러 있지만, 한국에서는 이런 말이 필요 없다. 어느 곳에서든 자유로운 신호소통에 어려움을 겪는 곳이 없기 때문이다."

그러나 위의 기사는 다시 1년이 지난 2006년 현재 모든 통계를 다시 수정해야 한다. 한국 정보통신부는 "2006년 6월 말 현재 SKT, KTF, LGT 등 국내 이동통신 3사의 휴대전화 가입자 수가 3,938만 명으로 집계됐다"고 밝혔다. 한국의 휴대전화는 이미 4,000만 시대를 맞이하면서 IT 강국의 자존심을 상징하는 물건이 되었다.[16]

한국의 IT 산업이 세계의 이목을 끌게 된 역사는 불과 20년이 채 안 된다. 그런데도 한국의 IT 기술과 관련 제품은 5대양 6대주를 누빌 만큼 기록적 성장을 거듭하고 있다. IT 산업은 한국인의 기질적 특성이 가장 종합적으로 함축되어 있는 산업으로 한국인의 장기인 동조, 접목, 창의, 감성, 속도, 순발력 등이 복합적으로 어우러져 있다. 이 중에서 굳이 대표적 특성을 고른다면 접목산업에 포함시키는 것이 무난할 듯 싶다. IT 산업 자체가 다양한 기술의 접목에서 탄력을 받아온 데다, 모든 산업과도 활발히 접목하여 한국경제를 한 단계 높인 견인차 역할을 해 왔다는 점을 무시할 수 없기 때문이다.

한국은 이미 세계최고 수준의 고속정보통신망을 구축, 정보화를 위한 최고의 신경망을 갖추어 놓았다. 한국은행과 정보통신정책연구원(KISDI) 자료에 의하면 국내 IT 산업이 경제성장의 핵심 엔진이 되고 있는 근거를 IT 산업이 GDP에서 차지하고 있는 비중에서 찾고 있다.

한국 GDP 중에서 IT가 차지하는 비중이 2002년 11.1%에서 2004년

14.2%로 증가했다. 이보다 더한 것은 IT 산업이 한국의 GDP 성장에 미친 기여율이 2002년 26.3%에서 2004년 53.5%로 높아졌다는 사실이다.[17] 2005년 한국 IT 산업의 수지현황을 보면, 수출 780.5억 달러, 수입 442.8억 달러로 337.7억 달러의 흑자를 기록하고 있다. 한국 전체의 무역수지가 235.5억 달러 흑자를 낸 것은 전적으로 IT 산업 덕분이다. 한국에서 IT 산업의 의존도가 얼마나 큰지는 이 자료만으로도 충분히 실감할 수 있다. UN이 개최한 정보사회정상회의(WSIS)에서 발표한 '디지털 기회지수(DOI)'에서 한국은 세계 1위를 차지했다.[18]

21세기를 빛낼 융합기술인 디지털컨버전스 기술, 휴대전화 같은 무선기술인 모바일 기술에서 한국의 기술은 최고수준에 와있다. 그중에서도 휴대인터넷기술인 와이브로(WiBro) 기술은 국제표준이 될 만큼 앞서 가고 있다. 2006년 8월 8일 뉴욕 맨해튼에서는 한국의 삼성전자와 미국의 기간통신사업자가 상용서비스를 위한 전략적 제휴계약을 체결했다. 한국이 주도적으로 개발한 와이브로가 차세대 이동통신 기술로 확고한 자리를 차지하게 되면서 미국시장으로의 본격적 진출이 성사된 것이다. 삼성전자 이기태 사장은 "한국이 독자 개발한 기술을 미국 통신업체가 선택한 것은 미국과 한국산업 역사에 큰 획을 긋는 일대사건이다. 미국의 기간통신망 시장엔 일본 업체도 들어가지 못했으며, 알카텔, 지멘스 등 유럽업체가 일부 서버 관련 분야에만 진출했을 뿐이다."라고 말했다. 이 와이브로 기술은 휴대전화와 무선인터넷 결합의 길을 열었으며 화상전화와 다양한 인터넷폰 서비스도 가능하게 해주어, 앞으로 10년 이상 한국을 먹여 살릴 금맥 중 하나로 평가받고 있다.[19]

IT 분야 주요산업의 세계시장 규모와 한국시장 점유율(2004년)

분야	세계시장 규모 (억 달러)	한국의 세계시장 점유율(%)
메모리	483	47.1
LCD	467	41.1
휴대전화	1,066	27.8
디지털 TV	298	22.2
MP3	48	7.5
디지털 콘텐츠	1,485	2.7
로봇(Robot)	14	7.2
IT 서비스	3,999	2.2

〈한국소프트웨어진흥원〉

뿐만 아니다. 이미 한국의 메모리, LCD, 휴대전화, 디지털 TV 등은 세계시장의 20~50%를 점유할 만큼 막강한 경쟁력을 보유하고 있다. 그러나 가장 큰 시장을 형성하고 있는 디지털 콘텐츠와 IT 서비스 분야는 겨우 2%대의 매우 저조한 수준에 머물러 있다. 그러나 이 분야야말로 한국인의 문화적 잠재력을 한껏 발휘할 수 있는 지적 분야이다. 다양한 창조적 영감, 순발력 있는 적응력이 누구보다 뛰어난 한국인의 기질을 생각해 보면 앞으로 개발 여지가 매우 높은 곳이 아닐 수 없다.[17]

〈뉴욕타임스〉는 한국을 「SF가 현실화되는 곳」이라고 보도했다 (2006.4.2).[20] 「미국에서는 수년 뒤에나 소개될 만한 첨단기술을 한국인들은 이미 실생활에서 사용하고 있다.」 2007년부터는 다기능 로봇의 대량 생산국이 될 것이며, 무선인터넷 서비스인 와이브로 서비스도 세계 최초로 도입할 것이라고 극찬하고 있다.

한국에서 IT 산업이 주력산업으로 떠오르게 된 이유는 크게 3가지로 나누어 볼 수 있다.

첫째, 한국의 IT 산업은 다양한 장르와 활발히 접목함으로써 새 시장 개척에 선도적 역할을 하고 있다는 점이다. 이미 한국의 IT 산업은 모든 산업의 기반산업으로 자리를 잡아가고 있다. IT 산업은 빠른 혁신주기,

무궁무진한 응용 분야, 퓨전(Fusion)적 특성과 절묘하게 맞아떨어지면서 종합산업으로의 특성을 고루 갖추고 있다.

둘째, 정부의 집중적인 육성정책을 통해 IT 산업은 국민 생활문화의 정보화에도 막강한 영향력을 행사하게 되었고, 최고수준의 소비자집단을 형성해 주었다는 점이다. 이는 한국인 특유의 동조정신 및 관여의식과 맞물려 IT 산업의 급속한 발전과 경쟁력을 강화시킨 요인이 되고 있다.

셋째, IT 산업은 한국인의 개성 표현과 사회참여의 기회를 폭넓게 열어 줌으로써 창의력 개발과 신바람 문화를 조성해 주는 1등 공신이 되었다는 점이다. 이러한 IT 기술의 활성화는 한국사회의 패러다임 변화에 결정적 영향을 주었다. 무엇보다 한국인의 결점으로 지적되어 온 폐쇄적, 은둔적, 내성적, 자기비하의 패배주의를 긍정적이고 역동적인 발전의 동력으로 바꾼 장본인이 되었다는 뜻이다. 다시 말해 횡적 연대감을 증폭시켜 주면서 한국인의 동질감, 국민적 힘의 결집을 이끌어 냈다는 점을 들 수 있다.

이미 한국의 IT 산업은 독자산업으로 지위를 벗어난 지 오래다. 엔터테인먼트, 속도, 교육, 문화, 유통, 디자인, 조선, 예술 등과 접목하면서 모든 제조업, 서비스업에 걸쳐 부가가치를 최고로 끌어 올릴 수 있는 선도 기반산업이 되었다. 또 한국 IT 산업은 지금까지 거의 사장되어 있다시피 한 수많은 국가의 지적 자원에 생명력을 불어 넣는 데도 큰 몫을 하고 있다. 오랜 역사 속에서 축적되어 온 다양한 지적 자원을 디지털화하여 현대사회에 재현시킴으로써 전통문화의 계승, 확산의 길을 열어 놓았다. 앞으로도 문화전쟁시대에 대비한 디지털산업의 체계화, 조직화, 고급화에 결정적 기여를 할 것으로 예상된다.

제도 개선이 절실하고 체질 개선은 더욱 중요

창의력은 항상 꿈이 많은 사람에게서 꽃을 피운다. 꿈에는 과거, 현재, 미래가 공존하므로 얼마든지 다양한 융합과 접목이 가능하다. 꿈이 없는 사람에게는 미래도 창의력도 기대할 수 없다. 카터 전 미국 대통령은 이런 말을 했다. "인생이란 후회가 꿈을 대신할 때 늙기 시작한다."

미래지향적인 사람은 과거에 얽매이지 않는다. 국가가 과거의 잘잘못에 국력을 낭비하고, 기업이나 개인이 불신과 복수심에 불타 있을 때 이웃은 모두 떠나가 버린다. 네트워크사회에서의 외톨이는 정보공유의 기회를 잃게 되므로 자신도 모르게 폐쇄적 공간에 갇혀 살게 된다. 한국에는 한쪽에서는 개방, 창조, 접목의 문화가 활성화되면서도 다른 편에서는 이를 거역하는 어두운 그늘이 공존하고 있다. 이상스런 감정의 응어리가 접목과 융화를 가로막고 창조적 기운을 시들게 하고 있는 것이다. 여기에는 오랜 피해의식과 혈연, 지연 등 동질 집단의 폐쇄적 독점욕구가 영향을 미치고 있다. 또 한국의 사회체제나 제도가 아직도 개방과 공유를 기피하는 산업사회의 분업논리를 벗어나지 못한 데에도 원인이 있다. 아직도 기업 간, 부서 간, 개인 간 공유·협력체제가 문화적으로 뿌리를 내리지 못하고 있다는 증거이다.

이를 극복하려면 부서나 개인들이 정보와 과실의 공유, 기능의 융합이 서로에게 이익과 도움이 된다는 현실적 공감대가 형성되어야 한다. 여기에는 현실적, 제도적 장치 없이 필요성과 사명감만 앞세우는 조직체질이나 체면치레용 허세도 한몫을 하고 있다. 보다 개방적인 자세가 자신과 조직에 큰 이익을 가져온다는 현실적 대안이 마련되고 이를 위한 체질개선에 다 같이 동참할 때 비로소 기업경쟁력이 더욱 살아나게 된다.

요즘 선진사회에서는 클러스터(Cluster) 바람이 거세게 불고 있다. 마치

포도송이처럼 한 지역 안에 기업 활동을 하기에 편리한 모든 기능이 다 갖추어져 있어 능률을 최고조로 올릴 수 있는 체제이다. 미국 서부에 위치한 실리콘밸리(Silicon Valley)나 동부지역의 실리콘앨리(Silicon Alley)가 대표적 예이다. 이곳에 무수한 기업들이 몰려들고 있다. 실리콘밸리에는 IT 관련 기업들이, 실리콘앨리에는 미디어와 엔터테인먼트 관련 기업들이 사업을 펼치기에 편리하기 때문이다. 주변에는 대학과 연구소, 금융망, 유통망, 각종 컨설팅 회사, 언론매체와 인력기관 등 유관 기관들이 촘촘하게 진을 치고 있다. 여기에다 안락한 주거환경과 도로, 통신, 교통 등 사회 인프라까지 완벽하게 갖추어져 있다. 정보교류가 용이할 뿐 아니라 능률적인 업무처리에도 최적이다.

중국도 북경 근처 베이징대와 칭화대 등이 밀집해있는 중관춘(中關村)에 클러스터 건설이 한창이다. 중국은 이곳을 IT 메카로 조성하겠다는 야심에 부풀어 있다. 이미 중국뿐만 아니라 세계 각처에서 몰려온 9,000개가 넘는 기업들이 채워 가고 있다. 그런데 한국에는 아직 조직화된 클러스터다운 체제가 별로 없다. 산업클러스터로 볼 수 있는 지역이라면 서울과 부산, 인천, 대전 정도가 고작일 것이다. 근래 들어 행정수도 건설을 시작으로 신도시 건설, 혁신도시 건설, 기업도시 건설, 정부산하 단체의 지방이전 계획 등이 실행단계로 접어들고 있다. 이 기회에 여러 개의 개성적인 산업클러스터 건설을 통해 한국경제의 새로운 도약을 위한 전기로 활용한다면 역사에 남을 만한 결단이 될 것이다.

그러나 현재 국토조정 계획은 이런 경제논리와는 상당한 거리감이 있다. 그보다는 지역균형발전이라는 지극히 산술적인 정치논리를 벗어나지 못하고 있다. 덩치 큰 몇몇 기업과 공기업만 이주시킨다고 해서 그 기업이나 지역이 함께 발전할 수는 없다. 적어도 경제논리에 따라 그 지역뿐만 아니라 국가경제에도 힘이 될 수 있으려면 입지선정에서부터 적정

규모의 인구에 도로, 교통, 통신 같은 인프라와 많은 중소기업 군이 조성되고 고급교육기관, 금융, 유통, 법률, 행정 등 각종 서비스체제 등이 어느 정도 갖춘 곳을 선택하여 시간과 돈의 효율성을 높여야 한다.

사회적 소외계층을 위한 국가적 시혜 의도에서 출발한 계획이라면 차라리 과감한 복지정책으로 수정하는 것이 훨씬 바람직하다. 낭비와 비효율, 사회비용의 증가, 지역갈등이나 그 밖에도 예상치 못한 새로운 문제들이 생겨나 나라 경제에 큰 짐을 안겨 줄 수 있기 때문이다. 이제는 우리 정부도 보다 장기적이면서 냉정하고 공정한 조정자의 입장에서 국가자원의 효율적 배분에 역점을 둘 때가 되었다고 본다. 혁신에 대한 만용으로 나라의 운명을 함부로 시험대에 올려놓기에는 사회체제가 너무 복잡하게 얽혀 있고, 경제규모도 너무 커져버렸다.

이런 문제점은 다른 곳에서도 쉽게 발견할 수 있다. 한국 직장인의 이직문화에도 지독한 폐쇄성과 관여의식이 그대로 남아있다. 대다수 한국 기업에서는 한번 나간 사원을 다시 받아들이는 일이 아주 드물다. 명예롭게 퇴직한 사원 말고는 전 직장과 단절관계에 있는 사람이 많다. 퇴직하자마자 회사의 기밀을 빼내 자기 이익을 챙기는 사례도 드물지 않다. 거래처를 가로채고 자기가 몸담아온 직장을 비방하는 사람도 적지 않다. 이렇게 사이가 벌어진 상태에서 옛 고향에 무슨 면목으로 찾아갈 것이며, 찾아간들 받아 줄 사람이 어디 있겠는가. 이는 한국기업의 투명성, 정직성 부족에도 원인이 있지만, 무언가 빈틈을 찾아 기어들려는 자기관여 기질이 유난스런 때문으로 볼 수도 있다. 참으로 현재와 같은 개방과 공유 협력사회에서 생존을 가로막는 악습이 아닐 수 없다.

그에 비해 미국의 직장문화는 다른 곳에 근무하던 옛 동료가 다시 돌아오는데 상당히 관용적이다. 좁은 우물을 벗어나 폭넓은 외부환경을 경험한 점을 장점으로 보아 임금을 올려주는 사례도 흔하다. 일본도 한국만큼 폐쇄적이지는 않다. 일본에서는 퇴직자들이 전 직장의 거래처 명단을 가지고 나가더라도 전 직장과 경쟁 사업을 벌이는 경우도 드물고, 거래처를 바꾸라고 충동하는 경우는 더욱이 없다. 그보다는 '그동안 고마웠습니다' 라는 반듯한 예절로 좋은 인상을 남기기를 원한다.[21]

이제는 한국의 직장문화에도 전문화가 자리를 잡으면서 이런 폐습이 수그러들고 있어 그나마 다행이다. 전문화된 사회일수록 그 안에는 보이지 않는 규칙이 명문화된 규칙보다 강할 때가 많다. 평생 안 볼 듯이 헤어져도 그 물에서 살자면 그 물에 사는 사람들과 안 만나려야 안 만날 수가 없다. 글로벌네트워크 사회가 본격화될수록 의리와 신용을 잃은 자에 대한 제제도 불문율이 되어 강경해지고 있다. 이는 인간과 인간, 인간과 사회 사이에 연결된 인과관계의 끈이 점점 더 중요해지고 있기 때문이다.

그러나 한국의 접목문화는 아직도 기형적 현상을 벗어나지 못하고 있는 곳이 딱 한군데 있다. 바로 정치계이다. 한국의 정치인들은 이해를 찾아 철새처럼 이동을 하는 이합집산을 밥 먹듯 한다. 개인적 유연성이 이처럼 활발한데 비해 여·야 또는 노·사와 같은 공식적 집단 간의 화해와 융합이 어려운 것은 무엇 때문일까. 외국에서의 정당정치는 국민심판이 끝나면 군말 없이 승복하는 페어플레이 정신이 정착되어 있다. 이를 어겼을 때는 국민정서가 용납하지 않아 후일을 기약하기 어렵기 때문이다. 그러나 우리는 과거 당파싸움에서와 같이 승자의 영광 뒤에는 패자의 멸망이라는 전통에 익숙해 있다. 그래서인지 우리 정치판이나 노·사관계에서의 대결구도는 단순한 자존심 대결 차원을 넘어 패배 시에는 멸망이라는 의식에 사로잡혀 있다. 실제로 우리 사회에서는 패자는 발 붙일 자리를 잃고 몰락의 길을 걷는 경우가 대부분이다. 경직된 투쟁문화가 유연한 접목문화로 제질을 전환하지 않고서는 한국의 정치·근로·기업문화에서의 성숙도를 기대할 수는 없을 것이다.

〈참고자료〉

(1) '비빔밥은 한국의 대표음식', 중앙일보, 2005. 4. 15
(2) 정수일,《한국 속의 세계》, 창비, 2005
(3) 변희언, '유비쿼터스금융의 이해와 전망', 금융 7월호, 전국은행연합회, 2005. 7
(4) '와이브로+음성전화 단말기, 삼성전자 세계 첫 개발', 문화일보, 2006. 11. 6
(5) '산업 컨버전스시대가 열린다', LG경제연구원, 2005. 6
(6) '프로슈머의 혁명', 동아일보, 2005. 5. 30
(7) '인터넷업계 UCC시장 선점하라', AM7, 2006. 11. 7
(8) '포털 적과의 동침 늘어나고 있다', 문화일보, 2006. 10. 25
(9) '크로스 라이선스 계약', 일본경제신문, 2005. 4. 4
(10) '특허공유(삼성전자, 대만 AUO)', 매일경제, 2006. 1. 13
(11) '기업은 외교中, 友軍찾아 상호방위조약', 조선일보, 2006. 6. 27
(12) '방송과 포털, 방송과 게임 제휴러시', 전자신문, 2005. 1. 12
(13) '신문+방송+통신, 미디어 새판 짜야', 중앙일보, 2006. 7. 15
(14) '한국 특허출원 세계 6위', 문화일보, 2006. 2. 4
(15) 'IT 대만, 겁나게 떴다', 중앙경제, 2005. 7. 27
(16) 'IT코리아의 기관차, 휴대전화 기로에 서다', 주간조선, 2006. 8. 7
(17) 고현진, '차세대 SW및 디지털콘텐츠산업 육성전략(디지털 미디어, 콘텐츠, SW발전전략 2006)', 한국디지털미디어 전문가협회, 2006. 6. 2
(18) '정보통신부 장관 신년사', 정보화 사회, 한국정보통신산업협회, 2006. 1, 2월 호
(19) '한국 100년 먹여 살릴 금맥 캤다', 중앙일보, 2006. 8. 10
(20) '한국은 SF가 현실화 되는 곳', Focus, 2006. 4. 4
(21) 모모세 타다시,《한국이 죽어도 일본을 못 따라잡는 18가지 이유》, 사회평론, 1997

8

속도산업 :
디지털 시대의 '빨리 빨리'는
흠이 아닌 경쟁력이다

01

한국인의 성급한 기질과 속도산업

세계는 속도전쟁의 시대

「1980년대는 질의 시대요, 1990년대가 리엔지니어링(Reengineering)의 시대였다면, 2000년대는 속도의 시대가 될 것이다.」 빌 게이츠가 《생각의 속도》에서 한 말이다.[1] 시장 조사기관인 가트너(Gartner)그룹의 조사보고서에는 이런 말도 있다. 「과거에는 큰 것이 작은 것을 잡아먹었지만, 미래에는 빠른 것이 느린 것을 삼켜버리게 될 것이다.」

현대사회에서는 어느 기업도 속도시대에 걸맞은 빠른 판단, 빠른 행동, 빠른 변신, 빠른 적응 없이는 살아남기 힘들어졌다. 기술혁신 주기가 빨라지면서 시장반응이나 수요자의식이 변덕스러워지고 제품이나 유행주기도 덩달아 빨라지고 있는 것이 오늘날의 추세이다. 1865년 미국의 링

컨 대통령이 저격을 당했을 때, 그 사망소식이 런던에 도달하는 데는 12일이 걸렸다. 그로부터 100여 년이 지난 1963년에, 케네디 대통령의 사망소식이 런던에 도달하는 데 걸린 시간은 4시간으로 단축되었다. 다시 30년쯤 지난 1995년 서울 성수대교가 무너진 참사소식이 세계 각지로 전달되는 데는 45분도 채 걸리지 않았다. 런던 시민이 한국 시민보다 먼저 이 소식을 접한 경우도 많았다.

이러한 시간의 단축은 컴퓨터의 처리속도가 빨라지고 초고속으로 달려가고 있는 정보통신망이 세계 각지로 거미줄처럼 퍼져있기 때문에 가능했다. 사무실과 공장은 물론, 인간의 모든 공·사생활 속에 정보통신 수단이 필수로 자리 잡게 된 결과이다. 한국에서만 해도 PC가 시중에 나온 지 10년 만에 처리속도는 50배가 되었고, 그 안에 내장된 칩(Chip)의 저장 용량은 1,000배나 늘어났다. 기존 전화망의 통신 속도는 1초에 150만 비트(Bit)의 정보를 나를 수 있는 수준이었다. 그러하던 것이 1990년대 들어 광케이블로 된 초고속 정보통신망이 구축되면서 1초에 30억 비트 이상의 정보전달이 가능해졌다. 불과 10여 년 만에 2,000배 이상 빨라진 것이다. 보통 알파벳 한 자에는 8비트가 필요한데, 한글은 자음과 모음의 결합문자라서 글자 하나에 16비트가 필요하다. 30억 비트면 한글로 된 300페이지 책 625권 분량의 정보를 1초 만에 보낼 수 있게 된다. 이런 추세는 빨라진 통신 속도에 맞추어 여기에 맞물려 있는 정보기기들에게도 속도가 붙어 고속팩스, 고속프린터, 고속복사기 등의 이름으로 매년 속도를 높여가고 있다.

정보기기의 사회보급률도 시간이 흐를수록 빨라지고 있다. 발전기가 처음 발명됐을 때만 해도 그 원리가 발견된 지 50년이 지나서야 전기 생산이 가능해졌고, 다시 50년이 지난 다음에야 비로소 전기구경을 할 수 있었다. 전기를 발견한 후 100년 만에야 대중화가 된 셈이다. 그러나 라디오는 발명된 지 38년 만에 5,000만 대 이상이 보급되었고, TV는 발명된 지 13년 만에 5,000만 대를 거뜬히 넘겨버렸다. 인터넷은 더욱 빨라졌다. 인터넷은 첫 선을 보인 지 불과 4년 만에 5,000만 명이 쓰기 시작했고, 다시 1년 만에 또 5,000만 명이 더 불어났다. 인터넷의 전송속도도 ADSL에서 VDSL 등 초고속 기술이 연달아 등장하면서 불과 10여 년 만에 1,000배 이상의 속도를 내게 되었다. 지금 세계에는 10억 명이 넘는 사람들이 인터넷을 통해 사이버 세계에서 무수한 정보를 주고받고 있다. 그러니 지구촌 사람들의 생활양식이 얼마나 빠른 속도로 변하고 있는지 짐작할 만하다. 그중에서도 한국의 인터넷 인구는 1995년에 36만 명이던 것이 2004년에는 3,158만 명으로 10년 만에 100배나 늘어나는 고속성장을 거듭하고 있다.[2]

유통 환경에서도 속도경쟁은 치열하다. 텔레뱅킹, 홈뱅킹, 인터넷뱅킹, 전자상거래에서 교통카드, 전자화폐 등이 생활 속으로 파고든 지는 한참이 되었다. 그중에서도 전자상거래는 기존의 물류망을 뿌리째 흔들어 놓고 있다. 지금까지 5대양 6대주의 화물운송은 주로 대형 유통회사가 맡아 했다.

그러나 전자상거래제도는 세계의 모든 생산자와 모든 소비자에게 직거래의 길을 터놓았으며, 그 성장속도는 매년 100%를 훌쩍 넘겨버렸다. 물질 운반수단도 운송속도에 따라 고속비행기, 고속철도, 고속자동차 등으로 다양화되었다. 가장 빠른 운송수단인 비행기가 점점 고속화, 대형화되면서 항공물량이 지난 10년간 2배로 늘어났다. 항공승객도 5년여 만에 2배로 늘어나 연간 20억 명이 넘었다. 철도운행도 고속전철시대를 맞고 있다. 일본(신칸센), 프랑스(TGV), 독일(ICE), 스페인(AVE), 이탈리아(펜돌리소) 등에 이어, 한국(KTX)도 2004년부터 시속 300Km의 고속 전철시대를 맞고 있으며 그 속도는 계속 개선되고 있다. 고속선박도 1960년 러시아에서 처음 개발한 '물위를 날아가는 배 위그(WIG: Wing in ground-effect)' 선을 시작으로 선진 각국의 경쟁이 치열하게 전개되고 있다. 고속자동차도 영국에서 개발한 시속 1,157Km의 제트카(스러스트SS) 개발이 새로운 전기를 제공해 주고 있다.

이에 따라 국내외 유통시장에서는 속달서비스가 새로운 사업으로 급부상하고 있다. 세계에는 맘모스 물류 특송회사 4개가 속달물류서비스 시장을 지배하고 있다. 미국의 페덱스(FeDex)와 유피에스(UPS), 독일의 DHL, 네덜란드의 TNT 등이다. 이들은 막강한 투자력으로 세계시장에 거미줄 유통망을 깔아놓고 있다. 컴퓨터를 통한 신속한 지원제도(CALS)도 처음에는 컴퓨터를 이용한 군수물자 지원체계(Computer Aided Logistics Support)에서 출발했다. 그러나 요즘에는 광속상거래(Commerce at Light Speed)의 의미로 더 자주 사용되고 있다.

식습관에도 속도문화가 도입되면서 인스턴트 식품시장이 갑자기 커지는가 하면, 기존 제품의 경우도 속달서비스로 고객유치에 명운을 거는 곳이 늘어나고 있다. 미국의 도미노피자(Domino Pizza)를 시작으로 피자헛(Pizza Hut) 등은 컴퓨터 중앙센터를 운영, 고속정보망으로 전국의 어느 고객의 주문에도 30분 이내 배달을 보증하는 속달서비스체제를 운영하고 있다.

생산부문에서도 속도경영은 경쟁력을 높이는 중요한 방법이 되고 있다. 미국을 비롯한 선진국의 제조업 분야에서는 속도경영으로 산업공동화를 극복하려는 움직임이 일어나고 있다. 선진국은 고임금으로 국제임금시장에서 경쟁력이 크게 떨어져 있다. 이를 로봇이나 컴퓨터에 의한 고도화된 자동화 생산기술로 1인당 생산량을 획기적으로 증대시킴으로써 제조업 공동화 현상을 극복하겠다는 움직임이 가시화되고 있는 것이다.

미국의 델(Del)컴퓨터는 고객의 구체적 주문사항을 받은 후 3~4일 만에

'맞춤 컴퓨터'를 공급해주는 새로운 생산혁명으로 경쟁력 제고에 새로운 탈출구를 찾아냈다. 델컴퓨터의 생산방식은 고객의 주문 후에야 생산에 들어가므로 재고자산이 없고, 유통비도 크게 절감할 수 있어 소비자에게 값싼 PC를 공급할 수 있고 이를 통해 소비자를 만족시키고 있다. 주문, 생산, 판매를 거의 동시에 실시하는 속도경영에 승부를 걸어 대성공을 거둔 것이다. 이는 제3의 생산혁명으로도 불리우고 있을 정도이다.

이러한 맞춤형 판매방식은 이탈리아의 '베네통'에서도 활용되는 등 가전, 의류에서 식품에 이르기까지 다양한 분야에서 확산되어 가고 있다. 미국의 보잉 사는 1990년대 초부터 '보잉777' 기의 설계, 부품조달, 조립제작, 시험가동을 컴퓨터와 통신망으로 동시에 진행하는, '종이 설계도면이 없는 최초의 비행기'를 제작하는 데 성공했다. 그런가 하면 영국의 자존심으로 이름을 날리던 《브리태니커 백과사전》과 '롤스로이스' 자동차는 속도의 시대를 못 따라가 외국에 팔려 가는 신세가 되었다. CD롬 등으로 전자화되고 있는 기록문화를 외면하다가 도산의 아픔을 안고 미국에 넘어가 버렸다. 롤스로이스마저도 결국 전통적인 수작업을 고집하다가 첨단 신기술에 밀려, 적국이었던 독일의 BMW에 팔려가는 신세가 되어 버린 것이다. 맞춤형 판매방식은 광속경제시대에 알맞은 새로운 제도로 종전의 생산이론을 송두리째 파괴하는 것이었다.

세계 금융시장만 해도 종전의 경제이론으로는 설명하기 어려운 투기성 자금이 광속으로 세계경제를 누비고 있다. 세계 3대 외환시장인 미국의 뉴욕, 영국의 런던, 일본의 도쿄 시장의 하루 거래량은 줄잡아 1조 달러가 넘는다. 전 세계 GDP의 50배가 넘는 엄청난 자금의 대이동이 매일 일어나고 있다. 이들 시장에는 전 세계 1,000여 개가 넘는 헤지펀드(Hedge Fund)와 세계적 은행이 가세하여 방대한 자금의 흐름을 주도하고 있다. 아침시장은 아시아의 도쿄와 싱가포르에서, 오후게임은 런던과 파리와 프랑크푸르트에서, 저녁게임은 뉴욕에서 치른다. 이때 승부는 속도전과 순발력 있는 감성적 직관에 달려있다. 한때 침체에 빠져있던 GE는 잭 웰치에 의한 신속, 과감한 구조개편으로 성공하게 되었다. 이때 구조개편의 핵심은 변화와 체중 줄이기, 계층의 벽 허물기에 역점을 두었다.[3] 몸이 가볍고 결제라인이 짧아져야 속도경영이 가능해진다. 이를 위해서 정보요청에 걸리는 시간절약, 공식적 검토과정에 걸리는 시간절약, 신속한 의사결정, 보다 빠르고 정확한 의사소통에 역점을 둔 결과 생기를 찾을 수 있게 되었다. 앨빈 토플러도 지금의 세계는 광속경제시대에 돌입했으며 앞으로 권력은 느린 자로부터 빠른 자에게로 이동할 것이라고 예언했다. 원시생물이 느린 신경계를 가지고 있는 데 비해 진화된 인간의 신경계통에서는 신호처리가 몹시 빠른 데서도 알 수 있다는 것이다.[4]

'빨리 빨리'는 한국인의 타고난 성격

인터넷사이트를 뒤지면 'PPA LLI PPA LLI'라는 새로운 국제어를 쉽게 찾아 볼 수 있다. 영국《옥스퍼드사전》에 등재된 것도 이미 오래전 일이다. 이는 한국에서 일상화되고 있는 '빨리 빨리'를 옮긴 말이다. 이와 같이 한국인의 급한 성질은 세계적으로 유명하다. 한국인에게 위장병이 많은 주요 원인 중 하나가 빠른 식습관이라고 한다. 외국인 중에는 서울 거리에서 바쁘게 움직이는 한국 사람들을 보면 살벌한 기운마저 느낄 때가 있다고 말한다. 그만큼 한국인은 어디에서나 성급한 기질을 숨기지 못한다.

한국인의 남다른 성급함은 언제부터 생긴 것일까. 혹자는 지난 몇 십 년 동안의 군사문화와 고도의 경제성장 과정에서 굳어진 새로운 기질이라고 주장하고 있다. 질서와 규율을 강조하는 공격적인 군사문화가 민간 사회에도 속도감을 불어넣었으리라는 가정은 상당히 그럴듯 하다. 특히 북한 게릴라들의 서울 침입이 있었던 1·21사태 이래, 한국사회는 계속 긴장상태를 유지해 왔다. 이때 군 병영생활에서는 '3보 이상은 구보!' 라는 행동강령이 생활화되었다. 여기에다 사회분위기마저 뒤처진 근대화를 제 궤도에 올려놓자면 서둘러야 한다는 조급함이 만연해 있었다. 경부고속도로 조기개통 기록 등 경제개발 5개년 계획이란 것도 사실은 관·민·사회단체의 분발심을 끌어올려 추진사업을 조기에 달성해야 한다는데에 초점이 모아졌었다.

그러나 역사를 되돌아 볼 때 사실 한국인의 성급한 기질은 이미 고대사회 때부터 잠재되어 있었다. 특수한 입지조건과 순탄치 않은 역사를 통해보더라도 충분히 인지할 수 있다. 한국인의 남 따라 하기 좋아하는 동조성과 주변 일에 남다른 관심을 가지며 끼어들기 좋아하는 관여의식, 민감한 감성 기질들은 모두 주변 환경의 변화를 주시, 민첩하게 대응해 오면서 익혀진 특성들이다. 재빠른 상황파악과 빠른 결단, 순발력 있는 대응 태세는 수천 년 전부터 한국인이 생존전략으로 체질화된 것으로 보아야 할 것이다. 단지 과거에는 이러한 속도기질을 한 군데로 모아 강력한 힘으로 응집시키는 계기가 드물었기 때문에 드러나지 않았을 뿐이다.

한국인의 속도감이 집단적 힘으로 드러나기 시작한 것은 국가주도의 경제개발정책이 국가 최고의 목표로 자리 잡으면서부터라고 할 수 있다. 당시 모든 국민의 관심이 한 군데로 쏠리고, 참여의 기회도 넓게 열리면서 숨겨졌던 급한 성격이 저돌적인 힘의 원천으로 변화된 것이다. 도로, 주택, 교량 등 건설 산업을 필두로 조선, 철강, 기계, 화학, 비료 등 소위 경쟁이 치열한 '레드 오션' 사업 분야에 뒤늦게 뛰어들었는데, 여기서 적자를 극복하는 길은 남이 꺼리는 험한 작업환경이나 목표의 조기달성에서 찾을 수밖에 없었다. 이것이 부족한 자본의 회전율을 높이고, 치열한 국제경쟁에서 선진국과의 격차를 좁힐 수 있는 유일한 수단이었기 때문이다. 이러한 속도감이 전 산업으로 퍼져 나가면서 세계에서 가장 빠른 경제 성장의 엔진이 된 것이다.

지금 한국의 IT 환경은 세계에서 가장 빠른 혁신주기를 선도하고 있다. 초고속 인터넷망 구축과 여기에서 파생된 관련 서비스는 세계 제1수준으로 확고한 자리를 차지하고 있다. 국내 PC 제품의 주기는 1996년에는 1년에 한 번 일어났는데, 신제품 개발에 3개월, 생산기간 3개월, 판매기간 6개월이 지나면 신제품이 다시 나오게끔 되어 있었다. 그러던 것이 2000년에 들어서면서 1, 1, 3으로 1년에 2.5번의 라이프사이클로 바뀌어져 버렸다. 한국인이 그만큼 새로운 변화에 민감하게 반응하면서 신제품을 선호한 때문이다. PC만 그런 것이 아니다. 자동차, 휴대전화, TV 등 가전제품들도 거의 매년 신제품 출시가 이어지고 있다. IT 외의 제품시장에서도 1년에 한두 번 정도 신제품을 못 내게 되면 그 제품은 물론 제조회사마저도 시장에서 퇴출의 위기를 맞게 될 정도이다. 미국의 전 국방장관 럼스펠드가 "21세기에는 우주를 제패하는 나라가 세계를 제패한다"라고 단언할 만큼 우주산업은 미래 산업이며, 또 IT 기술이 총체적으로 축약된 고도의 기술 산업이다. 한국도 우주산업에서 IT 산업의 정화라 할 수 있는 인공위성 개발능력이 세계 7위권으로 뛰어 올라있다. 1999년만 해도 한국이 발사한 아리랑 1호는 50% 이상을 외국기술에 의존했으나, 그로부터 7년 후인 2006년 7월 발사한 아리랑 2호는 국산화율을 80% 이상으로 높이는데 성공했다.

음식문화에서도 한국은 라면, 햄버거 등 속성 인스턴트 식품시장이 무섭게 성장하고 있다. 편의점사업도 1989년에 처음 도입된 지 15년 만에 300배로 매출이 늘어났다. 속달서비스도 한국만큼 번창하는 곳이 드물다. 편지를 붙여도 '빠른 우표'가 더 인기를 끌고 있다. 한국통신이 운영하는 인터넷 쇼핑몰 바이엔조이(Buynjoy.com)는 수도권의 경우 1,500여

종의 물품을 6시간 이내에 배송을 완료한다. 온라인경매시장에서도 한국의 옥션(Auction)은 성공적인 인터넷사업의 모델이 되고 있다. 그뿐인가. 곳곳마다 퀵 서비스, 심부름센터 같은 속달서비스업이 전국을 누비고 있는 곳도 한국 말고는 찾아보기 어려울 것이다. 이런 장기(長技)는 화물을 실어 나르는 운송사업에서도 유감 없이 드러나고 있다. 대한항공(KAL)은 2004년부터 연속 2년간 항공화물 수송량에서 세계 1위를 차지했다. 2005년 한 해 동안 세계 각국으로 실어 나른 수송화물은 79억 8,200만 톤에 이른다. 지구를 1,800회나 도는 거리와 맞먹는다. 대한항공이 세계에서 가장 큰 항공사도 아니면서 세계 일류 항공사를 제치고 1등이 된 비결은 속도에서 이겼기 때문이다. 대한항공은 국경을 초월한 세계 일주라는 독특한 영업방식을 채택, 한국과 관계없는 제3국 간의 수송에서도 무인 관리 시스템을 도입, 세계 어디서나 화물기가 들어오면 6시간 이내에 급유와 화물적재까지 끝내 버리는 속도경쟁에서 타의 추종을 불허하는 순발력과 신용을 쌓아왔다.[5]

독일의 세계적인 물류업체 DHL 한국법인 대표 알란 캐슬스도 한국인의 속도정신이 앞으로 동북아 물류시장에서 주도권을 잡는 데 커다란 영향을 줄 것으로 보고 있다. 「한국인은 세계 어느 나라 사람보다 빠른 걸 좋아한다. 오전에 가구를 주문하면 오후에 배달되기를 원하고 있다. 동북아 물류시장은 향후 10년간 4배 이상 성장할 것으로 예상된다. 중국과 일본 사이에 위치한 한국의 지리적 역할은 물류산업 측면에서 매우 중요하다.」[6]

영화산업에서도 속도의 도입이 경쟁력 제고의 근간으로 떠오르고 있다. 최근의 한국 영화는 예전과 비교할 수 없을 만큼 스피디해졌다. 과거 한국영화는 사람 한 명이 죽는 장면이 나오면, 울고불고 한숨 쉬고 매장하는 데 수백 컷이 집중되었다. 지루하고 재미가 없었다. 그러나 요즘은 관객 수가 늘면서 영화 만드는 기술이나 방식이 크게 달라졌다. 템포가 빨라진 것이다. 개봉 13일 만에 400만 관객을 돌파한 영화 〈타짜〉의 최동훈 감독의 "내 영화의 생명은 빠른 템포에 달려 있다. 느린 영화는 정말 싫다"라는 말처럼 〈타짜〉는 총 2,600컷으로 되어 있다. 보통 한국영화 한 편의 컷 수는 1,200정도인데 비해 두 배 이상 많다. 화면이 현란한 만큼 빠르게 움직이고 있다는 뜻이다. 이처럼 한국 관객의 성급한 구미는 영화산업의 성패에까지도 영향을 주고 있다.[7]

전자상거래에서도 한국의 발전 속도는 선진국을 능가하고 있다. 미국 WEFA 조사에 의하면 전 세계 전자상거래 시장 규모가 770억 달러(1998년)에서 3,400억 달러(1999년)로, 2003년에는 1조 700억 달러로 급성장하였다. 1998년부터 1년 만에 450%, 1999년부터 4년 동안에도 300%로 증가한 셈이다. 그런데 한국은 1998년에 3억 5,400만 달러이던 것이 1999년에 21억 6,800만 달러로 늘어났고 다시 2003년에는 96억 1,300만 달러에 달한 것으로 나타났다. 이는 1998년 한 해에만 600% 신장, 1999년부터 4년 동안에는 450%로 세계 성장속도보다 훨씬 빠르다. OECD에서도 세계 전자상거래 시장이 매년 100%대로 신장할 것으로 예측한 것을 보더라도 한국의 성장속도가 얼마나 빠른지 알 수 있다. 우리 통계청이 발표한 2005년 12월 및 연간 사이버쇼핑몰 통계조사(2006.2.8)에 의하면 2005년 사이버쇼핑몰 거래액이 10조 6,756억 원에 이르렀으며, 이는 전년(2004년)보다 37.4%가 증가한 수치이다. 홈쇼핑 거래액도 1996년에는 335억 원에 불과했지만 2004년에는 4조 2,015억 원으로 8년 만에 100배나 늘어났다.[8] 선진국에 비해 쇼핑몰이나 체제를 갖춘 전문업체가 절대적으로 부족한 한국이 영세기업 중심으로 이런 정도의 성장속도를 낼 수 있었다는 것만으로도 앞으로의 전망은 매우 밝을 것이 확실하다.

한국인의 속도에 대한 집착은 기업문화에서도 두드러지게 나타나고 있다. 삼성과 LG 등이 휴대전화·TV 분야에서 쉬지 않고 신기술, 신제품을 선보이고 있는 것이나 국제특허 취득에서 두각을 나타내고 있는 것은 모두 속도경영에서 비롯된 것이다. 한국 중견기업 사무실은 LAN, 전자결제 시스템을 갖춘 곳이 대부분이다. 보다 신속한 의사결정을 위해 결제라인이 단순화되고, 계층축소로 중간관리층의 퇴출이 늘어나고 있는 것도 속도경영 때문이다. 회의문화에서도 시간절약을 위해 짧은 시간에 서서 회합(Stand Meeting)을 끝내는 곳이 늘고 있다. 삼성이 펼치는 내부의사 전달과정을 단순화시키는 SOS운동이 다른 회사로도 퍼져가고 있다. 보고사항은 요점만 간단히(Simple), 굳이 만날 필요 없을 때엔 전화나 PC로(On-line), 꼭 필요한 사항이라면 한 장 정도의 요약(Slim)보고로 시간을 아끼자는 것이다.

한국문화의 속도감은 언어생활에서도 두드러지게 나타나고 있다. 소위 N세대로 통하는 신세대의 언어속도가 엄청 빨라졌다. 앨빈 토플러의 말을 빌리면 한국인의 체질은 지금 빨라진 신경계 속도에 맞추어 진화를 거듭하고 있다. 그 때문인지 요새는 나이든 사람들이 젊은 세대와 대화를 하거나 정신적 교감을 얻는 데서 세대 간 장벽을 느끼는 경우가 많다. 인터넷 문화에서는 정도가 더 심하다. 청소년 사회의 의사소통에서 또래집단끼리만 통하는 숫자나 기호 아니면 축약된 신조어가 유행하면서 언어문화의 변질이 우려되고 있다. TTL(Time To Love 또는 The Twenties Life), 어샤, 고딩 같은 신조어들은 이미 잊혀진 고전이 되어 버렸다. 헤아릴 수 없을 정도로 많은 신조어들이 한없이 쏟아져 나와 같은 세대끼리도 문화적 이질감에 시달리는 형편이다. 이로 인한 언어공해는 심각한 사회문제가 될 지경에 이르렀다.

록(Rock), 랩(Rap), 힙합(Hip-Hop), 재즈, 디스코, 브레이크댄스 등 젊은 세대들이 열광하는 빠른 템포의 음악과 춤동작에서도 빨라지는 속도문화를 읽을 수 있다. 대중음악가 신중현은 이런 빠른 록 음악이 현대 청소년기의 폭력성을 잠재우는 순기능을 하는 것으로 보고 있다. "록 음악은 그 안에 거칠고 폭력적인 속성을 담고 있다. 록은 힘과 스피드를 요구하는 음악이다. 따라서 록은 질풍노도의 시대를 평화롭게 극복하는 방법 중 하나가 되고 있다."[9] 이처럼 한국인의 언어나 행동관습이 빨라지고 있는 것은 이들을 둘러싸고 있는 국가기관, 기업, 사회를 이끌고 가고 있는 무수한 조직사회 전반으로도 속도문화가 밀려오고 있는 신호라고 보아야 할 것이다.

섬세한 손 기술 문화

논문조작 사건이 터지기 전 황우석 교수의 실험실을 찾아 온 외국 학자들은 예외 없이 놀라운 탄성을 터뜨렸다. 수십 명 연구원들의 섬세하면서도 재빠른 손놀림 때문이다. 그들은 이를 '마법의 손(Magic Hand)' 같다고 했다. 줄기세포 기술의 핵심은 조작시간의 단축이다. 난자는 매우 약해서 외부공기에 노출되는 시간이 길어지면 길어질수록 생명력이 크게 떨어진다. 아무리 늦어도 15분 이내에 작업을 끝내야 성공가능성이 높아진다. 미국인 같으면 난자에서 핵을 빼내는 데만도 보통 1시간 정도가 걸린다. 그런데 한국인은 5분에서 10분 안에 거뜬히 해내고 있는 것이다.[10]

그렇다면 이러한 한국인의 뛰어난 손 기술은 어디에서 나온 것일까. 그 해답을 한국인의 전통적인 젓가락 기술에서 찾는 사람이 많다. 한국인이 즐겨 사용하는 쇠젓가락은 나무젓가락보다 가늘고 미끄러워서 조작이 까다롭다. 그런데도 한국인은 오랜 식습관을 통해 어려서부터 자연스럽게 젓가락질을 익혀왔다. 젓가락을 사용하게 되면 사람 몸 안에 있는 64개의 근육과 30여 개의 관절을 동시에 사용하게 되어 대뇌 활동에 좋은 영향을 주게 되며 치매예방 효과도 있다. 이는 젓가락 사용기술에 관심을 보이기 시작한 학계의 연구에서 나온 결론이다.

한국인의 섬세하면서도 재빠른 손 기술은 시간을 다투는 정교한 수술작업 등 의료 분야에서 진가를 나타내고 있다. 특히 불임과 디스크 내시경, 간이식 수술, 심장 수술 등 외과 분야에서 한국 의료기술은 세계 일류 수준에 올라있다. 연세대 의대 안과 권오웅 교수는 안과영역에서 난치병으로 불리는 '망막정맥 폐쇄증' 수술을 성공했다. 난자 절반 크기의 망막정맥에 가느다란 유리관을 찔러 넣어 응고된 혈액덩어리(혈전)를 용해시켜 뚫어주는 수술로 정교한 손 기술 없이는 불가능하다. 마리아 병원 박세필 박사도 한국인의 손 기술이 앞으로 신기술 개척에 큰 기여를 할 것으로 믿고 있다. "줄기세포 등 생명공학은 천재적 발상이나 거대한 시설보다 손 기술에 의해 좌우되는 경향이 있다. 손이 섬세한 한국인은 생명공학에 가장 유리한 민족이 될 것이다."[11]

한국인의 손재주는 산업 기술, 오락 등에서도 두각을 나타내고 있다. 반도체 등 정밀, 전자통신 기술을 비롯하여 기계, 화학, 조선, 건설 등 정밀한 손 기술이 경쟁력 제고의 필수수단이 되고 있는 곳이 많다. 용접, 도장, 가구, 귀금속공예, 요리, 제과, 이용과 미용, 피부미용, 웹디자인 등 그 활용 분야가 무궁무진하다. 손재주 하나로 우열을 가리는 '기능올림픽'에서 한국이 역대 최다승국의 지위를 누리게 된 것은 결코 우연이 아니다. 세계 양궁대회를 석권하고 있는 것도 몸에 밴 손 기술이 만들어 낸 결실이다. 한국의 은행원들이 수작업으로 지폐를 세는 속도는 세계 어느 나라 사람도 따라 갈 수 없을 정도다.

스타크래프트 같은 온라인게임은 미국에서 만들어지긴 했지만, 가장 활발한 시장은 한국이다. 이 게임의 승부는 손놀림의 속도에서 결판이 난다. 그 때문인지 게임을 직업으로 하는 프로게이머가 처음 생긴 곳도 한국이고, 프로게임 세계대회가 가장 성황리에 열리는 곳도 한국밖에 없다. 섬세하고 빠른 손놀림이 몸에 익은 한국인에게는 조금도 낯설지 않은 친근한 오락이기 때문이다. 미국의 다큐멘터리 전문채널인 '내셔널지오그래픽'은 한국인 프로게이머 서지훈에 대한 특집을 내보냈다(2006.10.27). 이 프로그램에서 특히 주목하고 있는 것은 국제게임경연대회에서 한국의 프로게이머들이 상위권을 휩쓸고 있다는 점이다. 그중에서도 대회 1등을 거머쥔 서지훈이 컴퓨터 마우스와 키보드를 이용해 게임을 조종하는 놀라운 능력을 파헤치는 장면을 중점적으로 다루었다. 서지훈의 손가락은 1분 동안 370번 키보드를 두드린다. 이는 세계 스타크래프트 게이머들이 평균 90~100번 정도를 두드리는 속도보다 4배나 빠른 수치이다. 이를 서지훈의 뇌에서 의사결정과 본능을 담당하는 부분의 활동이 남보다 월등히 활발한 때문으로 분석하고 있다. 결론은 '한국의 프로게이머들은 뇌부터 다르다'였다.[12]

아직 국민이나 민족 간의 뇌 활동에 대한 객관적 비교사례는 없다. 그러나 이를 시도해 본다면 아마 한국인의 평균적인 두뇌 기능이 남다를 가능성이 있다. 이는 기질적으로 성급한 국민들이 성급한 문화욕구에 적응하다보니 속도조절 기능도 유전적 진화가 이루어진 것으로 볼 수 있다.

세계 양계업계에서는 한국인 병아리 감별사를 최고수준으로 친다. 현재 세계 각국에서 활동하는 병아리 감별사의 60%가 한국인인 것을 보면 알 수 있다. 양계업자들은 사료절약을 위해 부화한 병아리 중에 암컷만 기르고 수컷은 폐기처분한다. 이때 암수를 구별하는 작업은 전문 감별사의 손재주 하나로 결정한다. 병아리 감별법을 발견한 나라는 일본이지만 감별기술의 정확도나 속도는 한국을 당할 나라가 없다. 최고로 숙련된 한국인 감별사는 1시간에 1,600마리를 감별할 수 있다. 평균 0.4초 만에 끝내는 감별능력은 거의 신기에 가깝다.

한국의 신세대들 중에는 순식간에 휴대전화에 문자메시지를 보내는 '엄지 족'들이 많다. '엄지 족'이란 휴대전화의 크기와 모양 때문에 엄지손가락만으로 문자를 쳐야 하는 데서 나온 말이다. 일본과 미국에도 엄지 족이 있지만 한국 사람만큼 1분에 수십 타씩의 문자를 여유 있게 보낼 수 있는 숙련자들이 수두룩한 나라는 없다. 엄지를 주로 이용하는 휴대전화 문자메시지(SMS) 서비스가 처음 선보인 것은 1998년이다. 그러나 이 서비스가 시작된지 7년 만인 2005년 6월부터 한국에서는 문자통화량이 음성통화량을 추월하기에 이르렀다.[13]

이것 역시 어려서부터 익혀온 젓가락 문화에서 비롯된 것이다. 그러나 우려되는 것은 서양의 포크 문화가 유입되면서, 한국인의 젓가락 사용능력이 눈에 띄게 어눌해졌다는 사실이다. 한국 초등학생의 80%가 젓가락질을 제대로 못하고 있으며, 성인들도 62%가 미숙한 것으로 드러났다.[14] 전통문화란 결코 낡고 쓸모 없는 것이 아니다. 어떻게 해야 현대사회에서 창조적으로 재현시킬 수 있는지가 문제일 뿐이다.

속도가 승부의 관건이 되는 산업 : 조선, 건설, 철강, 자동차…

현대는 시간산업의 시대라고 해도 과언이 아니다. 전통을 지켜가는 몇몇 장인들의 수공예품을 제외하고는 거의가 시간산업이 되어가고 있다. 이제는 똑같은 제품을 몇 십 년간 지루하게 되풀이 생산하는 기업이 없다. 이래서는 도산되기 십상이다. 소비자들도 전통의 때가 묻은 이기의 대물림에 만족하는 경우가 별로 없다. 제조업체들은 시장 확대를 위해서, 소비자들은 변화를 위해서 모두 새로운 것을 추구해 오고 있기 때문이다.

생산, 유통, 연구개발, 인사, 재무, 마케팅, 의사결정 등 일련의 기업 활동에서 시스템적 조직운영과 네트워크 기능을 극대화하여 효율성을 높이는 것이 속도경영이다. 속도경영이란 결국 시간의 이익을 얼마나 늘려갈 수 있느냐가 성패의 관건이 된다. 지금 세계적 기업들은 신약 개발이나 IT 등 각 분야에서 특허나 지적재산권 같은 무형의 권력 확보에 집착하면서 속도경영에 기업의 운명을 걸고 있는 곳이 많다. 시간산업의 성공조건에는 작업환경의 우열도 중요하지만, 생산인력의 열정만큼 중요한 것은 없다. 그러한 점에서 시간산업은 한국인의 성급한 기질에 너무 잘 맞는다. 한 번 흥이 나면 집단적 집중력이 상상을 뛰어넘는 신바람 기질이 가속도를 내게 해주기 때문이다.

이러한 속도전략은 동종업계뿐만 아니라 이종업계에도 자극을 주어 동조화현상을 부채질하고 있다. IT 산업을 위시하여 조선, 건설, 자동차, 철강 분야에서 한국이 세계적인 경쟁력을 갖출 수 있었던 것은 시간단축의 이익실현에서 다른 나라를 앞서고 있기 때문이다. 특히 기존 산업들이 한국의 앞서가는 IT 기술을 접목시켜 품질과 속도에서 유리한 고지를 점령한 것이 주효했다. 한국에서 IT 산업이 유난스럽게 부상하고 있는 것은 IT 산업이야말로 대표적인 시간산업이기 때문이다.

삼성이 내걸고 있는 시간산업의 기회선점이나 스피드 경영은 모두 속도산업을 염두에 둔 전략이다. 삼성은 IT 산업에 비중을 둔 결과, 최근 몇 년 사이에 월드베스트 20여 개 상품의 생산기업이 되었다. 거의가 첨단 속도상품들이다. 이는 삼성의 기업정신이 과거의 '돌다리도 두드리면서 건넌다'는 안정제일주의에 머물지 않고 '니무다리라도 있으면 건너가야 하며 그것도 남보다 먼저 가야 한다'는 프런티어 정신과 함께 얻은 결실이다.[15]

삼성의 기회선점 전략은 LCD 개발에서 일본 업체들이 2세대(11인치)에 치중하고 있을 때 바로 3세대(12인치)로 치고 들어가 역전에 성공했다. 곧

이어 5세대(17인치)에서 히트를 친 다음에는 6세대를 거치지 않고 곧장 7세대(46인치)로 도전하며 선두를 유지하고 있다. 반도체에서도 세계 최고 속의 그래픽 D램 개발에 성공하는 등 D램, S램의 선발주자 자리를 굳건히 지켜온 것도 도전적인 근로관습과 역동적인 스피드 경영이 거둔 과실들이다. 이동전화산업의 전망이 밝아지면서 삼성전자와 LG전자가 각기 7배나 빠른 고속의 하향패킷접속(HSDPA)단말기를 거의 동시에 개발, 세계 최초로 상용화의 길을 연 것도 한국 기업의 적응력이 얼마나 재빠른지를 보여주는 작은 사례에 불과하다.

한국은 전통적인 조선 강국이다. 3면이 바다를 접하고 어업이 발달했고 해상무역, 해상교통로 개척에도 적극적이었다. 이미 신라시대에 '해상왕국'을 건설할 만큼 일본이나 중국에 비해 조선기술이나 운영능력이 뛰어났었다. 그러나 산업화에 뒤지면서 기계화된 동력선박 건조기술이 낙후되어 있다가 산업화에 속도가 붙자 새로운 조선국으로 잠재력이 살아나기 시작했다. 1990년대 초까지만 해도 세계 조선시장은 노르웨이, 덴마크 등 북구시대를 거쳐 싱가포르, 일본이 석권하고 있었다. 특히 일본은 세계최고 수준의 기술력과 생산성을 보유한 조선강국으로 40여 년 동안 부동의 세계 1위 자리를 지키고 있었다.

그러다가 1993년부터 세계 조선시장에 지각변동이 일어나기 시작했다. 개발도상국에 불과한 한국이 독자기술이나 시설, 경험도 거의 없는 조선황무지에서 불과 20여 년 만에 일본의 아성을 무너뜨리기 시작한 것이다. 초창기 한국 조선업의 경쟁력은 낮은 선박가격과 건조기간 단축뿐 내놓을 만한 것이 없었다. 그러나 1993년을 기점으로 하여 한국은 조선 수주 부문에서 세계 1위에 뛰어오른 것을 시작으로, 2006년 상반기 들어 세계시장의 42%를 차지했다. 2위인 일본(19.2%)보다 두 배 이상 많은 물량이다. 이미 받아놓은 물량만도 1,357만 톤으로 세계시장의 36.4%를 차지했다.

더욱 고무적인 것은 이 배들의 90% 정도를 국산으로 충당하고 있다는 사실이다. 엔진과 페인트는 100% 한국산이다. 그 외의 것은 고급기술이 없어서가 아니라 국내물량을 댈 수 없어서 할 수 없이 외국산을 들여오고 있다는 사실이다.[16] 종전과 같이 값싸고 부가가치 낮은 선박이 아니라 세계최고 수준의 기술력으로 부가가치 높은 최신형 선박건조 부문에서도 명실상부한 1위에 오른 것이다. 특히 대형 유조선과 컨테이너선 그리고 LNG, LPG선 같은 비싸고 정밀한 선박제조 기술은 세계 최선두그룹을 달리고 있다. LNG 같은 가스운반선은 선체에 조그마한 흠집만 있어도 대형폭발로 이어지는 고난도 기술이 요구되는 선박이다. 이미 카타르가 발주한 100억 달러 규모의 LNG선 44척을 한국의 대우, 삼성, 현대 등 국내 조선 3사가 싹쓸이해 버렸고, 이란 등 중동 산유국으로부터도 수주가 몰리고 있는 상황이다.

이처럼 한국 조선업계가 세계 조선시장을 석권하게 된 계기는 2000년대 들어 동조산업의 탈을 벗고 본격적으로 창의적인 기술과 속도전에서 독자적 영역을 구축했기 때문이다. 한국 조선업계는 무엇보다 선박건조는 드라이도크에서 만든다는 기존 조선업계의 고정관념을 깨고, 육상건조, 해상건조, 수중건조 방법이란 새로운 공법을 잇달아 개발하여 세계를 놀라게 하고 있다. 또 한국 조선업계는 국제해사기구(IMO)가 유조선의 충돌, 좌초로 인한 해양오염을 방지하기 위하여 새로 규정한 2중 선체 건조 방식에 대해서도 이미 발 빠른 준비를 갖추어 놓았다.[17]

영국 〈로이드〉에 의하면 2005년 현재 한국이 보유한 국제기준에 적합한 상선은 모두 943척이다. 이는 그리스, 일본, 독일, 중국, 미국, 노르웨이에 이어 세계 7위에 해당한다. 한국은 선박건조 능력뿐만 아니라, 해상운송 능력에서도 영국을 제칠 만큼 강세를 보이고 있다.[18] 이는 장보고 이후

1,000년 만에 해상국가로서 그 위상이 다시 살아나고 있음을 의미한다.

건설업 역시 위험을 감수하면서 시간이익을 얻을 수 있다는 점에서 조선업과 유사한 점이 많다. 한국이 산업화에 공을 들일 때 건설업은 세계 분쟁지역에서 모험적으로 시장을 개척해온 초창기 한국의 간판산업이다. 초창기에는 걸작을 만들려는 욕망보다 가난한 삶을 벗어나기 위한 방편으로 출발했다. 이미 몇 십 년 전부터 중동 산유국에서 중동특수 붐 조성의 견인차 역할을 했다. 중소기업 수준에 머물던 한국의 건설업이 대형 프로젝트를 수행할 만한 수준으로 커진 것은 1960년대 이후, 경제개발계획에 따라 전국에서 대단위 건설사업 붐이 일어나면서부터이다. 처음에는 그저 공정진도를 앞당기는 강력한 속도전에만 매달려 있었다. 2000년대 들어서부터야 한국 건설업도 부가가치 높은 고도산업으로 재도약이 이루어지기 시작한 것이다. IT 기술 및 여타 기술산업과 연계, 기술과 품질수준을 끌어올리면서 한국인 특유의 기질적 장점들이 상승효과로 작용하기 시작했기 때문이다.

2006년 아프리카 남서해안의 나라 앙골라에서 한국은 '기적을 만드는 나라'로 널리 알려졌다. 한국의 한 건설회사가 2년 이상 걸리는 국제컨벤션센터 건물을 단 8개월 만에 준공한 것이다. 당시 앙골라의 국영석유회사 '소낭골'은 2006년 4월에 있을 아프리카 석유장관회의를 이 컨벤션센터에서 치르게 되어, 몹시 다급한 상황에 처해 있었다. 10개월 안에 연면적 4,700평 센터 건물과 귀빈숙소 20채를 완공한다는 것은 거의 불가능한 일이었다. 이 때문에 외국의 건설업체들은 건설수주를 모두 포기해버린 상태였다. 그때 소낭골의 이집트인 자문역이 한국을 추천했다. "중동에서 한국 건설사들이 일하는 것을 봤다. 10개월은 그들에게도 무리일 수 있다. 하지만 그 기간에 해낼 수 있는 나라가 있다면, 그건 한국뿐일 것이다." 그렇게 해서 선택된 한국 건설사 남광토건은 모험을 감행했고, 결국

8개월 만에 훌륭하게 끝냈다. 여기서 얻은 능력과 신용이 힘이 되어 남광토건은 지금 앙골라에서 호텔, 주상복합빌딩 등으로 그 몇 배의 건설수주를 획득하는 등 호황을 누리고 있다.[19]

한국 해외건설협회는 2006년 해외건설수주목표를 건설교통부가 전망한 85억 달러보다 높은 100억 달러로 정했다. 이 목표는 업계의 예상대로 2006년 8월 말에 118억 1,300만 달러를 거뜬히 넘겨버렸다. 이는 2005년 같은 기간보다 82.7%나 증가한 수치이다. 이 추세대로라면 2006년 말에는 150억 달러 수주도 충분히 넘길 것으로 보고 있다.[20] 국내 건설업체의 해외건설수주 활동은 중동지역에서 가장 활발하다. 게다가 건설업의 질적 측면에서도 장족의 발전이 이루어지고 있다. 과거에는 항만, 주택, 도로, 수로공사 같은 힘들면서도 부가가치가 낮은 사업이 주류를 이루었다. 그러나 지금은 발전소, 고층빌딩, 원유시추설비, 화학석유 시설, 담수 플랜트 공사 등 선진국의 전유물이었던 고난도 건설 플랜트사업으로 영역이 바뀌고 있다.

삼성건설이 힘겹게 따낸 세계 최고층 빌딩인 '버즈 두바이(Burj Dubai)' 프로젝트는 한국의 건설수준과 한국인의 기질을 한꺼번에 엿볼 수 있는 대형 공사이다. 이 건물은 아랍에미리트(UAE)가 두바이에 세울, 중동지역을 대표하는 상징건물이다. 삼성건설이 치열한 국제경쟁을 뚫고 주사업자(Leading Company)가 된 사실은 세계 건설업계를 놀라게 한 일대 사건이었다. 지상 160층 이상, 높이도 700미터 이상에 연면적 15만 평이나 되는 맘모스 건물이다. 한국의 63빌딩(249미터)의 3배 높이에, 코엑스몰 크기(3만 6,000평)의 4배가 넘는 규모이다. 삼성은 이 건물을 47개월 만인 2008년에 완공시키겠다고 약속했다. 이 약속을 지키려면 일반 건물보다 2배 이상의 속도를 내야 한다. 이러한 진도를 맞추려면 속도에 도전하는 새 공법이 개발되어야 하며, 밤낮 없이 24시간을 그것도 최고의 전문인력으로 승부를 걸어야 한다. "건설업은 한국인의 정서에 어울린다. 한국인은 새로운 도전을 해서 무언가를 성취하려는 욕구가 굉장히 높다. 목표가 정해지면 자기희생을 하면서 일사불란하게 일을 수행한다." 이 공사를 책임지고 있는 김경준 상무의 말이다.⁽²¹⁾

한국에는 뛰어난 역사적 건축물이 많지 않다. 있던 것조차도 전쟁의 참화 속에서 거의 불타 버려 남아있는 것이라고는 석굴암, 첨성대, 다보탑, 석가탑 등과 몇몇 불교사찰과 고궁 정도이다. 중국이나 유럽, 아랍지역의 웅장한 건축물과 비교하면 왜소해 보이는 소품 정도이다. 그러나 여기에는 아쉬움보다는 우리 민족에 대한 축복의 뜻이 담겨 있다. 우리 역사상 세계가 놀랄 만한 대규모 토목공사가 없었던 것은 민본주의적 평화사상이 뿌리를 내린 나라이기 때문이다. 한국의 역사적 유물이란 거의가 국가나 국민의 안위를 위한 종교적 염원을 담은 것들이며, 특정 군주의 개인적 영달을 위한 것들은 거의 없다. 기록상으로 보면 우리의 건축기술에 관한 잠재력은 매우 뛰어났던 것 같다. 그중 황룡사 9층탑은 92년이나 걸려 선덕왕 시절(서기 645년)에 완공된, 당시 세계 최고층의 목조 건축물이었다. 높이만 해도 80.16미터로 아파트 30층에 이른다. 황룡사 9층탑의 놀라움은 그로부터 1,400여 년이 지난 지금 삼성건설이 맡은 두바이 세계 최고층 건축물 건설과 기묘하게 인연이 닿아 있다는 생각이 들게 한다.

한국의 자동차산업도 마찬가지다. 2000년대 들어 한국의 자동차는 미국을 위시하여 중국, 인도, 유럽, 동구권 등 세계시장에서 가장 빠른 성장을 하고 있다. 2004년 자동차 수출액은 325억 달러에 이르렀으며, 자동차 산업 성장률은 세계 1위에 올랐다. 이는 2위 수출품인 반도체 수출액보다 21.3% 많고, 3위인 철강수출액보다 3.8배나 많은 기록적 수치이다. 더구나 한국의 자동차산업은 국산화율이 90.3%나 될 만큼 자립산업으로서의 지위를 다져놓고 있다.

우리 자동차산업이 이 같은 가파른 상승세를 타고 있는 것은 속도상품으로서의 특성을 유감 없이 발휘한 때문으로 볼 수 있다. 여기에다 IT 기술과의 화려한 접목과 소비자의 감성을 자극하는 세련된 디자인 등 외형을 중시하는 기질과도 맞아떨어진 때문으로 분석되고 있다. 단순한 운반수단으로보다는 감성적 유인요인이 강하고 창의적인 부가기능과 개성을 강조하는 것 등이 주효하다.

가장 빠른 지름길이 가장 가파른 오르막길

속도산업에는 장점 못지않은 무수한 함정들이 도사리고 있다. 아더 블로크의 '머피의 법칙'에 이런 말이 있다. '가장 빠른 지름길은 가장 가파른 오르막길이다(험프리 자전거 법칙)', '의기투합이 빠르면 빠를수록, 그만큼 오래가지 못한다(에스콰이어 법칙)', 한국 속담에도 '급성급패(急成急敗)', '급할수록 돌아가라', '천리 길도 한 걸음부터' 등 경구가 많은 것은 예전부터 한국인의 기질이 몹시 성급했다는 증거이다. 요새는 한 걸음 더 나아가 '느낌'이 좋아서 선택하고 '느낌'이 나빠져서 헤어지는 충동적 돌출행동이 기업은 물론 남녀 간의 만남에서도 곧잘 번지고 있다.

일확천금을 노리는 도박심리로 모험산업에 도전하면 성공확률이 매우 낮은 데다 도산의 위험성도 커진다. 신중성과 정교한 마무리, 철저한 책임의식을 소홀히 할 때 그 결과는 무서운 재앙으로 다가온다. 와우아파트 붕괴, 성수대교 참사, 부실한 제방붕괴 같은 졸속계획, 졸속공사, 졸속대처능력 등은 모두 조급한 성취동기에서 비롯된 것들이다. 걸핏하면 개혁 또는 혁신의 이름으로 기존의 법, 제도, 원칙을 자주 바꾸거나 무력화시키는 타성이 사회적 신뢰를 떨어뜨리는 등 계속 문제를 일으키고 있다.

이해관계자에 대한 대화와 설득이 어려워진다고 해서 시간절약을 위해 아예 새 틀을 짜려는 발상은 더욱 위험하다. 이러한 관습은 세상이 바뀔 때마다 부메랑 효과로 악순환을 몰고 올 뿐이다. 아무리 저효율적인 제도나 관습이라도 한 번 뿌리를 내리게 되면 교묘한 조정능력이 생겨 단점을 보완해가는 능력이 생긴다. 그러면서 이를 둘러싼 무수한 주변 환경과도 보이지 않는 상관관계를 가지게 된다. 조직생리도 선악이나 정사와 관계없이 하나의 유기체로서 굴러가는 특성이 있다. 깊은 경험이나 연구도 없이 명분과 원칙만을 앞세워 뜯어고치기를 일삼을 때 조직은 전면적인 무질서에 빠져들게 되고 바라던 목표에서도 벗어날 수 있다. AP통신도 황우석 사태로 인한 국가이미지 추락을 한국인의 조급한 성격 탓으로 돌리고 있다. 「한국인의 1등주의와 성과주의, 조급한 문화가 황우석 스캔들의 뿌리이다.」[22]

공자(孔子)의 《논어(論語)》를 낡은 유산이나 청산의 대상으로 보지 않는다면, 앞만 보고 달리는 현대인에게 과거를 돌아보는 눈을 찾아 줄 수 있다. 여기에는 국가나 기업의 경영자가 마음 깊이 새겨두어야 할, 속도산업이 자초한 폐해극복의 해답이 숨어 있다. 「옛것을 다시 배워서 새것을 안다면, 그는 다른 사람들의 스승이 될 수 있다(溫故而知新 可以爲師矣).」

이미 선진사회에는 밀란 쿤데라의 느림의 미학이나 피에르 쌍소의 느림의 철학 같은 삶에 대한 심오한 성찰에 공감하는 사람들이 많다. 빠른 성취 속에서 우리는 지금 더 많은 것을 잃고 있다는 사실을 음미할 필요가 있다. 느림이란 시간을 급하게 다루지 않고, 시간의 재촉에 떠밀려가지 않겠다는 단호한 결심에서 나오는 것이며 또한 삶의 길을 가는 동안 자기 자신을 잊어버리지 않을 수 있는 능력과 세상을 받아들일 수 있는 능력을 키우겠다는 확고한 의지에서 비롯하는 것이다.[23]

〈참고자료〉

(1) 빌 게이츠, 《빌게이츠@생각의 속도》, 청림출판, 1999
(2) '네티즌 100배, 속도 1700배 늘었다' , 중앙일보, 2005. 3. 15
(3) 로버트 슐레이터, 《잭 웰치와 GE방식 필드북》, 물푸레, 2000
(4) 앨빈 토플러, 《권력이동》, 한국경제신문사, 1990
(5) '1분 1초가 돈, 108시간 만에 지구 한 바퀴' , 매일경제, 2006. 7. 12
(6) '빨리 빨리 코리안, 긴장됩니다' , 중앙일보, 2006. 2. 28
(7) '내 영화의 생명은 템포, 느린 영화는 정말 싫어' , 중앙일보, 2006. 10
(8) '사이버쇼핑몰 거래액 10조 원' , 중앙일보, 2006. 2. 9
    '홈쇼핑 10년 새 100배로' , 중앙일보, 2005. 7. 28
(9) 신중현, '남기고 싶은 이야기들' , 중앙일보, 2006. 3. 1
(10) '손재주는 국력' , 주간조선, 2005. 4. 25
(11) 난자채취, 핵치환 배양, 5분 만에 끝' , 중앙일보, 2005. 5. 21
(12) '프로게이머 그들의 세계로 초대합니다' , 문화일보, 2006. 10. 25
(13) '엄지가 목소리 눌렀다' , 중앙일보, 2005. 7. 28
(14) '한국 성인 62% 젓가락질 어눌' , 메트로, 2004. 12. 3
(15) 김성홍 · 우인호, 《이건희 개혁 10년》, 김영사, 2003. 12
(16) '조선 대국 한국, 10년 뒤도 걱정 없다' , 2006. 11. 2
(17) '고정관념 깼다. 한국 조선의 기적' , 중앙일보, 2006. 4. 19
(18) '한국 상선보유 척수, 영국제치고 세계 7위' , 문화일보, 2006. 2. 17
(19) '놀라운 한국기업, 앙골라가 반했다' , 중앙일보, 2006. 7. 24
(20) '해외건설 수주, 작년 연간 실적 이미 넘었다' , 아시아투데이, 2006. 9. 1
(21) '한국의 혼 두바이 하늘을 뚫다' , 주간조선, 2005. 6. 6
(22) '미 언론, 한국인의 조급한 문화 탓' , 문화일보, 2005. 12. 24
(23) 피에르 쌍소, 김주경 역, 《느리게 산다는 것의 의미》, 동문선, 2000

9

풍류산업 :

놀기 좋아하는 한국인만의 신바람 기질로 새 문화를 창조한다

01

한국은 얼마나 문화잠재력이 있나

얘깃거리는 많지만, 체계화된 신화(神話)가 없는 나라

《반지의 제왕(*The Lord of Rings*)》과 《나니아 연대기(*The Chronicles of Nania*)》는 20세기 판타지 문학의 양대 산맥으로 꼽힌다. 《반지의 제왕》의 저자 톨킨과 《나니아 연대기》의 저자 루이스는 모두 영국인이다. 이 두 작품은 옛날부터 알려진 신화를 집대성한 것이 아니다. 오랜 세월 동안 영국인의 정서가 묻어있는 북구 지역의 신화 및 기독교 성서를 적당히 섞어 개인이 상상력을 발휘해 창작한 판타지소설이다. 그런데 이 두 작품이 발간된 지 수십 년이 지난 21세기에 영화화되면서 새롭게 재조명되고 있다. 영화 〈반지의 제왕〉은 제작비 2억 8,000만 달러를 들여 28억 8,000만 달러를 벌여 들였고, 〈나니아 연대기〉 역시 제작비 1억 5,000만 달러의 몇 배나 되는 수익을 올렸다.

영국은 자랑할 만한, 체계화된 신화가 없는 나라다. 비록 해가 지지 않는 세계 제국을 건설했지만 민족의 신화적 뿌리가 빈약한 데서 온 자격지심이랄까, 그것이 《반지의 제왕》을 탄생시킨 배경이 됐는지도 모른다. 지구상에는 다채롭고 체계화된 신화나 전설이 방대한 지역문화의 근간을 이루고 있는 곳이 의외로 많다. 이슬람 세계, 고대 기독교 세계, 인도, 그리스와 이탈리아, 북구 스칸디나비아 지역 같은 곳에는 줄거리가 있는 방대한 신화나 예언서 같은 것들이 많이 있다. 코란, 성경, 베다, 그리스·로마 신화, 오딘(Odin) 신화 등이 그것이다.[1] 그래서 이곳 사람들은 어려서부터 자기네 신화를 익히면서 민족적 긍지나 사회적 금기, 도덕률 같은 문화적 동질감을 길러간다. 이것이 여러 세대 동안 반복되면서 민족성 형성에 막강한 영향력을 주어 온 것이다.

그런데 이런 비 현실적인 신화가 요즘 들어 재조명되고 있는 이유는 무엇일까. 신화는 상상의 산물이며 고대사회의 특성을 대표하는 유물이기도 하다. 그것이 현대에 와서는 정보 비만에 시달리고 있는 현대인의 스트레스 등 각가지 한계요인을 씻어주는 정화제로 재조명되고 있는 것이다. 금세기 들어 문화산업시장이 폭발적으로 커가고 있는 것은 그만큼 현대인의 삶이 피로하고 복잡해 자유롭고 참신한 세계로의 탈출에 대한 염원이 커진 때문이다. 판타지물인 〈스타워즈〉, 〈슈퍼맨〉, 〈에어리언〉, 〈터미네이터〉, 〈해리포터〉 시리즈들이 영화계, 독서계에 새로운 돌풍을 몰고 온 것은 다 그럴 만한 이유가 있어서이다. 또 다른 이유로는 고도화된 영상표현 기술이 희미한 상상의 세계를 구체적으로 재현시켜준 점이다. 또 이 기술은 무한대의 소재 발굴의 길을 터줌으로써 현실과 이상세계의 자연스런 접근을 폭넓게 열어주었다.

그러면 우리 한국은 어떠한가. 아마 한국인만큼 이야기를 좋아하는 국민도 없을 것이다. 한국에는 보잘 것 없어 뵈는 작은 마을에도 기이한 전설이 얽혀있는 곳이 수두룩하다. 풍부한 역사적 기록문화만 해도 다른 나라보다 빠지지 않는다. 그런데도 한국에는 아직 체계화된 신화나 전설이 없다. 단군신화, 동명왕, 석탈해, 김수로왕 신화에는 종적·횡적 계보가 거의 없다. 그런데도 한국에는 신화, 전설, 설화가 난무하고 있다. 한국인의 의식 속에는 합리성과 동떨어진, 기상천외한 이상세계에 대한 기대감이 항상 흘러 다니고 있다. 지금도 한국의 신문에는 '오늘의 운세'가 있고 무속이 깃든 점술 산업이 연간 수조 원대에 이른다. 이런 나라는 찾아보기 힘들 것이다.

원래 신화는 공포를 몰아내기 위해 만들어졌다고 한다. 5,000년 역사 동안 수많은 전란을 겪으면서도 이 땅을 버리지 않고 버텨온 것은 우리나라 사람들을 하나로 묶는 정신적 귀속감이나 낙관적 꿈이 있었기 때문이다. 같은 동양권인 중국도 한국과 비슷히다. 빈고(盤古)로부터 시작된 중국신화는 많이 구전되고 있으나 체계화되지는 않았다. 일본만이 나름대로 체계화된 신화가 있다. 일본 신화의 주인공인 태양의 여신 '아마테라스'와 그의 동생을 시작으로 해서 초대 신무천황(神武天皇)으로 신화의 계보를 잇고 있다.[2] 이런 점이 한국과 다르다. 물론 동양 3국은 각자 자기들만의 선민의식 등 몇 가지 편견은 있다. 그러나 그중에서도 일본이 가장 폐쇄적인 것은 섬나라로서의 위치적 조건과 관계가 있지 않나 생각된다.

20세기 후반부터 세계 문화시장에서 최강국은 미국이 차지하고 있다. 미국은 자체 문화시장이 넓은 데다 어떤 나라 문화라도 자유롭게 수입·가공할 수 있는 유리한 고지를 선점하고 있다. 역사가 짧아 내놓을 만한 전통문화가 없는 것이 오히려 강점이 된 것이다. 원래부터 별다른 신화나 전설은 없다. 그러니 자기들만의 고집스런 문화적 편견도 적다. 따라서 어떤 나라의 신화나 전설이라도 쉽게 받아들이며 현대인의 입맛에 맞게 얼마든지 새로운 모습으로 시장에 내놓을 수 있다. 그러니 문화자원 부족에 어려움을 겪을 일도 별로 없다. 아랍세계에서는 코란에 어긋나는 발상 자체가 어렵다. 그리스인도 그리스신화의 스토리를 제멋대로 뜯어고쳐서는 공감대형성이 안 된다. 그러나 미국에서는 얼마든지 가능하다.

한국에도 괴팍한 문화적 금기나 편견이 별로 없다. 사실 한국에는 옛날부터 판타지 세계에 대한 다양한 소재와 이야기꾼을 많이 가지고 있었다. 미국과 다른 점이 있다면 미국은 자신의 문화적 뿌리 없이 자유로운 문화 통합, 연계능력에만 머물고 있다. 그래서 깊이가 부족하다. 그러나 한국은 깊고 풍부한 자체문화의 바다 속에서 외래문화를 용해, 한국문화로 재현시키는 잠재력이 강하다. 국보 32호로 지정되어 있는 팔만대장경에는 인도, 중국 등지에서 수집한 방대한 법문과 이에 관련된 신화적 내용들이 수록되어 있다. 원래는 중국 송나라 태조(AD 972년) 때 대장경 판각이 시작되어, 송나라 태종(AD 983년) 때 완성되었으나 전쟁으로 모두 소실되어 버렸다. 고려 대장경은 이 송나라 대장경을 모본으로 했지만 우리만의 불교전적이 포함되어 있는 독창성 있는 걸작으로 세계 유일본이다.

유네스코(UNESCO)가 지정한 세계기록유산 중에는 한국의 훈민정음, 조선왕조실록, 승정원일기, 직지심체요결 같은 기록문화유산이 포함되어 있다. 또 세계무형문화유산에도 종묘제례 및 종묘제례악, 판소리 등이 지정되어 세계적 문화콘텐츠 국가로의 잠재력을 공인받고 있다. 이 밖에도 한국에는 색다른 풍부한 기록문화가 보존되어 있다. 전통적으로 한국 사회를 이끌고 온 지식인 계층은 거의 학문을 숭상하는 양반층이었다. 전국에 흩어져 사는 이들의 가문에서는 이들이 생존 시 이룩한 업적을 문집(文集)으로 편찬하는 일이 관례로 이어져 왔다. 때문에 이 문집 속에는 다른 나라에서는 보기 힘든 시문(詩文)을 비롯한 정치, 역사, 학문 등이 집대성된 귀중한 콘텐츠들이 가득 차 있다. 여러 번의 전란을 겪으면서 엄청난 양이 손실되었으나, 아직도 사료가 될 만한 가치 있는 문집이 상당수 보존되어 있다.

이 모두가 심각한 전란의 와중에서도 수백 년 동안 힘들게 지켜온 소중한 문화유산들이다. 이는 전통문화에 대한 집착과 긍지가 없었더라면 지켜낼 수 없는 국가자산들이다. 반면에 미국은 누구도 따라올 수 없는 고도의 사실적인 영상표현 기술을 장악하고 있다. 이들은 무수한 소재들을 통합, 새롭게 탄생시키는 고도의 가공기술로 세계문화시장을 이끌어 가고 있다. 때마침 네트워크사회 체제로 변하고 있는 국제추세가 미국의 입지를 더욱 유리하게 만들고 있다.

한국은 아직 문화적으로나 이념적으로 흩어진 개체들을 하나로 묶어내는 기술적 연계능력이 뒤처져 있다. 이것이 큰 걸림돌이다. 그러나 높아진 정보기술, 정보산업시장의 빠른 성장이 이들을 유기적으로 통합해 주는 자극제가 될 수 있다. 이런 추세가 문화산업 분야로 확산될 때, 한국은 세계의 다민족, 다문화를 자유롭게 끌어안고 자신의 색깔을 입힐 수 있는 세계에서도 매우 드문 가공문화의 메카로 발돋움할 수 있을 것이다.

한국의 '신명'은 문화융합의 원천

한국 민족이 다른 민족과 구별되는 가장 개성적인 특성은 '신명' 이다. 신명이란 신바람이라 불리는 집단문화이다. 한국인의 신명은 만인이 다 제각기 따로 노는 형국이면서도 만 개의 개체가 서로 연쇄충돌하면서 무서운 기세로 확산되는 공동체의식을 이루고 있다.[3] 한국인은 신기(神氣)가 넘치는 민족이다. 신명에는 즉흥성이 있으며 논리나 규격을 흔들어 놓는 감성적 기세가 워낙 강하다. 드라마만 해도 우리 연기자들은 신이 나면 대본을 그대로 따라하지 않고, 대본에도 없는 '애드립'을 자연스럽게 내뱉곤 한다. 한 번 흥이 나면 형식과 종류를 가리지 않고 빠져들어 버린다. 운동이나 춤, 노래, 도박 등 가리지 않고, 대상이 일본인이든 중국인이든 서양인이든 문제가 되지 않는다. "실제 한국은 역동과 신명의 나라이다. 과거 조상들은 힘든 삶 속에서도 가무를 즐기며, 모든 고난을 역동과 신명으로 승화시켰고, 하회탈의 미소를 간직했다. 한국문화는 나보다 우리를 강조하는 관계주의 중심의 문화이고 집단의 일체감을 중시하는 공동체의식을 가진 문화이기 때문이다. 따라서 나보다 집단을 형성할 때 더욱 큰 힘을 낼 수 있다."[4] 흠이 되어 온 개인이기주의, 집단이기주의 성향들이 놀라운 집단의식과 강력한 결집력으로 탈바꿈되는 비결이 바로 이 신명이라는 것이다.

한국인의 풍류기질은 타고났다고 한다. 여기에는 정해진 규격과 틀이 따로 없다. 한국인의 전통 노래는 여간해서 채보가 어렵다. 일부러 이를 기호화했다 해도 개성적인 가락 안에는 무수한 유파와 특성이 갈라지고 있어 표준화가 잘 안 된다. 유럽에서도 남다른 예술적 감성이 두드러진 곳에서 집시음악, 샹송 같은 융통성 있는 음악이 성행하는 것을 보면 예술적 다양성과 기질은 뗄 수 없는 관계로 보인다. 춤에서도 한국에는 서양의 블루스, 왈츠, 탱고 같은 정형화된 대중 춤이 없다. 한국에서는 흥이 나면 한국 춤만의 동질성을 유지하면서도 격식에 구애받지 않은 자연발생적 창작 춤이 어수선하게 펼쳐진다. 그러면서도 여럿이 어울린 춤판은 묘한 조화를 이루어내고 있다. 규격 속에 가두어 통일시키기보다는 각자 따로 놀 수 있도록 개방해 놓되 전체와는 균형이 맞추어진 형국을 이루고 있다. 즉, 한국인의 풍류정신에는 집단적 동질성과 개성적 기질 간의 조화가 바탕에 깔려 있는 것이다. 고대부터 중국인들도 한국인의 풍류기질을 알았다. 신라 화랑도의 기본자질 중에 가무(歌舞)는 필수과목에 올라있다. 이런 풍류기질은 한국인의 실생활의 변두리가 아닌 한복판에 자리를 잡고 있었다는 증거로 볼 수 있다.

한국인의 음악적 재능은 특히 대중음악에서 아시아 국가 중 뛰어난 두각을 나타내고 있다. 한국에는 클래식, 판소리, 뽕짝, 록, 힙합, 댄스음악 등이 한마당에서 큰 무리 없이 공존하고 있다. 형식이나 곡조는 큰 문제가 되지 않는다. 중요한 건 신명이다. 신명이 나면 고조된 감성적 동질감 속에 모든 것이 녹아 버린다. 자신을 잊고 끓어오르는 열기 속에서 엄청난 힘과 폭발력이 생겨난다. 이때에는 금기도 갈등도 원칙도 맥없이 허물어져 하나로 통합된다. 그래서 한국인에게는 기쁨과 슬픔, 고통, 분노마저도 풍류적 신명으로 흡수, 공유하는 특별난 풍류문화가 뿌리를 내려왔다.

이미 유럽, 미국 등지에서는 한국의 독창적 예술인 판소리, 전통무용 등이 소개되어 신비감을 높이고 있다. 근래에는 한국인의 체취가 서려 있는 서구형 대중음악, 영화, 게임 등도 인기를 얻고 있다. 지난 2006년 4월 프랑스 파리에서는 한국 전통무용의 현대화를 이끌고 있는 '창무회'의 창작무용 '심청'이 대성공을 거두었다. 프랑스인들은 무용동작에서 서구인이 즐겨 쓰는 하늘을 찌르는 대신 땅에 엎드려 감싸는 동작이나, 발끝을 곧추세우기보다는 뒤꿈치부터 내려 놓는 걸음새를 너무 신기해 하며 10분이 넘는 커튼콜 갈채를 보냈다. 그 곳 무용전용극장 '메종 드 라 당스'의 프로그래머 벤자민 페르세는 말했다. "세계화가 진행될수록 문화만큼은 각각의 고유성을 간직해야 하며 심청은 그래서 더욱 의미 있는 공연이었다."[5] 한국적인 것이 가장 세계적인 것임을 확인시켜준 사례이다.

미국 UCLA 대중문화·예술연구소 제인 케이건 소장은 한국문화를 이렇게 평가하고 있다. 「전 세계 문화산업의 중심이 서양에서 동양으로, 특히 할리우드에서 한국으로 이동하고 있다. 21세기 문화콘텐츠시대를 맞아 문화산업을 주도하던 할리우드가 한국을 중심으로 한 아시아에 그 지위를 넘겨주고 있다. 한국의 응원에서 보여 주었듯이 한국과 한국인들은 서구세계가 경험하지 못한 역동적인 에너지를 문화·예술·스포츠 분야에 쏟아내고 있다.」[6]

　한국의 새마을 운동이나 경제기적이 이런 신명문화에서 이루어졌을 거라는 주장도 이런 연유에서 나온 것이다. 장례문화에서도 과거에는 장례행렬, 봉분 다지기 등 격식마다 구슬픈 노래 가락에다 들썩이는 율동이 뒤따랐다. 슬픔과 울음을 감추기보다는 아예 곡조를 붙여 대중과 공유하는 문화로 승화시킨 곳이 한국이다. 이런 한국의 유전적 기질은 지금도 그대로 남아있다. 각종 축제는 말할 것도 없고 과격한 노동운동이나 학생운동 등 사회저항운동에서도 꽹과리, 장구 등이 어울린 풍물놀이가 다채롭게 활용되고 있다. 물론 거기에는 신명을 자극하는 요란스런 춤사위와 자기들만의 노래가 함께 따라다닌다. 이런 감성적으로 응축된 미묘한 한국인의 잠재력이 대하의 물결처럼 흘러나갈 통로를 만날 수 있다면 이는 계량하기 힘든 엄청난 문화자산으로 떠오를 것이 분명하다.

문화 소외계층이 중심계층으로 바뀌고 있다

　조선시대 사회를 이끌어갔던 지배계층은 양반들이었다. 이들이 국정의 중심인물로 발탁되는 기준은 주로 유교 경전이나 경세치용의 학문이 주류를 이루었다. 따라서 당시의 문화·예술 분야의 주도세력은 국정의 변방에 머물러 있던 소외계층이었다. 당시에도 양반계층이 시(詩)를 짓고 풍월을 읊으며 사군자에 금(琴)을 탈 줄 알면 멋진 풍류객으로 인기를 끌었다. 그러나 이것들은 어디까지나 양반의 주업인 학문에 곁들인 여기(餘技)에 불과했다. 전통가락, 기악, 춤, 그림, 공예, 도자기, 마당극 등 문화산업의 핵심 콘텐츠들은 거의가 소외계층인 중·서·상·천민들에 의해 만들어졌고 계승되어왔다. 그것도 권력이나 귀족층의 시녀로서 어렵게 명맥을 이어왔을 뿐이다. 반대로 지배계층인 양반이 이런 잡기에 눈을 돌리면 외도로 지탄을 받는 세상이었다.

오늘날에 와서도 대다수 한국인의 목표는 과거에서 크게 벗어나지 못하고 있다. 아직도 지향하는 인생목표가 주로 학자, 공무원, 정치가, 사업가, 문인, 군인 등에 몰려있다. 그러나 근래 들어 이런 풍속에도 변화의 바람이 불고 있다. 오랫동안 국민 개개인과 사회, 국가를 지배해 온 유교적 가치관의 굴레가 벗겨지면서 열린 사회로 바뀐 때문이다. 따라서 사회 규율 밑에 억눌려 있던 온갖 욕구와 재능들이 빛을 보기 시작했다. 자아실현을 중시하는 개성사회, 웰빙사회가 열리면서 그 속도는 더욱 빨라지고 있다. 멀찍이 떨어져 있던 이들 잡기(雜技)의 소유자들이 이제는 문화산업의 주류계층으로 당당히 올라서고 있는 것이다. 보수적 가치관에 눌려 지내 온 이단 계층이란 굴레를 벗어나 당당히 자신의 목소리를 낼 수 있게 되었다. 사당패, 소리꾼들이나 하던 잡가(雜歌), 잡기, 판소리 명창들은 인간문화재로서 국가로부터 특별한 지원과 명예를 부여받고 있다. 줄타기, 가면극, 꼭두각시놀음의 주인공인 재인(才人)들도 오늘날에 와서는 국가가 공들여 육성하는 엔터테이너요, 전문인력으로서 빛을 보고 있다. 특히 미디어 홍수시대가 본격화되면서 문학, 회화, 음악, 무용, 연극이나 연예산업 등은 국가경쟁력을 뒷받침하는 주력산업으로 위상이 날로 높아지고 있다. 폭발적으로 늘어나는 콘텐츠 수요에 맞추어 관련 시장도 엄청난 규모로 확대되고 있기 때문이다.

주요 대학마다 연극, 연예, 미디어, 디자인 등 문화산업의 전문인력 양성 붐이 일고 있다. 문화예술인 출신의 장관, 국회의원이 국정에 참여하고 문화대국으로의 전략수립에 참여하기 시작한 것도 근래에 나타난 새로운 풍속도이다. 이미 문화산업은 독자적 시장영역을 넘어 국가경쟁력을 높이는 유인산업으로써 다른 분야 발전에도 영향력을 넓혀가고 있다.

노동의 긴장에서 오는 압박감, 소외감을 풀어주고 신명나게 일할 수 있는 생산성 향상의 수단으로, 노사 협력의 창구로, 집단 내 정신적 유대를 강화시켜주는 공유문화로 그 쓰임새가 커져 가고 있다. 그 한가운데 신바람을 몰고 다니는 활기찬 조직문화가 자리 잡으면서 새로운 국력으로 올라서고 있는 것이다.

한국에는 광활한 문화장터가 커가고 있다

문화산업과 일반 제조업은 시장의 질이 다르다. 생활필수품과 달리 문화상품에 대한 구매 욕구는 본능과는 상당한 거리가 있다. 문화적 욕구는 사회 환경과 관습 등 주변여건이 성숙되지 않으면 구체성을 띠지 않으며 시장형성도 매우 더디다. 문화시장이 성숙되려면 3박자가 고루 갖추어져야 한다. 먼저 잠재수요가 마련되어 있어야 하며 여기에 맞는 상품이 만들어져야 한다. 그 다음에는 본격적인 장터가 형성되어야 한다. 하지만 이런 3박자를 갖춘 곳은 매우 드물다. 아무리 야심적인 투자나 의욕적 정책을 편다고 해도 쉽게 효과를 거두기 어렵다.

그러나 한국인, 한국사회에는 이런 여건이 의외로 빨리 성숙되고 있다. 그 최대 공신은 한국인의 남다른 동조정신과 앞서 있는 정보통신기술(IT)이다. 이런 환경이 합당한 일거리와 억눌렸던 잠재적 재능을 마음껏 펼칠 수 있는 멍석을 깔아준 것이다. 큰 돈 들이지 않고도 얼마든지 무한대의 상품을 진열하고 거래할 수 있는 광활한 사이버(Cyber)시장이 열리고 있는 것이다. 이미 한국의 정보장터는 세계시장의 선두에서 무서운 성장세를 보이고 있다. 현재 국내에는 지상파 방송국 10여 개, 케이블방송국 100여 개, 위성 및 지상파 디지털멀티미디어방송(DMB)채널만도 40여 개에 이른다. 넘쳐나는 온갖 휴대전화 서비스를 빼도 이 정도이다. 이들 매체는 최근 10여 년을 전후해서 갑작스레 생겨난 경우가 대부분이다. 그러니 여기에 담을 콘텐츠 부족 현상이 심각할 수밖에 없다.

그뿐이 아니다. 전 국민의 반 이상이 자유롭게 활용할 수 있는 인터넷 속에는 더 방대한 시장이 펼쳐져 있다. 국내에만도 인터넷을 통해 볼 수 있는 인터넷방송, 인터넷신문, 인터넷포털 등등 정보의 생산과 교류, 공급을 주업으로 하는 사이트만도 10만 개가 넘는다. 정보장터를 가득 메울 점포들이 이렇게 많아진 것은 그만큼 거래가 활성화되고 있다는 말이 된다. 지금 한국인들이 안방에서 당장 접속해 볼 수 있는 국내외의 인터넷 사이트는 무려 25만 개가 넘는다. 이를 통해 하루에도 연인원 수천 만 명이 수억 개의 장터에서 수십억 페이지의 전문정보를 소화해내고 있다. 이 외에도 종이신문, 잡지에다 공중에 떠돌아다니는 해외 방송들까지 합치면 눈이 시릴 정도이다.

지금 한국은 이름 그대로 매체홍수시대를 맞이하고 있다. 엄청나게 늘어난 사이버시장에서는 제품의 종류나 규모, 시간과 거리를 가리지 않고 무수한 거래가 성행하고 있다. 그중에서도 가장 큰 시장은 단연 문화산업 시장이다. 음악, 영화, 애니메이션, 사진, 캐릭터, 게임 등의 콘텐츠는 세계문화산업시장의 주 종목으로 자리 잡고 있다. 무수한 매체에서 쏟아져 나오는 뉴스, 패션, 교육, 다양한 영상물들 모두가 문화산업시장의 범주를 벗어나는 것이 거의 없다. 이들은 모두가 인간의 두뇌에서 생산되고 가공되는 정신 산물들이다. 풍부한 자연자원이나 인구만 많다고 저절로 얻어지는 자원이 아니다. 제조업처럼 한꺼번에 대량생산이 가능한 그런 자원도 아니다. 긴 역사 동안 축적해 온, 풍부한 문화자원을 가진 나라 정도는 돼야 얻을 수 있는 자산들이다. 거기에다 상상력이 풍부하고 창의력이 뛰어난 인적자원까지 갖추고 있으면 금상첨화가 아닐 수 없다. 한국에는 지금 먹고 마시는 것 못지않게 샘솟는 문화적 욕구를 억제하지 못하는 수많은 수요자들이 넘쳐나고 있다. 그런데다 유감스럽게도 현재 수준으로는 문화콘텐츠의 양이나 질이 고객들의 욕구를 시원하게 만족시켜주지 못하고 있다. 이것이 바로 한국 문화산업의 문제점이자 가능성을 높여주는 자극제가 되고 있다. 현재 한국에는 영상콘텐츠 분야를 살찌울 만한 뛰어난 재능과 끼가 넘치는 젊은 작가들이 쏟아져 나오고 있다. 매년 신문사에서 뽑는 신진작가들의 응모작은 200편을 넘기기 어렵다. 그러나 방송국의 작품공모는 매년 그 10배에 달하고 있다. 이로 인해 방송국마다 풍부한 작가 풀(POOL)이 마련되어 있어 방송콘텐츠시장의 잠재력이 탄탄해지고 있다. 이것이 바로 한국의 문화콘텐츠시장성에서 밝은 전망을 예측할 수 있는 이유이다.

한국의 사이버문화시장이 국제사회에서 주목을 받고 있는 것은 한국인의 기질과 밀접한 관계가 있다. 사이버시장은 대규모 투자 없이도 상상력이 풍부한 전문인력과 극성스런 소비자들만 있으면 얼마든지 대량의 콘텐츠를 수용할 수 있다. 한국인의 뛰어난 감성은 새로운 문화상품에 대한 강렬한 호기심과 창의적 발상에 불을 댕겨 왔다. 한국인의 벤처 기질은 경기불황의 여파로도 잠재우지 못했다. 군소 인터넷 서비스업체들이 무더기로 문을 닫고 있는데도 다른 편에서는 봄비에 솟아나는 죽순처럼 새로운 서비스업체들이 줄기차게 생겨나고 있다. 큰 자본 없이 창의력과 도전욕구만으로도 잠재된 재능을 펼칠 수 있는 기회가 열려있기 때문이다. 특히 한국인의 타고난 융합기질은 실패의 경험 위에 새로운 아이디어를 접목시킨 신제품으로 내성을 길러가고 있다. 여기에 곁들여 성급한 기질, 동조적 특성과 관여의식은 문화산업시장의 규모를 확산, 수요자의 높은 안목과 **빠른** 성장 그리고 질적 개선에 힘찬 동력이 되고 있다.

원래 문화예술은 종교에서 벗어난 다음, 특권층의 그늘에서 움츠러 있다가 근대화 이후 독자적인 영역을 구축한 것처럼 보인다. 그러나 이것 역시 산업사회의 분업화 성향에 영향을 받으면서 제한된 틀 속에 갇혀 외롭게 발전해 왔다. 그러나 지금은 단위 영역들이 알을 깨고 나와 복합화되어가고 있다. 요즘 문화예술시장은 보다 넓고 전문화된 데다 비판적인 조절기능까지 두루 갖추고 있다. 이 시장은 호기심과 창작욕을 자극하며, 새롭고 모험적이며 다양하고 유동적이며 종합적 사회욕구를 한꺼번에 수용하면서 새로운 가치창출을 주도하고 있는 중이다.

세계화 추세에 따라 이제는 인터넷이 모든 나라에서 생활필수품이 되었다. 그런데도 세계적인 콘텐츠 제작자들이 한국시장에 관심을 기울이고 있는 것은 신상품에 대한 전파력이 빠른 데다, 한국인 특유의 신속한 반응, 수준 높은 감식안 때문에 시장성 예측이 용이하기 때문이다. 한국의 사이버시장은 장터와 상품, 구매자 간의 조화적 시장기능이 항상 역동적으로 꿈틀대고 있다. 그만큼 한국에는 세계최고 수준의 소비자, 비판자가 즐비하다. 그리고 이들의 혹독한 평가를 이겨낸 제품은 대부분 국제시장에도 순탄히 진입하여 성공가도를 달리는 경우가 많다. 한국의 문화시장은 이렇듯 까다롭고 철저한 소비자그룹과 세련된 문화욕구를 선도적으로 수용하는 제품, 그리고 시장이 유기적으로 잘 연계되어 있다. 이들의 선순환이 순탄하게 이루어진다면, 앞으로 한국은 세계를 이끌고 갈 대형 문화콘텐츠시장의 메카를 꿈꾸어 볼 수도 있을 것이다.

한국인의 풍류기질은 소프트파워의 원동력

소프트파워(Softpower)란 미국의 조지프 나이 교수가 군사력, 경제력을 일컫는 하드파워(Hardpower)에 비교해 주창된 개념이다. 문화시장이 거대해지고 그 영향력이 지구촌 곳곳으로 번지면서 소프트파워는 이제 국력을 재는 새로운 잣대로 부상하고 있는 중이다.

〈중앙일보〉는 한국에 유학 온 외국인 학생 1,074명을 대상으로 한국의 소프트파워에 대한 의식조사를 했다.[7] 이들 중에 한국 드라마나 영화를 본 후 한국에 대한 이미지가 좋아졌다고 한 사람이 53%를 차지했다. 특히 40대 이상의 중·노년층은 67%가 긍정적인 반응을 보였다. 과거 힘없고 못 살던 한국에 대해 부정적 시각으로 일관하던 기성세대들마저 한국산 드라마 한두 편에 의해 뿌리 깊은 고정관념이 깨지고 있는 것으로 나타난 것이다. 또 한국 영상물의 장점에 대해서는 박진감과 재미있는 스토리를 들었다. 한국인의 박진감은 저돌성과 성급한 속도문화의 소산이다. 한국사회의 과격한 시위문화만 보더라고 한국인에게 이런 열병이 얼마나 질기게 내재해 있는지 미루어 알 수 있다. 영상시장의 규모나 제작기술이 한국보다 한참 앞서 있는 일본, 홍콩 등지에서도 이와 비슷한 반응이 나오는 것을 보면 한국 풍류산업의 가능성을 짐작할 수 있다. 지난 2004년 한국의 〈겨울연가〉가 일본에서 대성공을 거두자 국영 NHK방송은 일본시청자를 대상으로 설문조사를 했다. 일본인 1,200만 명을 사로잡은 〈겨울연가〉의 인기요인으로는 '재미있는 스토리'가 63%라는 압도적 비중을 차지했다.

한국 영상물의 이러한 특징은 우연히 또는 의도적으로 만들어진 것이 아니다. 이는 오랜 세월 한국문화에 녹아있는 한국인 특유의 기질들이 모여 만들어진 합성품이다. 국내 전문가들의 진단에 의하면 한국 소프트파워의 경쟁력은 한국인의 남다른 기질이 작용한 때문으로 분석하고 있다.[8] 여기에서 지적된 공통된 특징을 대략 3가지로 요약할 수 있다.

첫째, 한국인은 유난스레 재미있는 '이야기'를 좋아한다. 국내 여론조사기관 TNS 조사(2004.9)에 의하면 한국관객의 영화선택조건으로 재미가 49.7%, 작품성 34.1%, 배우 9.2%, 감독 3.6%로 나와 있다. 영화진흥위원회 조사(2003년)에서도 영화줄거리 89.4%, 배우 65.1%, 감독 26.8%으로 비슷한 결과를 보여주고 있다. 한국인 대다수가 보다 신선하고 재미있는 줄거리를 선호하고 있는 것이다. 한국인은 어렸을 때부터 "옛날 옛적에…"로 시작되는 옛날 얘기를 많이 들으면서 자라난다. 기승전결이 뚜렷한 흥미 있는 스토리에 맛깔스런 말솜씨의 얘기꾼이 인기를 끌어왔다. 그러나 빈곤과 좌절의 세월을 거치는 동안 이런 재능이나 풍속은 뒷전으로 밀려나 버렸다. 잘 사는 서구문화에 압도당하면서 우리 문화계 흐름도 서구의 서투른 모방일색이었고, 좀 괜찮다 싶은 것도 아류에서 벗어나지 못했다. 철저한 자기부정이 자초한 결과였다.

그러다가 지금에 와서야 자신의 정체성에 서서히 눈을 뜨기 시작한 것이다. 이제는 한국영화가 한국인의 독창적인 이야기 전개방식에 공을 들이면서 같은 소재라도 "영상 속에 버무려내는 '영상서사' 능력이 뛰어나다"는 평을 듣기에 이르렀다. 영화 〈올드보이〉는 일본만화가 원작이지만 여기에 한국적 감각을 버무려 독창적인 새 작품을 엮어냈다. 할리우드가 일본의 원작을 제쳐두고 한국영화 〈올드보이〉 제작사와 리메이크 계약을 한 것도 소재 자체보다도 이를 극적으로 풀어내 관객의 입맛에 맞춘 영상서사능력을 높이 산 때문이다. 일본의 히트 영화 〈링〉, 〈주온〉의 리메이크를 주도한 프로듀서 로이 리도 한국인의 스토리 전개능력을 가장 큰 강점으로 꼽고 있다. "내러티브(서사)와 스토리텔링이 워낙 좋기 때문에 할리우드만큼 돈이 있다면 한국은 할리우드보다 영화를 더 잘 만들 것"이라고 극찬했다. 실제로 영화제작 과정부터 한국과 미국은 출발이 다르다. 미국은 인기 스타를 캐스팅하는 것이 먼저이고, 무슨 영화를 만들 것인가는 그 다음이다. 그러나 한국은 정반대이다. 먼저 작품을 만들어 놓고 난 다음, 이 작품에는 어떤 배우를 써야 할까를 고민하는 것을 당연한 순서로 여기고 있다. 최근 들어 한류스타들의 인기가 높아지면서 한국에서도 미국처럼 스타 위주의 제작바람이 불고는 있지만 아직 그 정도는 미미한 편이다.

둘째, 한국인은 아무리 좋은 작품도 먼저 비판적 시선으로 참견을 해야 직성이 풀린다. 그래서 한국에서는 드라마 작가하기가 힘들다. 좀 괜찮다 싶으면 여론의 도마 위에서 온갖 곤욕을 치루기 일쑤이다. 일본 드라마는 사전제작이 원칙이다. 그러나 한국은 제작과 방영을 병행한다. 사실은 시간과 제작비에 쫓기는 등 열악한 제작환경을 특유의 순발력과 속도감으로 극복해온 것이지만, 이제는 사정이 달라지고 있다. 언제부터인지 한국의 제작환경은 제작자, 작가, 감독이 중심이 되어 일관성 있게 외길(one way)로 가지 않게 되었다. 방송국은 매회 인터넷으로 시청률 조사를 한다. 이와 함께 시청자의 여론에 따라 시청자와 함께 줄거리를 엮어가는 융통성을 통해 흥미와 시청률을 높여 나가는 편법에 익숙해왔다. 이 과정에서 주인공을 죽일 수도 있고 살릴 수도 있으며 비극적 줄거리를 해피엔딩으로 반전시킬 수도 있다. 이는 작가나 연출자의 본래 의도에서 빗나가는 결과를 초래한다. 그러나 이런 추세는 이미 네트워크 예술에서 자주 시험되고 있다. 이제는 일반 드라마에까지 공유, 협력체제로 공동제작 시험이 번져가고 있는 것이다. 이런 시도가 시청자의 수준을 높이고, 비판적 안목이 뛰어나며 시대적 감성을 공유하는 작품성을 이끌어내는 데 도움이 될 수도 있다.

이런 현상은 한국인 특유의 관여의식, 남의 일에 참견하고 싶은 기질에서 영향을 받은 것이다. 한국 관객의 변덕은 누구도 못 말린다. 여기서 살아남으려면 고도의 순발력, 적응력, 생명력을 두루 갖추지 않으면 안 된다. 이런 순발력이 결국 젊고 도전적인 젊은 제작자, 젊은 작가, 젊은 연출가들의 진출을 용이하게 한 계기가 된 셈이다. 이들은 신선한 트렌드에 맞춘 시대적 보편성과 독창성의 융합에서 해답을 찾아내고 있다. 특히 한국의 신세대는 막강한 정보 수집력과 소화력을 앞세워 새로운 라이프스타일을 만들어가고 있다. 이들은 구세대의 가부장적 사고를 순종적으로 계승해온 다운로드(Download)문화 대신, 창조적이고 개성적인 업로드(Upload)라는 키워드에 몰두해 있다. 네트워크 활용과 감성적 자기표현은 이미 한국 신세대 문화를 상징하는 또 다른 키워드가 되고 있다.

　이런 환경에서 살아남기 위해서는 시청자의 까다로운 입맛에 대한 세심한 연구와 새로운 트렌드에 대한 순발력이 있어야 한다. 그러자면 스토리가 탄탄해야 하며, 역동적이고 창의적이며 박진감도 넘쳐야 한다. "국내에서 인정받고 세계시장에 나가면 마치 달고 있던 모래주머니를 떼고 달리는 느낌입니다." 국내시장의 시련을 딛고 해외진출에 성공한 한 업체 임원의 말이다. 말 많고 탈 많은 국내 소비자의 높은 안목으로 검증된 상품은 어디에 내놓아도 경쟁력이 있다는 업계 반응이 모든 것을 말해주고 있다.

　셋째, 한국인의 감성, 접목, 성급한 속도문화에서 적응력이 높아진 점이다. 한국인의 풍부한 감성문화는 주위 환경에 따라 적응·융합하는 폭넓은 유연성을 길러왔다. 여기에 성급한 속도문화가 접목되면서 신속한 현실 적응력도 높아진 것이다. 한국의 문화산업은 전반적으로 선진국과 비교가 안 된다. 이따금 거대한 문화시장 한 귀퉁이에서 한두 명 아니면 한두 기업의 성공사례가 발견될 뿐이다. 이는 체계화된 문화상품의 제작환경, 공급 능력, 마케팅 능력이 거의 없을 뿐만 아니라 시장 자체도 왜소하고 편협하여 뿌리를 내리기가 어렵기 때문이다. 한국은 자체 시장이 좁다. 자본마저 부족해 체계적이고 종합적인 마케팅 전략을 세우기도 벅차다. 해외시장을 노크하지 않고는 대기업으로의 성장을 기대할 수 없는 것이 현실이다.

　한국의 발전된 IT 환경이 한국문화산업의 그러한 난점에 숨통을 터주고 있다. 여기에다 국제환경마저 인터넷 열풍, 휴대전화, 위성방송, 매체홍수의 시대로 접어들면서 세계의 문화시장 역시 소수의 공급자 중심에서 다수의 정보소비자 중심으로 판갈이가 이루어지고 있다. 이미 테크노컬처(Techno-Culture)라는 새로운 징후가 나타나 세계 문화권력 지도를 빠른 속도로 바꾸어 가고 있는 중이다.[9] 미국 〈LA타임스〉는 「2006년은 테크노컬처 시대의 원년」으로 규정하고 있다. 블로그(Blog: 일종의 개인 홈페이지), 비디오블로그(동영상 기능을 갖춘 블로그), 아이팟(iPod: 원하는 오디오, 비디오 파일을 내려 받는 MP3기기), 파드캐스팅(Podcasting: 자동예약으로 아이팟에 파일 다운로드), 위키(Wiki: 정보작성자가 아니어도 웹사이트 내용을 고칠 수 있는 기술), 티보(TiVo: 디지털 비디오녹화기, 광고 건너뛰기 기능 보유) 등은 테크노컬처 시대를 이끌고 갈 새로운 기술 제품들이다.

한국은 이들 제품의 기술 수준이나 보급 환경이 이미 선진국 수준에 와 있다. 테크노컬처는 지금까지 문화콘텐츠를 장악해 온 몇몇 대기업으로부터 문화권력을 창의적인 중소기업과 대중소비자에게로 옮겨주게 될 것이다. 한국인의 모험적 벤처기질과 속도문화, 다양한 접목문화 때문에 가능한 일이다. 이어령 교수는 한국인이 앞으로 다가올 디지로그(디지털+아나로그)시대의 주인공이 될 수 있는, 흥미 있는 근거를 들어 제시하고 있다.[10] 나이가 들어가는 것을 중국인은 첨(添)한다고 하고, 일본인은 도루(取)한다고 한다. 그러나 한국인은 '먹는다' 고 한다. 지구상에 3,000여 가지 언어가 있지만 나이를 먹는 민족은 한국인밖에 없다. 한국인은 마음도 먹는 것으로, 챔피언도 먹는 것으로 표현한다. 이때 입으로 씹어서 느끼는 맛은 컴퓨터도 디지털기술도 도저히 알 수 없는 분야이다. 한국인은 자신의 것을 씹어 소화시켜 남이 흉내 내기 힘든 개성적인 창작물로 빚어내는 독창성이 있다는 것이다. 이것이야말로 한국인의 강점이 아닐 수 없다.

한국의 신세대는 문화시장의 선도그룹

대한상공회의소가 발표한 〈한국인 라이프스타일 특성과 기업의 대응 전략보고서〉는 우리나라 신세대의 3대 키워드를 제시하고 있다.[11] 첫째는 업로드(Upload), 둘째는 네트워크, 셋째는 감성이다. 이미 한국에서는 청소년계층이 구매환경에서도 가장 강력한 영향계층으로 자리 잡은 지 오래이다. 따라서 앞으로 대다수 기업들은 청소년층의 라이프스타일과 이들의 3대 키워드를 잘 활용할 수 있는 경영전략이 필요하다는 해법을 제시하고 있다.

청소년은 새 지식, 새 유행, 새 트렌드, 새 요구에 대한 시장동향을 누구보다 빠르게 감지하여 기성세대는 물론 기업의 전략에도 영향을 주고 있다. 이미 신세대 라이프스타일이 구세대 생활문화로 깊숙이 침투되고 있는 것은 기정사실이 되어버렸다. 신세대들은 인터넷에서 다양한 리플 달기 등으로 왕성한 사회참여, 정보공유, 분별력을 길러가고 있다. 이들 대부분이 1,000만 명이 넘는 미니홈피의 주인이면서, 이를 통한 적극적인 의사표시, 교류를 통한 기업, 사회, 가정의 문화형성의 선두주자 자리를 굳히고 있다. 청소년들의 네트워크 활용능력은 거의 독보적이다. 어느새 이들의 주된 정보원(情報源)은 기성세대가 아닌, 인터넷이 되었다. 인터넷을 통한 빠르고 정확하며 풍부한 정보검색으로 탁월한 문제해결 방법을 찾아내고 있다. 대다수 기업들이 자체 브랜드의 가치향상에 정성을 들이고 있는 이유도 주 고객인 청소년층의 감성적 경향이 브랜드선호로 기울고 있는 데 자극을 받아서이다. 이런 노력은 해외마케팅에서의 국내 브랜드 인지도 향상으로 이어져 국내제품의 국제화를 앞당기는 효과를 거두고 있다. 이는 결과적으로 국가경쟁력을 높이는 보이지 않는 힘이 되고 있다.

최근 들어 신세대 문화의 요람인 대학가에서도 '재미(Fun)'를 우선시하는 풍조가 학교생활 전반에 확산되고 있다. 요즘 대학들은 계절마다 경쟁적으로 축제행사에 들떠있다. 어느새 폭력과 투쟁적인 시위문화는 자리를 잃어가고, 이념 서클인 마르크스 연구회를 비롯하여 순수문학, 사회과학 분야의 동아리들은 가입회원이 크게 줄어 고사 직전에 있는 경우가 많다. 투쟁방식도 서서히 달라지고 있다. 몇 년 전까지만 해도 총장실 점거나 수업거부 일색이던 폭력적 투쟁방식은 점차 호응을 얻지 못하고 있다. 그 대신 평화적이면서도 풍류 끼가 넘치는 유연한 방식이 학생들의 호응을 이끌어 내고 있다. 등록금인상 반대운동도 축제분위기와 어울리는 이색적인 캠퍼스 이벤트로 나타나고 있다. '세상에서 가장 눈물나는 등록금', '흡혈학교 나도 열 받았다' 등 유머러스한 패러디 포스터와 현수막(연세대, 한국외대)이 나붙는가 하면 등록금인상 반대운동 기금 마련을 위한 이색 장터(이화여대)를 열어 학생들의 자발적 참여를 유도하는 모습도 눈에 띄고 있다. 또 한편에서는 대학마다 힙합댄스 동아리, 스포츠댄스 동아리 같은 놀이문화 서클이 대학가에서 뜨거운 호응을 얻고 있다. 또 대학마다 경쟁적으로 방송, 영화연극, 연예, 멀티미디어 등 문화콘텐츠 관련 학과를 신설, 유명 연예인이나 알려진 아나운서 등 인기인을 교수로 유치, 대학생활의 유연성과 재미에 열을 올리고 있다.

이런 신세대 문화는 기업문화로도 전파되고 있다. 지금까지 주요 상장기업의 주주총회 회의장은 살벌한 투쟁과 갈등의 경연장 같은 무거운 분위기 일색이었다. 여기서도 밝은 분위기가 살아나기 시작하고 있는 것이다. 삼성선자는 주주총회(2006.2.28)를 주주와 기업경영진과의 화합과 축제마당으로 개편, 풍물놀이, 유람선 위의 음악공연 등으로 새 문화를 열어가고 있다. 이런 축제문화는 다른 기업은 물론 계층 간, 분야 간 갈등해소와 공감대형성에 기여할 뿐 아니라, 풍성하고 신명나는 풍류문화의 저변을 확대하는 촉진제가 되고 있다.

물 오른 기술 및 창작 환경

문화기술(CT: Culture Technology)이란 한국에서 창안한 새로운 개념이다. CT는 기술적으로 볼 때 정보기술(IT)과 같아 보이지만 특정 영역을 따로 떼어낸 전문기술이라는 점에서 IT와는 조금 다른 시각으로 보아야 할 것 같다. CT는 개념적으로 볼 때 모호한 감이 있지만, 문화상품을 목표로 해서 부가가치를 높이기 위한 기술이란 점으로 특화해 이해할 수 있겠다. 이 기술이 연계된 산업을 미국에서는 연예산업(Entertainment Industry), 영국은 창조산업(Creative Industry), 일본은 콘텐츠산업(Contents Industry)이란 용어로 사용하고 있지만 넓게 보아 한국의 문화산업과 같은 뜻으로 보아도 무방하다.

문화기술은 크게 두 가지로 나뉜다. 하나는 응용기술, 다른 하나는 기반기술이다. 응용기술은 게임제작프로그램용 기술개발이나 특수효과, 캐릭터디자인 등 특정분야에 직접 활용할 수 있는 기술이다. 기반기술은 디지털음악, 스토리텔링에서 요구되는 기술을 말한다.[12] 영화 〈반지의 제왕〉이나 〈해리포터〉 같은 판타지영화의 성공은 이러한 문화기술이 있었기에 가능했다. 환상적인 가공의 세계를 현장감 있게 표현하는 데 문화기술을 사용하면 부가가치를 최대로 높일 수 있다. 우리나라에서도 영화 〈왕의 남자〉에 3차원입체영상(3D)으로 된 우람한 경복궁과 디지털 한양을 만들어 1,200만 관객을 끌어 모으는 데 큰 역할을 했다.

2003년 43조 원 규모였던 한국의 문화산업(영화, 게임, 애니메이션, 캐릭터 등)시장 중 문화기술이 기여한 부분이 약 24%(약 10조 원)에 달한 것으로 추정된다. 2010년에는 문화기술 관련 매출이 약 20조 원으로 늘어나고, 9만 명의 일자리를 창출할 것으로 전망되고 있다(문화관광부). 이런 추세에 맞추어 문화기술 관련 전문인력 양성과 산업단지 확장에도 눈을 뜨고 의욕적인 청사진을 내놓고 있다. 한국과학기술원(KAIST)은 2005년 9월부터 국내 최초로 'CT 대학원'을 개설했다. 여기서는 앞으로 10년간 석사급 600명, 박사급 100명을 배출하여 CT 분야 고급인력의 수요를 충당할 준비를 갖추고 있다. 또 CT 관련 기술의 활성화를 위해 정부 및 지방자치단체는 부천(출판, 만화, 애니메이션), 대전(첨단영상, 게임), 전주(모바일콘텐츠), 광주(컴퓨터그래픽), 목포(해양문화·관광콘텐츠), 제주(모바일용 뷰티콘텐츠, 관광콘텐츠), 춘천(애니메이션), 청주(에듀테인먼트), 대구(게임, 모바일콘텐츠), 부산(영상콘텐츠) 등 10여 개 도시에 클러스터(Cluster)를 조성하고 있다.

뿐만 아니다. 문화산업에도 대기업의 진출이 눈에 띄게 늘어나 체제정비와 기술개발, 해외마케팅 등에서 보다 체계적이고 장기적인 전략을 세워 나가고 있다.[13] 이미 한국의 쇼비즈(Show-biz: 연예산업)는 대형화, 투명화, 시스템화되고 있다. 롯데, 오리온, CJ그룹이 영상물제작에서부터 극장업, 배급업 등에 본격 진출하고 있는 상황이다. 이와 함께 일본의 소프트뱅크, 미쓰이 상사, R's그룹 등 외국재벌기업들도 한국의 콘텐츠제작에 투자를 확대해 가고 있다. 이는 한국 문화콘텐츠산업의 성장가능성을 높이 평가하고 있는 신호로 보아야 할 것이다.

기업들도 '메세나' 운동을 통해 문화산업 살리기 운동에 동참하는 등 분위기가 무르익고 있다. 한국 메세나 협회는 2002년부터 '1기업 1문화' 운동도 추진하고 있다.[14] 그러나 〈2004년 기업 메세나 분석〉에 의하면 2004년 기업들이 메세나 활동에 사용한 금액은 1,710억 원에 불과해 아직은 저조한 수준을 벗어나지 못하고 있다. 2000년 620억 원에 비하면 4년 만에 2.5배 증가했다고는 하지만 선진국에 비해, 또 문화강국의 꿈에 비추어 볼 때 매우 초라한 수준이 아닐 수 없다. 2005년 국내 기업의 시가 총액이 211조 원에 이르고 있다. 이제는 우리 기업들도 기업브랜드에 대한 이미지 개선과 함께 소비자 감동을 이끌어 내지 않고서는 세계시장에서 사랑을 받기가 점점 힘들어진다. 이런 추세로 볼 때 기업들의 메세나

운동 참여에도 탄력이 붙어 문화산업에 대한 기업의 관심과 지원 활동도 활성화될 가능성은 있다.

　이 밖에도 한국의 까다로운 소비자단체는 국제사회에서도 정평이 나 있다. 그들은 세계 최고기술수준을 자랑하는 인터넷매체를 통해 부단한 비판과 참신한 아이디어들을 한없이 쏟아내고 있다. 미국 시사주간지 〈비즈니스위크〉(2006.1.21)에는 세계 최대, 최고의 검색 업체인 구글(Google)이 한국에서 맥을 못 추고 있는 실상을 보도했다. 구글이 세계 최고이긴 하지만 한국의 NHN으로부터 배울 것이 많다는 요지이다. 구글의 주가는 2005년 한 해 동안 103%로 비약적인 성장을 했지만, 한국에서만은 NHN이 앞서가고 있다. 미국에서 구글은 단순 검색사이트의 한계를 넘어 IT와 비즈니스 전반에 방대한 사업 확장을 하는 등 미국사회에 '구글혁명'을 주도하고 있을 정도이다. 미국을 비롯하여 유럽·일본시장 등 세계시장을 구글과 야후 등 미국 포털사이트가 장악하고 있는데도 한국시장에서는 네이버, 다음, 네이트 등 한국 토종사이트가 1, 2, 3위를 휩쓸고 있다. 세계 제일의 구글이 한국시장에서는 겨우 2%에 머물러 있는 데 비해 NHN의 검색사이트 네이버는 시장점유율을 40%나 장악하고 있는 현실이 모든 것을 말해 주고 있다.

　이는 국제적 성가나 홍보, 권위만으로 이룰 수 있는 고지가 아니다. 어느 나라보다 눈이 높은 정보검색의 달인들이 즐비한 한국에서나 가능한 일이다. 한국에는 문화콘텐츠산업의 저변을 탄탄하게 다져주는 수준 높은 수요자, 왕성한 문화정보 교류 풍토, 관련 시장의 활성화, 세계수준의 미디어기술들이 한 자리에 모여 있는 특별한 곳이다. 이곳에서 한국의 포털들은 인터넷 수요자의 만족도를 높여주기 위해 빼어난 창의력, 순발력, 기술력을 갈고 닦아왔다. 이제 남은 과제는 이들이 국가정책과 유기적으로 연계, 강력한 국력으로 거듭나는 일뿐이다.

02

한류는 한국인의
복합적 기질이 만들어 낸 풍류열풍

한류(韓流)바람, 통합적 경제효과는 45억 달러

1990년대 초까지만 해도 한국의 문화시장은 너무 협소했다. 국내에서 생산하는 문화상품이라고는 동네 안방용이 고작이었다. 수출은 엄두도 내지 못했다. 그러다가 한국 문화상품이 아시아 국가들의 주목을 끌게 된 것은 1990년대 중반부터이다. 이때 아시아권에 한류바람을 몰고 온 삼두마차는 드라마, 영화, 가요였다. 그것이 2000년대 들어서면서 한국의 문화콘텐츠 전반으로 그 대상이 빠르게 늘어난 것이다.

이를 통해 한국은 얼마만큼 경제적 효과를 보았을까.[15] 산업경제원은 한류의 통합적 경제효과를 45억 달러로 보고 있다. 삼성경제연구소는 한류관광수입만 15억 달러로 평가하고 있다. 2004년에만 한국을 다녀간 일본, 중국, 대만 관광객이 338만 명이고, 그중에서 한류관광객이 102만 명에 이르고 있다. 현대경제연구원은 배우 배용준 효과만 10억 달러로 보고 있다. 한국문화콘텐츠진흥원 자료에 의하면 한국의 게임, 영화, 방송영상, 애니메이션, 음악, 캐릭터, 출판 등 문화산업 부문에서 2005년 수출실적이 10억 달러를 넘어섰다. 이는 전년도(2004년)보다 25% 증가한 수치이다. 더 거슬러 가면 한류열풍이 본격화되던 2002년에는 5억 달러, 2003년에는 6.1억 달러, 2004년에는 8억 달러로 평균 20% 이상의 수출증가세를 보이고 있다.

좀 더 구체적으로 장르별 수출입 현황을 보면, 보다 선명한 한류의 열풍을 실감할 수 있다. 2004년 수출실적을 보면 게임은 2003년의 1억 8,200만 달러보다 2.1배 늘어난 3억 8,800만 달러를 올렸다. 영화는 3,100만 달러(2003년)에서 7,500만 달러로 2.4배, 방송영상은 4,200만 달러(2003년)에서 7,100만 달러로 1.7배 늘어났다. 음악도 1,300만 달러(2003년)에서 2,500만 달러로 2배 가까이 증가했다(〈매일경제〉, 2006.1.3). 이에 반해 문화수입은 4억 7,000만 달러에 머물렀다. 2003년의 6억 달러보다 22% 줄어들었으며, 문화무역수지 전체를 따져보면 3억 3,000만 달러의 흑자를 낸 것이다. 미국 등 몇몇 나라에 불과한 문화흑자국에 우리가 끼게 된 것은 고무적인 일이 아닐 수 없다. 영화에 관한 한 만성 적자국이던 한국이 2005년에는 수입이 전년도 6,000만 달러의 1/3수준인 2,000만 달러로 줄어들어 영화수지 흑자국 자리에 올라서게 되었다. 음악도 1,600만 달러(2004년)에서 950만 달러로 수입이 감소되었다. 게임은 1억 6,600만 달러(2004년)에서 2억 500만 달러, 방송은 2,800만 달러(2004년)에서 5,800만 달러로 증가했으나 무역수지에서는 당당히 흑자를 냈다.

이러한 문화산업 무역수지가 흑자 기조를 보인 결정적 요인은 한류열풍 때문이다. 게다가 이보다 더한 경제적 파급효과는 문화수출이 다른 제조업 수출에도 엄청난 기여를 하고 있다는 사실이다. 이미 아시아권 전반에는 한국의 IT 제품, 한국 자동차 붐이 일고 있으며, 한국 음식, 화장품, 의류, 패션, 미용 등에까지 수출증대가 이어지고 있다. 이런 한류 붐은 구미사회에서도 비상한 관심의 대상이 되고 있다. 한류바람은 많은 민족들이 몰려 사는 미국에서 백인사회로까지 확산의 기미를 보이고 있다. 때마침 지난 2006년 1월 미국에서는 세계 최대의 전자박람회 '2006 CES(Consumer Electronics Show)'가 열렸다. 여기에는 마이크로소프트, 인텔, 필립스 등 기라성 같은 세계적 전자업체 2,500여 개사가 세계 110개국에서 몰려왔다. 여기서도 한국 업체들은 디자인과 기술이 뛰어난 제품에 주어지는 '혁신상'을 휩쓸었다. 부문별로 주어지는 270여 개의 혁신상 중에서 10% 가량을 삼성, LG전자가 차지했다. 업체별로 보면 삼성전자가 15개, LG전자가 11개, 필립스 7개, 소니 5개를 차지했다. 물론 우리 기업이 내놓은 위성, 지상파DMB 폰 등 세계최고 수준의 신제품이 많이 출품된 때문이기도 하지만, 그 배경에는 한류바람에 의한 우호적 분위기가 보이지 않는 후원세력이 된 것이 분명하다.

한류바람은 최근 몇 년을 전후해서 침체된 한국의 문화산업에 역동적인 활기를 불어 넣고 있다. 한류로 벌어들인 자금이 문화시장 확대와 양질의 콘텐츠 제작을 자극하는 등 선순환도 이루어지고 있어 한류시장의 전망을 밝게 해주고 있다. 이로 인해 높아진 국가 이미지까지 포함한다면 그 경제적 가치는 상상하기 힘든 거대한 무형자산으로 축적되어 가고 있다.

한류, 무엇이 아시아인을 열광케 하고 있나

한류란 1990년대 후반부터 중국과 동남아에 불어 닥친 한국의 대중문화열풍, 다시 말해 한국유행문화의 약자이다. 거슬러 올라가자면 이 한류는 옛날에도 있었다. 고려대 국어과 전경욱 교수의 논문〈고대 한류로서 우리 공연예술이 동아시아에 미친 영향〉에 그 예가 나와 있다.

　중국 원나라 황실에 고려의 풍속 등이 고려양(高麗樣)이라는 이름으로 대유행을 한 것은 익히 알려진 사실이다. 그러나 그 이전 삼국시대에도 중국사회에 한류가 인기를 끌었다는 기록이 남아 있다. 수나라 황제인 문제는 중국을 통일한 후 황제의 위엄을 높이기 위해 7부악(部樂)을 제정했는데 그 중 하나가 고구려 음악을 그대로 가져온 것이다. 《구당서》에도 어사대부 양재라는 사람이 연회장에서 고구려 춤을 추었다는 기록이 전해지고 있다. 일본에도 오늘날의 마술공연과 같은 신라의 입호무(入壺舞)가 큰 인기를 끌었다는 기록이 《신서고악도》에 전해지고 있다.[16]

　그러나 한국의 주변국에 엄청난 열기를 불어넣어준 한류는 1990년대부터이다. 1996년 한국 드라마의 중국 진출에 이어 한국 가요가 상륙하면서 2, 3년 새에 중국대륙에 한류에 의한 대중문화 열풍이 불기 시작했다. '한류'란 말도 2000년 중국 언론에 의해 만들어진 단어이다. 특히 2000년 이후에는 중국 외에 아시아권 전역으로 드라마, 가요, 영화가 진출하고, 그후 김치, 고추장, 라면, 가전제품 등 한국제품 선호현상으로 발전했다. 2003년 들어서부터는 한국의 가수, 탤런트, 영화배우 등 인기연예인의 방문이 이어지면서 한국 제품, 한국인을 좋아하는 열혈팬들이 대량으로 늘어났다. 중국 언론은 이런 사람들을 '합한족(哈韓族)'이라 부르고 있다. 한류열풍은 아시아권인 중국, 일본, 대만, 홍콩, 태국, 베트남, 인도네시아, 필리핀, 캄보디아, 몽골, 카자흐스탄, 우즈베키스탄 등을 비롯하여 중동의 아랍에서 아프리카로까지 영역을 넓혀가고 있다. 이제는 한국문화를 전혀 모르던 구미사회에서도 관심을 보이기 시작했다.

　그렇다면 한국의 무엇이 아시아인을 열광케 하고 있을까. 그 해답은 대략 세 가지로 생각해 볼 수 있다.

　첫째, 아시아권에 불고 있는 미디어의 대량보급과 현지 국가의 자체콘텐츠 부족현상이 심화된 영향이다. 불과 20여 년 전만 해도 동남아권은 대부분이 사회체제가 경직되어 있거나 정보미디어의 보급이 취약한 지역이었다. 그러다가 이념적 경직성이 사라지고 자유화물결과 사회개방이 본격화되면서 지역주민들의 문화욕구도 다양하게 분출되기 시작했다. TV를 비롯해 위성방송, 휴대전화, 인터넷 등 많은 미디어들의 보급이 크게 늘면서 문화콘텐츠 수요가 폭발적으로 늘어난 것이다. 처음에는 미국을 비롯한 중국, 일본의 문화상품이 그 공백을 메어주었으나, 이 지역주민의 정서를 대변해 주기에는 역부족이었다. 이때 등장한 한국의 문화상품이 중국, 일본과는 색다른 친근감을 불러일으켰다. 정감 넘치는 소시민의 생활상이 담긴 영상물에 이어 게임, 모바일 콘텐츠, 역동적인 노래와 춤 등을 입체적으로 선보이면서 한류바람을 촉발시킨 결정적 계기가 된 것이다.

둘째, 한국인의 기질적 특성이 함축된 한국 작품들이 아시아인의 문화정서에 심정적 공감대를 높여주었다는 점이다. 미국 〈뉴욕타임스〉는 '중국 젊은이들을 위한 한국문화(For China's Youth, Culture made in South Korea)'라는 제목의 베이징 발 기사를 실어, 중국사회에 불고 있는 한류바람의 실상을 보도했다(2006.1.2).「의상과 헤어스타일에서 음악, 드라마까지 한국인들이 중국을 비롯한 아시아인들의 취향을 좌우하고 있다. 중국에서 한국이라는 단어는 패션과 스타일을 상징하며, 그래서 중국 젊은이들은 한국을 모방하고 있다. 과거 한국은 중국과 일본, 미국으로부터 문화적 영향을 받아왔지만 이제는 문화수출국이라는 위치에 서 있다.」한국이 이처럼 매력적인 문화수출국이 된 이유에 대해서도「한국이 서양(미국)과 동양의 가교역할을 하고 있기 때문」이라고 분석했다. 한국인의 빼어난 문화소화, 융합력이 서구가치관을 동양식으로 걸러냈기 때문에 다른 아시아인들이 쉽게 받아들일 수 있었다는 것이다. 또 중국 TV제작위원회 장밍지 사무국장은 한국의 글로벌문화산업포럼에서 한국 드라마가 중국에서 인기를 얻고 있는 이유를 "한국 드라마의 핵심내용인 가족구성원 간의 사랑, 효, 부부 간 애정, 시련에 굴하지않는 남녀 간 사랑 등 전통적인 도덕관이 유교문화이기 때문" 이라고 주장했다.[17]

한국인의 풍류와 접목기질이 서구 스타일의 연예물을 그대로 본 딴 아류작품을 만들기보다는 한국적 감성을 녹인 퓨전 작품을 만들어 내는 데 유감 없이 드러난 것이다. 동·식물계에서 잡종이 우생학적으로 우월한 종을 만들어내듯이 문화에서도 한국인의 기질이 적응력 강한 문화상품을 창조한 것이 아닌가 생각된다. 한국에는 젊고 도전적인 음악인과 춤꾼들이 많다. 다른 아시아권 국가보다는 훨씬 세련되고 독창적이어서 서구사회에까지 자기 목소리를 내기 시작할 정도이다. 한국의 젊은 댄스가수 비는 서구음악의 본고장 뉴욕 맨해튼에 있는 매디슨스퀘어가든의 '시어터' 공연장에서 아시아인 최초의 공연으로 수만 명 관중을 열광시켰다. 한국 젊은이의 고난도 춤 솜씨도 정평이 나 있다. 한국은 스트리트댄스(Street Dance)의 월드컵으로 불리는 '배틀 오브 더 이어(Battle of the Year)' 대회에서 2002년, 2004년, 2005년 우승을 차지, 댄스강국으로 자리를 굳힐 정도가 되었다. 비보이(B-boy: 묘기 수준의 브레이크 댄서)라 불리우는 이들 춤꾼들의 신기를 한국관광공사는 한류 붐을 위한 새로운 아이템으로 잡고 있다.[18]

이런 순발력은 한국인의 풍부한 감성과 역동성, 다양성, 남다른 관여의식이 한데 어울려 생성된 것으로 아시아인들에게 폭넓은 공감대를 형성해 주는 계기가 되었다. 전쟁의 상처가 덜 아문 베트남에서는 역경을 이겨낸 고아의 성공신화를 담은 〈유리구두〉가, 중국에서는 가부장적 향수를 만족시키는 〈사랑이 뭐길래〉, 감성 물씬한 순애보 사랑에 목말라 있는 일본 기성세대에게는 〈겨울연가〉가 감동을 자아낼 수 있었던 것은 다 이런 이유에서이다. 더구나 한국은 외국 침략에 의한 아픈 과거가 남다르다. 이를 통해 체득한 감성적 호소력, 공존과 정체성 등이 비슷한 역사를 지닌 주변국가에게 우호적 정서를 자아낸 것도 한 이유가 될 것이다.

셋째, 한류열풍을 문명사적으로 볼 때 유교문화권의 복원과 관계가 깊다는 시각이다. 대만의 한 교수는 한류를 그저 지나가는 놀이문화의 유행이 아닌 아시아의 문명사적 시각에서 바라보고 있다. 20세기를 이끌고 온 서구적 근대화는 아시아인의 마음 밑바닥까지 사로잡지는 못했다. 그런 와중에 한국 드라마가 녹슬어 있던 아시아인의 마음을 일깨워 심금을 울려주고 있다는 것이다. 한류열풍이 아시아인에게 마음으로부터 강렬한 호응을 얻게 된 것은 그 뿌리가 유교문화권이라는 공감대를 자극해 주었기 때문이다. 삶의 태도, 전통가족제도에 대한 향수는 물론 치유적 효과까지 가져왔다는 것을 지적하고 있다.[19] 아시아권에서 유독 한국만이 이런 전통을 지켜온 것은 한국인의 정체성에 대한 완고한 집념이 중국이나 일본보다 더 강렬한 때문으로 볼 수 있다.

이어령 교수는 포스트모던한 세계 기류에서 한국이 뜨는 이유를 네트워크시스템에서 찾고 있다. 역사 이래 아시아의 지배문화는 2개가 있었다. 하나는 중국을 중심으로 한 중화주의문화 또 하나는 일본을 중심으로 한 근대산업주의문화이다. 따라서 농경사회에서는 중국이, 산업사회에서는 일본이 아시아의 선두세력이 되었다. 그러나 한국의 IT를 바탕으로 한 패러다임이 전혀 다른 정보사회에서 앞서 나갈 수 있게 되었다. 이런 네트워크사회는 외부폭격에도 쉽게 허물어지지 않는다. 21세기 다원주의 사회의 요구를 흡수할 수 있는 다양성을 고루 갖추고 있다는 점에서 문화적 내성이나 잠재력이 큰 나라일 수밖에 없다는 것이다. 또 한류는 유교의 본고장 중국(대만)에서 전통유교제례를 복원하는 데도 큰 관심을 끌었다. 한국의 유림(儒林) 단체인 박약회(博約會)는 대만 타이베이에 있는 공자(孔子)사당(孔廟) 대성전에서 제례를 올렸다. "유교의 발원지는 중국이지만 이를 더욱 체계화한 한국 퇴계선생 후예들의 예를 보고 공자의 위대함을 다시 깨달았다." 이 제례를 주관한 타이베이 시 민정국장이 한 말이다. 아시아의 유교권 국가 중에 전통제례를 가장 잘 보존해온 한국이 다시 중국인에게 역수출을 해 외경의 대상이 된 것이다.

03

한국 문화산업시장 어디까지 왔나

문화산업이 디지털콘텐츠산업으로 가고 있다

문화산업이라고 하면 시, 소설, 음악, 무용, 회화 같은 전통적인 문화콘텐츠(Contents)를 위시하여 출판과 신문, 방송과 광고, 영화와 애니메이션, 비디오, 게임, 음반, 캐릭터와 만화산업 등을 포함한 넓은 의미로 쓰인다. 우리나라 정부에서는 이를 6대 문화산업으로 정하고 개별적인 육성책을 펴고 있다. 요새는 문화산업이 음식, 패션, 디자인 등으로 넓어지면서 자동차, 전자기기 등 모든 제조산업으로까지 영역이 확대되어 가고 있다. 근래 들어 문화산업이 국가경제를 좌우할 만한 기간산업으로 주목받고 있는 데는 2가지 이유가 있다.

첫째는 지구촌 사람들의 문화적 욕구가 엄청난 상승효과를 내고 있다는 점이다. 폐쇄사회에서야 자족의 철학이 자리 잡을 수 있었겠지만 사회가 개방되면 사정이 달라진다. 지척에서처럼 세계의 문물을 보고 들을 수 있는 매체혁명시대에서는 누구나 외톨이로 혼자 살 수가 없다. 의, 식, 주에서 온갖 기호품과 생활양식들이 한없이 선보이면서 서로를 자극하게 된다. 남들처럼 따라하고 싶은 욕망이 샘솟지 않을 수 없는 환경이다.

둘째는 세계에 흩어져 있는 무수한 문화정보들이 무수한 매체를 통해 지척에 있는 것처럼 대량유통이 가능해진 점이다. 문화산업은 무형산업이다. 모든 인류가 네트워크를 통해 지구촌 곳곳에서 온갖 문화콘텐츠들을 공유하게 되니 엄청난 규모의 세계시장이 형성되지 않을 수 없다. 그러다 보니 동대문시장처럼 일일이 물건을 보고 살 수 있는 실재(Offline)시장보다는 통신선을 통해 전자거래를 할 수 있는 온라인(Online)시장이 점점 커져갈 수밖에 없다. 그래서 현대를 디지털콘텐츠산업의 시대라고 부르고 있는 것이다. 아예 일부 사람들은 일반 문화콘텐츠란 곧 디지털콘텐츠와 같은 의미로 보는 시각마저 생길 정도이다. 그러나 아직도 영화, 연극, 뮤지컬, 비디오게임 등의 오프라인시장이 온라인시장을 크게 앞지르고 있어 그 중요성이나 존재가치가 사양기에 접어들었다고 단정할 수는 없다.

디지털콘텐츠산업은 대략 콘텐츠제작산업, 유통서비스산업 그리고 지원산업으로 나뉜다. 그러나 이들 산업이 제 구실을 하려면 갖추어야 할 조건들이 많다. 먼저 소설, 시나리오, 음악, 만화 같은 지적 창작물이 있어야 하고, 다음으로 이를 디지털화하기 위한 우수한 저작도구(SW)가 있어야 한다. 그 다음에는 유·무선으로 된 네트워크가 있어야 하고, PC나 휴대전화같이 소비자가 직접 보고 느낄 수 있는 장치(Display)가 있어야 한다. 이들 4가지 중에서 지적 창작물을 뺀 3가지가 모두 정보기술에 의해 뒷받침되어야 하는 것들이다. 따라서 앞으로 문화산업의 발전이나 경쟁력은 지적 저작물 못지않게, IT 기술수준에 따라 좌우된다. 그런 점에서 볼 때, 한국의 문화산업 환경은 선진국 못지않게 잘 갖춰져 있는 편이다. 이미 한국은 네트워크나 수신장치(Display) 개발능력에서 세계 일류급이다. 나머지 지적 창작물과 우수한 소프트웨어(저작도구)개발만 뒤따라 준다면 세계 문화시장을 주름잡을 가능성이 크다. 더구나 한국인의 풍류적, 감성적 특질이나 접목·속도문화에 대한 뛰어난 적응력은 지적 창작물의 생산과 유통시장에서도 두각을 나타낼 가능성이 충분히 있다고 본다.

한국의 문화산업시장은 202억 달러, 세계시장의 1.5%뿐

"상상력이 부(富)를 만드는 오락산업이 21세기에 들어서는 국가경쟁력에서 제조업을 대신하게 될 것이다." 갈브레이스 교수가 한 말이다. 한국문화콘텐츠진흥원은 2005년 세계 문화산업시장 규모를 1조 3,400억 달러로 보고 있다. 이중에 한국의 점유율은 1.5%(202억 달러)에 불과한 것으로 나타났다.[12] 정보통신이나 조선업 등 한국에서 잘나가는 산업에 비해 형편 없는 수준이다. 그러나 시장여건으로 보아 앞으로 개척의 여지와 고속성장 가능성은 무한하다. 그 근거로 한국의 6대 문화산업의 연간 성장률이 평균 24% 수준을 유지하고 있다는 점을 들 수 있다. 한국의 경제성장률이 3~8%대에서 맴돌고 있는 것을 보면 엄청난 급성장이 아닐 수 없다. 또 지금까지는 중소기업 중심의 영세산업 아니면 국가의 특별한 지원으로만 버텨왔던 문화산업에 이제는 SK, CJ, KT 같은 대기업들의 참여가 본격화되고 있는 것도 큰 자극제가 되고 있다. 문화산업 전체 시장규모가 매년 30%대로 고속행진을 거듭하고 있는 데다 3,000만 명에 달하는 인터넷사용자들 대부분이 문화콘텐츠에 관심을 높여가고 있는 것도 그 가능성을 나타내주는 요인들이다. 이미 해외 영화 및 방송사업자들은 이런 한국을 '블루오션'으로 보고 꾸준히 문을 두드리고 있다. 주요 영화사들은 한국에 직배사를 설립, 직접 대중홍보에 나서고 있으며, 해외의 주요 방송국인 CNN, 블룸버그TV, 디스커버리, 디즈니채널, 리빙아시아채널, CNBC 등 12개 채널이 진출해 있다.[20]

한국 소프트웨어진흥원 자료에 의하면 2001년부터 2004년까지 우리나라 디지털콘텐츠시장의 연평균성장률은 34.5%에 달하고 있다.[21] 국내 디지털콘텐츠산업의 전체매출 규모는 2004년에 6조 5,000억 원, 2005년에는 8조 465억 원에 이른다.[22] 2001년 2조 7,000억 원이 4년 만에 약 3배로 늘어난 것이다. 2003년에 5조 원을 돌파한 후 1년에 1조 원 이상씩 증가하는 등 탄력이 붙고 있다. 또 국내 디지털콘텐츠산업에 근무하는 종사자들도 증가일로에 있다. 2004년 5만 3,164명으로 1년 전의 4만 8,126명보다 10.5% 늘어났다. 사업체 수도 3,338개(2004년)로 전년의 2,982개보다 11.9% 늘어났다.

각 장르별 2004년 디지털콘텐츠 판매 및 서비스시장을 보면 일반제조업보다 시장성장률은 높지만, 분야별 격차가 심한 편이다. 게임은 2조 708억 8,000만 원(2004년)으로 전년(2003년)보다 38.4% 증가했고, 디지털영상은 4,074억 2,600만 원으로 전년보다 34.8% 증가했다. 애니메이션은 2,209억 6,500만 원으로 전년보다 18.4% 늘어났고, 정보콘텐츠는 5,366억 8,100만 원으로 전년보다 3.7%, 온라인 교육(e-learning)은 5,837억 900만 원으로 전년보다 1.8%, 디지털음악은 2,014억 1,300만 원으로 전년보다 8.8%, 디지털캐릭터는 1,795억 6,400만 원으로 전년보다 2.4%, 전자출판은 679억 1,300만 원으로 전년보다 0.8%가 증가한 것으로 나타났다. 또 디지털콘텐츠산업의 수지현황을 보면 매년 수출규모가 수입량의 배에 달하고 있어 건실한 흑자 기조를 유지하고 있다. 수출에서 보면 콘텐츠제작 및 서비스 그리고 솔루션을 포함해 4억 2,679만 5,000달러(2004년)에 달했으며 이는 전년도보다 30.7% 증가한 액수이다. 또 콘텐츠제작 및 서비스 그리고 솔루션 수입액은 2억 1,037만 9,000만 달러(2004년)로 전년보다 29.3% 늘어난 것에 그쳤다.

그러나 문제도 많다. 일반 문화산업의 해외진출이 부진한 데다 게임, 영화 등 몇 개 분야를 제외하고는 국제시장에서 매우 미미한 수준에 머물러 있다. 디지털콘텐츠산업 역시 고른 성장을 하지 못하고 있다. IT 제품이나 조선, 자동차 등이 세계시장에서 두 자리 점유율을 차지하고 있는 것과 비교해 보면, 한국의 문화산업 점유율 1.5%는 너무 초라한 수준이다. 그러나 지금이야말로 우리가 도전하기에 매우 유리한 기회가 아닐 수 없다. 우리 앞에는 우리의 기질과 재능을 마음껏 펼칠 수 있는 광활한 미개척 땅이 기다리고 있기 때문이다.

영화산업은 문화수출의 첨병

한국영화는 확실히 달라졌다. 최근 10여 년을 전후해서 국내는 물론 해외에서도 관객의 호응도나 품질에서 가파른 상승세를 타고 있다. 우선 관객 수만 해도 1995년에 4,500만 명 수준에서 2002년부터 2005년까지 4년간 연속 1억 명 이상을 유지하고 있다. 또 국내 극장에서의 한국영화 점유율 역시 1998년 28% 수준이었던 것이 2003년부터 연속 3년간 50%를 넘어서더니 2005년에는 59.1%를 돌파했다. 영화상영체인인 CJ CGV의 〈2006년 10월 영화산업 분서자늄〉에 의하면 2006년 한국영화 연평균 점유율은 60%를 넘을 것으로 보고 있다. 한국영화 점유율 통계가 시작된 1998년 21.3%였던 점을 감안해 보면 8년 만에 한국영화 점유율이 30배나 늘어난 셈이다. 미국을 제외한 유럽, 일본, 동남아 어디서도 찾아보기 힘든 사례이다. 2005년 한국영화 전체 수출액은 9,700만 달러로 역대 최고의 수출액을 기록하고 있으며, 1억 달러 수출도 시간문제가 되고 있다.[23] 한국의 전체 영화시장도 2000년에 2조 8,000억 원에서 2002년에는 3조 4,700억 원으로 매년 10% 이상의 신장세를 유지하고 있다. 이렇듯 한국 영화가 갑작스런 신장세를 보인 이유는 무엇 때문인가. 여기에는 3가지 근거를 들 수 있다.

첫째, 작품의 질이 크게 향상된 점이다. 근래 들어 국제영화제에서 한국인 수상자가 크게 늘고 있는 것이 이를 말해주고 있다. 한국영화 대본들은 카피우드(Copywood)라는, 할리우드 영화를 모방한 아류들이 많았던 게 사실이다. 그렇지만 한국의 시나리오는 한국인 특유의 재미를 곁들여 시대적 요구와 관객의 취향을 살려내는 데 순발력이 뛰어나다. 여기에다 최근 들어서는 미국의 아류를 벗어나 우리만의 독창적이면서도 수준 높은 콘텐츠로 승부를 걸자는 '전통콘텐츠 신드롬'이 본격화되고 있는 것도 고무적인 현상이다. 한국에서 최고의 관객을 끌어 모은 〈왕의 남자〉(1,200만)를 위시하여 〈웰컴투동막골〉(800만), 〈말아톤〉(518만), 〈음란서생〉 등 한국적 색깔이 담긴 작품들이 히트를 치고 있는 것은 우리 영화 수준이 우리 관객들의 내재된 문화적 향수와 절묘하게 호흡을 맞춰가고 있다는 것을 의미한다.

둘째, 충무로 중심의 투기적인 영화제작 풍토가 투명해지고 있다. 대기업의 참여가 늘고 일반 공모에 의한, 정상적인 자금마련이 수월해지면서 생겨난 새로운 풍속이다.

셋째, 젊고 도전적인 제작 및 연출가들이 영화의 판도를 바꾸어가는 주도세력이 된 점이다. 강재규(〈쉬리〉, 〈태극기 휘날리며〉), 강우석(〈공공의 적〉, 〈실미도〉), 박찬욱(〈올드보이〉, 〈친절한 금자씨〉) 등 성공한 감독들은 거의가 30~40대 들이다. 한국을 대표하는 기업형 4대 메이저(CJ엔터테인먼트, 쇼박스, 롯데엔터테인먼트, 시네마서비스)가 본격적으로 제작에 뛰어들고 있으며,

배급업과 극장유통업에도 적극성을 띠고 있다. 또 이들이 중심이 되어 운영하는 멀티플렉스형 영화관이 전국에 846개(2004년)로 전체 스크린 수의 67%를 차지할 만큼 빠른 속도로 늘어나고 있어 영화관람 환경 개선에도 큰 역할을 하고 있다. 이제는 외국 영화계에서 바라보는 한국 영화에 대한 위상도 달라지고 있다. "5년 전만 해도 할리우드 메이저 스튜디오 관계자 만나기가 하늘의 별 따기였다. 그러나 이제는 그쪽에서 먼저 미팅스케줄을 요구하고 있다"고 한국 영화관계자들은 말한다.

할리우드는 한국 영화에 대한 리메이크 판권 인수에도 적극적이다. 〈조폭 마누라〉, 〈장화홍련〉, 〈올드보이〉 등 지금까지 20여 편의 한국리메이크 판권이 팔려나갔다. 아예 일본에서는 한국 영화가 미국 영화보다 더 비싼 값에 거래되고 있는 일까지 생겨나고 있다. 이런 현상은 한국 드라마 〈대장금〉이 35개국에서 인기를 끌며 중국, 홍콩 등지에서 최고의 시청률을 보인 것에서도 알 수 있다. 게임에서 조선시대 상인을 주인공으로 한 '거상2'가 인기상품으로 떠오른 것과도 맥이 통하고 있다. 그러나 한국 영화가 가야 할 길은 아직 멀기만 하다. 한국 영화는 충분히 안심할 수 있을 만큼의 기반이 다져져 있지 않다. 뿌리가 약해서 해마다 고비를 넘겨주는 히트 영화가 탄생되지 않으면 관객, 수출, 수익에서 금방 주저앉을 가능성이 크다.

한국에는 풍부한 자금과 기술을 갖춘 미국의 6대 메이저 스튜디오(월트디즈니, 워너브러더스, 소니픽처스, 파라마운트, 20세기폭스, 유니버설)와 같은 경쟁력 있는 제작사가 육성되어 있지 않다. 따라서 영화제작 환경이 매우 취약하다. 2005년 한국 영화 평균 제작비용은 39억 9,000만 원(마케팅비용 포함)이다. 1995년의 10억 원에 비하면 장족의 발전이라 하겠다. 그러나 할리우드의 편당 제작단가 8,900만 달러(마케팅비용 포함)에 비하면 20분의 1에 불과하다. 또 한국 영화는 수익구조에서 극장수입이 70%를 차지하고 있어 극장확보 생존의 문제가 되고 있다. 그러나 할리우드의 경우 극장수입이 20%에 불과하다. 미국의 제작사는 극장용 영화뿐만 아니라 TV용 영화, 드라마 시리즈, 비디오, DVD, 케이블TV까지 수익구조의 다변화로 위험을 분산시키고 있다. 그러나 우리는 수익구조도 취약하지만 수출 대상지역도 아시아권에 머물고 있어 한계를 드러내고 있다. 이것이 한국 영화의 과제이자 희망이 될 수도 있다.

게임산업은 한국 엔터테인먼트산업의 성장 동력

2005년 5월 미국 LA컨벤션센터에서는 세계 최대의 게임전시회 'E3(Electronic Entertainment Expo)2005'가 열렸다. 세계 80여 국가에서 400여 업체가 참가해 최신형 게임기, 새로운 게임 소프트웨어를 발표했다. 여기서 미국의 마이크로소프트, 일본의 소니와 닌텐도 등 세계 게임기시장을 장악하고 있는 3대 메이커가 앞다투어 신형 게임기를 발표했다. 전시회의 규모나 수준, 열기는 21세기 문화전쟁시대에서 게임산업의 비중이 얼마나 커지고 있는가를 보여주고 있다. 같은 해(2005년) 11월 한국에서도 한국 최초의 국제게임전시회 'G스타 2005'가 막을 열었다. 여기에도 16개국 150여 업체가 참여, 미국의 E3에는 못 미치지만 일본의 '도쿄 게임쇼'에는 필적할 만한 성황을 이루었다. 이는 한국의 게임산업, 게임 기술 수준이 선진국 수준에 진입했음을 알려주는 신호이다. 특히 이날 기조연설을 한 세계적인 베스트셀러 온라인 게임 '스타크래프트'의 개발자 빌로퍼는 한국 게임업체의 창의성을 높이 평가하며 다음과 같이 말했다. "한국의 캐주얼 게임은 게임에 익숙하지 못한 사람들을 게임 팬으로 만들어 수익을 올리기 시작한 독보적인 사업 모델이다." 한국은 개발비가 많이 들어가는 온라인 롤플레잉 게임과는 달리 적은 개발비(20~30억 원)로 PC

게임의 단조로움을 극복하고 온라인 게임의 특성을 접목한 새로운 형태의 캐주얼 게임(테니스 게임, 로봇 게임 등)이란 것을 개발해 냈다는 것이다.

게임은 경쟁심, 모험심을 자극하여 성취감을 만족시켜주는 마력이 있다. 특히 게임은 스릴, 속도에다 상상력과 영상이 겹쳐 있는 대표적인 복합산업이어서 한국인의 기질에 너무 잘 맞는다. 여기에다 IT 기술을 활용한 최근의 게임들은 매우 사실적이면서도 환상적인 세계를 연출, 인간의 감성적 호기심과 만족감을 높여주고 있다. 여기에는 스토리가 있고 영웅이 있으며 인간이 꿈꾸어 온 이상세계가 담겨있다. 영화나 소설, 방송드라마에서는 찾아 볼 수 없는 수요자의 참여기회가 열려있어 직접 성취감을 맛볼 수도 있다. 게임산업은 한국인의 기질과 궁합이 너무 잘 맞는 분야이다. 타고난 풍류정신에 풍부한 감성, 속도감, 다채로운 상상력, 도전의식, 이기적 특성 등을 종합적으로 수용하고 있다.

IT 기술이 접목된 게임에는 5종류가 있다.[21] 컴퓨터 게임장에서 흔히 볼 수 있는 격투기 중심의 '아케이드(Arcade) 게임', 전용게임기를 통해 할 수 있는 '비디오 게임', 개인용 컴퓨터를 사용하여 사람과 컴퓨터가 대결하는 'PC 게임', 통신네트워크에 접속한 이용자들끼리 겨루는 '온라인 게임', 휴대전화나 PDA를 통해 하는 '모바일 게임' 이 있다. 이 중에서도 주목을 끌고 있는 것은 비디오 게임, 온라인 게임, 모바일 게임이다. 이들 게임이 뛰어난 기능을 가진 고성능 게임기 보급이 늘어나면서, 또 인터넷 사용인구 및 휴대전화 보유인구가 폭발적으로 늘어나는 추세와 보조를 맞추고 있기 때문이다.

비디오 게임기는 고도의 하드웨어 제작기술을 보유한 일본(Playstation 1, 2), 미국(x-Box)이 주도하고 있다. 이에 비해 온라인 게임은 별도의 전문게임기 없이 초고속 인터넷망이 잘 갖춰진 곳이면 PC를 통해 자유롭게 할 수 있다. 따라서 온라인 게임은 인터넷 활용이 보편화된 한국 같은 곳에서 확산되기 유리한 게임이다. 이미 한국은 온라인 게임 강국으로 또 모바일 게임 강국으로서도 입지를 굳힌 상태이다. 여기서 특히 관심을 끌게 하는 것은 게임과 손 기술과의 관계이다. 비디오 게임은 주로 전문 게임기를 사용하는데, 이를 콘솔(Console) 게임이라고 한다. 전문 게임기는 일본과 미국이 세계시장을 독점하고 있다. 미국과 일본이 고도기술과 대자본이 맞물려있는 게임기 개발에서 유리한 고지를 차지한 것도 한 이유이다. 하지만 그보다는 콘솔 게임은 작동이 단순한 조이스틱으로 게임을 하게 되어 있어 손동작이 날렵하지 못한 서구인들이 사용하기 쉽다는 데서 그 이유를 찾는 이들이 많다.

그러나 온라인 게임은 다르다. 온라인 게임 중에서 '스타크래프트'는 동시접속자 수가 200만 명이 넘는 세계적 게임이다. 이는 네트워크를 통해 실시간으로 운영되는 전략시뮬레이션 게임으로 고도의 두뇌와 민첩한 손놀림이 필요한 게임이다. 스타크래프트를 개발한 나라는 미국이지만 활짝 꽃을 피운 곳은 손기술이 뛰어난 한국이다. 언제부터인지 스타크래프트 세계대회가 한국이 아닌, 다른 나라에서 열리는 경우를 찾아보기 힘들게 되어 버렸다. 외국의 온라인 게이머들에게는 한국이 선망의 땅이 된지 오래다. 한국에는 벌써부터 2억 원의 연봉을 받는 젊은 프로게이머들이 생겨났고 게임기획자가 인기 있는 직종으로 떠오르고 있다. 전문 케이블방송이 생겨 실황중개방송을 해야 할 만큼 두터운 시청자층을 확보하고 있는 것을 보아도 한국 온라인 게임의 열기를 충분히 느낄 수 있다. 이미 미국 마이크로소프트(MS)는 한국 게임업체들과의 협력관계에 남다른 공을 들이고 있다. 마이크로소프트의 게임부문 최고책임자 셰인 킴은 한국의 게임산업을 이렇게 진단하고 있다. "한국 게임업체들은 세계무대에서 선두주자가 될 자질을 갖추고 있다. 한국의 엔터테인먼트는 창의성이 풍부하다. 특히 한국은 세계 어디에서도 유례를 찾을 수 없는 온라인 게임개발과 운영경험을 가지고 있다. 마이크로소프트는 한국 업체의 경험을 공유하고, 한국 업체는 마이크로소프트를 통해 세계시장 진출 기회를 마련할 전략적 제휴 및 지원관계를 강화하고 있다."[24]

세계 게임 소프트웨어시장은 2004년에 356억 1,200만 달러였고, 2008년에는 490억 달러로 전망되고 있다.[25] 그러나 현재 세계 게임시장의 40% 이상을 차지하고 있는 비디오 게임시장은 159억 8,300만 달러(2004년)이던 것이 4년 후에는 25% 신장한 191억 달러로 상승세는 타고 있지만, 세계시장 점유율은 26%로 내려앉을 것으로 예측되고 있다. 그러나 온라인 게임은 아직 세계시장의 11%에 불과한 39억 3,200만 달러(2004년)에 머물러 있다. 그러나 4년 후에는 105억 2,900만 달러로 250% 이상 신장하면서 세계시장에서 20% 정도가 뛰어오를 전망이다. 이는 비디오 게임 시장과의 경쟁이 6%대로 좁혀진다는 것을 의미한다. 물론 기존의 PC 게임시장도 줄어들 것이며, 아케이드시장도 15% 신장에 머물 것으로 예측되고 있다. 따라서 미래 게임시장의 판도는 한국에 유리한 온라인 게임이 주도적 위치에 오를 것으로 예측되고 있다.

한국의 게임시장은 2조 5,600억 원(2005년)규모이며 매년 30% 이상씩 성장하고 있다.[26] 온라인 게임이 단연 선두에 서 있고 모바일 게임도 가파른 상승세를 타고 있다. 2005년 온라인 게임시장은 1조 4,424억 원, 아케이드 4,197억 원, 비디오 2,495억 원, PC 게임 701억 원, 모바일 게임 2,101억 원이다.[22] 또 각종 운동경기를 게임화한 'e-스포츠'도 한국이 최강국 자리를 차지하고 있다. 한국은 이 분야 최다 게이머를 보유하고 있는 중국과 힘을 합쳐 세계 최대의 e-스포츠대회인 'CKCG2005'를 2005년 8월에 공식 출범시켰다. 이미 한국은 온라인 게임의 종주국이자 최강국 자리를 차지하고 있어, 온라인 게임의 성패는 한국시장에서의 반응으로 결정 날 정도가 되어 버렸다. 한국의 인기 온라인 게임 중에는 회원 수가 1,000만 명이 넘는 것이 많다. 한국 '엔씨소프트'의 온라인 게임 '리니지', '리니지2'만 해도 회원 수가 한국 인구에 버금가는 4,000만 명에 이를 정도이다. 여기서 관심을 끌고 있는 것은 어느새 미국과 일본 등 게임 강국들이 온라인 게임시장에 눈을 돌리고 본격적으로 뛰어들 채비를 서둘고 있다는 사실이다. 이미 미국에서는 온라인 게임 매출규모가 벌써 영화상영 판매액을 추월했으며, 인터넷 게임 잡지 〈갓프래그〉의 인기는 스포츠종합방송인 ESPN과 같은 수준에 오를 정도가 되었다.

이런 현상이 한국 게임의 가능성과 장래성을 밝게 해주는 징후이기는 하지만, 한국의 경쟁자로서 매우 경계해야 하는 위기감도 함께 증폭시켜 주고 있다. 한국의 게임산업은 영화산업과 마찬가지로 그 기반이 매우 취약하다. 게임에 빠져 사는 소수의 마니아를 중심으로 한국게임계가 지탱되고 있다는 점에서 뿌리가 건실하지 못하다. 앞으로 게임강국의 입지를 굳히고 선발주자의 이점을 계속 살려가려면 무엇보다 상상력이 풍부한 고급개발인력이 체계적이고 안정적으로 육성되어야 한다. 통계상으로 드러난 현재의 개발인력은 양적으로는 많아 보이지만 전체인력의 80% 이상이 고졸학력 수준에 머물고 있다. 또 걱정되는 것은 한국의 게임산업이 아직 중소기업 중심에서 탈피하지 못하고 있다는 사실이다. 이로 인해 장기적으로 고급기술 개발과 우수한 전문인력의 안정적 수급에 차질이 생길 수밖에 없다. 이제는 대기업들이 게임산업의 유망성에 눈을 떴기 때문에 적극적인 전략산업으로의 진출의지가 뒤따르지 않으면 안 된다. 일부 제한된 계층을 겨냥한 단순 놀이를 벗어나 교육산업과의 접목 등으로 국민적 참여 폭을 넓혀갈 때 비로소 게임강국도 가능해질 것이다.

기타 문화콘텐츠 관련 산업

영화, 게임 외에도 문화산업에 포함되는 관련 업종은 매우 많다. 연극, 뮤지컬, 드라마를 비롯해 연예, 다큐멘터리, 교양 등 다양한 방송프로그램산업은 매체증가에 따라 시장도 함께 커가고 있다. 애니메이션, 캐릭터, 만화, 광고산업도 방대한 시장을 형성해 가고 있다. 이미 세계 문화산업시장은 업종별 장벽이 무너지면서 각 장르 간에 상상할 수 없을 만큼 활발한 교류와 융합이 이루어지고 있다. 영화에서 히트 작품이 나오면 자연스럽게 파생상품이 쏟아져 나오게 된다. 영화소설이 나오고 이를 영화, 연극, 뮤지컬, 드라마로 올려지게 되면 그 다음에는 애니메이션과 캐릭터, 음악, 라이선스산업 등 다양한 콘텐츠산업이 줄지어 호황을 누리게 된다.

이제는 문화산업에서 시, 소설, 희곡 등을 1차 저작물, 이를 근거로 한 영화, 연극, 드라마를 2차 저작물로 보는 것과 같은 기계적 구분은 아무 의미가 없어졌다. 영화든 소설이든 만화든 어느 하나에서 처음에 창작행위가 이루어지면 그것이 1차 저작물이요, 이를 다양한 수단으로 가공·재현해 나가면 그것이 2차, 3차, 4차 저작물로 불어나게 되어 있다.

한국의 문화산업에서 두드러진 시장성이 확인된 것은 영화, 드라마, 게임, 음악 정도이다. 만화, 애니메이션, 연극, 뮤지컬을 비롯하여 전통적 예술인 미술, 무용, 조소 그리고 전위적인 실험예술도 여기저기에서 선을 보이고는 있으나 산업으로서 유망한 시장성을 띠기에는 아직 역부족이다. 이들이 힘을 얻어 문화산업 전반에서 상승효과를 높이는 기반산업으로 위치를 굳혀주지 못하면, 한국이 꿈꾸고 있는 세계 5대 문화산업 강국의 꿈은 허사로 끝나 버릴 수도 있다.

한국 애니메이션은 극장용 애니메이션이 어느 정도 인기를 얻고는 있으나 일본이나 미국에 비해 제작능력이 현저히 뒤떨어져 있다. 미국은 〈라이온 킹〉, 〈토이 스토리〉, 〈슈렉〉 등 품질 높은 애니메이션으로 세계시장의 대부분을 장악하고 있다. 일본 역시 세계 2대 문화강국으로 〈센과 치히로의 행방불명〉, 〈하울의 움직이는 성〉 등 다양한 히트작품을 계속 출시하면서 세계시장에서 막강한 위력을 보이고 있다. 이는 미국, 일본 두 나라가 오랫동안 가꾸어 온 고도의 영상제작기술이 큰 힘이 된 것이다. 2006년부터 한국은 일본 극장용 애니메이션을 전면 개방하고 있어 국내 애니메이션시장에 큰 변화를 예고하고 있다.

한국 캐릭터시장은 규모 면에서는 5조 3,000억 원(2004년)의 큰 시장을 갖고 있다. 그러나 이중에서 국산 캐릭터의 점유율은 11%에 불과한 실정이다. 한국의 만화 역시 100년의 역사가 있으나 일본시장에 잠식, 매우 허약한 상황에 와 있다. 창조산업에서 만화적 영감은 다른 디지털콘텐츠 산업의 소스역할을 하는 경우가 많다. 따라서 만화산업의 발전은 문화산업 전반에 생기와 자극을 주는 역할을 할 수 있다. 우리 정부도 만화의 중요성을 인식, 2001년부터 11월 3일을 '만화의 날'로 지정, 육성에 힘을 쏟고는 있다. 그러나 이미 일본 만화에 압도된 현재의 상황을 반전하기에는 매우 어려운 처지다. 보다 획기적인 정책개발과 만화 전문인력의 육성으로 우리 만화의 저변확대를 위한 특단의 대책이 강구되지 않으면 힘들 것으로 보인다.

04

문화국가로 가는 길

국가정체성을 제품에 담아야

2005년 파리 정치대학 기소르망(Guy Sorman) 교수가 서울대학교에서 강연을 했다.[27] 그는 강연에서 "이제 한국도 역동적인 국가정체성을 제품에 담아 팔아야 한다. 프랑스 화장품이 비싸게 팔리는 이유는 간단하다. 문화 = 프랑스라는 이미지가 투영되었기 때문이다. 향후 국가 간, 제품 간 경쟁에서 승패를 좌우하는 것은 결국 문화경쟁력이다. 제품에 국가정체성이 담기는 것이 개별기업의 명성이나 제품의 질보다 중요하다. 독일 자동차는 견고함, 일본 자동차는 깔끔함을 연상시키고, 맥도날드는 미국식 생활양식을 대변한다. 선진국일수록 예술과 언어 등 문화 정체성 보호에 적극 나서고, 이를 제품에 담고 있다"라고 말했다.

유럽 등지에서 삼성과 LG의 전자제품이 큰 인기를 끌고 있다. 그 이유는 소비자의 취향에 맞는 현대적 디자인과 뛰어난 기능 등의 실용성 때문이다. 여기에다 소비자에 대한 신속하고 친절한 AS가 호감도를 높이는 데 큰 몫을 하고 있다. 그러나 이것은 한국의 정체성과는 별관계가 없다. 이 제품에서 한국만의 색깔과 냄새를 찾기는 어렵다. 따라서 서구의 소비자들은 삼성이나 LG가 한국기업이라는 사실을 모르는 사람이 의외로 많다. 제품디자인과 생산과정, 유통, 홍보 등 모두가 서구인의 입맛에 맞춘, 서구스타일의 복제(Copy)일 뿐이다. 단지 한국인의 순발력과 속도감, 역동성 등이 서구인의 구매 욕구를 자극, 시장을 넓혀가고 있는 것이다. 이는 서구기업들이 따라할 수 없는 한국인만의 문화적 특성이 아니다. 이래서는 우리 제품을 신뢰하고 사랑하는 충성도 높은 고객을 확보할 수 없다.

그러면 한국제품에 어떤 색깔의 정체성을 담아야 할 것인가. 그 명확한 해답은 전통문화에서 찾아야 한다. 한국인의 전통문화 속에는 의외로 완고한 정체성이 숨어있다. 단지 한국인의 유연성이 이를 소리 없이 감싸고 있어 경직성을 띠지 않을 뿐이다. 그 완고함 속에는 유교적 가치관, 무속신앙, 평화주의, 인간존중, 경로사상, 시민의식, 풍류정신, 환경사상 등이 포함되어 있다. 따라서 외국인이 한국적이라는 특성을 제품 속에서 느끼려면 먼저 외국과 다른, 한 눈에 들어오는 한국적인 색깔을 담아야 한다. 이것이 곧 한국 전통문화의 현대적 재현이다. 우리는 유연성에서는 국제화가 잘 되어 있으나 본질적 정체성은 가물가물한 모습으로 수면 아래로 가라 앉아 서서히 잊혀져가고 있다.

한국의 정신문화는 지금 이념적 방임상태에 빠져있다. 이것이 한국인의 동조정신에 기름을 부어 준 것이 사실이다. 그러나 뿌리 없는 산물은 유행처럼 나타났다가 소리 없이 잊혀질 뿐이다. 잠시 동안의 영화는 누릴 수는 있으나 긴 생명력을 이어 갈 수는 없다. 세계의 개방화물결은 지구촌 모든 국가들에게 문화나 문화제품의 보편화를 부채질해 갈 것이 틀림없다. 이 속에서 고객의 눈길을 끌어당기려면 감성적 공감대를 이끌어 낼 특별한 개성이 살아 숨쉴 수 있어야 한다. 혼돈(Chaos)의 세계 다음에 질서 있는 로고스(Logos)가 자리를 잡아가듯, 우리도 세계문화의 주류에 서려면 단순모방 단계를 벗어나 한국적 색깔과 냄새를 담은 한국 고유의 이미지를 심어주어야 한다. 그렇지 않고서는 외국문화의 아류를 벗어나지 못한다.

그러면 구체적으로 한국적 정체성은 제품 안에서 어떤 모양으로 나타나야 할 것인가. 한국 백자의 소박미나 청자의 은은한 비색에 독창적 상감기법 같은 것은 한국제품임을 쉽게 알아 볼 수 있게 한다. 이 같은 개성을 현대문화 속에 접목·재현시킬 수 있어야 한다. 한국의 전통문화에서 풍겨 나오는 따뜻하고 담백한 정적 분위기 안에, 시대적 변화에 걸맞는 새 문화를 접목, 역동적 개성을 창출해내야 한다. 이것이 우리 문화가 고민해야 할 중심 화두이다. 이는 하루아침에 만들어질 수 없는, 기업은 물론 정부, 문화계가 머리를 맞대고 오랜 전통과 경륜과 영감을 모아 가시적인 문화적 특성으로 발전시켜야 할 과제이기도 하다.

일관성 있는 문화정책 없이는 사상누각

우리정부는 세계 5대 문화강국을 목표로 한다는 벅찬 계획을 내놓고 있다. 그러나 한국 행정부처의 정책에서 가장 의심스럽고 취약한 부분이 추진의지에 대한 확신이 어설퍼 보인다는 점이다. 이는 기술·경제·문화부서를 가리지 않고 다 마찬가지이다. 정권이 바뀌어 밑그림이 근본적으로 달라졌다면 이해할 수 있다. 그러나 실상은 각 부처 장관이 바뀔 때마다, 심지어는 담당 국장 등 실무책임자만 달라져도 기존의 정책의지가 시들해지거나 수정 아니면 아예 없어져 버리는 경우가 많다.

정부 각 부처들은 심심찮게 무슨 5개년 계획 같은 보랏빛 청사진을 내놓는다. 그러나 그 정책이 입안 당시의 의욕 이상으로 발전한 경우는 거의 없다. 이제는 업계, 학계, 교육계에서도 가슴 벅차하기보다는 이 정책이 얼마나 지속적으로 또 일관성 있게 추진될 수 있을까 하는 냉소적 반응까지 보이고 있다. 이는 정부 각 부처가 내놓고 있는 정책들에 대한 예산의 뒷받침이나 그 과정과 결과에 대한 철저한 준비와 엄정한 분석, 평가가 뒤따르지 않은 때문이다. 부서 내에서도 뚜렷한 철학과 집요한 추진 의지가 부족해 공감대 형성이 제대로 안 된 때문이기도 하다. 몇 사람의 머리에서 발안되어 큰 저항 없이 발표된 것은 그 사람의 진퇴에 따라 얼마든지 흐지부지될 소지가 크다. 이러한 정부정책에서도 한국인의 기질이 드러나고 있는 것이다.

문화정책을 예로 든다면 정권이나 부서장의 변동에 관계없이 일관성 있게 추진해야 할 몇 가지 잣대만은 제대로 지켜져야 한다. 첫째, 한국 문화는 시시각각 본질을 바꿀 수 있는 날림문화가 아니므로 그 뿌리는 반드시 전통문화가 되어야 한다. 따라서 문화정책의 바탕에는 전통문화 복원 및 계승이 전제되지 않으면 안 된다. 이를 위해서 사라져가는 전통문화유산의 채집과 집대성 계획을 위시하여 전통문화의 현대화 작업이 체계적으로 추진되어야 한다. 학교교육에서도 문화정체성 교육이 강조되어야 하며, 이를 기반으로 문화콘텐츠의 창작이 활성화되고 전문인력 양성도 꾸준히 병행되어야 한다. 그때 비로소 우리는 모방의 한계를 극복하고 독창적 문화콘텐츠의 '마르지 않는 샘'을 얻게 될 것이다. 또 이를 통해 예상치 못한 다른 수확도 거둘 수 있다. 젊은 세대의 문화적 미아로의 방황을 예방하고 세대갈등의 골을 매우는 데도 큰 몫을 할 것이다.

둘째는 문화정책이 주무행정부서만의 독점영역을 벗어나 다른 부서와

업계, 학계, 문화예술계와의 시스템적 협력체제 속에서 책임 있게 구축되고 발전·평가되어야 한다. 그래야만 국민적 동조정신을 자극, 붐 조성을 이끌어 내고 보다 큰 파이를 만들어 모든 사람이 함께 먹을 수 있게 된다. 한 예로 서울에 최고 수준의 오케스트라를 갖춘 세계적 명소가 될 만한 오페라극장을 짓기로 했다고 가정해 보자. 이를 근시안적 시각으로 보면 서울시의 계획은 매우 무모한 적자사업을 벌이는 것이 된다. 엄청난 인건비, 건물유지관리비 등의 지출요인들을 고객의 입장수입과 맞추려고 한다면 그 발상부터가 잘못이다. 당연히 생각이 다른 의원, 시민단체 등의 저항을 이겨낼 수 없게 된다. 그러나 국가의 손익차원으로 시야를 넓혀보면 사정은 달라진다. 문화산업은 국가의 전반적 경쟁력을 높이는 유인산업이다. 이로 인해 파생된 관광산업, 국산제품의 호감유발, 문화 전문인력 양성풍토에서 국가이미지 개선까지 계산에 넣으면 국가가 얻는 과실은 엄청난 흑자를 이루게 된다. 이런 거시적, 종합적 시각과 확신이 있어야 문화산업이 산다.

그 다음에는 국내자원과 여건을 감안하여 추진사업의 선택에서 우선순위와 집중이 지속성 있게 보장되어야 한다. 세계 5대 문화강국의 청사진이 제대로 만들어지려면 이런 과정을 거치면서 국민적 긍지와 공감대가 형성되야 한다. 민·관의 투자의지와 여력 등이 반드시 점검되어야 할 것은 말할 것도 없다. 더 중요한 것은 정책수정이나 폐기도 정책수립과정만큼 비중 있게 다루어져야 한다는 점이다. 그래야 정책이 계속 일관성 있세 유지될 수 있으며, 담당 부처 역시 강력한 리더십으로 흔들림 없이 힘 있게 밀고 나갈 수 있다.

성공한 CEO는 계획된 사업에 대해 저돌적인 추진력을 가진 사람이 대부분이다. 아무리 심각한 환경변화가 일어나도 이를 추진사업의 동력으로 활용하지, 결코 추진사업의 수정으로 쉽게 타협하려 하지 않는다. "음악단체에는 민주화가 있지만 음악에는 민주가 없고 독재가 있을 뿐이다." 유럽 정상의 오페라극장인 독일 하노버 슈타츠오퍼의 상임지휘자가 된 젊은 한국인 지휘자 구자범이 한 말이다. 그는 2006년 1월 예술의 전당에서 오페라 〈투란도트〉를 지휘, 열렬한 갈채를 받았다. 회화나 서예, 조각 같은 단위예술과 달리 오케스트라, 영화, 연극 같은 종합예술에서 질서와 조화는 절대적이다. 이때 뛰어난 지도자는 다양한 개성을 지닌 구성원의 자질을 발견하고 키워 주는 것보다 그들의 능력을 하나로 통합, 집단의 화음을 최고의 수준으로 이끌어내는 데 온 정성을 쏟는다. 이때 예술적 자존심과 감성으로 똘똘 뭉친 연주자들의 개성적인 목소리를 조절할 수 없으면 조화의 틀은 깨지고 만다.

국가정책도 마찬가지다. 우리나라 문화정책은 문화관광부가 주무부서이다. 그러나 이제는 문광부 혼자서 발상하고 추진할 수 있는 대단한 문화계획이란 없다. 이미 글로벌사회로 접어들면서 행정부처 간 구체적인 업무영역의 경계가 허물어지고 있어 행정의 능률성, 전문성에 문제가 커지고 있기 때문이다. 문화산업과 IT 산업이 연계되면서 문화관광부와 정보통신부, 방송위원회 등의 전담영역 중복 소지가 커지고 있는 것은 그 한 예에 불과하다. 시장이 협소할 때에는 붐 조성을 위해 너나 할 것 없이 참여와 독려에 힘을 쏟아야 한다. 그러나 시장이 커지면서 안팎의 도전이 밀려오기 시작하면 보다 체계적인 성장을 위한 일관성 있는 대책이 필요해진다. 현명한 기술정책자는 기술난립으로 인한 폐해를 줄이기 위해 미리부터 기술 표준화를 서둘러 부작용을 예방하면서 안정적 도약기반을 다져놓는다.

오늘날의 문화산업은 정보기술 없는 도약을 생각할 수 없게 되었다. 특히 콘텐츠의 디지털화, 온라인화, 멀티미디어화가 가속화됨에 따라 IT 기술의 도움 없이는 콘텐츠의 질 향상은 기대할 수 없다. 정보통신부와 문화관광부는 업무 중복을 피하기 위한 업무조정을 통해 일단 외형적 갈등의 소지는 없앤 것처럼 해 놓았다. 문화콘텐츠의 주무부서는 문화관광부로 통일하되, IT에 관해 일반적으로 적용되는 기반기술, 인력양성은 정통부가 담당한다. 문화관광부도 문화콘텐츠의 특성을 고려한 응용기술 개발과 관련 인력 양성은 소관사항으로 해 놓았다. 이는 산업사회의 분업체계 속에서 만들어진 부서업무를 그대로 유지하는 체제 속에서 생각해 낼 수 있는 최선의 타협안일 수 있다.

그러나 정보통신부는 '온라인디지털콘텐츠산업발전법'에 따라 디지털콘텐츠산업의 주무부서로 입지를 강화시키고 있으며, 문화관광부는 '문화산업진흥기본법'을 제정하고 문화콘텐츠 진흥원을 설립하는 등 국가자원의 효율적 집중에 한계를 드러내고 있다. 문화산업 분야는 관련 부서가 모여 탁상에서 결론을 냈다 해서 현장에서도 명쾌하게 교통정리가 되는 분야가 아니다. 문화산업의 기초 분야는 문광부가, 응용분야는 정통부가 담당한다는 원칙만으로는 상승효과를 기대할 수 없다. 문광부는 문화산업의 원천이랄 수 있는 창조적 역량을 가진 반면, 이를 가공해서 부가가치를 높일 수 있는 기능이 없다. 반대로 정통부는 부가기능은 화려하지만 창조적 원천·콘텐츠의 공급이 어렵게 되어 있다. 글로벌화되고 있는 네트워크사회에서는 이런 경우, 업무의 효율성과 상승효과를 높이는 최선의 방법은 두 가지 기능을 합치는 것이다. 좀 더 발전적인 해답을 제시한다면 이 두 가지 기능을 일관성 있고 책임 있게 추진할 수 있는 전담부서를 만들 수밖에 없다.

우리는 이와 비슷한 상황을 현명하게 극복한 경험이 있다. 그것은 정보통신부의 탄생이다. 원래 정보통신부의 업무는 우정과 전파업무를 제외하고는 거의가 산업자원부 소관 업무영역에 속하는 것들이다. 그러나 제한된 국가자원으로 모든 산업을 균형 있게 성장시킬 수는 없다. 그래서

IT 분야의 집중개발로 선진화를 이루고, 이를 수단으로 다른 산업의 경쟁력을 높인다는 정책적 결단을 통해 체신부를 정보통신부로 새롭게 탄생시킨 것이다. 그 결과 10여 년 만에 한국은 세계 수준의 IT 선진국 자리를 차지했고, 여기서 얻은 여력이 다시 문화산업의 동력으로 쓰일 만큼 잠재력을 축적하게 된 것이다.

한국인은 새로운 도전 앞에서, 그것이 한국인의 기질과 궁합이 맞을 때 상상 밖의 잠재력을 쏟아낼 수 있다. 바로 신명과 모험, 속도, 감성기질에 강력한 동기부여를 해 주기 때문이다. 한국의 미래를 책임질 차기 성장엔진은 무엇으로 해야 하는가에 많은 사람이 고민을 하고 있다. 여기에는 차세대 기술개발 등 선택할 분야는 많다. 그러나 보다 획기적인 새 판을 짜내려면 그 대상은 문화산업이어야 한다는 데 공감하는 사람이 많다. 꿈과 야심이 큰, 강력한 리더십의 지도자가 등장한다면 그는 문화산업에서 민족적 역동성과 결집력을 끌어 모을 수 있을 것이다. 그때 우리는 문화선진국의 꿈을 현실 속에서 이룰 수 있을 것이다.

전통문화의 뿌리를 다지는 길

지금 동남아에 불고 있는 한류(韓流)에는 이상기운이 감지되고 있다. 한국 드라마, 영화 등에서 느끼는 참신성이나 호응도가 시간이 지나면서 뒷심이 약해지고 있는 것이다. 한류열풍이 동남아 여러 나라의 자체시장, 자체문화에 대한 위기의식을 부추기는 데다, 작품의 신선도나 도덕성에서도 이질감이 드러나고 있는 것이다. 이미 일본, 대만, 중국을 비롯하여 동남아권에서는 반한류(反韓流), 혐한류(嫌韓流) 기운이 노골화되고 있다. 이와 함께 자국문화에 대한 자존심, 우월주의가 되살아나면서 한국 드라마에 대한 엄격한 심사, 수입량 줄이기, 황금시간대 방영금지 등의 규제가 늘고 있는 실정이다. 그러나 국내에서는 2005년의 문화수출 10억 달러에 이어 앞으로도 한류열풍이 계속 유지되리라고 보는 시각이 많다. 이는 개발도상국의 자국문화 육성정책과는 다른 문화 강국의 적극 진출이 날로 거세지고 있는 상황을 소홀히 생각한 때문이다.[28] 2006년 3월 한국무역진흥공사(KOTRA)는 '한류의 지속과 활용 2006'이란 세미나를 열었다. 이 자리에 참석한 해외 전문가들은 한류열풍에 대해 두 가지 의견을 지적했다. 하나는 현재의 상황을 볼 때 한류열풍이 꾸준히 이어질 가능성이 희박하다는 것이고, 또 하나는 갑작스런 인기몰이로는 해외에 문화적 저변을 넓히기 힘들다는 사실이다.

하마노야스키 도쿄대학 교수는 보다 상세한 분석을 내 놓았다. 일본이 애니메이션 분야에서 오랫동안 세계시장을 누비고 있는 비결은 기반이 튼튼하기 때문이다. 일본은 1년에 3만 6,000건 수준의 풍부한 콘텐츠를 생산하고 있다. 또 이와 관련된 고도의 기술을 축적하고 있고 제품의 다양성에서도 경쟁력이 앞서 있다. 그러나 한국의 문화상품은 특정계층에 묶여있는 데다, 다양성이 부족하며, 몇몇 스타들의 인기에만 의존하는 약점이 있어 지속성을 기대할 수 없다는 것이다. 홍콩의 문화전문가 린이화(林奕華)도 한국 제품은 스타위주의 마케팅과 로맨틱 소재의 편중으로 식상하게 되었다는 점을 들고 있다. "한류가 시대변화를 반영하는 새로운 아이콘을 재생산하지 못하고 과거를 답습하게 되면 쇠퇴할 수밖에 없다"고 말했다. 이는 초기 한류열풍의 원인이 한국문화의 다양성과 참신성, 서구문화에 대한 유연한 소화력에서 설득력이 있었기 때문이라는 평가와 크게 어긋난 시각이다. 처음에는 이색적이어서 시선을 끌었으나 이제는 식상하기 시작했다는 뜻이다. 매체혁명에 익숙해진 동남아 수요자들에게 이제는 한국문화도 외식에 불과하다는 것이다. 자신들의 습관과 문화가 배어있는 주식(主食)이 아니므로 지속적인 자극과 더 다양한 볼거리가 없으면 언제든지 다른 곳으로 눈을 돌릴 수 있다는 말이 된다.

이에 대한 해법으로 '비빔밥 한류'에 역점을 두어야 한다고 주장하는 사람이 늘고 있다.[29] 그러자면 먼저 주제와 가치관 등에서 양국의 문화적 저항을 최소화하는 참신한 내용 개발에 초점을 맞추어야 한다. 이와 함께 현지 국가와의 합작영화, 합작드라마 등으로 양국의 배우, 감독, 촬영장소, 음악, 스태프 등의 교류 및 분담을 통해 한류의 현지화를 추진하는 것이 바람직하다. 한국문화가 독창성을 유지하면서도 외래문화로서의 저항감을 극복하기 위해서는 현지 문화를 수용하는 보편문화로 자리 잡아야 한다는 뜻이다. 그러나 전통문화란 말처럼 쉽게 지켜지지 않는다. 전통유산 하나하나에 생명력을 불어넣어 주려면 역사 속에 묻어있는 신비감을 살려 내야 하며, 과거, 현재, 미래가 연결된 사랑받는 브랜드로서의 실천방안이 정립되어야 한다.[30] 사실적인 역사 위에 현대적인 가공의 세계를 입힌 팩션(Fact+Fiction)이 인기를 끌고 있는 것도 이런 시도 중 하나이다.[31] '쌈지'라는 회사는 이름에서도 풍기듯 한국적 분위기에 서구의 세련된 기법을 접목시켜 의류, 잡화, 액세서리 등을 출시했다. 이를 위해 서구문화에 익숙한 팝아티스트 낸시랭이라는 한국인을 예술 감독으로 영입, 새로운 의류브랜드를 내놓는 등 재기발랄한 기획 상품으로 인기를 끌고 있다. 문화상품에 현대 예술 감각을 심고 오감으로 고급화, 차별화를 시도한 것이다.[32] 또 하나 접목문화의 활성화는 한국 문화상품에 대한 우생학적 품종개발에도 결정적 기여를 한다. 기술상품의 보급이나 수출확대에서 중요한 것은 기술적 호환성 이상으로 문화적 호환성이 높아야 세계시장에서 안정적인 승자가 될 수 있다.

한국 영화의 잠재력은 의외로 탄탄한 편이다. 국내에는 연간 500~600편 이상의 단편영화가 젊은 작가, 젊은 연출가에 의해 꾸준히 생산, 실험을 계속하고 있다. 소재의 다양성 면에서도 한국은 헤아릴 수 없는 피 침략 경험, 분단 현실, 힘들었던 이데올로기 갈등 등 다른 나라에서는 볼 수 없는 것들이 많다. 이런 시도가 탄력을 받으려면 먼저 우리 자신의 문화적 정체성부터 다져놔야 한다. 보다 개성적인 한국문화의 토착화 및 창출에 힘을 기울여야 한다는 것이다. 이는 시들지 않는 문화시장의 저변을 다져놓는 데 꼭 필요한 것이다.

그러자면 먼저 국민 모두의 전통문화에 대한 시각변화가 시급하다. 전통문화를 이야기할 때는 이것이 곧 구세대문화라는 선입견 탈피만큼 절실한 것은 없다. 이를 위해 정부는 우선 전통문화에 대한 친근감, 세대 동질감 제고부터 정성을 쏟아야 한다. 박물관, 미술관, 도서관의 확장에 많은 공을 들여야 한다. 경복궁, 광화문을 복원하고 청계천을 복구하는 운동은 매우 바람직하다. 역사유물이란 반드시 명예로운 것만 있는 것이 아니고 우리가 만든 것만 있는 것도 아니다. 일제시대 총독부 청사였던 과거 중앙 청사처럼 수치스런 과거도 얼마든지 있을 수 있다. 이를 잊고 싶은 상처라고 없애버리는 것이 역사청산이 아니다. 오히려 이 현장감 넘치는 유물에서 우리 젊은 세대는 과거를 되돌아보며 생생한 교훈을 얻을 수 있고 또 밝은 미래를 위한 지혜를 얻을 수도 있다. 더 나아가 정부는 이 문화재 전시장을 남녀노소 모든 시민이 즐겁게 모여 놀 수 있는 동적인 생활공간, 친근한 이벤트 장소로도 문호를 넓혀야 한다. 이를 통해 역사의식의 체질화가 자연스럽게 자리 잡도록 해야 한다. 이는 계층 간 문화이질감 극복이라는 의외의 소득을 얻는 데도 큰 기여를 하게 된다. 또 종교석 사지관에 대한 편향된 시각, 특정 인종이나 문화에 대한 잘못된 선입견 등은 문화보편성에 어긋날 뿐 아니라 윤리적 신뢰감을 얻을 수도 없다.

문화산업은 인간의 감성을 대상으로 한 산업이다. 문화적 이질감이나 신뢰성에 금이 갔을 때, 시장이 받는 타격은 심각해질 수밖에 없다. 이를 위해서는 기업인의 윤리성뿐만 아니라 기업 내부에서도 윤리경영에 힘써야 실효를 거둘 수 있다. 정부 역시 엄격한 법 집행보다는 기업 스스로 윤리경영이 법적분쟁이나 처벌, 사회적 이미지 실추로 겪게 되는 손실보다 훨씬 유리하다는 계도에 역점을 두어야 한다. 성격이 다른 남녀가 만나 아이를 낳는 것만으로는 그 자식의 가치가 결정 나지 않는다. 여기에는 부모의 유전인자 못지않게 문화적 진화를 돕는 부모의 지적, 창의적, 도덕적 문화가 제대로 전수되었을 때 비로소 사랑받는 유능한 인격체로 거듭날 수 있게 된다. 문화산업도 이와 같은 것이다. 김명곤 문화관광부 장관은 〈중앙일보〉와의 인터뷰에서 한국 전통문화에 대한 남다른 의지를 보여주었다. 「문화가 발전하려면 기초예술이 중요하다. 메말라가는 전통예술에 물을 뿌려주고 싶다. 전통은 한국문화의 에너지다. 민족문화의 원형 찾기, 디지털화에 방점을 찍겠디. 일에로 신화, 전설은 문화산업의 원천이다. 영화 〈반지의 제왕〉이나 〈해리포터〉의 밑바탕도 북유럽신화가 아닌가?」[33]

정부가 할 일이 너무 많다. 우리의 방대한 역사적 사료는 아직도 서고에 묻혀있는 것이 많다. 지금까지 이를 한글로 번역, 젊은 세대들의 문화적 자산으로 거듭나게 한 선봉세력은 국가기관이 아니었다. 뜻 있는 민간기관들이 힘을 모아 대형 역사자료의 번역사업 등을 주도해왔다. 그중에서도 가장 두드러진 역할을 한 곳은 '동국역경원' 과 '민족문화추진회' 이다. 동국역경원은 불교단체로 세계유일본이며 세계문화유산이기도 한 고려 팔만대장경의 국역 사업을 추진해 오고 있다. 1963년부터 진행해 온 역경사업은 총 6,802권 중, 현재까지 318권을 발행했으며, 한글 대장경 317권을 완간했다. 민족문화추진회는 1965년 설립한 이래 사장되다시피 한 방대한 고전의 국역사업을 주도적으로 해왔다. 민족문화추진회는 방대한 조선왕조실록을 1993년까지 완간하는 데 성공했다. 2005년에는 한국 역대 위인들의 문집들을 총 정리한 《한국문집총간》 350권을 완간했다. 이는 신라 최치원의 《계원필경》에서 한 말에 이르기까지 총 662명의 문집, 옛 책으로 4,813권, 1억 5,000만여 자 분량이다. 장장 20년이 걸린 작업이었다. 지금은 국내에서 가장 큰 사료라 할 수 있는 《승정원일기》를 국역하는 데 모든 인력이 동원되고 있다. "아무리 유구한 전통과 문화라 해도 요즘 세대들이 과거의 유산과 소통할 수 있는 길이 없다면 유구한 전통이란 없는 것과 다름없다." 민족문화추진회 박소동 교수의 말이다. 물론 이들 민간 기구는 정부의 보조금으로 어렵사리 살림을 꾸려가고 있다. 그러나 아직 국내에는 '한국고전번역원' 같은 공식적인 국가기구가 없는 상태이다. 중국정부는 전문국가기관을 설립하여, 장기적이고 체계적인 계획 아래 방대한 문헌 3,458종, 7만 9,582권을 담을 《사고전서》를 발간하고 있는 것을 예사롭게 볼 일이 아니다.[34]

벌써부터 대다수 선진국들은 경쟁적으로 문화산업을 국가전략산업으로 육성하고 있다. 미국은 문화콘텐츠산업을 군수산업과 함께 미국을 이끄는 2대 산업 중 하나로 지정, 엄청난 지원체제를 강화해 나가고 있다. 이미 미국 미디어콘텐츠산업의 수출규모는 연 900억 달러를 넘어섰다. 이는 미국이 자랑하고 있는 자동차, 항공기 등의 수출액을 초과하는 액수이다. 일본 역시 세계 2위의 문화대국답게 게임, 애니메이션, 캐릭터, 만화 분야에서 세계 최고의 경쟁력을 보유하고 있다. 2002년 일본 애니메이션 한 분야의 수출액만 43.5억 달러를 달성했다. 이는 일본의 연간 철강 수출액 11억 달러의 4배에 이르는 수준이다.[35]

한국도 1999년 문화산업진흥법을 제정한 데 이어, 문화콘텐츠를 2000년대 '10대 차세대 성장동력산업'에 포함시켰다. 그러나 전문인력의 절대부족, 관련 시장의 영세성, CT 기술의 지속적 개발 등을 헤쳐 나가기에는 역부족이다. 예산도 부족할 뿐만 아니라 국가 최고경영자나 정부의 의지 역시 국정의 우선순위에서 문화산업을 1위에 올려놓기에는 아직 공감대 형성이 덜 된 상태이기 때문이다. 1970년대에는 국가 최고경영자그룹이 산업화를 국정의 최우선의 국책과제로 정해 온 국력을 여기에만 쏟아 부었다. 그 결과 산업화를 앞당길 수 있었고, 국민의 굶주림도 해소시켜 줄 수 있었다. 이제 우리나라 온 국민은 빵보다는 정신적 갈증을 시원하게 풀어줄 새로운 지도자를 기다리고 있다. 한국인의 다양한 기질을 국력의 엔진으로 수용, 강력한 문화대국을 만들어야 한다. 문화강국의 기적을 이루기 위해서는 국가자원의 우선 배분 이상으로, 문화에 대한 확고한 신념을 지닌 지도자의 강력한 리더십이 필요하다.

〈참고자료〉

(1) 조지 웨브다센트, 이은정 역,《북유럽신화 이야기》, 자음과 모음, 2005
(2) 요시다 아츠히코 외, 김수진 역,《세계 신화 101》, 이손, 2005
(3) 이윤택, '신바람 놀이문화', 조선일보, 2005. 3. 7
(4) 곽금주, '월드컵을 통해 본 한국인의 심리', 중앙일보, 2006. 6. 6
(5) '유럽 울린 한국 춤사위', 중앙일보, 2006. 4. 14
(6) '한류, 세계문화 중심으로 떠오른다', 중앙일보, 2006. 6. 28
(7) '코리아 소프트파워, 나는 이렇게 본다', 중앙일보, 2005. 1. 3
(8) '한국인 기질이 소프트경쟁력의 원천', 중앙일보, 2005. 1. 6
(9) '테크노컬처 시대가 열린다', 동아일보, 2006. 1. 16
(10) 이어령,《디지로그》, 생각의 나무, 2006
(11) 대한상공회의소, 〈한국인 라이프스타일 특성과 기업의 대응전략보고서〉, 2004. 12. 7
(12) '문화 + IT연금술, 콘텐츠만 있으면 뭐든 만든다', 동아일보, 2006. 1. 23
(13) '대자본과 콘텐츠가 만났다', 주간조선, 2006. 3. 20
(14) '기업의 문화사랑 10년, 메세나 운동', 매일경제, 2005. 12. 28
(15) '한류 45억 달러 시대', 월간 중앙, 2006. 1
(16) '문화산업의 새 가능성, 부가가치 따져보자', 중앙일보, 2004. 12. 7
(17) '한국드라마 중국서 인기, 유교문화 영향', AM7, 2006. 10. 27
(18) '또 하나의 한류, 부라보! 비보이', 조선일보, 2006. 3. 13
(19) 한형조, '우리만 모르는 한류열풍', 중앙일보, 2006. 2. 4
(20) '외국방송, 한국시장은 블루오션 군침', 동아일보, 2006. 1. 4
(21) 한국 소프트웨어진흥원, 〈2004년도 국내 디지털콘텐츠산업 시장보고서〉, 2005. 3
(22) '통계로 본 2005년 디지털콘텐츠산업', 월간 디지털콘텐츠, 2006. 3
(23) 조희문, '한국영화의 우호적 세계화', 문화일보, 2006. 1. 7
(24) '한국 게임업체 세계 최고 수준', 조선일보, 동아일보, 2006. 5. 25
(25) 한국 소프트웨어진흥원, 〈2004년 해외 DC시장 조사 총괄〉, 2005. 3
(26) 한국게임 산업개발원,《2005대한민국 게임백서》, 2006
(27) '국가정체성 제품에 담아야한다', 매일경제, 2005. 10. 28
(28) 삼성경제연구소, '2006 국내 10대 트렌드', 2006. 1. 4
(29) '섞고 버무리고, 더 강해지는 비빔밥 한류', 조선일보, 2006. 1. 6
(30) '명품 브랜드 바람등이 소비자 변심 막기 비결 있다', 동아일보, 2006. 1. 16
(31) '패션시대, 영화와 역사는 훌륭한 파트너', 중앙일보, 2006. 4. 12
(32) '우리 동업합시다', 매일경제, 2006. 1. 7
(33) '말라가는 전통예술에 물 뿌려줄 것', 중앙일보, 2006. 7. 24
(34) '방대한 古典, 번역 안 되면 무슨 소용', 주간조선, 2006. 7. 24
(35) 서병문,《글로벌 문화콘텐츠 강국으로의 도약》, 한국문화콘텐츠진흥원, 2006. 6

10

교육산업 :
세계 최고의 교육열을 발판삼아
국가 발전에 불을 지핀다

01

거대규모로 떠오르고 있는 지식, 교육시장

인력자원은 지식사회 최고의 자산

1996년 미국 클린턴 대통령은 제2기 대통령취임사에서 매우 이색적인 연설을 했다. "이번 임기 4년 동안 국정 최우선 과제는 미국인들이 지구상에서 가장 훌륭한 교육을 받게 하는 것입니다. 8세의 모든 어린이들에게 책을 읽히도록 합시다. 12세의 모든 어린이에게는 인터넷 접속을 배울 수 있도록 합시다. 18세의 모든 학생들은 대학에 보냅시다. 모든 주와 학교들은 계속 학습에 매진해야 하며, 교사들은 학생들을 수준급으로 끌어올려야 하겠습니다."

그는 이를 뒷받침하기 위하여 10개의 실천방안을 제시했다.

첫째, 교육수준 향상을 위해 국가차원의 교육개혁을 단행한다.

둘째, 최고의 학교를 만들기 위해 최고의 교사를 확보한다.

셋째, 모든 어린이들이 책을 읽을 수 있게 더 많은 도움을 준다.

넷째, 태어나면서부터 이미 학습은 시작되므로 이를 위한 지원 대책을 세운다.

다섯째, 모든 주는 부모들이 자녀들에게 적합하다고 생각되는 공립학교를 선택할 권한을 주어야 한다.

여섯째, 인성교육은 학교에서 한다.

일곱째, 우리 어린이들을 '다 쓰러져가는 학교'에서 자라게 할 수 없다.

여덟째, 모든 국민은 대학 1,2학년 정도는 마치게 해야 한다.

아홉째, 일생동안 학습할 수 있도록 학습 경계선을 확장시켜주어야 한다.

열째, 정보화시대의 힘을 우리 학교에 도입해야 한다.[1]

클린턴 대통령이 임기를 시작하던 첫날, 세계정치나 경제문제보다 교육문제를 화두로 꺼낸 것이다. 취임사의 3분의 1 분량을 교육문제에만 집중하여 언급했다는 사실은 많은 것을 시사해 주고 있다. 여기에는 미국이 세계 최강국의 지위를 계속 누리기 위해서는 다가온 지식사회에 대처하지 않고서는 불가능하다는 절박한 상황적 인식이 담겨 있다. 이를 위해서 다원사회의 특성에 맞게 다양한 정보 제공, 학생들에 대한 폭넓은 교육선택권 확대, 학교의 교육환경 개선, 학생과 교사의 질적 향상, 나아가서는 국민들에게 평생학습 환경을 제공함으로써 지식사회의 저변을 다지겠다는 의도를 읽을 수 있다.

지금 지구촌은 단일문화, 단일시장권으로 통합화 과정을 밟고 있으며 지식경쟁은 날로 치열해지고 있다. 이에 따라 인간생활과 삶의 방식들이 엄청난 변화를 맞고 있다. 무엇보다 지식과 문화서비스 시장이 폭발적으로 늘어나면서 저작권 및 특허전쟁이 본격화되고 있는 실정이다. 날로 거대해지고 있는 세계 지식시장은 문화, 기술, 교육의 공유로 인한 각종 콘텐츠와 기술사용료 등 무형거래가 주종을 이루는 사회로 변해가고 있기 때문이다. 앞으로의 사회는 지적 자산의 규모와 수준에 따라 국력이 결정될 수 있다. 첨단산업뿐만 아니라 모든 제조업, 심지어 농업, 수산업, 광업 등 1차 산업까지도 고도의 지적, 기술적 뒷받침 없이는 살아남을 수 없다. 이러한 지적 자산은 모두 인간 두뇌의 산물들이다. 따라서 이런 값비싼 지적 자산을 누가 더 많이 보유하고 있느냐가 선진국, 후진국을 가르는 잣대가 된다.

기업도 이와 똑같다. 그런 까닭에 많은 나라와 기업들은 유능한 인재확보에 혈안이 되어 있다. 누가 더 효율적인 교육제도와 장기적인 인력양성 체제를 갖추고, 이에 따라 얼마나 뛰어난 인재들을 지속적으로 배출해 내느냐가 관건이 된다. 다시 말해 국가차원의 교육혁신과 국민적 참여욕구에 따라 그 나라나 기업의 미래를 점 칠 수 있는 사회가 되었다는 뜻이다.

한국의 지적 무역은 아직 초보단계에 머물러 있다. 첨단 과학기술 수준이 뒤진 탓도 있지만, 기존 산업체들 대부분이 독창적 기술개발보다는 위험부담이 적은 타국의 기술이나 제품을 빌려 쓰거나 모방하는 동조성향이 만연되어 있었기 때문이다. 또 국가의 기술·교육정책도 이를 극복하기 위한 특단의 대책 마련에 소홀했던 것도 한 이유이다. 한국의 지적 무역 현황은 매우 비관적이다. 1998년 통계에 의하면 기술무역에서 수입이 97%를 차지하고 있는 반면 수출은 고작 3% 수준에 머물러 기술빈국을 벗어나지 못하고 있다. 세계 11대 무역대국에 무역흑자국인 한국의 속사정이 결코 밝지만은 않은 이유가 바로 여기에 있다. 그러나 희망이 없는 것은 아니다. 우리의 잠재력은 과거 산업화를 따라잡아야 했을 때보다는 지식사회로의 여건이 좀 더 유리한 편이다. 특히 한국인의 지적 호기심이나 수용능력은 세계 수준에 와 있다. 이는 한국인의 유난스런 교육열에서 충분히 감지할 수 있다. 지식사회에서의 경쟁력은 전적으로 다양한 인력 자원의 양과 질에 달려있다. 이는 곧 급변하는 사회 환경 변화를 신속하게 수용할 수 있는 교육체제를 얼마나 잘 갖추고 있느냐에 달려 있다. 오늘날의 교육은 사회 구성원으로서 함께 살아가야 할 기본덕목을 길러주는 소극적 형태에 머물러서는 나라의 미래에 희망을 걸 수 없다.

이제 교육이란 인간다운 삶을 누리고, 경쟁에서 자신의 가치를 높이는 적극적 무기로 그 의미가 바뀌고 있다. 기업경쟁력 나아가 국가경쟁력도 결국은 소속 구성원의 자질이 경쟁기업, 경쟁국가 구성원에 비해 얼마나 비교우위에 있느냐로 판가름 난다. 이제는 우리도 교육에 대한 기존관념에 대한 일대 전환이 필요한 시기다. 전통산업의 생산성을 향상시키고 새로운 지식산업을 개척해 나가는 데 필요한 전문교육, 창조교육, 재교육이라는 역동적 영역으로 초점을 맞추어 새판을 짜지 않고서는 더이상 미래는 없다. 양질의 풍부한 인력자원이 지속적으로 확보되어야만 나라와 국민, 그리고 기업 모두가 국제사회에서 떳떳이 자리할 수 있다.

세계에서 가장 활성화되어 있는 한국의 교육시장

OECD가 발간한 〈2005년도 OECD 교육지표〉에 의하면 한국의 교육비는 선진국에 비해 상당히 높은 편이다. OECD 30개 회원국과 19개 비 회원국의 교육 자료를 분석한 바에 의하면, 2002년 기준 한국 국내총생산(GDP)에서 교육비가 차지하는 비율은 7.1%에 달한다. 이는 독일(5.3%), 영국(5.9%), 일본(4.7%), 프랑스(6.1%)보다 단연 높은 수준이다. 그러나 내용을 살펴보면 한국의 교육현실은 다른 나라와 크게 다르다. 한국의 공식적인 학교(국·공립학교와 사립학교) 생활에 쓰이는 비용(학교 교육비)은 선진국보다 낮다. 그러나 학교 밖에서 행해지는 사교육비는 선진국보다 월등히 높기 때문에 총교육비에서 선진국을 앞서게 된 것이다. 학교 교육비 가운데 정부 부담율은 GDP의 4.2%로 OECD 평균 5.1%보다 낮다. 그러나 민간 부담율은 2.9%로 OECD 평균 0.7%보다 월등히 높다. 그중에도 고등교육 단계에서의 민간 부담율은 1.9%로 OECD 평균 0.3%보다 6배 이상 높게 나타나고 있다. OECD가 발표한 '2006년판 통계연보'에서도 한국의 2002년 1인당 공교육비는 29개국 중 23위로 매우 낮은 편이지만, 사교육비 지출은 29개국 중 1위를 차지하고 있는 것으로 나타났다.[1]

우리 교육 현장을 살펴보면 한국의 공교육비는 정부가 60%를 부담하고, 나머지 40%는 학부모가 부담한다. 공교육비의 88%를 정부가 부담하고 학부모는 12%만 부담하는 다른 OECD 국가와 현격한 차이를 보이고 있다. 게다가 한국은 학급당 학생 수도 OECD 국가보다 많고 초·중등 교원은 법이 정한 기준보다 5만 명이나 부족하다. 1인당 GDP가 1만 6,000달러나 되고, 또 세계 최고의 교육열을 자랑한다고 하는 한국이 정작 교육시설에서는 후진국을 면지 못하고 있는 것이다.[2]

학교 교육비란 학부모가 자의적으로 부담하는 사교육비를 뺀 공교육비용을 말한다. 여기에는 정부예산과 재단전입금(사립학교)에 학생들이 부담하는 등록금이 포함되어 있다. 대부분 국가에서는 학생들이 등록금만 내면 다른 교육비용이 더이상 필요하지 않다. 나머지는 국가나 학교가 스스로 해결한다. 그러나 우리나라는 국가재정 부족으로 인해 선진국 수준으로 학교교육을 뒷받침할 수 없는 실정이다. 국가재정에서 부족한 부분을 우리나라 부모들의 특별한 교육열이 해결해내고 있는 것이다. 한국의 사교육 시장이 번창하고 있는 것은 국민들의 엄청난 교육열기가 공교육의 빈자리를 채워주고 있기 때문이다. 이로 인해 자녀를 둔 한국가정이 겪는 부담은 실로 엄청나다. 이런 심각한 교육문제는 먼저 공교육예산을 선진국 수준으로 올려놓지 않고서는 해결할 수 없다. 이런 실정인데도 불구하고 우리나라는 공교육의 정상화도 없이 사교육 시장만 억압하고 있다. 이는 양질의 인력양성에 역행하는 주객이 전도된 넌센스일 뿐이다.

한국 교육개발원(KDI) 조사에 의하면 2003년 기준 사교육비는 13조 6,000억 원으로 국내총생산의 2.1%, 연간 교육예산의 55% 수준에 육박하는 것으로 나타났다. 또 초·중등 학생의 조기유학으로 인한 외화유출도 1억 8,300만 달러에 달하는 것으로 나타났다.[3]

한국에는 현재 895만 명의 학생이 있다. 국내 전체 학교 수는 1만 9,300개, 이중에 사립학교는 유치원부터 대학에 이르기까지 총 5,837개로 전체 학교의 30.2%를 차지하고 있다. 사립학교 학생 수는 224만 명으로 전체 학생의 25%에 불과하다. 그러나 상급학교로 올라갈수록 사립학교 비율이 우위를 차지하고 있는 것이 한국의 현실이다. 대학은 80% 이상이 사립대이며, 전문대학은 91%가 사립대학이다. 학생 수를 보면 일반대 학생은 77%, 전문대 학생은 96%가 사립대 학생이 되는 셈이다. 초등학교는 사립학교가 1.3%(전체 5,646개교 중 75개교)에 그치고 있으나, 중학교는 22.5%, 고등학교는 44.8%가 사립으로 운영되고 있다.

이처럼 사립학교 비중이 높은 것은 공교육기관이 사회적 수요를 제대로 수용하지 못한 책임도 있다. 그러나 더 큰 책임 요인은 한국인의 넘치는 교육열이 엄청난 교육시장을 창출해내고 있는 것이다. 아예 수익성을 전면에 내세워 성업 중에 있는 사설학원만도 국내에는 약 6만여 개나 있다. 수강생 규모만도 수백만 명이 넘는다. 이중에는 대학입시학원이 압도적으로 많지만, 근래에는 다원화된 사회적 요구를 순발력 있게 수용하는 사설교육기관들이 대량으로 쏟아져 나오고 있기도 하다. 유아교육을 비롯하여 성인들의 직업전환교육, 기술교육, 자격시험교육, 재교육기관까지 빠른 성장을 거듭하고 있다. 학생들을 대상으로 한 다양한 교재시장을 비롯하여 인터넷을 이용한 온라인 사이버 교육시장도 무서운 성장세를 보이고 있다.

한국인의 교육열은 정규 학교교육에만 머물지 않는다. 노동부에 따르면 현재 정부부처가 관리하는 국가자격은 688종이다. 기술자격이 574종, 변호사나 회계사 등 전문자격이 114종이나 된다. 그 외에도 1997년에 제정된 자격기본법에 따라 1,000여 종에 가까운 민간 자격증제도가 활성화되고 있어 한국은 가히 자격증 공화국이라 불리울 만큼 자격증홍수시대를 맞고 있는 중이다.[4] 그뿐만이 아니다. 교육시장 중에서 날이 갈수록 방대해지고 있는 것이 재교육시장이다. 원래 재교육에는 곧 일자리를 잃게 될 사양산업 종사자들이 새 직업에 적응력을 기를 수 있게 해주는 전환교육과 기존 전문인력의 수준을 높여주는 향상교육 두 가지가 있다. 그러나 한국에서는 대학을 갓 졸업한 신입사원에게도 다른 나라보다 훨씬 긴 2년여의 재교육과정이 필요해 기업이 이러한 부담을 지고 있는 실정이다.

오늘날의 모든 산업은 기술과 무관한 것이 거의 없다. 그중에서도 국제경쟁이 격심한 대형 산업들, 예컨데 정보·자동차·조선·중화학산업 등의 제조산업은 물론이고 각종 유통·서비스업들도 예전 그대로인 것이 없다. 끊임없이 새 기술, 새 기법, 새 규정, 새 조약 등이 만들어지고 수정되고 있다. 그것도 혁신주기가 하도 빨라서, 1년만 멈춰 있으면 따라갈 수 없는 지경에 빠진다. 이처럼 빠른 변화를 따라가는 빠른 교육은 정규 공적교육기관이 감당할 수가 없다. 거의 대부분이 새 기술을 만든 당사자가 아니면 순발력 있는 전문 재교육 기관이 담당할 수밖에 없다. 특히 세계시장을 향해 뛰는 기업들이 경쟁업체를 이기는 길은 한두 명의 유능한 기술인력만으로는 안 된다. 전 직원이 새 환경, 새 기술, 새 기법을 배워야만 기업의 경쟁력이 올라간다. 그래서 세계적인 기업들은 자체인력의 재교육에 사활을 걸고 있는 곳이 많다. 마이크로소프트, IBM, GE 같은 대기업들만 해도 총매출의 5% 내외를 재교육비에 쏟고 있다. 이제는 기업에서 재교육이란 직원의 단순한 자질향상이라는 추상적 의미에서 벗어나, 새로운 기계 설비를 사들이는 것보다 더 중요한 투자로 생각이 바뀌었기 때문이다.

이런 풍조는 정부의 자격인증제도에도 변화를 몰아오고 있다. 프랑스는 2005년 7월부터 전국의 20만 명에 달하는 의사들에게 재교육을 실시하고 있다. 5년마다 재시험을 통해 의사의 자질을 높여가는 의사평가제(EPP)가 확정되었기 때문이다.[5] 일본은 신규 임용교사부터는 10년마다 재교육을 통해 새로이 교사자격증을 주기로 한 법안을 국회에 제출한 상태이다.[6] 그러나 한국에는 아직 국가가 인정한 공인자격 획득자에 대한 재교육계획이 마련되어 있지 않다. 전문 기사(技士)나 기술사(技術士)들에 대한 정기적 재교육이란 것도 형식적인 시늉으로 끝나버리든가 아예 없애버린 상태다. 한 번 간판을 얻고 나면 평생 우려먹고 싶어 하는 한국인의 과시 기질과 정부의 무관심, 제도의 미숙, 허점투성이의 관리부실이 가져온 결과이다.

앞으로 재교육이 필요한 대상 인력은 기하급수적으로 늘어날 것이 틀림없다. 이런 재교육시장은 세계적으로 무서운 신장세를 보이고 있다. 이런 변화야말로 바로 한국의 기회가 아닐 수 없다. 한국인은 예전부터 배우고 가르치는 일이 기질적으로 몸에 밴 민족이다. 한국에서 불고 있는 교육열풍은 수백 년, 수천 년의 역사를 가지고 있는 것으로 누구도 말릴 수 없는 폭발력을 가지고 있다. 이는 새롭고 신기한 것에 관심이 많고 남 따라 하기를 좋아하는 한국인의 동조성과 빨리빨리 문화만으로도 한국 교육시장의 성장가능성을 점칠 수 있다. 그러나 교육산업에서 한국이 국제경쟁력을 가지려면 넘어야 할 과제들이 너무 많다. 그것들만 제대로 정비되어 국내기업의 생산성 향상에 기여도가 커지게 되면 한국의 내수시장도 엄청난 규모로 신장될 것이다. 여기서 얻는 반사이익은 꽤 크다. 이는 한국산업의 전반적인 기술경쟁력 향상으로 이어져 국가경쟁력제고의

1등공신이 될 것이기 때문이다. 또 여기서 얻은 자신감으로 세계의 교육시장 제패를 위한 본격적인 도전도 해 볼 수 있다고 본다.

그러면 우리 교육산업 활성화를 가로막는 장애요인은 무엇인가. 먼저 교육의 효율성에 대한 사회적 인식의 변화가 필요하다. 쉽게 말하자면 '투자 대 효과'에 대한 철저한 검증이 뒤따라야 한다는 것이다. 그러나 우리 기업의 재교육은 선진국과 같은 사후검증과 기업생산성과의 연계가 부족한 것이 큰 문제점이 되고 있다. 바로 이것이 우리 기업이 재교육투자에 소홀한 이유면서 돈만 들이고 기업경쟁력에는 도움이 안 되는 역기능을 낳게 하고 있는 것이다.

그보다 더 심각한 것은 교육기관이나 교육종사자들이 본래의 목적인 교육기능에서 벗어나 다른 곳에 한눈을 파는 영역이탈현상이 상식을 넘어서고 있다는 점이다. 그 대표적인 현상은 편협한 역사평가와 이념적 가치관에 대한 사회적 갈등이 교육 현장으로까지 확대되면서 교육의 당사자인 학생, 교사, 학부모, 학교 간에 공존·협력체제를 약화시키고 있다는 것이다. 때문에 정말 중요한 교육이 뒷전으로 밀려나고 있다.

이러한 문제 해결 없이는 한국에서 실용성 있는 교육개혁을 기대할 수 없으며 교육산업의 잠재력을 살려낼 수도 없다. 또 교육의 정부 독점과 바람직한 교육자 상(像)을 정착시키는 일도 허점투성이다. 젊은 세대가 미래 한국의 주인공이면서 국제사회의 주역으로 자리 잡기 위해서는 보다 창의적이면서 다양한 선택의 기회를 살려내지 않으면 안 된다. 또 밝고 긍정적인 삶의 태도를 체질화시켜야 공존의 질서를 터득하게 되고 사랑받는 한국인, 우호적인 한국이라는 이미지를 심어 줄 수 있다. 그런데 이런 것들이 모두 삐걱거리고 있는 것이다.

한국의 교육제도가 정상궤도에 오른다면, 생산적인 교육시장은 현재의 몇 배로 늘어날 것이다. 또 관련 교육산업에 종사할 인력들도 대량으로 늘어나 교육시장 활성화에 새로운 주도세력으로 떠오를 것이다. 아마도 공식적 통계 뒤에 묻혀져 있는 잠재 사교육시장만도 수조 원은 넘을 것이 확실하다.

02

세계 최고의 교육열은
한국인의 생존본능

한국인의 뜨거운 교육열은 가장 믿을 수 있는 국가자원의 보고

한국인의 유난스런 교육열은 전통적인 숭문사상과 맥이 닿아 있다. 혹자는 이를 유대인의 그것과 비교하기도 한다. 남다른 이기심이나 성취 욕구 등 비슷한 점이 많기 때문이다.

폴 울포워츠 세계은행(IBRD) 총재는 〈매일경제〉 특파원과의 인터뷰에서 한국의 경제발전 모델은 저개발국가에 표본이 되고 있으며, 그 같은 경제발전의 원동력이 바로 한국의 교육투자라고 분석했다.

"한국에서 배워야 할 것으로 두 가지를 강조하고 싶다. 하나는 사람에 대한 투자와 교육에 대한 투자가 유별나다는 점이다. 석유 한 방울 안 나는 대신 인적자원을 풍부하게 키웠다. 다른 하나는 기업을 키우고 일자리를 늘린 현명한 정부정책이다."

그러나 이 말을 잘 살펴보면 한국의 교육투자가 정부의 노력만으로 된 것은 아니라는 의미가 숨어 있다. 오히려 한국인의 교육에 대한 기질적 집착이 정부정책과 맞물리면서 상승효과를 거둔 것이라고 보는 것이 정확한 분석이 될 것이다.

한국인은 문화와 역사의 뿌리가 깊은 만큼 생존욕구와 전통계승에 대한 집념도 강한 편이다. 주변 강대국으로부터 자신을 지키기 위해서는 군사력만으로는 한계가 있다. 따라서 구성원 개개인들의 지적 역량을 강화시킴으로써 개인가치를 높여, 자력에 의한 종족 내지 개인보존의 기회를 다각도로 준비해 온 것이다.

한국인의 교육열에 관한 흔적은 고구려, 고려, 조선 등 여러 시대에서 발견할 수 있다. 《구당서(舊唐書)》에 의하면 고구려에는 서기 300년경부터 민간교육기관이 성행해왔다고 기록되어 있다.[7]「고구려국은 그 풍속이 서적을 좋아하며 각 민가에서도 거리에 큰 집을 지어 놓고 이를 경당(扃堂)이라 하고, 결혼 전의 자제들이 밤낮으로 글을 읽고 활쏘기를 연습하였다.」 또 중국 송나라 서긍(徐兢)이 지은 《고려도경(高麗圖經)》에도 비슷한 내용이 담겨 있다. 「마을마다 경관(經館)과 서사(書社)가 두셋씩 서로 바라보며, 민간 자제의 미혼자가 무리로 모여 스승에게 경을 배웠다.」 경관과 서사란 조선시대의 서당과 비슷한 교육기관이다.

조선시대에 와서는 거의 모든 마을마다 서당(書堂)이 있을 만큼 수많은 민간교육기관이 존재해 왔다. 이때에도 유명한 서당은 주로 명가의 문중에서 운영하는 곳이 많았고, 유학에 밝은 훈장이 스스로 운영하는 자영서당도 흔했다. 관학보다는 사학이 많았으니, 사설학원의 역사는 1,000년 이상의 긴 역사를 이어와 지금까지 계승·발전해 온 것이다. 따라서 한국인의 교육열은 국내에서도 단순한 지적호기심 해소와 취업의 수단이라는 소극적 의도에 머물러 있지 않다. 그보다는 계층상승, 위상강화의 수단에 더 큰 비중을 두고 있다.

그 때문인지 배우는 학생 이상으로 자식에 대한 부모의 교육열이 무모하리 만큼 강한 편이다. 부모들은 자식교육을 위해서라면 기꺼이 모든 것을 바쳐 희생을 감수한다. 교육비를 최저생계비 다음으로 큰 비중으로 두는 것이 상식이 되었으며, 자식교육을 위해서라면 부모 스스로 사생활을 포기한 채 전력투구하는 것이 당연시되고 있다.

통계청이 발표한 〈2005년 한국의 사회지표〉(2006.1.6)에 의하면, 한국의 2005년 대학생 수는 302만 명으로 1980년의 59만 명보다 5배 이상 늘어났다. 고등학교 졸업생의 대학진학률은 1980년 23.7%에서 2005년에는 82.1%로 4배 이상 늘어났다. 이는 학업의욕이 높아졌기 때문이라기보다는 대학이 너무 갑자기 증설되면서 원래의 잠재수요를 흡수했기 때문이다. 한국인에게 학교교육이란 곧 대학을 의미할 만큼 대학진학률은 세계 최고 수준에 와 있다.

소득이 늘어나면서 이런 집요한 교육열은 국내 교육에 머물지 않고 외국유학으로까지 영역이 넓어지고 있다. 교육인적자원부가 발표한 '2004학년도 초·중·고 유학출국학생 통계'에 의하면 2004~2005년 2월까지 약 1년여 동안 유학을 목적으로 출국한 초·중·고등학생 수는 1만 6,446명으로 1998년도 1,562명보다 10배 이상 늘어났다. 중학생은 12배, 고등학생은 5배 증가했지만, 초등학생 유학생은 1998년 212명에서 2004년 6,276명으로 거의 30배나 급증했다.[8]

미국 국토안보부 이민세관국(ICE)이 2005년 9월 말에 집계한 외국학생 통계에 따르면 미국에 유학 온 한국학생 수는 총 8만 6,626명이다. 미국 내 외국인 유학생(중·고·대학) 총 수의 13.5%에 해당하며 국가별로는 세계 1위이다. 2위가 인도(7만 7,220명, 12.1%), 3위는 중국(5만 9,343명, 9.3%),

4위는 일본(5만 4,816명, 8.6%), 5위는 대만(3만 6,091명, 5.6%)이다. 1위에서 5위까지가 모두 아시아 국가이며 캐나다와 멕시코가 겨우 6, 7위를 차지하고 있을 뿐이다.[9]

인구나 국력의 규모에서 볼 때, 한국인 유학생의 급증은 예상할 수 있는 수준을 크게 넘어서고 있다. 이는 한국인의 남다른 가족공동체적 교육열과 이를 효과적으로 수용하지 못하고 있는 국내 교육제도의 결함에서 해답을 찾을 수밖에 없다. 한국인 유학생들은 다른 나라에 비해 유학생의 부모나 배우자 등 가족을 동반한 경우가 유난스레 많은 점에서도 알 수가 있다. 한국 유학생의 동반가족이 5만 2,163명인데 비해 인도는 7,909명, 중국은 1만 8,870명, 일본은 6,263명으로 5위권 이내 국가보다 적게는 3배에서 8.5배까지 차이가 난다. 재정경제부가 2005년 경제정책조정회의에 보고한 〈최근 소비동향 및 대응방안〉에 의하면 2004년 해외유학생 및 연수비용이 동반가족 생활비를 포함해 연간 7조 원(70억 7,000만 달러)으로 분석됐다.[10]

이러한 교육열은 고급인력 양산에도 엄청난 기여를 하고 있다. 국내 박사학위 소지자는 2004년에만 1만 명을 돌파했다. 한국인구 1만 명당 연간 박사학위 소지자가 1.75명으로 독일, 영국에 이어 세계 3위에 해당되는 기록이다. 또한 서울대학교의 2004년 박사 배출 수는 865명으로 미국 하버드대학교의 2002년 박사 배출 수 543명보다 1.6배 많은 수치이다.[11]

미국 고등교육 전문 주간신문 〈크로니클 오브 하이어 에듀케이션(The Chronicle of Higher Education)〉은 서울대학교가 외국대학 출신 중 미국에서 가장 많은 박사학위를 받은 학교라고 보도했다. 「1999~2003년 미국 박사학위 취득자 중에서 서울대 학부 출신이 1,655명으로, 미국을 제외한 해외 대학생 중 가장 많았다.」[12] 또 평생교육법에 근거하여 대기업에도 정규 대학교육의 문호가 열려 있다. 삼성전자는 사내에 4년제 '삼성전자 공과대학교' 설치를 인가받아, 고등학교 출신 사원에게도 대학의 길을 열어 놓고 있다.

한국의 교육경쟁력은 어느 수준에 와 있나

2003년 시행된 OECD 주관의 '학업성취도 국제비교(PISA)'에서 우리나라 학생들의 성취도는 문제해결능력 1위, 읽기 2위, 수학 3위, 과학 4위에 올라 있다. '수학, 과학 성취도 국제비교(TIMSS)'에서도 수학 2위, 과학 3위로 상위권을 차지하고 있다. 4년간 시차를 두고 시행된 1995년, 1999년의 TIMSS나 2000년의 PISA에서도 계속 상위를 유지하고 있다.[13]

2005년 독일의 도이체방크연구소에서 낸 〈2020년의 글로벌성장 중심들〉이란 보고서에서도 한국의 교육을 우수한 수준으로 평가하고 있다. 고교 졸업률은 95%로 OECD 국가 중 단연 1위를 차지했다. 학업성취도는 세계 3위, 인적자본수준도 세계 6위에 올라 있다.[14] 산업현장의 필수인력인 기능 인력도 세계수준으로 정평이 나 있다. 2005년에 시행된 국제기능올림픽에서 한국의 젊은 기능 인력이 스위스에 이어 세계 2위를 차지했다. 과거 1999년, 2001년, 2003년에는 세계 1위를 차지하는 등 일본, 독일, 미국을 물리치고 기능 강국으로 입지를 굳혀오고 있다.[15]

이처럼 기초인력 저변이 탄탄해 보이는 것은 학력을 중시하는 사회분위기에 학생들의 적응력이 높아진 이유도 있지만, 무엇보다 자질 좋은 교사들이 교육현장에 풍부하게 포진해 있기 때문이다. 서양은 만성적인 교사 부족 상황에 시달리고 있어 교육의 장래에 대한 우려의 소리가 높다. 그러나 한국에는 교사라는 직업에 대한 선호도가 높아 능력 있는 교사에 의한 양질의 학생 배출이라는 선순환이 이루어지고 있어 이상적 교육정책이 뒷받침된다면 교육강국, 인력강국으로서의 위상 제고는 순탄할 것으로 보인다.

　반면에 대학교육의 수준은 매우 실망스런 위치에 있다. 영국의 일간지 〈더 타임스〉의 2004년 '고등교육 섹션'의 '과학 분야 세계 100대 대학' 랭킹에서는 서울대학교와 과학기술원(KAIST)만이 순위에 오를 수 있었다. 중국 7개 대학, 일본 6개 대학에 비해 열세를 보이고 있어, 창조적 고급인력양성에 대한 제도적 보완이 필요하다.[16]

　한국 중학생의 수학실력은 세계 정상급인데 왜 한국은 수학강국이 되지 못하는 것일까. 한국의 과학기술 수준은 현재 세계 20위권 밖으로 밀려나 있다. 수학 등 기초과학 수준은 이보다 훨씬 낮은 형편이다. 수학을 포함한 이공계 전임연구원만 해도 크게 부족한 상태이다. 유네스코 발표에 의하면 2002년 기준으로 이공계 전임연구원이 미국은 133만 4,628명, 중국은 81만 525명, 일본은 64만 6,547명이다. 그런데 한국은 14만 1,917명에 불과하다. 미국 인구가 우리의 6배인 것을 감안해도 크게 부족한 숫자이다. 이는 한국의 대학교육과 정부의 장기인력수급계획이 세계추세를 반영하지 못한 데다, 국민의 교육열기마저 제대로 수용하지 못하고 있음을 의미한다.[17]

03

국제수준에서 뒤처진 교육환경, 교육제도

교육개혁은 선진국으로 가는 최선의 결단

세계 대다수 국가에서는 지금 교육개혁이라는 과제를 앞에 두고 몸살을 앓고 있다. 미국, 독일, 일본 등 선진국들이라고 예외는 아니다. 지금까지 세계 최고 수준의 교육기관은 미국이 거의 독식하다시피 해왔다. 이것이 미국이 정치, 경제, 과학기술 등 모든 분야에서 세계 최고의 경쟁력 있는 인력자원을 확보한 비결이며, 또한 최강국의 지위를 누리게 된 당연한 결과이다. 세계 최고 20개 대학 중 17개가 미국에 있으며, 매년 노벨상 수상자의 70%를 배출하는 등 세계 학계를 지배하고 있다. 그러나 역사에서 유일한 강국이란 없다. 이미 미국도 세계 국가들의 거센 도전 앞에서 흔들리고 있다. 미국도 이제는 선두자리를 잃지 않기 위해 교육개혁에 눈을 돌리지 않을 수 없게 된 것이다.

마이크로소프트의 빌 게이츠 회장은 '2005 전국고교교육 정상회의 (2005 National Education Summiton Highschool)'에서 "50년 전에 만들어진 고등학교로는 21세기가 요구하는 학생을 길러 낼 수 없다"며 미국 교육의 문제점을 지적했다. 실재로 미국의 고등학생들은 매년 30%가 넘는 중퇴율을 기록하고 있고, 대학진학자는 40%에 머물고 있는 실정이다.

영국의 경제지 〈이코노미스트〉는 미국 대학의 위기를 7가지 요인으로 나누어 공개적으로 경고하고 있다.[18]

1. 경쟁과 개혁에 소극적이다.
2. 경쟁보다 현실에 안주한 미국자동차업계(특히 GM)의 쇠퇴과정을 닮고 있다.
3. 수요자보다 공급자 위주의 학사운영을 한다.
4. 수십 년간 핵심커리큘럼이 바뀌지 않고 있다.
5. 교육의 질은 떨어지면서 수업료는 비싸다.
6. 스타 교수는 많지만 이들은 거의 대학원생 지도에만 투입되고 있다.
7. 대학 간 협력체제가 미흡하다.

〈이코노미스트〉의 지적사항은 우리 대학이 당면한 문제점과도 일치한다. 일본도 학교교육의 위기탈출을 위해 안간힘을 쏟기는 마찬가지다. 일본은 학교교육의 경직성을 푸는 등 각종 교육규제 철폐와 대담한 교육개혁정책들을 내놓고 있다. 천편일률적인 주입식 교육에서 탈피하기 위해 기업경영인, 주부 등 사회전문인 출신을 교사로 영입하고, 학생들의 학교선택권도 파격적으로 현실화해 가고 있다. 이와 함께 교육규제를 주도하고 있는 전국의 지방교육위원회를 아예 폐지해 버리는 방안도 추진하고 있다.[19]

중국이 후발국이면서도 최근 들어 빠른 성장을 보이는 것은 교육환경부터 경쟁적 체제로 바꾸어 놓았기 때문이다. 학교교육이 활기를 띠게 되면서 우수인력양성 기회가 널리 열린 것이다. 중국은 대학 간 경쟁은 물론, 교사들 간에도 객관적 기준에 따라 등급을 매겨가면서 경쟁에 불을 붙이고 있다. 중국 정부는 매년 교육여건이 좋고 명문대학 진학률이 높은 고등학교들을 골라 순위를 매기고 그 학교의 권위와 긍지를 높여준다. 우수학교로 지정되면 정부의 재정지원을 집중적으로 받을 뿐만 아니라 학군과 관계없이 전국에서 우수학생을 자유롭게 모집할 수 있다. 교사 역시 논문, 실적, 교육반응 등에 대한 자격심사를 통해 등급을 6단계로 나누고 그 능력에 따라 보상에 큰 차이를 둔다. 평등을 최우선의 국가이념으로 중요시하고 있는 공산사회에서 이처럼 파격적인 경쟁논리를 도입한 이유는 이것이야말로 상향평등사회로 갈 수 있는 가장 빠른 길이라고 판단했기 때문이다.

그러나 한국의 사정은 다르다. 내재된 힘이 부글부글 끓고 있는데 이를 담을 그릇과 역동적인 변화의 징후가 없다. 정부와 사회 각계각층에서 교육개혁의 필요성을 절감하고 있다는 점에서는 다른 나라와 똑같다. 그러나 한국은 자유경쟁과 시장경제를 우선시하는 민주국가인데도 교육에서만은 정부가 교육개혁의 주재자로서 경쟁논리를 일방적으로 제한하고 있는 것이다.

한국 교육계에서는 전부터 이런 말이 나돌고 있다.

"학생은 21세기를 달려가고 있는데, 선생은 20세기, 학교는 19세기에 머물러 있다" 또는 "잠은 학교에서, 공부는 학원에서" 등이다.

현재 세계 각국이 추진하는 교육개혁방안에는 하나의 공통된 흐름이 있다. 그것은 교육수요자 입장에 서서 교육의 자율성, 다양성을 높이고 공적 규제를 최소화하면서 경쟁원리를 도입하는 것이다. 이는 고고하고 은둔적인 학문영역을 현실 속으로 끌어내 직접적인 산업경쟁력 향상의 주역으로 탈바꿈시키려는 데 있다. 나라마다 영재교육에 공을 들이고 있는 것은 인력자원의 고도화로 국가경쟁력을 높이려는 적극적인 목표에서 나온 것이다. 극도로 다원화된 역동적인 사회변화를 따라 잡으려면 정부의 의지나 힘만으로는 도저히 관리가 불가능한 것이 오늘의 현실이다.

그래서 대다수 국가들은 온갖 다채로운 교육제도와 정책발굴을 통해 교육수요자들을 자극, 자발적인 참여욕구를 부채질하고 있다. 그러나 우리는 정반대이다. 교육 열기는 넘쳐나고 영재가 되겠다는 집념을 가진 젊은이들은 사회곳곳에서 진을 치고 있는데, 국가정책이나 제도가 이를 따라와주지 못하고 있는 것이다.

효율적인 교육정책이란 세상이 놀랄 만한 기발한 착상에서 나오지 않는다. 최소한 선진국이 달려가고 있는 교육개혁의 대세를 수용하는 것만으로도 한국 교육은 놀라운 탄력을 받아 새로운 블루오션을 창출해 낼 수 있을 것이다.

한국인의 교육열풍을 잠재우는 정부의 교육독점정책

하버드대학교 로버트 배로 교수는 한국에서 열린 '2005 국제학술대회'에서 한국의 교육환경에 대해 비판적인 발언을 했다.

"교육의 질을 높이기 위해서는 교육에도 친 시장적 정책을 도입해야 한다. 그런데도 한국정부는 교육부문에서 민간의 시장법칙이 작동하는 것에 대해 여전히 부정적인 생각을 가지고 있는 것 같다. 10년 후의 경제성장률은 현재 교육의 질에서 결정 난다. 평등주의적 사고방식으로는 이 문제를 해결할 수 없다. 정부는 가능한 한 교육에 대한 간섭을 줄이고 민간의 역할을 강화해야 한다."[20]

한국 정부가 마치 성역처럼 고수하고 있는 교육정책에는 평등주의 논리에 근거한 '3불 정책(고교등급제 금지, 기여입학제 금지, 본고사 금지)'이 핵심을 이루고 있다. 3불 정책은 한국 교육제도 전반을 관통하는 키워드가 되고 있다. 이러한 평준화 정책은 초·중·고등학생의 하향평준화에다 학교선택권마저 없어 학교교육에서 활기를 찾기 힘들게 하고 있다. 이것이 결과적으로 대학교육의 질적 저하로 직결되고, 국가의 우수인력확보전략에도 차질을 빚게 하고 있다.

지금의 우리 교육정책을 대패질정책이라고 비판하는 사람들이 있다. 대패로 나무를 손질하듯 일률적인 인재를 만든다는 뜻이다. 아래의 의견들은 현행 교육정책을 주제로 한 '조선경제 포럼'에서 한국의 교육계, 연구소, 업계 전문가들이 지적한 문제점들이다.

"개개인의 차별성을 무시한 채 평준화만 강조하는 정책은 대패질정책이 될 수밖에 없다. 우리나라 교육문제를 모두 과잉경쟁 탓으로 돌리는 사람들이 있다. 이런 사람들의 교육 해법은 경쟁을 없애는 방향으로 몰아가는 것이다. 그러나 진짜 우리 교육에서 경쟁이 없는 곳은 바로 교사들 사회이다. 교사들부터 경쟁을 도입하고 성과지표를 만들어야 한다."

"교육평준화는 과연 소득불평등을 완화시킬 수 있을까. 영국학자 A. 로이는 직업을 스스로 선택하는 경우와 사회나 정부가 임의로 배분하는 사회, 이중에 어느 쪽이 개인소득에 유리한가에 대한 연구조사를 한 결과, 개인선택이 유리한 것으로 들어났다. 따라서 우리의 평준화 및 학교 임의배정정책은 소득의 평등은 가져오지 못하면서 인적자본의 축적마저 저해하고 있다. 결국은 다양한 선택의 기회를 학생들에게 제공하고, 스스로 선택하도록 하는 교육시스템이 오히려 소득불평등을 완화하고 사회 전체의 효율성을 더 올릴 수 있다."[21]

또 자유기업원은 〈평준화 정책과 교육시장의 복수〉라는 정책제안보고서에서 평준화가 '시장의 복수'를 불러왔다고 주장하고 있다. 「시장을 통제하면 암시장이 성행하는 것과 마찬가지로, 고교평준화정책으로 공교육을 통제하자 사교육이 비정상적으로 확대됐다. 그 결과 애초 명분과 달리 교육 불평등이 더욱 심화됐다. 평준화라는 공교육시장에 대한 규제가 '시장의 복수'를 불러일으킨 것이다.」[22]

그러면 이런 기계적 평등논리가 교육의 질적 향상, 나아가 우수인력 양성에 도움이 되지 않는다는 사실을 알고 있으면서도 이를 고치려 들지 않는 이유는 무엇인가.

아직도 한국사회 깊숙이 도사리고 있는 이념갈등의 불씨가 살아있고, 이들을 대표하는 교육·정치·사회·노동계 등의 집단옹호세력이 굳게 자리를 지키고 있기 때문이다. 이것이 바로 국가경쟁력을 저해하는 요인이며, 교육개혁을 위해서 반드시 풀어야 할 과제이다.

우리 정부는 초·중·고등학교 교과과정을 독점하고 있다. 때문에 창의성과 다양성, 시장성이 인정된 개방형 교육체제가 뿌리를 내리지 못하고 있다. 이는 평등논리를 주장하는 전교조와 시장주의를 주장하는 자유주의 교육연합 같은 교육공급자그룹이 타협하기 힘든 이념대립을 벌이고 있는 것도 주요원인 중 하나이다. 이들의 주장이 구체적 현장교육에서는 학생들의 실력향상이나 가치관 형성에 심각한 영향을 주고 있는 것이 현실이다.

세상이 다 수요자중심 구조로 바뀌고 있는데, 한국 교육에서만은 아직도 공급자중심을 고집하고 있다. 세상의 모든 정부, 기업, 학교들이 수요자들의 이익과 요구에 따라 자기개혁에 앞장서고 있는데도, 우리 교육계는 손님이 막무가내로 주인행세를 하고 있는 것이다.

한국인의 전통적인 숭문사상(崇文思想) 배후에는 입신출세, 계층상승이라는 이기적 욕구가 숨어 있다. 여기에서 폭발적인 분발심과 도전정신, 지구력이 생겨나게 된다. 자녀교육에 가산을 쏟아부어 가면서까지 헌신적인 교육투자를 아끼지 않는 것도 다 이 때문이다.

이런 남다른 열정은 평등주의 논리 아래에서는 피어나기 어렵다. 높은 교육경쟁력이란 국가의지나 정책적 지원만으로는 쉽게 얻을 수 없는 힘이요, 고지이다. 가장 중요한 것은 교육수요자 자신에게 자발적 학습열을 불러일으킬 만한 동기유발이다. 이것 없이는 개인적인 성취욕구도 시들어 버리고 의욕적인 민간참여열기도 사그라져 버린다. 국가가 고등교육에 전액 장학금 등으로 지원하고 있는데도 교육기피현상 때문에 애를 먹고 있는 중동 산유국들의 고충을 남의 일로 보아서는 안 된다.

우리는 남이 가지지 않은, 남이 부러워하는 자발적·폭발적 교육열이라는 무서운 힘을 가지고 있다. 현명한 지도자는 이 분출하는 역동적 힘을 하늘이 내려준 보배로운 자산으로 활용할 줄 안다. 이 천혜의 은총을 사장하거나 억누르는 것은 치열한 국제경쟁을 이겨낼 수 있는 기회를 스스로 포기하는 근시안적 졸책이라는 것을 깨달아야 할 것이다.

대학 경쟁력제고는 선진국으로 가는 최우선 과제

국제기준에서 볼 때 한국대학의 경쟁력은 하위권에서 맴돌고 있다. 입학도 쉽고 졸업은 더 쉬운 한국의 대학교육이 자초한 결과이다. '2006년 대학 신입생 등록현황'을 보면 전국 200여 개 4년제 대학 가운데 충원율이 70%가 안 되는 곳이 18개 교로 10곳 중 1개 꼴이다. 모집정원의 50%도 못 채운 대학교가 10개나 되었다.[23] 국제경영개발원(IMD) 조사에 의하면 조사대상 60개국 가운데 한국대학의 경쟁력은 2003년에는 59위, 2004년에는 52위로 선진국 중에는 한참 뒤처져 있다.

국내기업들이 평가하고 있는 '우리 대학의 질'에 대한 만족도 역시 떨어지고 있다. 교육인적자원부와 전국경제인연합회는 2004년 10~11월 공동으로 국내 대기업과 중소기업의 현직 CEO 198명을 대상으로 국내대학 교육에 대한 설문조사를 실시했다. 그 결과 국내 대학교육의 질, 대학교육과정에 대한 만족도, 기업현장요구에 대한 대학교의 기여도 등에서 모두 6단계 중 '보통' 수준으로 나타났다.[24]

한국경영자총협회가 100인 이상 전국 536개 기업을 대상으로 조사한 '대졸 신입사원 재교육현황'에서도 교육부실이 얼마나 심각한지를 보여주고 있다. "산업계 수요를 제대로 반영하지 못하고 있는 우리나라 대학교육의 현실과 평준화 위주의 교육정책이 학력의 전반적인 저하현상을 초래, 기업부담을 심화시키고 있다"고 지적한다.

대기업의 경우 채용 후 실무 투입에 이르기까지 소요되는 재교육시간은 평균 2년 6개월, 재교육비용은 1인당 1억 원 이상이 드는 것으로 나타났다.[25] 공학한림원 조사에서도 우리나라 공과대학 학부교육이 산업현장에서 필요한 교과목이나 실험실습 같은 현장성 있는 교육부족이 심각한 것으로 나왔다.[26]

세계 일류기업들은 자체연구개발 비중을 줄이면서 전체연구개발 물량의 40% 이상을 대학에 맡기고 있다. 이는 대학의 전문성이 높고 실용적인 연구 성과에 대한 신뢰가 쌓여 있기 때문이다. 우리나라 주요대학에서도 '산학협력단'이란 조직을 만들어 기업으로부터 연구개발 용역을 위탁받기 위해 백방으로 뛰어다니는 곳이 많다. 그러나 몇몇 대학을 제외하고는 별다른 성과를 올리지 못하고 있다. 대학의 질이 떨어져 있기 때문에 기업경쟁력에 실질적인 도움이 된다고 보지 않기 때문이다.[27]

외국 학계에서도 한국의 대학입시 제도를 정상으로 보지는 않는다. 한국 정부가 추진하고 있는 '3불 정책'의 목적은 과외를 없애고 누구에게나 교육기회를 균등하게 주기 위해 내세운 정책으로 알고 있다. 그러나 현실은 본래 의도와는 다르게 나타났다. 한국은 과거 30년 동안 입시 제도를 30번이나 바꿨지만 뾰족한 해법을 제시하지 못했다. 최근에는 중국과 일본도 평준화 정책을 포기해 버린 상태다. 한국을 제외하고 선진국 중에 고교평준화를 시행하는 나라는 이제 없는 실정이다.[28]

국가경쟁력이나 무역규모, 1인당 국민총생산 등을 감안해도 대학경쟁력은 다른 어느 분야보다 형편 없는 바닥수준에 머물러 있다. IMD는 국가별 양질의 엔지니어 확보수준에서도 한국을 싱가포르, 미국, 대만, 일본 등보다 한참 뒤처진 열악한 수준으로 평가했다(10점 만점에 5.63점).

그 객관적 증거는 기술보유현황에서 그대로 나타나고 있다. 과학기술정책연구원이 조사한 '세계 최고 기술 보유 건수 통계'에 의하면 미국은 207만 2,000건, 일본은 146만 9,000건, 중국 43만 1,000건, 영국 18만 6,000건에 이르고 있다. 그런데 한국은 고작 3만 건에 불과하다. 기술입국의 기치를 내건 한국이 중국의 14분의 1, 일본의 50분의 1, 미국에는 무려 70분의 1 수준밖에 안 되는 기술후진국으로 떨어져 있는 것이다.[29]

그런데도 정부의 시각에는 아직 변화의 징후가 없다. 노무현 대통령은 대학입시제도에 대한 소신을 다음과 같이 밝히고 있다. "최고의 학생을 뽑는 기득권을 위해 고교 공교육을 다 망칠 수는 없다. 대학입시에서 대학입장도 중요하지만 그것 때문에 우리나라 고교 공교육을 파괴하고 아이들을 다 죽이는 학습열풍, 과외열풍이 되살아나서는 안 된다."[30] 노무현 대통령은 다른 모임에서도 "우수한 학생들을 키우는 일보다 시험성적이 좋은 학생을 뽑는 데만 치중하는 일부 대학교의 욕심이 우리 공교육의 근간을 흔들어서는 안 된다"고도 말했다.[31]

여기서 짚고 넘어가야 할 두 가지 대목이 있다. 하나는 국가의 장래를 위해서 고급인력양성이 더 중요한가 아니면 공교육 유지와 학습열풍 예방이 더 중요한가이다. 상식인이라면 당연히 양질의 인력양성만큼 국가 장래에 절실한 것은 없다고 믿는다. 21세기 대학교육의 주요 목표는 당연히 고급인력자원의 확보로 봐야 하기 때문이다. 수단이나 과정도 중요하지만 그렇다고 목적을 뒷전에 미루어 놓는 것은 올바른 통치행위가 아니다. 그보다는 일단 둑을 터놓은 다음, 주변의 침수나 피해를 예방하는 방재방수에 힘을 쏟는 게 순리이다.

또 하나 지적해야 할 것은 교육열풍이 과연 나쁜 것인가 하는 것이다. 과거를 돌아보면, 지난 반세기 동안 우리교육에서 사교육은 부족한 교육예산, 부실한 공교육을 보완해 오면서, 나름대로 교육의 질을 유지해온 숨은 공로자이다. 이는 공교육이 학생과 학부모의 지적 욕구를 제대로 수용하지 못한 데서 나온 피할 수 없는 결과이기도 하다.

그러나 정부나 여론의 시각이 폐해만 집중부각하면서, 5공화국 때부터는 아예 과외열풍을 범죄시하는 풍조까지 생겨 지금까지 이어져 오고 있다. 그러나 전 세계에 부실한 인력자원에 힘을 실어주는 교육행위를 범죄로 죄악시하는 나라는 없다.

왜 이토록 폭발적으로 솟구치는 교육열풍을 국가를 위한 희망적 동력으로 반갑게 받아들이는 발상전환이 안 되는가. 왜 이런 과외열풍이 세상을 시끄럽게 하고 있는지 그 원인부터 심층 분석해 보면 그 해결책도 어렵잖게 생각해 낼 수 있다.

양질의 인력양성은 정부 혼자 힘으로는 어렵지만, 양성과정에서 생기는 부작용만은 정부가 수습할 수 있다. 공교육 살리기는 당연히 정부가 할 일이다. 그렇게 하지 못한다면 정책빈곤이나 의지부족을 한탄할 일이다. 또 우수대학이라면 당연히 우수학생들을 뽑아 우수집단을 만들어 전문성과 효율성을 높이는 것이 당연하다. 이것이 바로 양질의 인력을 양성할 수 있는 첫 걸음이요, 시장의 논리이기도 하다. 제대로 된 개방사회,

다원사회에서는 정부가 매사에 나서서 휘젓고 다니지 않는다. 그것은 나라의 장래를 오도하는 오만이요, 착각이다.

학습열풍이란 관점에 따라 얼마든지 좋게 볼 수 있다. 부모가 자기 개인 자금을 사용해서 자식의 자질을 높이려는 것은 오히려 국가가 감사해야 할 .일이다. 정부야말로 이 축복받은 교육열풍의 현장에서 몇 걸음쯤 물러나 경쟁에 뒤진 학생, 국가의 보호와 지원을 필요로 하는 저소득계층에게 특별한 정책적 배려와 보살핌으로 낙오를 막고 경쟁대열에 원만히 합류하도록 도와주어야 한다.

더구나 한국대학들은 거의가 가난하다. 그래서 교육여건도 부실하다. 선진국의 대학처럼 풍부한 연구비, 장학금, 운영비를 굴릴 형편이 못 된다. 정부가 우리 대학경쟁력을 높이기 위해 큰맘 먹고 추진하고 있는 'BK21'도 그 재원의 크기가 미국 하버드대학교 하나만도 못한 수준이다. 한국의 대학교육 예산은 GDP대비 0.43%에 불과하다. 미국이 2.7%, 일본이 1.1%인데 비해 열악하기 짝이 없다. 교수당 학생 수도 선진국보다 2~3배 많다. 이런 열악한 상황에서도 한국은 세계 11위권 경제대국으로 부상했다. 그 힘은 어디서 나왔겠는가.

세계 국가들이 한국을 '교육기적의 나라'로 부러워하는 것은 한국인 특유의 교육열과 대학에서 배출해낸 다수 초·중급인력들의 잠재력 때문이다. 이는 국가정책 입안자들이 고심해서 짜낸 야심적인 국가설계나 대학육성책, 인력양성책이 이루어 낸 결실이 아니다. 공부하려고 몸부림치는 무수한 학생들과 그 부모, 이들을 산업 일꾼으로 가꾼 대학들과의 합작품일 뿐이다. 이 활화산을 동력으로 쓰려는 생각조차 하지 않으면서 오히려 병적 악폐로 몰아붙이는 억압적 발상은 작은 것을 위해 큰 것을 버리는 패배적 실책이다.

윤리교육 있으나 윤리의식 못 심어주는 교육풍토

우리나라 초·중·고등 학생들은 지금 정신적·육체적으로 심각한 시련기에 있다. 학교 안에서도 집단 따돌림이나 학교폭력이 사회문제가 될 만큼 급속도로 확산되고 있다. 인터넷 등 매체 접근이 쉬워지면서 청소년들은 음란물, 폭력사태에 수시로 노출되어 있고, 충동적 행동위험성이 커지고 있다.

학교는 성적 올리기에만 정신이 쏠려 실천적인 도덕교육은 실종되어 있는 상태다. 또 가정에서도 부모가 정보력에서 열세에 빠져 통솔력을 잃어가면서 가정 내 결속과 정서순화에도 찬바람이 불고 있다. 여기에다 중·고등학교 교과서부터가 밝고 희망 찬 의욕과 분발심, 긍지, 도덕성을 강조하기보다는 과거 비판이나 어두운 현실과 투쟁적 분위기를 못 벗어나고 있다.

이용훈 서울대 교수는 〈중·고등학교 사회교과서에 그려진 한국 경제의 모습〉에서 국내 학교 사회교과서의 경제 분야 서술방식을 정면으로 비판하고 있다.

「대부분의 교과서가 낮은 임금, 농촌차별, 소득격차문제 등을 부정확하게 기술하고 있다. 특히 중·고등학교 교과서에서 한국 경제는 초라한 대접을 받고 있다. 또 한국의 성장은 저임금에 의한 것이라는 잘못된 논리를 펴고 있다.」[32]

대학 캠퍼스 분위기도 마찬가지다. 학생들의 집단모임이나 현수막 풍경을 보면 면학이나 지적 관심사는 구석으로 밀려나 있고, 학교 밖 사안들인 정치, 노동 등의 투쟁열기가 아직도 뜨겁다. 이것이 우리나라 교육현장의 모습이다.

국가가 전쟁에 휘말리는, 생존이 걸린 위기상황이 오면 대학이라고 해서 상아탑 속에서만 안주할 수 없다. 그때는 학생도 공부를 미뤄 둔 채 무기를 들고 나서지 않으면 안 된다. 그러나 지금 우리나라는 그런 위기상황에 빠져있지 않다. 그런데도 우리 대학은 본말이 전도되어 있다. 우리 학생운동은 학문에 쏟아야 할 열정을 정치, 노동, 시민운동 등 이곳저곳 참견하는 정치운동으로 목표를 바꾸어 놓고 있다.

이런 대학에서는 경쟁력 있는 양질의 전문 인력을 길러낼 수 없다. 어느 사회에서도 격렬한 투쟁논리 앞에서 올바른 도덕성이나 선량한 미풍양속이 제대로 설 수가 없다. 우리 학교는 알게 모르게 기이한 도덕불감증, 윤리의식 부재로 위기상황에 몰려 있다. 학교 교육장에서의 윤리부재는 누가 먼저랄 것도 없이 그대로 부메랑이 되어 사회 모든 분야에서 부정, 부실, 불신풍조로 되돌아오고 있다.

황우석 사건은 겉으로 드러난 빙산의 일각일 뿐이다. 정말 심각한 교육의 위기는 우리나라 교사, 교수들의 도덕성 해체 현상이다. 지난 2003~2005년에 걸쳐 각종 학술지, 학술대회에 연구논문을 발표했다고 한국학술진흥재단에 보고한 교수는 7만 6,593명에 이른다. 이들의 연구논문에 대해 〈중앙일보〉가 분석한 결과는 매우 충격적이다.[33] 한 해에 51편 이상의 논문에 연구자로 이름을 올린 교수가 262명, 100편 이상 썼다는 교수도 7명이나 된다. 어떤 교수는 한 해에 무려 149편의 논문에 이름을 올린 경우도 있다.

일상의 잡문도 아닌 연구논문을 한 달에 4~12편씩 써내는 교수가 수십 명이나 된다는 사실을 누가 믿을 수 있을까. 국내 석·박사 10명 중에 9명이 학위논문의 부정행위를 직접 체험하거나 본 적이 있다는 조사결과도 나왔다. 이는 논문 편수만 따지는 형식적·외형적 평가제도가 논문부정행위를 부추긴 이유라는 사람이 많다. 이런 교육부조리 현상은 가르치는 사람들의 윤리의식부재가 불러 온 재앙들이다. 이래서는 학교교육이나 학생들이 바른 정신으로 학문에 열중할 수 없는 것이 당연하다. 이에 대한 상식적 해법은 많다. 서울대 문용린 교수는 초등학교부터 인성교육의 중요성을 강조하고 있다.

"잘못을 저지른 학생들이 그것을 제대로 인식하지 못하는 것은 주체적인 도덕적 판단능력과 행동력이 결여되어 있기 때문이다. 따라서 도덕교육의 패러다임이 주체적이고 능동적인 사고를 할 수 있는 교육으로 바뀌어야 한다."[34]

무엇보다 분명한 해답은 학교가 학교다운 기능을 원활하게 수행하게 될 때 가능하다. 양질의 전문인력양성은 가르치는 선생과 배우는 학생이 교육현장에서 학문탐구와 전수과정을 충실하게 지켜갈 때 가능하다. 이때는 사제 간의 끈끈한 인격적·도덕적 교감 속에서 원활한 지식 전수가 이루어질 수 있다. 그러자면 전문능력 이상으로 인성(人性)에서도 공존·공유를 위한 인격교육이 함께 병행되어야 한다. 그런데 우리 학교에서는 윤리교육이란 시험과목에 불과하다. 교육은 있는데 살아있는 윤리의식의 전수는 실종되어 버린 상태이다. 이 학생들이 자라서 사회인으로 살아갈 때 도덕·윤리 불감증에 오염될 확률이 아주 크다. 사원채용에서도 학벌과 능력에 대한 평가기준은 상당히 엄격하고 체계화가 잘 되어 있다. 그러나 인성에 대한 평가잣대는 거의 없는 상태다. 적성검사나 면접이 이를 대신할 뿐이다. 그러나 외국의 선진기업에서는 인성검사를 통한 도덕적 기준이 날로 강화되고 있다. 〈워싱턴포스트〉의 보도에 의하면 전체 미국기업의 30%가 직원채용 때 인성검사를 하는 것으로 나타났다. 인성검사 점수가 좋은 직원이 상대적으로 성실할 뿐 아니라 고객들과의 관계도 좋다는 분석이 나왔기 때문이다.[35]

국제수준의 전문 인력이란 생각처럼 쉽게 만들어지지 않는다. 국가·

학교 · 연구소 · 기업 상호 간에 문화적 동질감을 높이면서 상호신뢰도를 높여야 효율성과 협력체제가 뿌리를 내리게 된다. 따라서 교육현장은 공평하고 올바른 역사인식, 객관적 진실전달과 보편적 가치관 속에서 공유하고 협력하는 문화를 체질화하려는 노력이 필요하다.

04

한국에서 교육의 새판을 짜려면

한국 교육의 경쟁력, 분명한 해답은 있다

　　한국인의 남다른 숭문정신과 개인 또는 집단의 이기적 특성은 한국이 지식산업, 교육산업에서 강력한 경쟁력을 가질 수 있는 근거이다. 그러나 현실은 그렇지가 않다.

　지식의 근간인 교육에 대한 열정은 여기저기서 활화산처럼 뿜어져 나오고 있는데 이를 수용하는 제도적 체제는 아직 구축되지 못하고 있다. 오히려 분출하는 힘을 억누르거나 변칙적으로 수용하여 바라지 않는 역기능으로 사회를 혼란스럽게 하고 있다. 이러한 걸림돌 중 가장 핵심적 사안은 의외로 교육 외적인 곳에서 찾을 수 있다. 즉, 교육의 평등을 기회 평등이 아닌, 절대 평등논리로 해결하려는 묘한 이데올로기가 큰 줄기를 붙잡고 있기 때문이다. 이를 고집하는 교육정책자들은 결국 개방사회와 시장주의, 나아가서는 국가경쟁력까지 그러한 이데올로기 안에서 풀어내려는 독선적 교육정책 때문에 스스로 딜레마에 빠져 있다. 적어도 국가경쟁력을 염두에 두면서 기업이나 지식산업의 생산성을 걱정하는 현장 전문가들의 해법은 거의 같다. 학계와 국제 경제계에 몸 담아 온 김기환 박사는 우리 교육이 풀어야 할 과제를 4가지로 보고 있다.

첫째, 교과내용의 개혁이다. 지금 우리가 고심해야 할 것은 기존 교과과정을 어떻게 하면 더 잘 가르칠 것인가가 아니라, 세계화와 정보화 단계에서 힘을 기르려면 어떤 새로운 교과내용을 가르칠 것인지 하는 것이나 교육수요자의 장래에 걸맞는 과정개발이다.

둘째, 교육산업의 효율성을 높이는 일이다. 다른 나라보다 질적으로 낮은 교육을 제공하면서 OECD 국가 평균 GDP보다 교육비를 더 많이 쓰는 것은 제도나 체제가 잘못된 데 그 원인이 있다.

셋째, 우리도 이제는 교육을 개방해야 한다. 교육도 다른 산업처럼 질을 높이려면 경쟁의 원칙이 도입되어야 한다. 이는 수업료와 정원규제를 철폐하고 자율경영을 보장할 때 가능해진다.

넷째, 대학교육의 수준을 획기적으로 높여야 한다. 이를 위해서는 정부 지원의 기준을 교수 개인이나 학교의 객관적 실적 위주로 바꾸는 근본적인 판을 새로 짜야 한다.[36]

김기환 박사의 주장은 교육을 경제논리로만 풀려고 한 약점이 있다. '백년대계' 라는 큰 눈으로 바라볼 때 교육이야말로 국가와 국민의 정체성, 구성원의 기본가치관을 심어주는 첫 단추이다. 바른 윤리교육과 국가 정체성교육도 앞으로는 측량하기 어려운 무형의 경쟁력이 된다는 사실만 여기에 추가한다면 그의 처방은 조금도 무리가 없다.

삼성전자 윤종용 부회장도 이와 비슷한 주장을 펼치고 있다. 그는 교육인적자원부 공무원을 대상으로 '내가 바라 본 대학교육, 내가 바라는 교육혁신' 강의에서 정부의 역할 변화를 요구하고 있다.

"교육혁신을 위해서는 교육부가 기득권을 양보해야 한다. 또한 위기감이 있어야 하며, 위기감은 정확한 현실인식에서 나온다."

그는 또 한국교육의 문제점으로 대학교육의 질적 저하, 교과내용과 산업현장의 요구 사이에서 오는 괴리, 대학 간 경쟁체제 부재, 초·중등교육에서의 하향평준화 등을 지적하고 있다. 그는 기득권세력인 교육부, 학부모, 학교 및 교육자들의 양보와 타협을 해결방안으로 제시했다.[37]

대학교육의 질적 향상, 산업현장과의 연계교육, 대학 간 경쟁체제 강화, 초·중·고등학교 교육의 상향화는 우리 한국만의 문제가 아니다. 세계 각국이 고심하고 있는 공통과제들이다. 이를 인식하고 있는 것만으로도 그 해법은 충분히 찾아낼 수 있다. 오히려 사회적 욕구를 그대로 수용해서는 안 된다는, 도취된 선각자의식이 더 문제이다.

다원사회가 요구하는 학교의 역할

산업사회에서의 학교교육은 대량생산에 유리하게 짜여져 있다. 이 시대에는 규격화된 제품을 대량으로 생산하기에 적합한 구성원에 대한 교육방식이 표준화되어 있다. 그래야 일사불란하게 능률을 올릴 수 있기 때문이다. 따라서 집체교육은 규칙과 질서를 강조하고, 이를 주도하는 집권세력의 구미에도 맞는 순종적 가치관 교육이 추가되면서 평균적 인간형성을 부채질해 왔다. 그러나 이런 강제된 교육체제는 창의적이고 개성적인 교육과는 너무 거리가 멀었다.

"나는 두 번 다시 어린 시절로 돌아가고 싶지 않다. 아이들이란 어른들이 시키는 대로 하게 된다. 아무것도 모르고 어디로 가는지도 모르고 매사에 무기력한 존재였다."(야스퍼스)

"내가 체험한 바로는 공부란 학교에서나 가정에서나 개인의 특질을 없애기 위해 행해지는 것이었다." (카프카)

"초등학교 선생님은 하사관 같고, 중·고등학교 선생님은 장교와 같았다." (아인슈타인)[38]

규격화된 산업사회에서 살아 온 천재들의 생애를 보면 그들의 학교생활은 철저한 부적응으로 인해 문제아로 낙인 찍힌 경우가 많다. 그래서 뛰어난 영재들 중에는 이런 판에 박히고 숨 막히는 학교생활 대신 독학을 선택하거나 부모 또는 가정교사에 의해 재능을 살려낸 경우가 많다. 버나드 쇼나 거시원은 15세에 학교생활을 청산해 버렸고, 헤밍웨이는 고등학교를 끝으로 학교를 다니지 않았으며, 에디슨은 초등학교 중퇴, 링컨은 학교에서 받은 교육이 채 1년도 안 된다.

현대사회는 다원사회이다. 판에 박힌 대량생산 대신 개성적인 다양성을 꽃 피우는 시대이다. 이제는 최고 경영자의 독단이나 소수의 정부 엘리트들에 의해 국가의 교육대계를 함부로 설계할 수도, 설계해서도 안 되는 세상이 되었다. 교육수요자가 세상에 더 밝고, 어떤 교육이 더 필요한지도 잘 알고 있다. 국제시장 최전선에서 치열한 경쟁을 이겨내려면 무엇을 어떻게 배워야 할지도 알고 있다. 정부가 할 일은 국제경쟁사회에서 필요한 다양한 교육기회, 유연한 교육환경을 마련해 주고, 세계시장에서 당당히 겨룰 만한 정신적·물질적 무기와 무기 사용법을 익히도록 도와주는 것으로 역할을 바꾸어야 한다. 대학 또는 개인 간 경쟁은 생명력 강한 국가, 국민, 기업을 만들어내기 위한 필요한 과정으로 이해하는 것이 필요하다.

피 튀기는 정글의 법칙이 인간사회라고 해서 예외가 될 수는 없다. 오히려 현대 인간사회에서는 국가나 기업 모두가 강한 생존력 유지를 위해

전례 없는, 격렬한 생존게임을 벌이고 있는 중이다. 그러므로 국가와 기업들은 구성원들에게 어려서부터 적자생존의 냉엄한 현실을 몸으로 익히는 법을 가르치지 않으면 안 된다. 국가의 인도적 포용력이나 기업의 사회적 책임도 힘의 축적이 없이는 낙오자들에 대한 따뜻한 배려 자체가 불가능하다.

경쟁도 질시도 없는 평준화된 교육체제란 '언 발에 오줌 누기'와 같다. 당장에는 낙원의 환상을 줄 수 있으나 자신과 나라와 기업의 미래를 지켜내는 데는 독약이 될 수 있다. 이는 인간의 기본성질을 무시한 졸책이다. 경쟁을 없앤다는 명목으로 무한정 대학을 세운다고 경쟁이 없어지는 것은 아니다. 이는 정부 관료의 오만한 권위주의에서 나온 발상일 뿐이다. 학교를 나왔다고 모두 다 인재가 되는 것이 아니다. 인재다운 인재는 학교나 학생 수를 늘린다고 저절로 만들어지지 않는다.

이미 우리 대학들은 한 때의 안이하고 무모한 대학증설정책 때문에 지금 혹독한 보복을 받고 있는 중이다. 학생을 뽑고 가르치려면 먼저 교수가 있어야 한다. 그러한 교수를 양성하는 데는 대학을 증설하는 것보다 더 많은 시간이 필요하다. 그런 교육 사이클을 무시하면 필연적으로 교수의 질이 떨어질 수밖에 없다. 자연히 학생의 질이 떨어지는 것을 막을 길이 없다. 그렇게 경쟁의 열기가 가라앉게 되면 학문에 대한 호기심, 의욕도 시들어져 버린다. "앞으로 5년 안에 우리나라 4년제 대학 202개 중 4분의 1은 문을 닫거나 합병하게 될 것"이라는 예측마저 나오고 있는 형편이다.[39] 이런 상황에서도 정부가 '백년대계'를 불과 '몇 년 대계'로 바꾸어가겠다는 오기를 버리지 않고 있는 것은 그것만으로도 한계가 왔음을 실토한 것과 같다.

한국의 사교육시장이 엄청나게 비대해지고 있는 것은 교육수요자가 정부보다 미래를 훨씬 진지하게 꿰뚫어 보고 있다는 증거다. 또한 이것은 우리나라에 밝은 미래가 있다는 신호라고 볼 수 있다.

이제부터는 정부의 역할을 바꾸어야 한다. 교과과정이나 학생선발권은 모두 학교에 맡겨야 한다. 그러면 학교는 자연적으로 교육소비자의 선택에 따라 성쇠를 되풀이하면서 경쟁력을 길러 갈 것이며, 국제시장이 선호하는 양질의 전문인력양성에 몰두하지 않을 수 없다. 한국보다도 훨씬 보수적인 일본대학들조차 이런 제도를 도입하고 있다. 이로 인해 대학은 스스로 생존을 위해서라도 산학연계체제를 저절로 강화해 나갈 것이다. 최근 일본의 많은 대학들도 무작정 도쿄대의 모방에만 치우치던 운영방식을 벗어나 새롭게 체질을 바꾸고 있다. 이는 정부규제완화정책과 궤를 같이하고 있다.

구미 대학들은 더 적극적으로 산학연계체제 구축에 골몰하고 있다. 산학연계담당 부총장(Vice president investment)이란 직책을 두어 대학과 산업체 간의 긴밀한 협력으로 큰 효과를 보고 있는 곳이 늘어나고 있다. 핀란드 같은 곳은 주요기업마다 대학전담부서를 따로 두어 학교교육과 기업 현장과의 괴리를 줄여나가고 있다. 아일랜드는 아예 학과 신·증설마저 기업과의 사전협의를 거치게끔 하는 맞춤형 교육으로 유명하다.[40] 그러나 우리에게는 이런 시도가 없다. 있다 해도 본래의 의도를 살려내지 못하고 있다. 산학연계란 정부규제에서뿐만 아니라 대학경쟁력, 교육체제 개편 등 복합적인 전제가 마련되어야만 가능하기 때문이다.[41]

정부가 해야 할 중요한 일은 따로 있다. 가장 중요한 것은 보다 대국적인 시각에서 국가경쟁력을 지속적으로 높일 수 있는 새로운 시장개척과 여기에 필요한 산업인력의 분야별 수급상황을 점검·예측하는 일이다. 또한 뛰어난 영재를 발굴해서 재능을 꽃피울 수 있는 환경구축과 효율적 교육지원체제를 강화시키는 계획이 있어야 한다.

미국 등 선진국에서는 정부가 적극 나서서 영재교육에 심혈을 기울이고 있다. 지식사회에서는 영재란 무엇과도 바꿀 수 없는 값진 국가자산이다. 영재를 얼마나 보유하고 있느냐가 국가경쟁력의 관건이 될 정도이다. 미국은 영재교육법(1988)을 만들어 미래를 대비하고 있다. 이를 통해 50개 주 모든 곳에서 영재교육을 의무화하고, 유명대학의 영재교육센터와 공·사립학교와도 연계하여 효율적인 교육방법을 공급하고 있다. 그 다음으로 해야 할 일은 자유경쟁의 틈에서 뒤처진 소외계층에 대한 지원과 배려를 하는 일이다. 또 그 틈새에서 생겨나는 온갖 역기능의 치유에도 온 정성을 쏟아야 한다.

우리 정부나 기업 경영자들은 '위기는 곧 기회'란 말을 자주 한다. 현재의 우리 교육여건을 점검해 볼 때, 사실 교육개혁에 있어 지금만큼 적당한 시기가 없다. 인터넷만으로도 얼마든지 필요한 지식과 정보를 얻을 수 있다. 정보공유 기회가 널리 열리면서 누구나 원하기만 하면 세계적 석학의 식견을 쉽게 접할 수도 있고, 소수 특권층만 얻을 수 있었던 전문정보도 조금만 노력하면 얼마든지 구할 수 있게 되었다. 학습인프라는 세계적 수준으로 갖추어져 있는데, 학습태도와 방법이 아직도 '우물 안 개구리'를 면치 못하고 있는 것이다.[42]

이제는 교사의 역할도 바뀌지 않으면 안 될 상황에 와 있다. 앞으로의 교사는 과거처럼 지식의 전수자가 아니라 친절한 안내자로 역할을 바꾸어야 한다. 다원사회에서는 아무리 유능한 교육정책가나 교사도 세상의 변화와 무수한 것들을 다 알지는 못한다. 따라서 이 모두를 가르칠 수도 없다. 이제 교사는 학생들과 마주 앉아 그들의 적성과 잠재력을 함께 찾아 주고 보람 있고 만족할 수 있는 평생 직업에 적합한 커리큘럼을 짜주는 자상한 상담자로 변신하는 것이 바람직하다. 학교부적응으로 인해 문제 학생이 늘고 있는 현상을 개인과 가정의 책임으로만 돌리는 것은 잘못된 것이다. 자아실현의 기회를 갖게 된 사람이 많은 곳에는 범죄자나 사회부적응으로 고생하는 사람이 훨씬 적다. 그렇기에 자기 직업, 나아가 기업구성원이나 국민으로서의 충성도도 높아질 수밖에 없다. 거기에다 국가는 사회비용을 줄이는 경제적 효과까지 거둘 수 있는 것이다.

가치관 정비와 건강한 국제인으로 가는 첫 걸음

미국의 심리학자 로렌스 콜버그(1927~1988)는 말했다. "자신이 다른 사람에게 도덕적으로 어떻게 대우받느냐에 따라 도덕적 실천력이 형성된다." 남으로부터 가치 있는 사람으로 인정받아야 다른 사람도 그렇게 대하려는 인식과 의지가 생긴다는 말이다.[43] 그런데 우리는 공동체 속에서 다른 사람들과 함께 어울리는 포용교육, 실천교육이 매우 빈약하다.

"지난 반세기 동안 우리를 지배하는 건 흑백논리였다. 중간은 회색분자로 척결대상이 되었다. 이런 흑백논리는 필연적으로 갈등을 유발한다. 그러나 이제는 다양한 의견이 존중되는 '무지개 논리'가 필요하다. 권위와 권위주의는 다르다. 현재 정치, 경제, 사회 모든 분야에서 권위주의가 해체되어 가고 있다. 그러나 권위의 실종은 안타깝다."[44]

한국인의 지칠 줄 모르는 이념에 대한 집착은 약으로서보다는 고질병으로 굳어지고 있다. 이념적 집착은 민족적 정체성을 지키는 버팀목으로 작용되어 왔기에 민족적 긍지나 동질성이 크게 퇴색되지 않았다. 그러나 이것이 넘치게 되면서 오히려 민족의 동질성과 정체성 자체를 해치는 독약이 되고 있다. 또힘 국민적 단합을 해치고, 국제사회에서는 외톨이 신세를 자초하게 되었다. 한국의 교육현장에서도 이런 이념적 독단이 엄청난 장애요인이 되고 있다.

교육현장은 학생 스스로 갈등을 푸는 해법을 찾아 깨닫도록 하는 순수한 토론과 평가의 장이 되어야 한다. 그러나 현실은 교육수요자 중심이 아닌 공급자들이 중심이 되어 이념적 편견을 주입하는 장소로 변질되어 가고 있다. 이는 미래의 주인공들에게 노사 대립, 보수와 개혁세력 간 대립, 과거사에 대한 냉소적 부정의식을 고조시켜 건강한 국제인으로서의 성장을 가로막는 결과가 되어 버린다.

이것이야말로 혼란된 가치관의 정화능력을 키워주지 못하고 피해의식, 대립의식, 투쟁의식 등 열등감을 심어주게 된다. 이미 우리 젊은 학생들은 대학생이 되면서부터 교육현장을 벗어나 정치판, 노동판을 가리지 않고 어디든 개입하는 영역이탈 현상을 보이고 있다. 교사들마저 비슷한 성향을 보이고 있다. 그런 이유로 수많은 학생들의 향학열이 학문이 아닌 이상스런 투쟁적 사회참여 열기로 변질되고 있는 것이다.

기술입국을 지향하는 한국 기술인력 구조의 균형도 깨지고 있다. 기능인력의 뿌리라 할 수 있는 공업고등학교 학생들은 졸업 후 현장에서 기능장이 되려 하기보다는 대학 진학으로 진로를 바꾸고 있다. 장인으로서의 긍지보다는 계급상승 욕구가 더 강하기 때문이다. 이는 평등주의 논리가 오히려 계급의식을 강화·조장한 결과이다. 그러다 보니 현장실습이 소홀해지고 교과과정도 정상궤도를 벗어나는 기현상까지 발생하고 있다.

정부가 지향하는 평등과 평준화를 추구하는 교육목표와는 정반대 현상이 일어나고 있는 것이다. 이는 대결구도가 만들어낸 당연한 결과이다. 우리는 아직도 손님이 주인 위에서 선, 악, 정, 사를 판단해 가르치는 독선에서 벗어나지 못하고 있다. 더욱 한심한 것은 가르치는 교사들마저 진보진영이니 뉴 라이트진영이니 하면서 편을 가르고 일관성 없이 두 갈래 길을 고집하고 있으니 나라교육의 장래가 걱정될 수밖에 없다.

신문 등 매체를 통해 들리는 소리라고는 '박정희 경제개발은 폄하, 김일성 정적숙청은 평가', '이념교육에 우리 아이를 맡길 수 없다', '교과서 왜곡' 등 증오와 투쟁을 부추기는 갈등의 소리뿐이다. 밝고 긍정적이며 벅찬 미래에의 꿈은 없다. 그러니 학생들은 가치관 혼란으로 공적교육, 학교교육에 염증을 느낄 수밖에 없다. 사교육에 대한 관심이 점점 커져가고 있는 것이 바로 이 나라 공교육의 문제점과 해법의 단초가 된다.

전교조가 1986년 '교육민중화 선언'을 통해 학생중심의 교육민주화, 교육여건개선을 내세웠을 때 많은 사람들이 성원과 갈채를 보냈다. 그러나 그로부터 20년이 지난 지금 그들이 이룬 효율적인 학습개발이나 학생 능력개발 업적이 무엇인지 잘 모른다. 다만 투쟁적 이념교육의 선도세력이라는 선입견만 쌓이고 있을 뿐이다.

지난 2006년 4월 새마을운동본부는 '함께해요! 희망한국2006'이란 구호 아래 새마을운동 제창 36주년 기념식을 가졌다. 정부 관련 장관과 청와대 수석비서관도 참석하는 등 격식을 갖춘 의식을 거행했다. 이때 발표한 대국민 선언문에 눈길을 끄는 대목이 있다. 인간성회복과 전통도덕을 되살려 생활공동체윤리를 바로 세우자는 것과 소외된 이웃과의 나눔과 섬김의 참된 마음실천, 불신과 갈등을 뛰어넘어 서로 신뢰하고 존중하는 국민화합과 단결을 이끌자는 것이 이 선언문의 요지이다. 이는 한국이 처해 있는 정신적 위기에 대한 바람직한 대처방안들이다.[45]

우리 학교교육에서는 새마을운동이 교과과정에서 삭제되거나 폄하된 평가를 받고 있다. 왜냐하면 개발독재정권에 대한 묵은 감정을 가진 이들이 새마을운동이 독재체제를 유지·계승하려는 악의적 수단이었다는 점에만 초점을 맞추고 있기 때문이다. 그러나 새마을운동은 취할 점이 매우 많은 국민운동이다. 우리 역사상 난국극복을 위한 국민운동이 이만큼 성과를 거둔 예는 없다. 그때 한국 전 지역은 새마을운동의 '잘살아 보세'라는 구호 아래 근면·자조·협동정신을 캐치프레이즈로 내걸고 풀죽은 국민들에게 생기와 의욕을 심어 주었다. 이 운동의 공과는 세월이 더 흐른 후 역사의 공정한 판단을 받을 수 있으리라 본다.

새마을운동의 기념식에 정부 고위관리가 참석하여 축하를 해주면서도 아직 젊은 세대들에게 그 공과를 진솔하게 알리지 않는 것은 아직도 우리 사회가 국가보다는 정권적 차원에서 역사를 평가하려는 이념적 족쇄를 풀지 않고 있다는 증거이다. 그뿐인가. 한국의 민주화세력을 자칭하는 사람의 대다수는 '한강의 기적' 조차 제대로 평가하지 않으려 한다. 한강의 기적은 세계 선·후진국을 막론하고 제2차 세계대전 후 독일의 '라인 강의 기적' 보다 윗자리에 올려놓는 이들이 많다. 수많은 세계 석학들은 그 성공비결을 한국인의 높은 교육열과 이들을 정열적인 산업인력으로 살려낸 뛰어난 리더십으로 꼽고 있다.

사사로운 개인의 은원은 자유이다. 그러나 적어도 국정에 참여한 공인이라면 누구보다 앞서 갈등을 푸는 데 앞장서야 할 책임이 있다. 물론 과거사, 과거 인물의 공과에 대한 사심 없는 평가능력도 갖춰야 한다. 이들이 자기개혁 없이 국정을 좌우한다면 국민적 화합과 단결, 선진국으로의 도약은 영원한 꿈으로밖에 그칠 수 없다.

2006년 5월 싱가포르의 건국공로자인 리콴유 전 수상이 한국을 방문, '글로벌 인재확보 – 글로벌대학으로 성공하기 위한 열쇠' 란 주제로 강의를 했다. "세계적 기업으로 거듭 나려는 아시아 기업들이 세계무대에서 성공하기 위한 열쇠는 국제적 인재확보에 있다. 지금은 아시아 각 대학들이 인재양성을 위한 공동연구와 파트너십이 절실한 시점" 이라고 강조했다. 강의 말미에 그는 TV를 통해 한국노동조합원의 격렬한 시위화면을 본 소감도 잊지 않았다. "한국이 노사갈등에 쏟을 에너지가 있다면 이를 낭비하지 말고 세계시장을 공략하는 데 사용해야 한다"고 말한 것은 한국의 노동 및 교육현장이 안고 있는 절실한 문제점을 지적한 말이다. 이념의 족쇄가 교육현장 또는 산업현장에서 풀어지지 않는 한 화합과 결집력은 물론 우수인력양성이나 이들에 의한 기술경쟁력, 경영경쟁력, 기업경쟁력도 꿈으로 끝나버릴 수 있다.

　네트워크사회의 성공비결은 무형적인 소프트웨어와 유형적 하드웨어 그리고 무수한 정보를 저장하여 필요할 때 누구나 쉽게 꺼내 볼 수 있는 데이터베이스가 구축되고 이들이 효율적으로 상호보완, 상승효과를 거둘 수 있도록 시스템적 기능이 극대화되어야 한다. 그러자면 네트워크에 매달린 무수한 개별기능들에 고도의 전문능력이 갖춰져야만 시스템의 효율성이 높아진다.

　가치관 정비란 사회를 구성하고 있는 다양한 분야의 모든 구성원들이 각자 자기자리에서 자신의 기량을 최고로 높이려는 생각을 자리 잡게 하는 것을 말한다. 그런 후에야 이러한 기량들이 기능적으로 통합되고, 개인은 자기 전문영역을 통해 이상적인 사회참여가 이루어져 최고의 보람을 느낄 수 있게 된다. 기업과 국가의 경쟁력도 이때부터 본궤도에 올라서게 된다.

　우리 교육이 이제부터라도 이념의 늪을 벗어나 실용교육으로 눈을 돌리고 전문성과 국제적응력 있는 인재양성에 주력한다면 우리 교육의 폭발력이 국가경쟁력으로 이어질 것이다. 이를 위해 우리는 교육과정부터 뜯어고치고 교사, 교수들의 교육목표도 경쟁력 있는 인재양성에 집중해야 한다. 또한 경쟁에 장애가 되는 교육제도에 대한 전면적인 수정도 함께 병행해 나가야 한다.

　무엇보다 우리 학생들의 잠재력을 훼손시키는 이분법적 사고의 틀을 깨주어 다원적 가치에 익숙하도록 가르쳐야 한다. 국제인으로서 갖춰야 할 공동가치관과 기본소양을 익히고 공동생활을 위한 매너교육 등 인성교육에도 공을 들여야 한다. 나와 다른 생각에 대해 가진 사람에 대해 이해하고 그들과 함께 공존하는 규칙과 관습이 체질화될 때, 우리 교육은 비로소 세계시장으로 진출할 수 있을 것이다.

전통문화 교육은 국가정체성과 창의력의 원천을 다져주는 길

　창조력 개발에 목말라 있는 미국 뉴욕의 벤처 맨(Venture man)이 한결같이 공감하는 말이 있다. 그것은 바로 창조산업의 원천이 '전통문화' 라는 것이다. 새로운 트렌드의 토대는 전통문화에서 찾을 수 있다. 또 아무리 고도화된 기술도 전통을 없애거나 창조하지는 못한다. 기술이란 그저 자기표현에 도움을 주는 수단일 뿐이라는 것이다. 따라서 대다수 창조산업에서 과거에 기대지 않고는 뛰어난 미래를 창조할 수 없다는 것이 이들의 중론이다. 아마 역사와 전통이 깊지 않은 미국인들이 창조적 한계를 뼈저리게 느끼고, 풍부한 전통문화유산을 가진 국가로부터 새로운 지혜를 얻으려는 데서 나온 말이 아닌가 생각된다.

　신자유주의 영향은 교육 분야로도 빠르게 파급되고 있다. 세계시장이 개방되면서 기술의 표준화가 네트워크 기술체제의 관건이 되듯이 법률, 회계, 특허, 전자상거래, 교역방식 등도 국제적 표준화로 달려가고 있다. 이 추세를 따라가지 못하면 원만한 의사소통이나 계약, 책임, 권리, 의무 등 이해관계에 대한 명확한 한계를 구분하기가 어렵게 된다. 가르치고 배우는 것도 비슷해야 서로의 의중을 쉽게 이해할 수 있다. 그렇게 되면 세계시장에서 영향력이 큰 나라의 문화가 세계 표준문화가 될 가능성이 크다.

　이때 선진국을 무조건 쫓아만 가는 후발국들의 종착점은 '문화종속' 일 수 밖에 없다. 설사 종속이 되지 않더라도 앞으로도 후발국들은 선진국을 이길 승산이 거의 없게 된다. 교육도 마찬가지다. 교육선진국을 모델로 베껴 쓰다 체질화되어 버리면 전통문화는 사라져버리고 국가정체성까지 해체될 위기에 직면하게 된다. 실용성과 편의주의만 추구하다 보면 영어가 한글보다 편리하고, 미국문화가 한국문화보다 유리하게 보일 수 있게 된다.

　안타깝게도 이미 우리나라는 그런 방향으로 달려가고 있는 중이다. 어느새 우리 젊은 세대들은 마약 중독자처럼 문화적 자제력을 잃어가고 있다. 자주성을 지키기위해 호된 시련을 겪느니 현실과 타협을 해도 나쁘게 없다는 생각이 점점 깊어지고 있다. 서구문화에 깊이 매료된 청소년들은 왜 전통문화가 중요하고, 왜 한글을 지켜야 하며, 왜 국가정체성이 필요한지 잘 모른다. 오히려 서둘러 서구화해 버리는 것이 국가경쟁력을 높이는 길이라고 믿는 이마저 피부로 느낄 정도로 늘어나고 있다.

그렇다고 "주권국가로 남의 간섭받지 않고 살겠다" 거나 "우리 식으로 살아가자" 는 식의 독자적 국가경영주의가 바람직한 대안이 될 수는 없다. 이는 불안한 이상주의, 감성적 만용주의, 폐쇄적 민족주의로 흐를 가능성이 크다. 국제의존도가 높은 개방국가가 밖으로 드러내놓고 취할 행동은 더욱 아니다. 이런 논리로는 다른 나라는커녕 나라 안 맑은 정신을 가진 젊은 세대들조차 설득하기 어렵다. 그들은 개방사회의 이점을 누구보다 잘 알고 있으며 누구보다 많은 혜택을 누리고 있는 세대이기 때문이다. 설사 감성세대인 청소년들의 민족적 자존심이나 선동적 주체의식을 자극, 공감대 형성을 통한 동조는 이끌어 낼 수 있다 해도 이는 일시적인 현상일 뿐이다.

이미 한국은 나라의 생존이 걸린 경제나 정치에 있어 원만한 국제관계 유지가 필수불가결한 요소가 된 지 오래이다. 이 길은 한국뿐만이 아니라 세계 모든 국가가 함께 걷고 있는 길이다. 적어도 평화적이고 밝은 이상을 가진 사람들이라면 국제생활에서도 나라끼리 공존, 공생을 위해 기꺼이 자신을 억제하는 양보와 협력의 미덕을 길러가는 것이 당연한 도리라고 생각한다. 그래서 이를 부끄럽게 여기지 않으며 패배라는 자격지심에 괴로워하는 일도 없다.

그러나 서구문화란 서구인이 수천, 수백 년 쌓아 온 노력과 경험 위에서 자기들 체질에 맞게 쌓아 올린 공든 탑과 같다. 그들이 그들만의 고유문화를 가질 수 있었던 것은 자신이 살아 온 환경과 전통에 가장 적합한 생활양식이 몸에 배었기 때문이다. 이들의 문화는 한국 사람과는 성격도 사고방식도 유전적 특성도 다르다.

체질적 동질화에는 많은 갈등과 조화를 위한 세월이 필요하다. 따라서 한국도 한국인의 고향과 같은 한국문화를 저버려서는 문화국적을 잃은 국제 미아가 될 수도 있다. 아니면 서구문화의 변종으로 끝나버릴 가능성이 대우 크다. 우리의 과제란 바로 서구문화의 대세 속에서 한국문화의 독창성을 어떻게 자랑스럽게 살려 내느냐 하는 것이다.

그 해답 역시 교육에서 찾을 수밖에 없다. 어려서부터 학교나 사회교육을 통해 우리가 나아가야 할 알맞은 체질을 만들어 주어야 한다. 무엇보다 민족정체성과 민족적 자존심을 투쟁과 대결의 수단이 아닌, 독창적인 한국문화, 한국적 경영문화 그리고 개성적인 한국문화 상품개발로 국제적 호응을 이끌어 내는 수단으로 전환할 수 있어야 한다. 이런 발상전환이 우리 교육계에서 공감대를 형성할 때 비로소 우리 교육은 또 한 번 세계의 부러움을 받을 수 있을 것이다.

과거에는 '국민교육헌장'이 있어 우리나라 교육의 지침으로 삼았다. 지금도 이것이 없어진 것은 아니지만 학교나 학생들 모두 별 관심이 없다. 그러나 지금이야말로 우리에게는 교사와 학생이 함께 공감할 수 있는 바람직한 교육지침이 필요한 때이다. 단순히 구호로 그칠 내용이 아닌 실천적 행동지침이 필요하다. 후진국에서의 국민을 가르치기 위한 국민운동이 아니라 깨어있는 사람들이 다원사회에서 함께 가꾸고 지켜가야 할 공동의 행동준칙이 필요한 것이다. 여기에는 전통문화의 소중함이 있어야 하고, 국제사회에서 사랑받는 국가, 세계시장에서 신뢰받는 한국인의 미래상이 담겨 있어야 한다.

우리 국민은 타고난 융합기질이 강하다. 지금 교육계를 흔들고 있는 이념갈등은 나라의 장래에 걸림돌이 되고 있다. 아직 가치관 정립이 덜 된 어린 학생들에게 갈등과 증오를 심어주는 교육행위는 범죄행위이다. 차세대에 밝은 꿈을 심어주지 못하는 교육은 죽은 교육이다. 꿈이 없고 증오와 갈등을 배운 세대가 자라고 있는 나라에는 전쟁과 파괴가 있을 뿐이다. 한국은 지금 국제시장에서 양적 승부로는 승산이 없다. 앞으로는 질적으로 승부하지 않으면 설 자리를 잃게 된다. 이는 모방과 속도, 가공능력만으로 현재의 위치까지 올라선 한국경제의 성장이 한계에 온 것을 의미한다. 질적으로 승리하려면 근면, 성실만으로는 안 된다. 남보다 뛰어난 1등 제품을 얼마나 가지고 있느냐가 중요하다.

남을 흉내 내고 따라 하기만 하는 나라가 종주국을 제치고 이긴다는 것은 불가능하다. 특히 기술개발에서는 비약이란 없다. 기술선진국들은 앞선 기술의 이점을 계속 살려나가게 되므로 좀처럼 그 자리를 넘겨주지 않을 것이다. 그들은 자기 고유의 앞선 기술 위에서 더 새롭고 고도화된 신기술생산이 가능하기 때문이다.

그러면 우리는 어떻게 할 것인가. 아무리 세계가 단일시장, 표준화로 달려간다 해도 고객의 까다로운 입맛만은 표준화시킬 수 없다. 그들의 구미를 자극하려면 그들의 문화와 동질적인 분위기가 있어야 하고, 그에 더해 남에게는 없는 개성적 특성을 가져야만 한다. 전통문화란 국가나 민족 간 승부를 거는 투쟁적 도구가 아니라, 국제사회에서 나라와 국민의 격을 나타내주는 공존과 친애의 문화이다. 유럽인들이 문화유산을 소중하게 다루는 전통은 사치가 아니다. 그들은 어려서부터 가정과 학교, 사회에서 받아 온 문화교육이 체질화되어 있기에 가능한 것이다. 그것이 그들만의, 그들다운 경쟁력의 원천이 된다. 중국이 근래 들어 동북공정이란 이름으로 학교교육을 강화하고 동북지역 역사유산 복원사업에 열을 올리고 있는 것은 선진국으로 가기위한 장기적, 전략적 의도에서이다. 다가온 문화

전쟁에 대비하여 풍부한 문화유산과 다양한 소재들을 무기로 발굴해두면 탄탄한 경쟁력을 기를 수 있다고 믿기 때문이다.

이에 비해 한국은 어떠한가. 한국의 위정자는 장기적이고 전략적인 안목 대신, 근시안적 사안에만 매달려 있다. 꿈은 있으나 깊고 큰 꿈이 아닌 설익은 꿈에만 매달려 살고 있다. 우리 청소년 교육에서만 봐도 역사와 문화교육은 점점 소홀해지고 있다. 학교에서는 이를 필수가 아닌 선택과목으로 몰아내고 있다. 이는 정체성을 포기한 교육이다. 철저한 서구화를 향한 모방교육에 국가의 미래를 걸겠다는 패배적 안목의 결과이다.

이 모두를 이겨낼 수 있는 첫 걸음이 바로 교육이다. 어려서부터 체계화된 문화교육, 세계 모든 국가와의 공존교육이 필요하다. 그렇다고 학교교육만으로 전통문화를 살려낼 수 있다고는 생각하지 않는다. 국가차원에서 사회적·정책적 뒷받침이 이루어져야 한다. 지금 한국은 전통문화 계승이 매우 어렵다. 한국이 국제사회에서 경제기적을 이룬 국가란 칭송을 받으면서 너무 성급하게 서구화로 달려온 결과 우리 문화와 전통은 외로운 찬밥신세로 전락하는 위기를 맞고 있다.

구체적 이유로는 첫째, 지식의 역류현상 심화로 기성세대의 소외현상이 심화되고 있다는 것이다. 왕성한 지식흡수, 소화력을 가진 청소년의 불신풍조가 가세하면서 전통의 계승에 커다란 차질이 생긴 것이다. 이로 인한 가장 큰 문제는 세대 간 문화단절로 인해 전통문화의 계승이 차단되어 문화적 진화가 불가능해졌다는 사실이다. 문화적 진화의 단절은 곧 국가정체성의 소멸로 이어진다.

둘째, 전통문화와 신문화의 접목이 원활치 못해 한국적 개성이 스며든 고품질의 문화상품 생산이 활성화되지 못하고 있다는 점이다. 이로 인해 우리 청소년 중에는 서구인이 아니면서 서구문화에 의존할 수밖에 없는 문화적 미아가 늘어나게 된 것이다.

셋째, 물질가치관의 심화와 속도문화에 중독된 변덕스러운 생활관이 전통문화유산을 외면하고 있으며 인내와 관용과 공존의 생활윤리를 퇴색시키고 있다는 점이다.

문제가 확연히 드러나면 분명한 해법도 교육에서 풀어야 한다. 한국에는 문화교육이 없다. 앞으로는 아무도 세계 각국의 이질적인 생활문화와 담을 쌓고 살아갈 수 없다. 그들의 문화에 대한 폭넓은 이해 없이는 호감받는 이웃이 될 수 없다. 가뜩이나 이분법적 사고의 만연으로 국론분열이 심한 지금 같은 현실에서는 더더욱 그러하다. 이는 한국인의 특별난 관여주의, 성급성, 승벽, 집단이기주의 성향에 대한 제동장치가 없는 데서 비롯된 것이다. 문화교육이 잘된 국민들은 국제 사회에서 사랑받을 수 있으며 국가적·사회적 신뢰도를 높일 수 있다. 이런 기업 역시 세계시장에서 충성도 높은 고객을 대량으로 창출·확보할 수가 있다.

우리 사회는 지금 가정 해체현상이 무시하지 못 할 사회문제로 등장하고 있다. 따라서 우리 가정은 총체적인 인간교육전담기능을 잃어가고 있다. 그 역할의 부족분을 이제는 학교와 직장이 맡아 하는 수밖에 없다. 그런데 학교마저 이를 외면하고 있으니 정체성 없는 문화적 방랑아가 될 수밖에 없는 것이 우리의 현주소이다. 이를 극복하기 위해서는 전통문화에 연관된 가치관, 문화유산, 응용산물, 국가정체성 등에 관한 교육은 물론이요, 외국의 다양한 이질문화에 대한 종합적 수용교육이 필요하다.

이를 어렸을 때부터 학교교육은 물론, 정부차원의 국민운동으로 추진하는 것도 바람직하다고 본다. 과거의 경험을 보더라도 감성적이고 동조성이 강한 우리 민족에게는 국민운동이 자신감과 경제성장의 견인력이 되었음을 알 수 있다. 앞으로의 국민운동 방향을 공존의 질서의식, 정신자산의 복원과 창조환경 활성화에 두게 되면 한국은 일찍이 볼 수 없었던 문화적·정신적 선진국으로 또 한 번의 기적을 이루어 낼 수 있을 것이다.

〈참고자료〉

(1) 허운나 · 깅영옥 편저,《정보시대와 미국의 교육혁명》, 교육과학사, 1998
(2) 김실, '교육예산 7조 원 이상 증액돼야', 조선일보, 2006. 5. 29
(3) 최상근,《사교육비 실태 및 사교육비 규모분석 비교》, 한국교육개발원, 2006. 3. 6
(4) 김승범, '한국은 자격증 공화국', 주간조선, 2005. 7. 4
(5) '프랑스 의사들 5년마다 시험 본다', 중앙일보, 2005. 7. 4
(6) '일본 교사 자격증 10년마다 경신', FOCUS, 2005. 8. 8
(7) 남태우 · 김중권 공저,《한국의 독서문화사》, 태일사, 2004
(8) '초 · 중 · 고 유학 6년간 10배', 중앙일보, 2006. 1. 4
(9) '미 중학교 이상 외국인 유학생 한국 최다 1위', 문화일보, 2006. 4. 27
(10) '해외 유학연수비용 연 7조', 중앙일보, 2005. 7. 16
(11) '박사공장, 서울대 박사 2,684명 분석', 중앙일보, 2005. 3. 30
(12) '서울대 미국박사 배출, 미국대학 제외 세계 1위', 한국대학신문, 중앙일보. 2005. 1. 11
(13) 박미경, '우리교육 따뜻한 눈으로 보자', 중앙일보, 2004. 12. 16
(14) '인적자본 수준, 세계 6위', 중앙일보, 2005. 8. 9
(15) '기능대국의 미래, 우리는 기술박사', 중앙일보, 2005. 11. 3
(16) '서울대학교 과학 분야 세계 42위', 동아일보, 2004. 12. 13
(17) 박승경, '세계 2위 수학실력 어디로 갔나', 동아일보, 2006. 6. 10
(18) '미국 대학 개혁 안 하면 GM꼴 난다', 매일경제, 2006. 3. 13
(19) '일본 교육규제 확 푼다', 중앙일보, 2006. 4. 4
(20) '교육문제 평등주의로 못 푼다', 동아일보, 2005. 5. 24
(21) '현행 교육은 학생능력 무시하는 대패질 정책', 조선경제포럼, 조선일보, 2005. 11. 3
(22) 조전혁, '평준화가 시장의 복수 불러', 중앙일보, 2006. 6. 28
(23) '4년제 대학교 간판 너머로 달랑 건물 하나에 농구대 둘', 조선일보, 2006. 9. 13
(24) 'CEO가 매긴 대학교의 질 보통', 중앙일보, 2005. 1. 7
(25) 한국경영자 총협회, '대졸 신입사원 재교육 현황조사', 2005. 5. 8
(26) 공학한림원, '6대 공대졸업생 519명 조사', 중앙일보, 2005. 1. 13
(27) '세계 일류기업, 연구개발 40%를 대학에 맡겨', 매일경제, 2005. 12. 22
(28) 권오율, '외국에서 본 한국 대입제도', 중앙일보, 2005. 6. 14
(29) '우물 안 교육 벗고 선택과 집중해야', 문화일보, 2006. 3. 6
(30) '서울대 2008 논술입시 파문확산', 중앙일보, 2005. /. 8
(31) '70% 대학 완전자율입시 실시, 고교등급제 찬성 76%', 월간중앙, 2005. 6
(32) '중 · 고등학교 사회교과서, 한강의 기적 푸대접', 중앙일보, 2005. 4. 29
(33) '1년 동안 149편에 이름 올린 교수도', 중앙일보, 2006. 3. 13
(34) '초등학교 인성교육 강화', 동아일보, 2005. 1. 3
(35) '미국기업, 사람 뽑을 때 인성검사', 중앙일보, 2005. 3. 29
(36) 김기환, '신임 교육부총리가 해야 할 일', 중앙일보, 2005. 2. 5

(37) 윤종용, '대학혁신 성공을 위해선 교육부, 기득권 양보해야', 중앙일보, 2005. 2. 17
(38) 게르하르트 프라우제, 이인식 역, 《천재들의 학창시절》, 진선출판사, 1988
(39) 어윤대, '열정, 창의성 있는 학생 돼 달라', 중앙일보, 2006. 5. 4
(40) '학과 신·증설도 기업과 사전협의', 중앙일보, 2006. 11. 3
(41) '평등주의가 국제경쟁력 발목 잡아', 중앙일보, 2005. 4. 22
(42) '학습인프라는 세계적, 학습태도는 우물 안', 문화일보, 2006. 10. 12
(43) '실천력 있는 도덕교육 필요', 중앙일보, 2004. 12. 21
(44) '한완상과 유종호 송년대담', 중앙일보, 2004. 12. 28
(45) '함께 해요, 희망한국' 새마을운동, 2006. 4. 20

11

경영문화에 나타난 한국인의 기질적 특성

01

기업경영에 나타난 한국인의 기질

한국인의 리더십은 위기경영에서부터

일본의 경제주간지 〈도요게이자이(東洋經濟)〉는 '한류경영의 충격'이라는 특집기사를 실었다. 18쪽짜리 이 기사에는 한국기업의 저돌적 성장세를 집중분석해 놓았다.(2005. 2. 24) 「한국기업의 장점은 확실한 선택과 집중, 강력한 리더십, 빠른 의사결정에 있다.」 이 글은 한류경영의 선도기업인 삼성전자, LG전자, SK텔레콤, 현대자동차 등 4개 기업에서 찾아낸 결론이다.

삼성전자는 반도체 사이클이 먹히지 않는 기업으로, 목표선택이 끝나면 무서운 집중력과 스피드로 일본기업을 압도하고 있다. LG전자는 전통적인 인화 중시 기업에서 최근 공격적 경영으로 전환하면서 가파른 성장세를 보이고 있다. SK텔레콤은 소비자의 기호와 트렌드를 신속하게 경영에 반영하여 시장을 넓히는 데 성공했다. 또 현대자동차는 '품질에 살고 품질에 죽는다'는 정몽구 회장의 비장한 공격정신에 힘입어 '이미 전 세계 판매량에서 일본 내 3위인 혼다를 제치고 2위 닛산에 육박하고 있다'고 놀라움을 표시하고 있다. 독자의 흥미를 끌기 위한 다소 과장된 기사이기는 하나, 그 분석내용은 한국인의 기질적 특성이 성공요인이란 것을 제대로 집어낸 것으로 보인다.

리더십이란 조직의 선두에서 그 조직을 이끌고 가는 힘을 말한다. 그러나 리더십이 제 기능을 하려면 그럴 만한 조건이 갖춰져 있어야 한다. 우선 조직원들이 리더에 대해 전폭적으로 믿고 따라 줄 만한 인간적 신뢰감이 쌓여야 한다. 과거의 성공실적과 미래를 보는 예측력, 설득력, 도덕성까지 갖추면 더 바랄 것이 없다. 물론 리더 자신부터 목표의식을 가지고 전력투구할 수 있는 동기유발요인이 있어야 한다.

그러나 실제 기업현장에서는 이러한 객관적 평가와는 다른 현상이 자주 일어난다. 인정주의 정신이 뿌리 깊게 박혀 있는 한국사회에서는 법과 제도, 객관적 기준에 의한 인사원칙보다는 조직을 이끌어 가는 리더에 대한 감성적 호감도와 현장능력에서 더 많은 영향을 받는다. 왕권의 그늘에서 세도정치로 국정을 끌고 간 조선조 후반부나 역대 대통령 중에 친인척 비리에서 자유로운 사람이 별로 없었던 것도 다 인정주의 기질에서 비롯된 것이다.

성공한 리더십의 소유자들에게는 무언가 색다른 개성이 있다. 객관적으로 뛰어난 자질과는 거리가 있어 보이는데도 불구하고 조직 장악력이 뛰어난 사람이 많다. 사람의 마음을 끌어당기는 인간적 매력과 자신감, 다 카리스마 넘치는 무언의 힘을 가지고 있다. 이런 리더들에게서는 또 하나 특별한 재능을 찾을 수 있다. 조직원들이 자신에 대해 계속 관심을 기울이고 지켜 볼 만한 일거리와 환경변화를 부단히 만들어 낸다는 것이다.

히틀러나 나폴레옹이 국가경영에서 놀라운 리더십을 발휘한 것은 당시 국민들이 국가적 위기상황을 벗어날 파격적인 대안에 목말라 있었기 때문이다. 시대가 영웅을 만들어 내듯 기업도 경영위기를 맞을 때 뛰어난 리더가 탄생하게 되고 그 리더십에 힘이 실리게 된다. 한국의 성공적인 리더들은 이 위기상황을 조직발전에 잘 활용한 사람들이다.

그러나 이런 재능도 너무 자주 되풀이되면 내성이 생겨 효과가 점점 떨어지게 된다. 한국처럼 위기가 많은 나라도 없다. 실제 위기도 많았고, 만들어낸 위기도 많았다. 그러다 보니 이것이 정말 위기인지 아닌지를 가려내는 국민들의 눈치는 거의 픽션의 세계로 비약하는 수준에까지 왔다. 여기서 생기는 진실 판단에 대한 혼란을 우리 사회의 불신풍조를 가열시킨 한 요인으로 볼 수도 있다. 그래서 한국은 리더가 되려는 사람은 넘쳐나지만, 유능한 리더로 인정받기는 정말 힘든 나라다.

그러나 한국만큼 리더의 영향력이 강한 나라도 없다. 그동안 겪어온 수많은 국난극복의 역사가 이를 말해주고 있다. 한국인의 기질 속에는 자신 위에 군림하는 위압적인 사람을 무시하고 증오하는 자유정신이 흐르고 있다. 관여의식이 그것이다. 그러나 다른 편에서는 보다 강력한 지도자 아래에서 안정된 규제생활을 하고 싶어 하는 유연한 협력정신도 갖고 있다. 이러한 이중성은 부단한 변신을 통해 자신을 지키고 가꾸어 가려는 자존본능에서 유래된 것이다.

근래 들어 절대빈곤에서 벗어나 자유로운 문화생활이 보편화되어 가면서 한국인의 기질도 많이 변화했다. 숨어있던 개성들이 쏟아져 나오면서 자신을 내세우기 좋아하고 이기심이 강해진데다, 오랫동안 특정인의 팬이 되는 데도 인색해졌기 때문이다. 그러나 다급한 상황 앞에서는 의외의 감성적 동조성으로 인한 과장된 신뢰감이 부담스러울 정도의 열광적인 지지 세력을 만들어 내곤 한다. 흥분을 잘하고 시류에 잘 휩쓸리는 동조적인 신바람 문화 덕분이다.

20~30여 년 전 시중에는 이런 유머가 나돌았다. "이병철을 재정부장, 정주영을 생산부장, 김우중을 마케팅부장으로 영입하기만 하면 그 회사는 최고의 경쟁력을 갖게 될 것이다." 자수성가로 단기간에 재벌 대열에 올라선 한국의 입지전적 기업인의 기질과 강점을 잘 나타낸 말이다. 실제로 이병철, 정주영, 구인회, 김우중에 대한 학계의 평가도 강한 성취동기, 불굴의 개척정신, 번뜩이는 아이디어, 투철한 상업정신 등을 꼽고 있다.[1] 이는 보통 사람에게서 쉽게 나올 수 있는 결단이 아니다. 그러나 한국에서는 이를 성공한 기업가정신으로도 평가하고 있다.

기업가정신이란 자원제약과 리스크의 존재에도 불구하고 도전정신을 발휘하여 경영혁신을 통해서 새로운 사업을 일으키는 기업가의 의지를 말한다.[2] 이때 나타나는 무서운 분발심과 집중력, 모험정신, 풍부한 상상력, 이기적 독점 등은 모두 위기를 극복해 가는 과정에서 한국인의 기질이 되어버린 특성들이다. 과거에는 이 기질적 특성들이 장점으로 살아날 기회가 없었다. 분명히 알고 있는 것은 우리야말로 온갖 단점, 허점으로 뭉쳐진 태생적인 약소민족이라는 사실뿐이었다.

1960년대 초까지만 해도 한국에는 국가적 위기의식이 팽배해 있었다. 기아와 전쟁의 상처가 덜 아문 데다 외국의 원조 없이는 못살 것 같은 희망 없는 나라였다. "한국인은 위기상황이 와야 발동이 걸린다"라는 말은 한국생활에 익숙해진 외국인들도 자주 하는 말이다. 감당하기 힘든 역경이라고 그대로 주저앉아 버리면 그것으로 국가나 민족의 생명은 끝나버린다. 그러나 한국인은 최악의 사태에 당면하면 마치 환골탈태와 같은 놀라운 생존의지를 보여 왔다.

1970년대에 접어들면서 어쩌면 한국도 잘 살 수 있는 나라가 될 것 같다는 예감이 들기 시작했다. 북한의 남침위협이 가중되는 데다가 우방인 미국과의 관계도 원만치 못해 위기의식이 팽배해 있던 시절이었다. 이때 처음으로 눈을 뜬 국가 경제개발 붐이 절호의 기회를 만들어 주었다. 농경사회에서 산업사회로 새 판을 짜면서 정부는 스스로 경제개발의 주도세력이 되어 마치 전쟁을 치르듯 강력한 권력으로 밀어붙였다. 또 자립경제라는 가슴 벅찬 구호로 민심을 끌어 모으는 데도 성공했다. 모든 자원과 힘이 집중되어 과감한 산업지원 정책을 펼치기 시작했다. 취약한 기업구조와 산업 환경에서는 좀처럼 만나기 어려운 무수한 기회가 열리게 되었다. 수출산업을 육성하고 수입대체산업에 지원을 강화하고 중화학중심의 기간산업에 공을 들이면서 수많은 기업들이 앞 다투어 생겨났다. 일반 농어촌 서민사회까지도 '잘살아 보세'라는 자조정신에 '하면 된다'는 낙관적 도전정신이 생활 곳곳에서 국민적 잠재력에 불을 질러댔다.

흥겹고 모든 일에 쉽게 감동하는 한국인들이 능력 이상의 힘을 쏟아낼 수 있느냐 하는 것은 조직을 이끌고 가는 리더들의 역량에 전적으로 좌우된다. 경쟁이 심해질수록 최고경영자(CEO)의 리더십은 기업의 발전은 물론 생존에서 절대적 조건이 된다. 경제개발 초기의 경영자들은 몸으로 열심히 뛰는 만큼 성과가 나왔다. '세상은 넓고 할 일도 많았기' 때문이다. 그러나 2000년대부터는 상황이 많이 달라졌다. 질(質)의 경쟁시대에 들어가고 안팎으로부터 도전이 거세지면서부터 CEO들의 수난시기가 닥쳐온 것이다. 지적, 창조적 역량에다 모험적인 승부수를 던지지 않고서는 경쟁의 벽을 뚫기가 점점 어려워지고 있다. 실제 성급한 무리수로 실패한 기업들도 늘어나고 있다.

주변 경제 환경이 급변하고 투자위험이 커질수록 기업의 항로를 책임진 CEO의 전략적 판단은 기업의 흥망에 결정적 영향을 준다. IMF사태 때 한국에서 살아난 기업들은 거의가 CEO들이 앞장서서 신속 과감한 구조조정과 변신을 주도한 기업들이다. 과거의 타성을 못 벗어나 무리한 외형

확대에만 매달린 기업들은 심각한 경영난을 극복하지 못해 대부분 문을 닫았다.

급박한 세계화 경영, CEO스타 시대

세계화 추세가 빨라질수록 선진국 등 모든 나라에서도 뛰어난 CEO의 리더십에 기업의 운명을 맡기는 사례가 확산되고 있다. 세상이 너무 빨리 변하고 있어서, 꼼꼼하게 각종 변수를 짚어 가는 성실성보다는 순발력 있는 직관적 판단이 중요시된 때문이다.

유능한 CEO는 글로벌스탠더드 확산과 경제의 디지털화, 산업의 융합화, 기업 간 제휴의 필요성 증대 등 급변하는 세계 환경에 대한 폭넓은 지식과 대응력을 갖추지 않으면 안 된다. 이는 곧 위기관리능력을 얼마나 갖추고 있느냐를 의미한다. 상상력, 상황 판단력, 결단력, 설득력으로 투자자는 물론 조직 내 임직원의 신뢰 위에서 강력한 추진력으로 기업의 미래를 이끌고 갈 수 있어야 하기 때문이다.

1980년대 답보상태에 있던 미국의 GE는 유능한 CEO 잭 웰치를 영입함으로써 세계에서 1등 경쟁력을 갖춘 대기업으로 변신에 성공했다. 잭 웰치는 강력한 구조조정과 함께 1999년을 e-Business 원년으로 선포하고 본격적인 전자상거래 시장을 선도하는 등 성공적인 개혁경영으로 GE의 가치를 수십 배나 끌어 올렸다. IBM도 루거스너가 CEO가 되면서 컴퓨터 제조회사의 이미지를 탈피, 인터넷기업을 목표로 설정하면서 종합 정보통신 솔루션(IT Solution) 업체로 변신에 성공했다.

1990년대부터 일기 시작한 정보통신산업의 급성장추세는 많은 기업인들에게 세계경영의 기회를 넓게 열어 주었다. 때맞춰 IT 분야에 진출한 많은 신규기업들이 세계적 기업으로 부상하면서 가속이 붙기 시작했다.

1999년 시가총액기준으로 미국의 25대 기업 중 13개 기업이 정보통신 관련 산업체가 차지했다. 마이크로소프트(MS), 시스코, 인텔, 르슨프 등은 중소기업에서 대기업으로 약진했으며, GE와 IBM 같은 기존기업은 새 환경 적응에 성공했다. 일본도 시가총액 10대 기업 중 도요타와 도쿄 미쓰비시은행을 제외하고는 정보통신 기업이 순위를 휩쓸었다.(3)

　IT 산업의 급부상은 국제사회에서 전통적인 기업문화에까지도 변화의 바람을 몰아오고 있다. 모든 제품의 라이프사이클 단축, 기술혁신, 신속한 의사결정, 감성적인 디자인문화를 중요시하는 풍조 등이 어우러진 경영혁신 붐이 산업 전반에서 생존게임으로 퍼져가게 것이다. 이는 위기상황에서만 생길 수 있는 특이한 기업문화이다. 또 묘하게도 한국인이 오랫동안 갈고닦아 온 기질과도 맥이 닿아 있는 것들이다. 이런 변화는 전통적인 직업관도 바꾸어 놓고 있다. 과거에는 취업이란 오로지 생업을 위한 수단이었다. 적성이나 기호, 자아실현은 항상 후 순위로 밀리거나 사치스런 희망사항이었을 뿐이다. 그래서 항상 사회를 뜨겁게 달구는 스타플레이어는 유명 운동선수이거나 배우 등 감성분야 연예·예술계에만 해당되었다. 그들에게는 당시로서는 상상할 수 없는 고액의 수입이 보장되었다. 수많은 대중에게 대리만족을 시켜주는 우상이었기 때문이다.

　그러나 지금은 상황이 많이 달라졌다. 벌써부터 선진국에서는 스타급 CEO가 탄생하고 이들이 받는 고소득행진이 계속되면서 직업선호도에 대한 새로운 문화가 생겨나고 세상인심에도 변화가 일어나고 있다. CEO에 대한 의존도가 커지는 만큼 CEO의 몸값도 천정부지로 올라갈 수밖에 없다. CEO의 평균연봉은 미국 135만 달러, 일본 48만 7,000달러를 상회하고 있다. 이에 비해 한국은 15만 9,000달러로 미국의 8분의 1, 일본의 3분의 1 수준에 머물고 있다.(4) 2000년 한 해 동안에만 미국의 대표적 CEO인 애플의 스티브 잡스는 7억 7,500만 달러, GE의 잭 웰치는 1억 4,450만 달리를 벌어들였다. 미국의 200대 기업 CEO의 평균연봉이 2,000만 달러인 것을 보면 한국 CEO들의 창창한 미래도 점칠 수 있다.

과거의 스타들은 강력한 체력이나 미모라는 외형적·물질적 능력이 힘의 원천이었다. 그러나 지금은 지적·정신적 능력이 보다 큰 힘의 원천으로 바뀌어 버렸다. 빌 게이츠나 스티브 잡스, 잭 웰치, 머독, 앨빈 토플러, 피터 드러커, 다니엘 벨을 비롯하여 한국에서도 이건희, 정문술, 이찬진, 안철수 같은 인물들이 부호나 창의적인 전문인 이상으로 사회를 들끓게 하는 스타플레이어가 되는 세상으로 바뀌었다. 이들의 최대 장점은 인생의 후반부로 갈수록 더욱 빛날 수 있다는 점이다. 과거의 스타플레이어는 젊음이 무기였다. 그래서 인생의 황금기는 전반부 몇 십 년이 고작이었다. 그러나 지식사회에서의 스타플레이어는 경륜이 쌓일수록 수입도 인기도 만족감도 같이 올라간다. 이제는 과거의 인기직종 못지않은 전문직과 신규업종이 헤아릴 수 없을 만큼 많이 생겨나고 있다. 그곳에서 얼마든지 자기 적성과 꿈을 펼칠 기회가 활짝 열린 세상이 된 것이다.

〈하버드비즈니스리뷰〉는 리더의 유형을 7가지로 나누고 있다.[5] 25년간 미국과 유럽의 다양한 업체에서 25~55세 관리자와 전문가 수천 명을 인터뷰한 결과이다. 분석결과를 보면 리더에 따라 조직이 달라지는 것은 리더의 경영철학이나 성품, 관리스타일 때문만이 아니며 실천적 행동이 더 중요하다는 결론이 나온다. 그 결정적 원인은 주어진 환경을 어떻게 해석하고 반응하느냐 하는 행동논리 때문이다. 상황변화에 대한 리더들의 대처능력에 따라 조직의 현재와 미래가 바뀐다는 뜻이다.

리더의 7가지 유형에는 개인의 성취에 초점을 두고 행동하는 '기회주의자' 형, 겉으로는 조직을 위한다면서 상사의 입맛에 맞게 움직이는 '외교관' 형, 자신의 전문성과 객관적 데이터로 조직을 이끌고 가는 '전문가' 형, 전략목표를 설정하고 팀워크를 활용해서 목표를 달성하는 전형적인 관리자인 '성취가' 형, 개인원칙과 실제행위 사이에 갈등이 있을 수 있다는 것을 인식하는 현실적응자인 '개성존중가' 형, 스스로 하나의 원리를 만들어 내고 이를 실현하는 타입인 '전략가' 형 등이 있다. 마지막으로 100명 중 1명이 있을 정도의 빼어난 리더인 '연금술사' 형은 카리스마가 매우 강하고 도덕적 기준이 월등히 높으며 평소 진리에 대해 관심을 갖고 사회변혁을 이끌 수 있는 리더이다.

이 기준을 한국 현실에 적용해 보면 아직 우리에게 연금술사는 찾아보기 어려운 상황이다. 그러나 한국에는 구성원들의 다양한 행동논리 사이에서 공통의 비전을 끌어내는 능력을 지닌, 전략가 수준의 CEO가 의외로 많다. 한국에는 아직 중견기업 이상 최고경영자의 리더십에 대한 평가가 부족한 상황이다. 그러나 기업의 사내 교육에서 쓰이는 지침서나 바람직한 리더형 인재상으로 제시된 이상형에는 대개 전문가와 성취가 수준을 목표로 삼고 있는 정도이다.

취업 포털 인쿠르트가 최근 조사한 국내 기업들의 인재상을 보면 억대 연봉을 받는 임원들에게는 3가지 공통점이 있다.

1) 빠른 의사결정에 도움이 되는 남보다 앞선 트렌드(Trend) 파악능력이 있다.
2) 담당업무에 대한 효율적인 시간활용으로 능률을 올리는 시테크(時Tech) 전문가이다.
3) 전략적 마인드가 남보다 뛰어나며 기업의 성공은 속도보다 방향에서 판가름남으로 국제환경 변화에도 폭넓은 지식을 갖추고 있다.

위 사례에 나타난 리더십의 성격을 보면 정도 차이는 조금 있지만, 하나같이 한국의 리더는 신천지의 개척자보다는 유능한 내부관리자로서의 리더십만을 강조하고 있다는 인상이 짙다. 이는 국내 전문 CEO들이 경륜과 전략적 사고, 강력한 추진능력이 없어서가 아니다. 대부분의 한국

CEO는 아직 오너(Owner)의 고용의식에서 당당히 벗어나지 못하고 있다. 국내 기업 중 과감한 개혁과 변신으로 세계적 기업이 된 곳은 거의 오너가 CEO를 겸하는 곳이다. 한국은 자본주의 역사가 짧은 데다 위기에 처한 기업은 오너만이 그 운명을 결정할 수 있다는 독점적 소유의식이 남아 있기 때문이다.

1960년 이후 세계 100대 기업의 30년간 잔존율이 38%이다. 그중에서도 변화와 혁신이 잦은 미국기업은 21%, 일본기업은 22%이다. 그러나 한국은 1965년 국내 100대 기업 중에서 1999년까지 잔존기업이 13개(13%)에 불과하다. 특히 이 기간 중 10대 기업의 지위를 유지해온 기업은 삼성과 LG뿐이다. 순발력이 탁월한 한국기업답지 않은 성적표이다.[3] 그 결정적 원인은 한국기업이 선진기업을 따라하는 동조성에서 찾을 수 있다. IMF 이전까지는 CEO가 신사업부문 개척에 대해 혼자 고민하고, 결심하고, 운명을 거는 모험의 필요성이 별로 없었다. IMF 이후에 이러한 타성에서 벗어나려는 자립정신이 갑자기 강화된 셈이다. 과거에는 권세가 10년을 넘기기가 힘들고 부자는 3대 가기가 어렵다는 말이 통했다. 그러나 오늘날의 기업들은 한 세대, 30년을 지탱하기도 벅찬 상황에 처해 있다. 기업 환경이 어려울수록 그 운명을 쥐고 있는 CEO의 위기관리능력이 얼마나 중요한지를 보여주는 교훈이 아닐 수 없다.

한국 주요기업들의 경영이념

한국의 주요 기업 중에는 기업이념을 내세우는 곳이 많다. 더러는 창업이념, 경영이념, 행동이념 등으로도 쓰인다. 대부분이 기업의 업종별 특색을 강조한 곳이 많다. 가스 회사나 인화물질 취급회사가 안전제일을 강조하는 것이 그 예이다. 대기업 중에는 세계 최고를 지향한다는 등 다분히 대외 전시용인 상투적인 구호가 많고, 개중에는 마치 국가 목표같이 스케일이 너무 커서 구체적인 기업의 성격이나 목표를 파악하기 어려운 경우도 많다. 그러나 IMF사태 이후부터는 대외이미지를 높이고 대내적으로는 조직원의 단합과 긍지를 심어주는 구체적인 기업이념을 정립하려는 움직임이 활성화되기 시작했다.

2003년 말 결산법인으로 증권시장에 상장되어 있는 30대 대기업과 30대 중소기업에 대한 경영이념 및 인재상을 통계적으로 분석해 본 결과, 한국인의 뚜렷한 기질적 특성을 발견할 수 있었다. 조사 자료는 증권회사 및 대상기업의 인터넷사이트에 게재된 내용을 취합한 것이다(2004.5). 조사된 대기업으로는 대우건설, 대우인터내셔널, 대우자동차, 대우조선해양, 대한항공, 삼성물산, 삼성전자, 상성중공업, 삼성SDI, 신세계, 쌍용자동차, KT, KTF, 포스코, 한국가스공사, 한국전력공사, 한진해운, 현대건설, 현대모비스, 현대자동차, 현대중공업, 효성, INI스틸, LG건설, LG상사, LG전자, LG화학, SK, SK텔레콤, S-oil 등 30개사이다.

이들 대기업이 택한 기업이념을 보면 한국기업이 당면한 긴박한 현실을 쉽게 엿볼 수 있는 내용이 대부분이다. 가장 많은 기업이 선택한 항목별 순서는 다음과 같다.

1) 도전, 변화, 개척 정신, 추진력, 진취성(26개사)

2) 가치창조(17개사)

3) 국제사회 적응(10개사)

4) 고객위주의 서비스 정신(7개사)

5) 동료애, 협동정신(7개사)

6) 도덕성, 사회적 책임(7개사)

7) 자율정신(6개사)

8) 신뢰(5개사)

9) 혁신(5개사)

특이한 것은 학습, 정보공유, 꿈, 매너 등을 기업이념으로 삼은 곳이 거의 없다는 점이다. 30대 중소기업으로는 강원레일테크, 계양정밀, 넥스콘테크놀로지, 덕성, 도드람비엔에프, 동양전자공업, 디브이에스코리아, 디지틀레이테크, 레이미디어, 명화고업, 비이티, 성화식품, 시그마콤, 에스시에스, 에이텍시스템, 엠케이트렌드, 우진세렉스, 이레전자산업, 이지바이오시스템, 인사이드텔넷컴, 체리브로, 케이에치바텍, 케이트파워, 코리아신예, 하츠, 한국지엠디, 한솔섬유, 한양이엔지, 한진P&C, 혜성아이다 등이다.

이들 중소기업의 기업이념은 대기업과 상당한 차이를 보이고 있다. 개척과 도전정신보다는 내실을 다지는 안정경영에 비중을 두고 있다. 항목별 순서에 따르면 다음과 같다.

1) 질적향상, 전문성(14개사)

2) 창조정신(13개사)

3) 고객에 대한 봉사(10개사)

4) 도전, 비전(8개사)

5) 신뢰(7개사)

6) 혁신(5개사)

7) 꿈, 이상(4개사)

8) 인간미, 인간존중정신(4개사)

9) 책임감, 근성(3개사)

10) 도덕성(2개사)

이들 대기업과 중소기업들은 업종별 성격에서는 유사한 모습을 띠고 있다. 대기업의 경우는 전통적인 제조업이 10개사, IT 산업이 7개사, 자동차 4개사, 선박 3개사, 유통 3개사, 기타 3개사로 되어있다. 중소기업의 경우는 전통제조업 8개사, IT 산업 4개사, 자동차 4개사, 유통 4개사, 선박 3개사, 기타 7개사 등이다.

아직은 선진국에 비해 IT 산업의 비중이 상대적으로 열세를 나타내고 있는 것처럼 보인다. 그러나 내용을 보면 IT 기업들이 상위 순위에 랭크되어 있는 것이 많을 뿐만 아니라 기존의 제조업도 IT 기술의 지원에 의한 기술혁신으로 경쟁력을 높이고 있는 것이 대부분이다. 따라서 한국에서의 IT 물결은 IT 산업에 그치지 않고 전 산업에 막강한 영향력을 주고 있다고 보아야 할 것이다.

기업이념을 통해 본 대기업의 성향을 보면 70% 이상이 도전적인 개척정신, 혁신, 가치창조에 비중을 두고 있어 국내외 시장에서의 치열한 경쟁과 위기의식을 반영하고 있다. 새 시장개척과 고객의 구매 욕구를 자극하는 새로운 가치창조에서만 승부를 걸어야 하는 절실한 상황을 보여주는 것이다. 마치 국난을 맞은 국가가 존립위기 탈출을 위해 몸부림치는 것과도 비슷한 상황이다. 이때에 대응하는 개척, 창조, 적응력, 개성적 성격 역시 위기상황을 만났을 때의 국민적 기질과 매우 흡사하다.

중소기업의 경우에는 도전, 혁신 등 위기의식을 반영하는 기업이념을 가진 곳이 40% 수준에 머물러 있다. 약 30%는 내놓을 만한 기업이념이 없거나 정립이 안 된 곳이다. 그 외에는 질적 향상, 창조정신, 고객에 대한 봉사 등 평범한 내용으로 되어 있다. 이는 중소기업의 특성상 틈새시장 공략이나 대기업의 협력업체, 하청기업으로서 입지조건상 시장확보와 현실적응에 급급해 있었기 때문으로 보인다. 기업이념이 있다고 해도 상품의 질과 아이디어 발굴 등 기업의 장기 전략이나 미래방향보다는 당장의 시장요구에 적응하려는 실천의지에 머문 곳이 많았다. 이는 우리의 중소기업이 물질보상의 가치관과 CEO의 순발력에 의해 운영되고 있다는 증거이다. 아직 통일된 기업과 조직 아래 뿌리를 내려 스스로 자발적인 소프트파워를 길러가는 데는 좀 더 시일이 필요할 것으로 보인다.

한국기업에서는 CEO의 경영이념이 곧 기업의 좌표

　한국에는 '인사가 만사'라는 사고가 기업은 물론 국가경영에서도 철칙처럼 굳어져 있다. 구성원 개인의 역량이 조직의 성격이나 방향에 결정적 역할을 하고 있는 것이 현실이다. 한국에는 100년 넘는 역사를 지닌 기업이 별로 없다. 따라서 한국의 기업사는 결국 창업인의 개인 역사에 맞물려 있다. 이는 기업 스스로가 긴 역사를 통해 가꾸어진 기업문화보다는 최고경영자의 경영이념이 기업의 성격과 진로를 결정하는 좌표가 되고 있음을 의미한다.

　일반적으로 기업현장에서 실질적인 기업의 진로와 운영을 책임지고 있는 CEO의 경영이념은 매우 구체적이고 경험적이면서 현실적이다. 여기에는 오랜 경험과 고민의 흔적이 역력한 개인적 체취를 강렬하게 느낄 수 있다. 국내 주요 기업 CEO의 좌우명이나 평소 강조하는 화두 속에는 기업의 현실과 미래에 대한 독특한 경영철학마저 읽을 수 있다.

◎ 삼성그룹 이건희 회장 : 위기경영, 창조경영, 디자인 경영
- 21세기는 탁월한 한 명의 천재가 1,000명, 1만 명을 먹여 살리는 인재경영의 시대, 지적 창조력의 시대이다.
- 제트기가 음속을 돌파하려면 설계도는 물론 엔진, 소재, 부품 모두를 바꿔야 한다.
- 마누라와 자식 빼고는 다 바꾸자.
- 미덥지 못하면 맡기지 말고, 썼으면 믿고 맡겨라.
- 공경하는 마음으로 잘 듣는다(傾聽).

○ 삼성전자 윤종용 부회장 : 위기경영, 기술경영, 스피드경영
- 지구상에서 살아남은 생물은 강한 자가 아니라 환경에 잘 적응하는 자이다.
- 아날로그 시대의 인재는 성실하고 말 잘 듣는 사람이었지만 디지털 시대의 인재는 창의력과 스피드를 갖추어야 한다.

○ 제일모직 제진후 사장 : 생각이 세상을 바꾼다(발상전환).
○ 삼성카드 유석렬 사장 : 아름다운 삶(삶의 질)

◎ 현대자동차 정몽구 회장 : 품질경영, 도전정신
- 품질에 살고 품질에 죽는다.
- 투명하고 정확한 일처리, 투철한 책임감과 적극적 자세
- 글로벌 마인드와 전문성
- 젊고 패기에 찬 도전정신과 불가능을 가능케 한 창조정신
- 부지런하면 세상에 어려울 것이 없다(勤天下無難事).

○ 기아자동차 윤국진 사장 : 솔선수범
- 궂은 일 일수록 솔선수범하자.

◎ LG그룹 구본무 회장 : 고객위한 가치창조, 경영혁신, 블루오션
- 1등할 수 있는 사업과 제품에만 LG브랜드를 사용해야 한다. 이제 브랜드관리는 핵심적인 경영활동의 하나이다.
- 우리의 일하는 방식과 '사고의 틀' 이 기존방식에서 벗어나지 못하면 '1등 LG' 는 고사하고 생존을 걱정해야 할지도 모른다.
- 깨끗하고 건전한 기업만이 오래도록 존경받는 위대한 기업이 될 수 있다.
- 고객의 관점에서 사업을 재정의하고 차별화된 가치를 제공할 수 있

도록 경영방식을 바꿔야 한다. 블루오션(Blue Ocean)을 찾아야 한다.
  ○ LG전자 김쌍수 부회장 : 실행이 곧 힘이다(실천력).

◎ GS그룹 허창수 회장 : 가치증식
  • 밸류 넘버원 GS(Respected & Value NO.1 GS)가 돼야 그룹의 미래가 열린다.
  • GS칼텍스 허동수 회장 : 실천문화, 능동적 변화
  • 도전적이고 실천지향적인 문화를 정착시키자.
  • 능동적인 변화를 주도하는 리더가 되자.

◎ 롯데그룹 신격호 회장 : 실용성
  • 겉치레를 삼가고 실질을 추구한다.

◎ 한화그룹 김승연 회장 : 속도, 도전의식
  • 1등 아니면 버리고 가겠다.
  • 빠른 것이 느린 것을 먹는다.
  • 살아있는 물고기는 물을 거슬러 헤엄친다.

◎ 포스코 이구택 회장 : 성장과 윤리
  • 원가절감이 곧 생산성 향상, 티끌 만한 낭비요소도 없애라.
  • 사람이 바뀌어야 기업이 바뀐다.
  ○ 포스틸 김송 사장 : 모든 것은 마음먹기에 달려있다(사고 전환).

◎ SK텔레콤 김신배 사장 : 새 환경에의 적응력
  • 거인의 어깨 위에선 난쟁이가 더 멀리 본다.

○ SK(주) 신헌철 사장 : 겸손, 성실, 사랑

◎ 두산그룹 박용성 회장 : 신제품개발, 노동생산성
- 임금이 우리의 3배 수준인 일본에 우리가 지고 있는 것은 생각해봐야 할 문제이다. 지금 제품개발 노력을 하지 않으면 앞으로 10년을 넘기기 힘들 것이다.

◎ 한진그룹 조양호 회장 : 지고 이겨라

◎ 금호그룹 박삼구 회장 : 감성경영
- 진정한 리더가 되려면 '감(感)'이 중요하다. 감성은 숫자 못지않은 중요한 경영요소이다.

◎ 애경그룹 장영신 회장 : 변신, 신용, 개척정신
- 끊임없는 변신, 신용을 목숨처럼 여기며 모든 것을 앞서가는 정신
○ 애경산업 안용찬 사장 : 범사에 늘 감사하자

◎ 유한킴벌리 문국현 사장 : 변화, 윤리, 투명경영
- 변화는 우리가 어떤 꿈을 꾸느냐에 달려 있다. 국민에게 직원에게 꿈을 주는 리더가 되어야 한다.

◎ KT 남중수 사장 : 남과 더불어 어질고 선하게 살자(與善仁, 공존공영).

◎ 한국전력 한준호 사장 : 진인사대천명(盡人事待天命).

◎ 국민은행 강정원 사장 : 바라는 만큼 노력하자(노동생산성).

◎ 미래산업 정문술 창업자 : 장기안목
- 미래에 대해 계획하고 실천해야 한다.

◎ 만도 오상수 사장 : 모범
- 나의 발자국이 뒷사람의 이정표가 될 것이다.

위 CEO들의 경영이념은 해당 기업의 업종과 경쟁 환경에 따라 상당한 차이를 드러내고 있다. 특히 덩치가 큰 민간기업 CEO 대부분은 도전과 변화, 실용성 추구에 경영이념을 모으고 있다. 이는 국내 대표적인 CEO가 가장 중요시하는 공통의 이념이다. 여기에는 한국기업의 역동성, 속도정신이 배어 있다. 그중에서도 IT와 같은 기술혁신주기가 빠른 업종의 CEO에게는 고도의 긴장감과 기업존립에 대한 위기의식도 함축되어 있다.

특히 IT 업체로서 세계적 경쟁력을 갖고 있는 삼성그룹의 경우를 보면 감정의 기복이 심한 한국인의 기질을 지혜롭게 수용, 역동적 힘을 농축해 가는 지혜를 잘 반영하였다. 이건희 회장의 위기경영론은 풀어지기 잘하는 한국인의 감성적 기질에 지속적인 긴장감을 강화시키는 자극제가 되고 있다. 최근 미국 〈포천〉도 삼성전자의 성공신화는 '끊임없는 위기의식' 이었다고 분석하고 있다. 디자인 경영은 외형을 중시하는 전통속성에 부합되고 있다. 또 타 기업보다 월등한 인센티브 및 복지제도 도입은 이기적 근성을 자극하고 분발심과 소속감을 강화하는 절대적 요인이 되고 있다. 더욱이 회장의 경영이념이 단발성, 즉흥성, 개인적 취향을 벗어나 그룹의 구체적인 실천방침으로 자리를 잡아가고 있다. 산하 관련 기업 CEO의 경영이념과 맥이 닿아 있는 것만 보아도 단번에 알 수 있다. 이는 대부분의 국내기업의 경영이념이 아직 구호에 그치거나 보다 정제된 철학이념으로 정착되어 있지 않은 것과는 큰 차이가 있다. 여기에는 기업총수의 경영철학 아래 전체조직이 시스템적으로 연계되어 있다. 따라서 일사불란하고 일관성을 갖추고 있으며 힘의 결집이나 지식공유에서 국제기업으로서의 준비가 제대로 갖춰지고 있음을 알 수 있다.

흥미로운 사실은 IT 업계 삼성의 맞수로서 국내외에서 시장을 넓혀가고 있는 LG그룹의 경영변신이다. LG는 전통적으로 인화단결 등 인정주의와 보수적, 안정적 기업의 전형으로 인식되어 왔다. 그러나 구본무 회장 시대에 들어서면서 공격적인 경영전략으로 급선회하고 있다. 안팎으로부터 치열한 기술, 시장, 품질 경쟁시대를 헤쳐가면서, '숙적끼리는 싸워가면서 닮아간다'는 말처럼 삼성의 경영철학과 여러 면에서 닮아가고 있는 게 사실이다.

반면에 롯데, 한진, 포철, 유한킴벌리 등과 같이 국내에서 비교적 안정된 시장이 확보되어 있는 전통업종이나 한전, KT와 같이 공기업 성격이 강한 국민기업들은 긴박한 위기감보다는 대외적인 신뢰구축과 안정된 시장의 유지관리에 비중을 두고 있다.

'나만 따르라'는 이제 그만

기업의 세계화 추세는 CEO의 위상과 역할도 크게 바꾸어 놓았다. 선진기업들도 세계 각지로 공장을 늘여가면서 현지 문화에 적응력을 높이는 것이 얼마나 중요한지 깨달아가고 있다. 이제는 누구나 문화욕구가 강해지면서 선택의 폭을 넓혀 가고 있다. 해외에 진출한 기업 중에 자기 생각대로 일방적인 경영방식을 고집했다가 현지인의 저항을 불러일으켜 호된 홍역을 치른 경우가 허다하다. 그런 기업은 심각한 노사갈등에 불량률이 늘어나고 생산성도 떨어지게 된다. 득이 될 게 하나도 없다.

과거 공산체제를 신봉해 오던 러시아, 중국, 베트남을 보면 특이한 경영문화를 읽을 수 있다. 이들 국가의 외교관들은 해외 파견 시, 현지 국가의 언어를 자유롭게 구사하는 사람이 많다. 프롤레타리아 계급은 국가와 지역을 넘어 모두 '동지' 라는 동류의식과 공산혁명은 현지 민중의 호응에서만 성공할 수 있다는 혁명논리가 작용했기 때문이다. 반면에 미국 등 서구 자본주의 사회의 대외 정책, 특히 후진국을 대하는 태도는 상당히 안이한 편이다. 이들 국가의 주한 외교관들도 한국어를 유창하게 구사하는 사람은 가뭄에 콩 날 정도로 찾아보기 힘들다. 이들의 의식 속에는 자기들이 경제적, 문화적으로 우위에 있으므로 너희들이 우리를 배우고 따라야 한다는 무언의 교만함이 숨어 있다. 그러니 현지 문화나 언어를 힘들여 익힐 필요가 없다고 생각하는 것이다.

그러나 시장에는 선·후진국이 따로 없다. 더구나 시장의 권력도 공급자로부터 소비자에게로 넘어가고 있다. 교만과 우월 의식은 시장을 좀 먹는 해충일 뿐이다. 이념 하나에 모든 것을 걸던 공산국가들이 이제 자유화 물결을 타고 시장경제에 눈을 뜨면서 사정이 급변하고 있다. 그들이 익혀 온 문화적 친숙도가 현지 국가 소비자에 대한 서비스 정신으로 탈바꿈할 때 그 잠재효과는 시장지배에 큰 몫을 할 것이기 때문이다.

성공한 CEO는 해당 기업문화와의 동질감을 높일 수 있는 사람이다. 길거리 좌판 장사가 아닌 다음에야 CEO 한 사람의 독선으로는 투자유치도, 직원상악도 불가능해진다. 너구나 시장은 국경을 넘어 한없이 커지고 있는 데다 기업 자체도 덩치가 커지면서 소속원의 수나 질, 문화격차도 날로 까다롭고 다양해지고 있다. 이런 다양한 조직원이나 고객의 입맛을 맞추려면 CEO도 이질문화에 길들여진 다수를 포용하는 보편적 경영이념에 익숙해져야 한다. 한국에는 국제화를 지향하는 몇몇 기업을 제외하고는 아직 세계화된 보편적 문화에 맞는 기업이념을 살려 나가려는 노력이 별로 없다.

현대 기업은 팀워크를 생명으로 한다. 기술융합이 보편화되고 시장은 자꾸 복잡해지는데 한두 명의 결단에 기업의 운명을 걸 수는 없다. 한국 CEO도 이제는 가치사회를 수용할 수 있는 폭넓은 시야를 갖춰, 팀워크와 조화적 리더십을 살려나갈 때가 되었다. 히딩크 감독이 한국을 월드컵 4강에 올려놓게 된 것도 코치, 트레이너, 자료 분석가들이 적재적소에서 효율적인 팀워크를 살려낸 숨은 공로가 있었기 때문이다. 조선 세종 때 과학이 가장 발전한 것도 장인정신으로 뭉쳐진 연구진을 하나의 팀으로 엮어 시너지 효과를 거둘 수 있는 환경을 조성해 준 때문이다. 갑인자, 물시계, 측우기, 혼천의를 비롯하여 총통완구 등 무기개발에서도 빛나는 업적을 낸 것은 모두 팀워크가 이루어낸 결실들이다.

한국사회도 팀워크 중심의 능률적인 조직운영의 경험은 많다. 다만 CEO의 강력한 리더십에 서양과는 달리 상사와 부하직원 간에 대화와 설득이라는 민주적인 합의과정이 생략된 경우가 많다. 한국적인 문화풍토에서는 CEO의 구차한 배경설명이 오히려 체면과 신뢰를 떨어뜨리는 것으로 인식되는 경우가 있다. 그러나 인간적 신뢰관계가 공고해져 있을 때는 이 속에도 보이지 않는 합의과정이 만들어지곤 한다. 동양적인 선문답(禪問答) 같은 CEO의 함축적인 의지가 오히려 더 큰 효과를 내는 경우도 있다. CEO의 카리스마 위에 도덕성, 투명성, 청렴성이 얹어질 때 신뢰도도 함께 커지는 것은 물론이다. 이런 신뢰감은 오랜 공동생활을 통해 체험적으로 축적된 것이다. 이런 점에서 한국기업 CEO는 거의가 해당기업에서 기업문화를 익히고 구성원과의 인간관계를 쌓아 온 내부인사들에 의해 계승되는 것이 관례화되어 왔다. 소위 순혈주의(純血主義)에 의한 폐쇄적인 경영자 선발방식이 고착화되어 있는 것이다.

이런 전통이 바로 기업마다 독특한 기업문화를 갖게 한 원인이다. 한국의 구직자들은 같은 업종, 직무라도 자신의 기질과 궁합이 맞는 기업으로 선호도가 갈라지고 있는 것을 볼 수 있다. 따라서 한국에서 존경받는 기업가에게서는 기업인 개인기질과 기업문화를 따로 떼서 생각할 수가 없다. 서양의 CEO 선발과정을 보면 객관적인 경력, 인품, 청렴도, 도덕성 등에 대한 점검이 공개적으로 이루어진다. 이는 CEO 시장이 폭넓게 개방되어 있어서 얼마든지 외부 경영자를 영입하고 방출하는 유연성이 풍부하기에 가능한 것이다. 따라서 대부분의 CEO들은 자신만의 독특한 장기와 경영방식을 개인적 자산으로 갈고 닦는 데 힘을 들인다. 그들은 어떤 기업을 맡더라도 그 기업문화에 크게 구애받지 않으므로 기업도 전통적이고 고집스런 기업문화에 얽매어 있지 않은 게 보통이다.

그러나 한국의 기업은 다르다. 이러한 점이 한국기업의 장점이자 단점이다. 한국에서는 아직도 삼성맨이 LG맨으로 변신하기가 쉽지 않다. 이건 마치 한국인이 일본인으로 국적을 바꾸는 것만큼이나 문화적 거리감이 상존해 있다. 새로운 곳에서 뜻을 펼치기는커녕 왕따를 당할 가능성도 높다. 이런 특성은 한국의 대학사회에서도 골칫거리가 되고 있다. 해당학교 교수는 그 학교 출신으로 채우려는 독점의식이 그것이다. 더구나 라이벌 학교 출신의 교수임용을 기피하고 있는 것은 문화적 이유이지 법이나 제도의 문제가 아니다. 이는 한국 대학의 폐쇄성이 교육과 연구개발의 유연성과 공유협력체제의 효율성을 높이지 못하고 고질이 되고 있는 이유이다. 그러나 여기에서 생긴 강한 소속감은 해당 학교나 기업에 대한 긍지와 성취욕구, 경쟁심 유발에 도움을 주는 순기능이 있는 것도 사실이다.

외국에서는 대다수 기업들이 해당기업을 이끌고 갈 차세대 CEO의 육성에도 남다른 노력을 기울이고 있다. GE는 현직 CEO의 책임 아래 체계적인 프로그램에 따라 후계자를 육성한다. 이렇게 훈련된 후계자가 CEO 로서의 자질을 갖추는 데는 최소한 6년이 걸린다. 잭 웰치는 GE 회장 재임 시에 제프리 이멜트를, 마이크로소프트(MS)의 빌 게이츠는 스티브 발머를 선택, 최고업무책임자(COO)로 임명하여 체계적인 경영수업을 시켜온 것으로 유명하다. IBM은 입사한지 6~7년이 된 인력 중 5~7%를 선발, 미래 경영자로 양성하는 'Executive Resource Pool'을 운영하고 있다. 이들은 다양한 장르에서 다양한 테마를 놓고 토의에 참가해서 다양한 의견을 접하면서 숙련된 프로가 되는 과정을 밟아간다. 아울러 전략적 시야와 현장감각을 체험시켜 적응력을 높인다. 때문에 이런 과정을 마친 CEO에 대한 사회적 신뢰도 역시 매우 높은 편이다.

일본의 다국적 기업 소니(Sony)도 2001년 처음으로 경영자 육성을 시작했다. 전 세계 현지법인을 포함한 18만 임직원 중 30~40대 유능한 사원 20명을 CEO 후보로 선발, 소니대학(Sony Univ.)에 입교토록 조치하는 등 국제적 안목과 기업경영의 요결을 체득하는 데 주력하고 있다.[6]

세계 기업들이 이처럼 후계구도에 대해 교육과 현장수업을 강조해 온 것은 무엇보다 CEO 개인의 독창적인 전술보다는 기업의 선장으로서 갖춰야 할 국제적 안목과 효과적인 전략수립, 지혜로운 선택을 위한 전반적인 자질을 현장업무를 통해 하나하나 꼼꼼하게 체득케 하는 데 있다. 한국도 최근 들어 TMT(Top Management Team)를 도입하는 등 CEO 지원체계를 구축하고 있으나 선진기업에 비해 체계성이 떨어진다. 전문경영인에 대한 권한이양이 제한적이고 보상수준도 낮은 편이며, 경영자에 대한 사회일반의 신뢰도도 선진 49개국 중 40위로 떨어져 있다.[7]

〈월스트리트저널〉은 1997년 IMF사태를 맞이한 한국의 경제위기의 원인을 '전략의 실패는 전술의 성공으로 보상될 수 없다' 라고 진단했다.

한국은 CEO 선발에서 아직은 오너(Owner) 중심으로 후보자를 선발, 조기발탁과 빠른 경력경로(Career Path)를 거쳐 CEO가 되는 것이 일반화되어 있다. 이는 아직 증권시장 상장을 통한 주주참여 제도가 덜 활성화되고, 따라서 소유와 경영의 한계 정리가 명확하게 안 된 데도 원인이 있다. 이는 특정 개인의 모험적 결단이 기업의 안정성과 전략 부재를 가져 올 가능성이 높다는 우려를 낳게 하고 있다.

그러나 한국에서는 성공적인 대기업 상당부분이 오너의 직계 가족을 후계자로 세습시킴으로써 경쟁력이 조금도 떨어지지 않고 있다는 사실에 주의를 기울일 필요가 있다. 아직도 가부장적 종적이념이 민족기질 속에 살아있는 한국의 기업문화가 좀 더 강한 결집력과 일관성으로 자리 잡을 수 있다는 사실에서 의외의 장점을 찾을 수 있기 때문이다.

오너(Owner) 경영승계의 득과 실

2006년 8월 〈중앙일보〉와 동아시아연구원(EAI)이 공동으로 국내 24개 파워조직의 영향력과 신뢰도 조사를 했다. 그 결과를 보면 대기업들이 2년 연속 최상위에 올랐으며, 정부기관이나 정당, 노동, 시민단체는 뒷전으로 밀려나 있는 것으로 나타났다.

영향력에서는 5위권 안에 현대자동차, 삼성, SK, LG 등 4개 대그룹이 포함되고, 국가기관으로는 유일하게 헌법재판소가 4위에 올랐다. 신뢰도에서도 현대자동차, 삼성, SK, LG가 1위에서 4위까지를 독차지했고 헌법재판소가 5위에 올라있다. [8]

여기서 눈길을 끄는 것은 이들 4대 그룹 모두가 기업창설 당시부터 지금까지 경영권을 승계하고 있는 오너기업이라는 점이다. 또 이들 기업은 지금 한국에서 가장 신뢰도가 높은 조직으로 공감대가 형성되어 있다. 이것만으로도 한국 국민의 전통적인 반 기업정서가 바뀌고 있음을 알 수 있다.

불과 몇 년 전만 해도 한국에는 반 기업정서가 위험수위에까지 와 있었다. 특히 재벌기업은 전통적으로 정경유착의 끈끈한 고리 속에서 탄생하고 성장한 실패작으로 지탄의 대상이 되기도 했다. 그래서 부정과 부패, 비리, 불법의 온상으로 인식되어 왔다. 학계나 사회, 시민단체들은 한 목소리로 소유와 경영의 분리 등 다양한 규제조치를 발상, 재벌개혁을 주장해 온 것도 이런 이유 때문이다. 또한 정치권 일각이 양극화현상을 너무 강조하면서 대결 구도로 여론을 자극해 온 것도 영향을 주었다고 본다. 때문에 정부 역시 대기업의 사회적 기여도보다는 횡포를 억제하는 데 초점을 두어, 오너 기업인의 자녀에 대한 경영권 승계에도 엄격한 잣대로 규제를 강화하고 있는 것이다.

그러나 요즘은 기업의 경쟁력이 근로자의 피와 땀만으로는 어렵다는 게 상식이 되어 있으며, 그보다는 뛰어난 재능을 지닌 소수의 영재들과 기업인들의 창의적이고 도전적인 경영능력이 절대적이라는 데 큰 이견이 없다. 살아 있을 때 남에게 모두 베풀고 유산을 남기지 않는 사람은 세상이 바라는 인간상이다. 그러나 한편으로 이들은 재산형성에 소극적이든가 무능한 사람들이라고 인식되기도 한다. 재산증식에 여념이 없는 사람들은 하나같이 이기적 욕구가 강한 만큼, 이윤창출에도 남다른 능력을 가지고 있다. 이런 사람들이 많은 나라여야 국부를 증대시킬 수 있다. 이런 사람이 많은 기업이라야 험난한 세계시장에서도 경쟁을 이겨낼 수 있다.

지금은 한 명의 천재과학자가 만 명을 먹여 살릴 수 있는 세상이다. 이들이 이 땅에서 뛰어난 기술개발로 국가에 거대한 부를 안겨 주도록 하려면 국가도 이들에게 합당한 동기유발을 해주어야 한다. 국가가 이들에게 최고의 부와 명예, 존경받는 풍토를 마련해 준다면 그보다 좋을 순 없을 것이다. 많은 사람들이 직업을 얻고, 정부가 불우한 이웃에게 폭넓은 혜택을 줄 수 있는 것은 이들이 벌린 사업과 이들이 낸 세금이 있기 때문에 가능한 것이다.

　기업의 경우도 마찬가지이다. 양극화 해소의 측면에서 가진 자를 죄악시하는 풍조는 국가나 기업, 국민 모두에게 아무런 득도 되지 않는다. 지금은 사람도 돈도 기업도 좋은 환경을 찾아 후조처럼 자리를 옮길 수 있는 세상이다. 돈 많은 부자들은 이왕이면 자신들을 명예롭게 인정하고 존경해 주는 곳으로 자리를 옮기고 싶어 할 것이다. 천재 역시 연구 환경이 더 좋으면서 개인적 이익창출과 보전에 유리한 곳으로 자리를 옮겨 버릴 것이다.

　이미 외국에서는 한국의 재벌기업을 전혀 다른 시각으로 보고 있다. 투자은행 모건스탠리의 홍콩 수석 이코노미스트 앤디 시에(Andi Xie)는 〈2005, 한국의 해〉라는 투자리포트를 발표했다. 작은 나라가 큰 기업을 키우는 전략(Small country, Big Business)이 옳았다는 판단이다. 한국의 산업화 전략은 한정된 자원으로 몇 개 업종에 집중 투자하는 것이었고, 이를 통해 대기업과 재벌이 생겨났다. 삼성, LG, 현대자동차 그룹이 거대시장 중국을 공략할 수 있었던 것은 이들 덩치 큰 대기업의 뛰어난 조직력과 힘이 있었기에 가능했다는 평가이다. 이러한 점이 바로 세계화 시대를 헤쳐 갈 수 있었던 저력이 되었으며, 중국이 쉽게 따라올 수 없는 '한강의 기적' 이라는 분석이다.[9]

　이제는 국내 여론에도 서서히 변화의 징후가 나타나고 있다. 일부에서는 힘 있는 우리 재벌이 외국으로 팔려나갈 위험에 빠진 국내기업의 수호자라는 시각과 함께, 대기업을 벌주려는 정부의 법 집행을 탄압으로 보는 분위기마저 생겨나고 있다.

　미국 〈뉴스위크〉도 '한국은 삼성을 해체시킬 것인가(Will Korea break up, Samsung?)' 라는 제목의 기사로 한국 정부의 조치를 비판하고 나섰다 (2006.2.20). 「한국기업의 우상인 삼성이 그룹 내 상호출자구조를 와해하려는 국회의원과 시민단체들의 표적이 되고 있다. 최근 5년간 이건희 회장 일가의 재산은 2배 이상 늘어나 43억 달러가 되었다. 그러나 같은 기간 삼성전자의 시가총액은 20배 이상 올라 1,000억 달러에 달했다. 한국은 돈을 가진 것을 남에게서 훔친 것이라고 생각하는 거의 공산주의적 태도를 가지고 있다. 이 회장은 한국에서 가장 영향력 있는 개혁가이자 존경받는 기업인이다. 그는 불과 10년 동안 메모리 칩, 휴대전화, 디지털기기 등의 분야를 세계 1위로 끌어 올렸다.」[10]

선진 자본주의 국가는 기업을 국민에게 일자리를 마련해주고 국가경쟁력을 선도해주는 고마운 존재로 보고 있다. 따라서 고용창출이나 국가경쟁력 향상 등으로 사회적 기여도가 높은 기업에 대해서는 법적규제를 완화시켜주면서까지 적극적이며 창의적인 기업 활동에 힘을 실어주고 있다. 이런 이유 때문에 정부의 행정규제나 경제 활동에 대한 조정업무도 경제상황에 따라 신축적으로 유연하게 운영하고 있다. 기업이나 CEO의 부도덕한 범죄행위와 보다 적극적이고 의욕적인 기업 활동에서 파생된 법규위반을 같은 잣대 위에서 '불법자'로 몰아 일방적으로 매도하지도 않는다.

따라서 세계적 기업들은 창업주의 자녀에 대한 경영권 승계도 별 문제로 보지 않는다. 지금도 주요기업에서는 창업자 일가의 영향력이 없어진 것이 아니다. 자본시장이 공개되고 지분이 감소되면서 자연스럽게 새 주인으로 경영권이 옮겨졌을 뿐이다. 그러나 월마트나 듀퐁, 디즈니 사에는 창업주의 후손들이 지분은 적지만 이사로 선임되어 직접 경영에 참여하고 있다. 1% 미만의 지분만 가진 모토로라나 6.5% 지분을 가진 휴렛팩커드 등의 창업자 후손들은 직접적인 경영참여 없이도 막강한 영향력을 행사하고 있다. 기업경영 상태에 대한 개인적 의견을 언론 등을 통해 발표하는 것만으로도 주식시장에 영향을 줄 만큼 직·간접적인 경영권 행사

를 하고 있는 것이 현실이다.[11]

일본에서도 오너승계 경영은 낯선 체제가 아니다. 일본에서 '경영의 신(神)'으로까지 추앙받는 마쓰시다 고노스케도 그의 후계자를 전문경영인이 아닌 그의 사위로 정했다. 이익을 쫓아 심혈을 기울여 살아가는 것이 인간본성이듯이 자신이 쌓아올린 기업을 가족에게 물려주려는 것도 자연스런 흐름이다. 한국기업의 급성장은 위험 앞에 일신을 내던진 기업인들이 있었기에 가능했다. 이들의 강력한 오너십이야말로 한국을 10대 경제대국으로 뛰어오르게 한 핵심요소였다 해도 과언이 아니다.[12]

그런데도 한국 오너의 경영승계가 바람직하지 않은 것일까. 미국 탠퍼드 앤드 푸어스(S&P)는 세계 500대 기업 중 3분의 1이 소유와 경영이 함께 이루어지는 오너경영이라는 분석을 내놓았다.[13] 이에 따르면 오너기업이 자기자본 이익률이 전문경영인 기업(14.6%)보다 높은(15.9%) 것으로 나타났다. 〈비즈니스위크〉 조사에서도 오너경영기업의 연평균 배당률이 15.6%인데 비해 전문경영인 기업은 11.2%로 조사되었다.

실제로 삼성전자가 그룹에서 나와 독립기업으로 재출발한다면 어떻게 될 것인가에 대한 전문가들의 시각은 부정적이다. 정승일 교수는 "투기자본이 대주주가 되면 수익금을 재투자하기보다는 배당률을 높이거나 주가를 올리려고 자사주를 사서 소각해 버릴 것이다. 따라서 독립기업으로서의 삼성전자는 당연히 장기적인 경영을 포기하게 될 것이다."

이때 더 큰 피해는 현장 근로자들에게 돌아올 수밖에 없게 된다는 결론이다. 국내외 사례를 살펴보아도 외국자본이 경영권을 장악하게 되면, 인수합병(M&A)은 피할 수 없는 순서로 등장하게 된다. 결과적으로 대량해고로 인한 고용불안과 경쟁력 침체에다 전통적인 기업문화마저 사라져 버리게 된다. 그때의 책임은 누가 질 것인가.

만약 삼성전자에 이건희 회장이 없고, 현대자동차에 정몽구 회장이 없다면 어떻게 될 것인가에 대한 양 기업 직원들의 반응도 비슷하다. 삼성전자 소속 직원들은 장기적 투자전략이 힘들고, 수조 원 투자가 필요한 미래 산업을 추진하기 힘들며, 일사불란한 조직문화와 삼성만의 기업문화도 설 자리를 잃게 될 것으로 보고 있다. 현대자동차 직원 역시 신속한 투자결정을 하기 힘들게 되며, 구심점이 없어 효율성이 떨어지고, 품질의 비약적 발전도 기대하기 힘들다는 반응이다.

일본의 격주간지 〈이코노미스트〉는 '전기(電氣)의 위기 - 미스터 미타라이의 부재' 란 커버스토리로 카리스마 넘치는 경영자의 중요성을 부각시켰다(2005.12.13). 이 기사는 '전기(전자업계)의 이건희가 왜 일본에는 없는가?' 에 초점을 맞추고 있다. 위기에 빠진 일본경영자들은 과거 일본 '캐논' 의 사장이던 미타라이 후지오(御手洗富士夫)의 실천력과 현장 돌파력을 본받아야 할 것이며, 해외에서는 과감한 투자와 인재등용으로 세계 정상급에 진입한 삼성 이건희 회장을 배우라는 내용이다.

「해외에서 보면 일본경영의 진짜 위기가 보인다. 중국과 러시아에서 삼성이 독주하고 , 인도에서는 LG가 리스크를 안고 과감하게 신흥시장을 공략하고 있다. 창업 2세인 이건희 회장에 의해 개혁을 추진하고 있는 삼성은 일본의 대형전자업체 7개사의 이익을 모두 합친 것보다 2배나 많은 1조 엔의 이익을 올리고 있다. 」[14]

근래 들어 세계경제계에는 영미식 주주자본주의 경영모델에 대한 비판적 움직임이 거세지고 있다. 이 제도의 최대 단점은 주주가치 극대화를 명분으로 경영자들이 지나치게 단기적인 경영성과와 주가 움직임에 집착하고 있다는 것이다. 이때 경영자들은 주주들 눈치 보느라 장기투자나 신기술개발 등에 적극 나서기가 힘들다. 특히 오너 없는 기업에서는 전문경영인이 임직원이나 노조 눈치를 의식, 강력한 추진력이나 소신 있는 경영전략을 세우기보다는 현실타협으로 넘어가는 일이 많다. 결과적으로 기업의 경쟁력이나 미래가 취약해질 수밖에 없게 된다는 것이다. 특히 세계시장으로의 영역 확대와 스피드경영시대에서의 순발력 있는 의사결정, 부단한 기술혁신 등 글로벌 경영환경에 적응하려면 소신 있고, 카리스마 넘치는 기업 경영자가 있어야 한다. 오너 경영자의 가치와 필요성이 커지고 있는 것은 이 때문이다.

「최근 〈서울경제신문〉 주최로 한국에 진출한 외국기업을 상대로 한국의 재벌구조에 대해서 설문조사를 한 적이 있다(〈서울신문〉 2005.11.2). 여기서 응답자의 84%가 '한국적 특수성에 비추어 인정해 주어야 한다'라고 대답했다. 이에 반해 '해체되어야 한다'는 16%에 불과했다. 또 경영권의 대물림에 대해서는 86%가 '문제 없다'고 답변을 했다. 단 경영의 대물림을 위해서는 후계자의 경영능력이 검증되어야 한다고 지적했다.」[15]

이제는 더 이상 재벌정책의 방향도 재벌의 횡포나 후계자의 전문성 부족, 기업의 투명성 부족 등과 같은 소극적이고 부정적인 정책에 초점을 맞추어서는 안 된다. 이는 역기능 방지를 위한 보완적 기능으로 순리에 따라 개선해 나가면 된다. 그보다는 세계시장에서 치열한 무역전쟁을 헤쳐 갈, 국력의 전위세력이라는 발상전환이 더 중요하다. 오히려 오너경영체제를 적극적으로 수용, 순탄한 기업승계가 개성적인 경륜의 계승으로 이어지도록 더 적극적으로 가꾸고 힘을 키워주어야 한다.

한국인은 전통적으로 남다른 이기적 특성이 강한 민족이다. 사유재산에 대한 남다른 집념은 장기적으로 조직의 견고성과 강한 생명력으로 이어질 수 있다. 오히려 정부는 모든 기업으로 하여금 강력한 동기유발과 책임 있는 리더십을 통해 의욕적인 장기전략 수립, 일관성 있는 기업문화가 정착되도록 힘을 보태주어야 한다. 그 과실은 결국 국가와 국민 모두의 것이 될 것이기 때문이다.

한국 기업이 넘어가야 할 험준한 고봉들

세계은행(IBRD)과 국제금융공사(IFC)는 2005년 9월 〈2006 기업환경보고서(2006 Doing Business)〉를 발표했다. 여기에 한국은 세계 155개국 중 27번째 나라로 기록되어 있다. 한국보다 기업 환경이 더 좋은 나라로는 뉴질랜드가 1위, 미국 3위, 일본 10위에 올라있다. 우리와 비교되는 동남아의 싱가포르는 2위, 홍콩 7위, 태국 20위, 말레이시아도 21위이다. 소위 국제사회에서 내놓을 만한 경제력을 갖춘 나라 중에서는 한국이 꼴찌를 차지한 것이다. '고용 및 해고' 부문에서 한국은 105위를 차지, 10개 평가항목 중 가장 나쁜 점수를 받았다. 창업부문 순위도 97위, 투자자 보호도 87위의 바닥에 머물러 있어 창의력 개발기회나 투자환경도 형편 없는 것으로 드러났다. 이러한 환경에서는 기업 활동이 왕성해지기 힘들다.

그중에서도 경직된 노사관계가 최대의 걸림돌로 지적되고 있다. 사용자 측에는 노조에 대한 강압적 태도, 경영활동의 불투명, 경영진의 청렴도에 대한 불신풍조 등으로 사태를 악화시킨 책임이 있다. 노조 측 역시 처음에는 근로조건 개선이라는 본래의 목적에 충실하다가 이제는 아예 정치집단화된 거대조직으로 통합되면서 사회적 약자라는 틀을 벗어나 버렸다. 그러다 보니 양측 모두 당사자 간의 화해와 공감, 공조를 잃고 노사라는 거대집단의 힘겨루기로 변질되어 버렸다. 이 때문에 생산성에 차질이 빚어졌고, 국제신용도가 떨어졌으며, 경영환경에도 악영향을 주었다. 임금과 생산성의 합리적 연계가 이루어지지 않고 있으며, 국제적인 임금관행에 대한 노사 공감대가 자리 잡지 못하고 있어 국내 기업의 해외이주가 성행하고 해외투자유치에도 먹구름이 끼고 있다.

LG경제연구원은 〈100대 기업의 조건〉이란 보고서(2005.5)에서 1981~2004년 중 국내 거래소 상장 및 코스닥 등록업체 2,008개사를 대상으로 연도별 매출액 상위 100개 기업을 분석했다. 국내 100대 기업에서 탈락한 기업이 매년 평균 2.33개사이며, 100대 기업에 진입한 기업이 이를 유지하는 기간은 평균 43년으로 나타났다. 100대 기업의 연령은 1981년에는 평균 23년이던 것이 2004년에는 35년으로 늘어났다. 이처럼 짧은 기업연령을 두고 예의 바른 비평가들은 한국의 기업 환경이 매우 역동적이라고들 한다. 그러나 이는 곧 한국 기업 환경이 불안정해서 수성(守城)이 그만큼 어렵게 되었다는 사실을 의미하기도 한다. 다른 한편에서는 이러한 불안한 기업 환경이 의외로 도전적인 신진기업에게 좀 더 많은 기회를 제공해줌으로써 기업의 창의성, 역동성을 자극하는 순기능을 활성화시켰다고 보기도 한다.

월간 〈엑셀런스코리아(Excellence Korea)〉는 국내 500대 기업 중 50년 이상 된 장수기업 37개사를 대상으로 설문조사를 했다(2005.4). 장수기업의 비결로 '신뢰와 투명경영(27.6%)', '조직원의 강력한 일체감과 응집력(23.7%)', '경영환경 변화에 대한 민첩한 대응(14.5%)' 등을 꼽고 있다. 또 지속적 성장을 위해 필요한 전략에는 어떤 것이 있는가라는 질문에는 '끊임없는 혁신프로세스 개발 및 실행(23.5%)'에, 지속성장을 위해 버려야 할 경영요소로는 '경영환경 변화에 대한 둔감성(31%)'에 가장 많은 응답이 나왔다.

월간 〈현대경영〉은 40년 전에 100대 기업 중 현재까지 살아남은 기업들을 조사했다(2005.4). 매출액 기준으로 1965년과 그로부터 40년 후인 2004년의 100대 기업을 비교해 본 결과 겨우 12개사만이 수성에 성공을 거둔 것으로 나타났다. 12개 기업은 LG전자, 기아자동차, 현대건설, 대림산업, CJ(제일제당), 한화, 제일모직, 한국타이어, 대상(미원), 코오롱, 대한전선, 태광산업 등이다. 1965년은 중화학 공업이 거의 없다시피 한 시절이다. 이들 기업이 건설, 경공업 등에 의존하던 시절의 경영환경을 벗어나 21세기 기업 환경에서도 살아남을 수 있었던 가장 큰 비결은 변신에 성공했기 때문이다. 모험적 도전으로 사업구조를 조정하고 새로운 제품 개발, 품질개선, 속도전에 발 빠르게 대응했기 때문이다.

〈포천〉지가 선정한, 1955년의 세계 500대 기업 중 1994년까지 살아남은 기업은 160개, 약 30%뿐이다. 이들 살아남은 기업이 수성에 성공한 비결로 위기극복의지, 개방화정책, 자신감 제고, 창의적이고 도전적인 영역을 향한 부단한 변신을 들고 있다. 이러한 특성 중 상당부분은 한국인이 익혀 온 기질들이다. 성공한 한국기업들도 이를 통해 경쟁력을 높여가고 있는 것이 현실이다. 여기에 수요자의 신뢰획득과 노사 간의 경직된 대결구도만 풀어진다면 그 잠재력은 더욱 밝은 빛을 발할 것이다.

외환위기 때 삼성전자의 자기자본은 '0'이었다. 원래 삼성전자의 자기자본은 5조 8,000억 원이었는데, 환률 급등과 투자자산 중 부실부문을 감안하니 실질적인 자기자본이 제로가 되어버린 것이다. 그러나 2004년 들어 삼성전자의 매출은 57조 원, 순이익 10조 원을 돌파했다. 2005년 1분기 말 현재 현금보유액만도 5조 8,000억 원에 이른다. 세계 브랜드 가치 순위가 21위, 국가세수의 2.7%를 담당하는 대기업이다. 이는 외환위기 당시 삼성전자가 급박한 위기의식 속에서 단호한 구조조정과 업무 프로세스 혁신, 핵심인력 양성에 그룹의 전 역량을 기울인 덕이다. 만약 이때 변신에 성공하지 못했다면 한국을 대표하는 국민기업으로의 위상제고는 커녕 생존마저 불가능했을 것이다.[16]

현대 모비스는 중장비제조업체에서 자동차 부품업체로 변신하고, 에스원은 시스템경비업체에서 디지털 보안업체로, 신세계 백화점 역시 백화점 사업에만 머물지 않고 공격적인 할인점사업에 도전하는 등 과감한 구조조정으로 불경기를 이겨냈다. 한국의 철강산업, 자동차산업, 조선산업 등이 세계 수준의 경쟁력을 길러가고 있는 것도 도전적인 해외시장 개척과 함께 IT와의 대담한 접목을 통해 새로운 공법을 개발하고 경영능률을 높여온 때문이다.

그러나 한국기업이 안고 있는 가장 큰 당면과제를 하나만 고르라고 한다면, 그것은 차세대 수익업종 개발일 것이다. 상품시장이 세계화되고 정보공유의 속도가 빠른 만큼 아무리 '블루오션' 제품을 만들어 냈다 해도 그 수명은 몇 년을 넘기기가 힘들다. 게다가 유비쿼터스(Ubiquitous, 언제 어디서나 네트워크접속이 가능한 환경)가 기업경영에 적용(u-비즈니스)되는 시대가 성큼 다가왔다. 어느새 세계 모든 국가, 기업은 실생활에서 동시생활권에 들어와 있는 것이다. 중요한 건 제품주기가 빨라진 만큼 그 뒤를 이을 신제품들이 끊임없이 개발되야 한다는 점이다. 특히 한국이 해외시장에 내놓을 만한 제품들은 대부분이 IT 등 기술혁신주기가 빠른 제품들이다. 이 분야에서 한국이 세계적 경쟁력을 갖게 된 것은 관련 산업이 한국인의 기질인 성급성, 변덕스러움, 호기심과 창의력, 남다른 감성기질에 적응하느라 평소부터 단련되었기 때문이다.

그러나 지금까지의 우리 경영환경은 해외유치과학자 등 소수 전문 인력에만 의존도가 높다. 부문별로 볼 때 세계수준에 올라있는 제품과 기술도 상당수를 차지하고는 있지만, 넓어만 가는 경쟁환경을 이겨내기에는 점점 힘에 겨운 상태다. 예전과 같이 외국으로부터 뛰어난 전문기술인력 유치도 어렵거니와 외국기업 역시 신기술 보호에 혈안이 되어 있는 만큼 종전 방식으로는 난국타개가 어려워진 것이 현실이다. 게다가 이제는 우리가 자체개발한 기술의 보호도 심각한 과제가 되고 있다. 이때 몇몇 특수 신기술보유자가 회사를 등지고 자리를 바꾸어 앉게 되면 그 순간 해당 기업의 경쟁력은 치명적 타격을 받게 된다.

따라서 이제는 고급인력 유치 못지않게 내부인력의 발굴양성에도 똑같은 비중으로 공을 들여야 한다. 또 개개의 전문 인력의 창의성 못지않게 조직의 창조성을 높이기 위한 시스템구축으로 전문능력과 노하우축적이 조직 내에서 쌓여질 수 있게 해야 한다. 이를 위해서는 산·학협동과 창의적인 중소기업육성, 대기업의 계열화로 고급, 신기술 개발풍토가 일반화되도록 기반환경을 튼튼히 해야 한다. 여기에는 경영문화의 선진화도 보조를 맞추어야 한다. 무엇보다 한국기업이 세계 속에서 자리를 잡으려면 한국인의 고질인 이기주의와 폐쇄성에서 오는 역기능을 극복하고 공정한 경쟁규칙을 체질화하는 새로운 문화를 익히는 노력이 필요하다.

또 하나 한국기업의 최대 난제 중 하나는 노사 간의 불협화음이다. 스위스 국제경영연구원(IMD)의 국가별 노사관계 협력성 평가결과에 의하면, 한국의 노사 협력성은 60위로 세계에서 최하위권에 속한다. 같은 아시아권 국가 중에서 싱가포르는 1위, 일본 5위, 필리핀 51위보다 낮은 순위를 기록하고 있다.[17]

한국의 노조는 기업의 불투명, 불공정 속에서 강성으로 변모해 왔다. 또 경제의 급성장에 맞추어 기업인들이 짧은 시간에 일확천금을 얻게 된 데 대한 근로자들의 심리적 저항감이 커진 것도 한 이유가 된다.

'사촌이 땅을 사도 배가 아픈' 한국인의 정서 속에서 근로자들 역시 자신이 참여한 성장의 과실을 기업인들만 독식하는 현실에 대해 강한 불만을 갖게 되어 강성노조활동을 하게 되었다. 오히려 기업들은 투명과 공존의 방향으로 가고 있는데, 노동단체는 몸체를 더 크게 불려 접근과 화해에서 멀어져만 가고 있다.

노·사 화합과 상생이 설득력을 얻으려면 꼭 지켜져야 할 원칙이 있다. 기업은 근로자들에게 과실에 대한 참여기회를 넓혀주어 소속감을 길러주어야 한다. 고객에 대해서는 획득한 부의 일정부분을 사회에 환원하여 우호적 감성을 이끌어내야 한다. 또 투명성, 공정성 등 윤리경영과 환경친화적 경영을 강화하여 사회적 신뢰도를 높여야 한다. 노동단체 역시 화해와 공조로 틀을 바꾸지 않으면 안 된다. 대결과 투쟁의 끝이 공멸을 자초한다는 역사의 원칙을 저버려서는 안 된다. 이것이 기업의 안정적 성장과 장수의 비결이 될 것이 틀림없다.

02

국가경영에 나타난 한국인의 기질

클린턴의 성공을 이끌어 낸 국가정보화 고속도로 건설

클린턴이 미국 대통령 당선과 함께 국민 앞에 내놓은 밝고 매력적인 청사진은 국민을 들뜨게 했다. 그중 가장 돋보이는 것은 국가정보고속도로(NII : National Information Infrastructure) 건설이었다. 정보고속도로 건설이 완료되면 본격적인 고도 정보사회가 열리게 되며, 그때 미 국민의 생활에 일어날 꿈 같은 변화가 제시되면서 미국 기업과 국민들은 흥분을 감출 수 없었다. 이 계획이 앨 고어 부통령의 진두지휘 아래 집중투자가 이루어지면서 미국은 IT 선진국의 입지를 강화시켜 나갔다. 이에 따라 NII 건설계획은 세계를 겨냥한 GII(Global Information Infrastructure) 계획으로 수정되면서 세계 각국에서도 두드러진 동조현상이 일어나게 되었다.

물질 유통을 원활히 하기 위해 고속도로가 필요했듯이 앞으로는 대량의 무형정보 유통을 원활히 해 주는 정보고속도로가 필요한 것이 피할 수 없는 대세이다. 때문에 정보고속도로 건설은 미국을 21세기 최강국으로 만들어 줄 엔진이 될 것이라는 희망 찬 계획이 제대로 효과를 본 것이다. 그 결과 미국은 IT 분야 선도국가로서 국제적 위상 제고는 물론 국가재정도 흑자전환에 성공했다. 1993년 미국의 재정적자는 2,900억 달러에 실업률은 10%대에 올라있었다. 그러던 것이 클린턴 대통령 임기 후반인 1999년에는 760억 달러의 흑자재정을 실현했고, 실업률도 28년 만에 4.4%로 끌어내렸다. 클린턴의 리더십이 이루어낸 결과이다.

인간이란 체질적으로 변화나 투쟁보다는 안정이나 평화를 더 좋아한다. 비관적·투쟁적 사고에 빠져 있는 지도자보다는 긍정적인 희망을 제시하는 지도자에게 훨씬 많은 성원과 사랑을 주게 되어 있다. 이왕이면 잠재의욕과 자존심에 불을 댕길 만큼 스케일이 크고 역동적일 때 그 효과는 더 커진다. 클린턴은 한때 개인적으로 심각한 도덕적 결함이 들어나 위기의 순간도 있었지만, 마음이 풍성해진 미국인들은 이를 눈감아 주었다. 인간이란 항시 상대적인 저울로 사람과 사회와 국가의 우열과 선·악, 정사에 대한 가치를 판단한다.

사실 이때 미국은 만성 적자국이었고, 일본 등의 추격으로 세계 최강국의 위상에 먹구름이 끼던 시절이다. 엄청난 양의 첨단 원천기술 보유국이자 무수한 정보콘텐츠 부국이기는 했지만 아직 이것들을 돈이 되는 사업으로 활용하는 단계에는 이르지 못하고 있었다. 그런데 클린턴이 그 물꼬를 튼 것이다. 지금 미국은 우주개발로 축적한 컴퓨터와 통신에 관한 무수한 원천기술이 바탕이 되어 국내 산업 발전은 물론 해외로부터 막대한 로열티 수입을 올리는 대표적인 정보통신 흑자국이 되었다. 지구촌을 덮고 있는 정보통신망이 활성화되면서 미국의 원천기술은 그 쓰임새가 점점 불어나고 있다. 아직도 케네디 전 대통령이 미국인의 우상으로 살아

있는 것은 그가 전통적인 미국의 정신이자 미국인의 기질로 뿌리를 내린 새로운 개척주의(New Frontierism), 청교도주의(Puritanism), 실용주의 (Pragmatism) 정신을 인상 깊게 심어주었기 때문이다. 케네디 전 대통령은 이러한 정신을 현실정책에 불어 넣어, 우주에 대한 도전과 신선하고 발랄한 정책개발로 미국인에게 희망과 긍지의 바람을 불어넣어 준 것이다.

한국이 IT 강국을 꿈꾸기 시작한 것은 1980년대 초반부터이다. 가뜩이나 뒤져 있는 산업화를 선진화시키는 일은 근면하게 노력만 한다고 되지 않는다. 고급기술 위에서만이 더 높은 기술을 창조할 수 있는 게 신기술의 속성이다. 우리가 밤을 새가면서 10걸음을 달려가면, 선진국은 여유 있는 생활을 즐기면서도 100걸음을 뛰어가는 것이 신기술의 효과이다.

기적으로까지 평가된 한국의 경제발전에도 한계가 다가올 무렵, 천행이도 산업화의 뒤를 잇는 정보화 물결이 일었고 한국은 그 제3의 물결을 적극적으로 수용하였다. 한국의 산업화가 선진국의 발전모델을 수용함으로써 성공을 거둔 것은 또다시 뒤처져서는 안 된다는 위기의식과 동조정신, 순발력과 모험정신, 속도감이 어울려 이룬 성과였다. 당시 정보화에 국력을 쏟아붓기로 작심한 것은 산업화의 한계에서 오는 위기의식이 부풀어 오르던 시절이다. 이를 극복하려면 남을 뒤쫓기보다는 한 단계 건너 아직 터를 잡지 못한 신 개척지에서 탈출구를 찾아 새판을 짜는 일밖에 없었다. 그것이 바로 불모의 IT 산업에 모험적으로 뛰어 들게 된 동기이다. 마침 미국이 야심적인 정보화 전략을 세우자 한국은 즉시 이를 본받아 한국의 정보화 추진계획에 박차를 가할 수 있었다. 다른 외국에서는 상상하기 힘든 무모할 만큼의 성급하고 단호한 결단이었다.

한국의 정보화 전략은 미국을 따라하려는 동조정신과 산업화에서 뒤진 걸음을 정보화에서만은 꼭 따라잡겠다는 강력한 도전과 개척정신이 합작으로 만들어 낸 작품이다. 이때 국가경영자의 모험적 결단이 없었더라면 한국의 IT 강국이 되는 일은 한참 늦어지거나 꿈으로 끝나버렸을 것이다. 또 이를 국가전략산업으로 이끌어낼 만한 의욕적이고 유능한 소수의 기술자 출신 고급관료(Technocrat)들이 없었더라면 설사 국가경영자의 선견지명이 있었더라도 아쉬움으로 끝나 버렸을 것이다. 다행이 당시에는 뛰어난 전략적 안목과 이를 실천에 옮길 수 있는 선구자가 있었고 그들에 의해 첫 단추가 잘 끼워진 것이 한국의 제2의 도약을 가능케 한 발판이 되었다고 볼 수 있다.

IT 강국, 한국의 꿈을 키워낸 변화의 주역들 : 김재익, 오명, 이용태…

「노무현 대통령이 (외국에) 가는 곳마다 하는 얘기가 있다. "대접을 잘 받는다"는 것이다. 세계적 경쟁력을 갖춘 대기업 덕분이라는 얘기도 있다. 그러나 정작 한국외교의 으뜸 무기는 이들 개별 회사들이 아니라 '정보통신기술(IT)' 인 것 같다. 가는 곳마다 한국의 IT, IT다. IT가 없었더라면 어떠했을까 하는 생각이 들 정도다. (중략) 어찌 되었든 IT는 우리 외교의 무기가 됐다. 지금 노 대통령은 IT 덕을 누리고 있지만 IT 도약의 씨앗은 10여 년 전에 뿌려진 것이다. 다음, 그 다음 대통령도 이런 무기를 갖고 외교현장에 나설 수 있을지 걱정하고 생각해 보지 않을 수 없는 요즈음이다.」[18]

한국이 IT 강국을 향해 힘을 쏟아붓기 시작한 것은 20년이 채 안 된다. 그것도 국제사회의 주목을 받게 된 것은 10년도 안 된다. IT로 인해 국제무대에서 대통령의 어깨에 힘이 실리게 된 것은 겨우 5년여에 불과하다. 노무현 대통령은 재임기간 반 만에 역대 대통령 중 가장 많은 24개 나라를 방문한 대통령이 되었다. 그동안 동남아 국가들을 위시하여 브라질, 칠레, 터키, 인도, 우즈베키스탄 등은 우리 대통령에게 한결같이 한국의

IT를 원했다. 심지어 영국, 프랑스, 독일 등 선진국까지 한국의 IT에 관심을 나타내곤 했다. 2005년 9월에는 중남미 방문길에 멕시코에서 '디지털 방송기술행정협정' 서명식이 있었고 코스타리카, 과테말라, 엘살바도르와도 정보기술 지원을 내용으로 하는 양해각서를 체결했다. 또 중남미 연합체(SICA) 소속 8개국 정상과의 '1+8정상회의'에서도 대통령은 IT로 높아진 국가 위상에 흐뭇해했으며, 8개국 정상들은 한국의 IT 협력에 목말라 했다. 과거 대통령의 외국 나들이 대부분이 국가 안보를 다지거나, 경제지원을 요청하는 고행길이었는데 비하면 놀라운 변화가 아닐 수 없다.

실제로 한국의 IT는 2001년부터 4년 연속 초고속인터넷 보급률 세계 1위에 세계 최고수준의 정보인프라 구축에 성공했다. IT 분야에서 세계시장을 휩쓸고 있는 콧대 높은 서구의 다국적기업들이 한국시장에서만은 맥을 못 추고 있다. 이들이 한국시장에서 1위를 차지한 제품은 거의 없다. 디지털 TV, 디지털 카메라, 노트북 PC, 냉장고, 세탁기 등 신형 가전시장은 국내제품이 완전 장악하고 있다. MP3플레이어 세계시장의 50%를 차지하고 있는 미국 애플(Apple) 사의 '아이팟'은 미국 내에서는 75%, 일본에서도 35% 이상을 차지하고 있다. 그러나 한국에서는 겨우 2%도 안 되는 10위권 밖으로 밀려나 있다.[19]

세계 PC시장을 석권하다시피 하고 있는 미국의 델(Del)컴퓨터도 한국에서만 고전을 해 3% 안팎의 점유율에 머물러 있다. 외제라면 사족을 못 쓰던 한국 사람들이 이제는 외국 사람들로부터 자기나라 제품을 애용하는 애국심 강한 국민으로까지 칭송을 받고 있다. 우리 역사상 기술분야, 기술제품에서 이렇게 세계시장을 주름 잡은 예는 한 번도 없었다. 이제는 IT에서 얻은 국가이미지 덕에 대통령에서부터 기업, 관광객들까지 외국에서 대접을 받는 처지가 되었다. 자랑스러운 일이 아닐 수 없다. 그러나 이런 기적은 결코 저절로 얻어지거나 순탄하게 이루어진 것이 아니다. 그렇다고 근로자의 피와 땀의 결실로 얻어진 것도 아니다. 세상 모든 국가 근로자들이 다 같이 노력하고 피땀 흘려도 이루지 못한 것을 우리는 단기간에 해냈기 때문이다.

한국이 IT 강국이 될 만한 싹수는 이미 20여 년 전부터 나타나기 시작했다. 그때 한국은 정보화란 이름의 새로운 물결에서 재빨리 기회를 찾았고 일찍부터 여기에 초점을 맞추어 자원과 인재와 창의력을 쏟아붓기 시작했다. 그 한가운데에는 집념으로 가득 찬 몇몇 선각자들의 뛰어난 안목과 집념, 리더십이 있었다. 더 정확히 말한다면 빼어난 몇몇 선각자들이 감성적 국민기질에 불을 댕기면서 정부와 기업들을 부추겨 IT 붐 조성에 힘을 모으는 데 성공한 때문이다.

거슬러 올라가면 정보산업에 대한 의욕은 박정희 대통령의 '중화학공업선언'에서 찾아 볼 수 있다. 철강, 비철금속, 조선, 전자, 화학에 이어 전자산업이 6개 분야에 끼면서 물이 오르기 시작한 것이다. 그때 남덕우 경제기획원 장관과 호흡을 맞춘 김재익 경제기획국장은 '4차 5개년 계획(1977~1981)' 속에 미래 전자시대를 열어가는 계획을 포함시켰다.[20] 이는 꿈과 야망이 담긴 청사진이었다. 당시 정부로서는 산업사회로의 체질개선이 본 궤도에 오르면서 저임금의 한계가 드러나고 고도성장에도 어두운 그늘이 드리워지기 시작하던 때이다. 막연하게나마 무언가 밋밋한 개선보다는 한 차원 뛰어넘는 새로운 전기를 모색하던 중이었다. 기업들 역시 수출시장에 붉은 불이 켜지고 선진국 뒤꽁무니 따라잡기에도 힘겨워할 때라 새로운 장르에 대한 갈증이 고조되던 시절이었다. 일반 국민 역시 과열된 독재청산과 민주화운동, 색다른 이념갈등에 진저리를 내면서 새로운 희망적 탈출구를 찾고 있었다.

이때 등장한 정보사회라는 이름의 이상적인 미래사회의 그림은 놀라운 반향을 일으켰다. 《미래의 충격》,《제3의 물결》,《정보화 사회》 등의 저서가 불티나게 팔린 것도 이 시기였다. 정보사회는 독재가 발 붙이기 힘든 지적, 창의적 사회이고 무수한 기회가 열려 고된 노동에서 해방되는 꿈에 그리던 이상향으로 그려졌기 때문이다. 한국은 이때 국가와 기업들의 어려워진 현실 뒤편 깊숙이 갈무리된 잠재력을 한 군데로 모아 쏟을 만한 탈출구를 정보화에서 찾은 셈이다. 그 첫 단추는 전화망에서 풀리기 시작했다. 김재익은 기존의 전화를 전자식 교환방식으로 바꾸지 않으면 전자산업의 선진화를 기대할 수 없다는 소신을 가지고 있었다. 당시 남덕우 장관은 이를 5개년 계획사업으로 도입, 추진하겠다고 박정희 대통령에게 보고를 마쳤다. 당시의 전화는 기계식 교환방식으로 되어 있어서 아무리 기능을 개선해도 한계가 있었다. 급증하는 수요를 감당할 수 없어서 미국, 독일 등 선진국의 최신형 교환 설비를 도입했지만 전화 적체는 조금도 수그러들지 않았다. 1980년대 초까지만 해도 백색전화는 중요 재산목록이 되어 고가로 매매되고 있었다. 이를 일거에 해결하는 방식은 컴퓨터 장치가 내장된 전자식 교환방식이었다.

그러나 문제는 이 혁신적인 전화사업을 앞장서서 추진해야 할 체신부가 전자식 교환방식 도입을 반대하고 나선 것이다. 아무리 효율성이 뛰어난 혁신적인 제도나 방법이라 해도 주변사정에 대한 충분한 고려 없이 일거에 도입하여 현실에 적용하는 일은 쉽지가 않다. 비록 기존 제도나 방식이 낡았다 해도 하나의 문화로 정착되어 있는 관습을 명분이나 합리성만으로 바꿔치기 하는 데는 어려움이 있다. 바로 문화적 저항 때문이다. 또 기존 체제에 얽혀 있는 수많은 이해관계자들의 생존에도 심각한 영향을 주기도 한다. 이때 기술에 대한 이해가 부족한 국정의 최고경영자가 현업에 밝은 체신부의 손을 들어 주었더라면 우리나라는 IT 강국이 아닌 평범한 산업국가로서 아직도 남이나 흉내 내면서 세월을 보내고 있었을 것이다.

다행히 확신에 가득 차 있던 전문가 그룹의 끈질긴 집념과 최고경영자의 결단에 힘입어 전자식 교환기사업은 훌륭하게 성공했다. 그것도 남보다 빨리 한국인 손으로 만들어진 고성능 전자교환기(TDX1, TDX10)가 나중에 외국으로 수출되기까지 했다.

여기서 한국이 얻은 더 큰 수확은 이 개발사업을 통해 IT 관련 국내 기술축적과 자신감이라는 큰 밑거름을 얻게 되었다는 사실이다. 이를 계기로 한국 사회에는 전화 적체가 말끔히 해소되면서 전국의 산골, 낙도에까지 전화보급의 길이 활짝 열렸다.

이것이 바로 정보통신 사회, IT 강국의 첫걸음이 된 것이다. 정보 소통로의 길이 전 국민에게 열렸기 때문이다. 전자교환기는 곧이어 나타날 무수한 PC 통신의 길을 열어 놓았으며, 초고속 광통신망을 앞당기고 순식간에 전 국민을 인터넷 공유시대로 안내하게 된 기반시설이 된 것이다.

여기에서 힘을 얻은 정부는 보다 야심적인 정보화 전략으로 새로운 비약의 발판을 마련하기 시작했다. 국가정보화 계획사업이다. 이는 기존체제, 사고, 관습에까지 변화의 바람을 몰고 오는 충격적인 국가사업이다. 기존의 틀을 바꾸려는 이러한 사업 앞에 상상할 수 없는 걸림돌들이 산적한 것은 당연한 일이다. 천만다행인 것이 이런 걸림돌들이 당대의 뛰어난 소수 선각자들의 집념과 헌신에 힘입어 하나씩하나씩 힘겹게 고비를 넘기고 매듭을 풀어가면서 훌륭하게 극복되었다는 것이다.

당시 국가정보화라는 대 역사(役事)의 중요성을 누구보다 먼저 깨닫고 적극 참여해온 인사들이 비록 적은 수이지만 청와대, 정부, 기업, 연구소, 학계에 널리 포진해 있었다. 이들은 마치 조선 말기 개화파 인사들과 같은 심정으로 정보화에 매달려 살았다. 이때 그 맨 앞에 섰던 우열을 가리기 힘든 빼어난 인사들만도 100명이 넘을 것이다.

그중에서 굳이 선도적 인물을 고르라고 한다면 세 사람을 꼽지 않을 수 없다. 김재익(金在益), 오명(吳明), 이용태(李龍兌)가 바로 그들이다. 이들은 어떤 시각으로 보아도 IT 한국의 역사를 논할 때 결코 빠트릴 수 없는 업적을 쌓았다. 김재익과 오명은 청와대 비서관으로 정책개발과 정부의지, 재원조달 그리고 정보화의 큰 틀을 짜는 데 결정적 역할을 해냈으며, 이용태는 민간 부문에서 현실적인 장벽을 헤쳐가면서 정보화를 토착화시키는 선봉역할을 해냈다.

이들 세 사람의 공통점은 국가정책을 실천에 옮기는 접근방식이 매우 유연할 뿐 아니라 뛰어난 전문가들이면서도 원만한 호흡의 일치를 보여주었다는 점이다. (대형 국책사업이 이처럼 추진과정에서 혼선과 잡음 없이 일사분란하게 추진된 예는 매우 드물다. 그 배경에는 어떤 권력의 간섭도 없이 김재익이 소신껏 오명을 파트너로 선택하고, 오명 역시 이용태를 파트너로 직접 선택할 수 있었다는 점을 간과할 수 없다.) 이들은 본격적인 정보화 전략을 추진해 가는 과정에서 결코 강압적 방식을 택하지도 않았고 서두르지도 않았다. 사회 각 분야 주도계층을 상대로 끈질긴 설득과 기다림을 통해 하나씩하나씩 제도와 관습을 바꾸어나갔다. 그것이 사회적 저항을 최소화하면서 동조세력을 확대해 나가는 데 성공한 비결이 된 것이다. 다양한 성공사례를 들어 설득함으로써 기업과 기관, 단체, 언론, 개인을 상대로 호기심과 경쟁심을 자극해 갔다. 또 전국적으로 일반 국민을 상대로 PC 교육을 통한 정보마인드를 강화시켜 사회적 공감대를 밑바닥에서부터 다져 나갔다.

개혁정책에는 기존의 관습과 정서와는 동떨어진 이질적인 특성이 있다. 따라서 수많은 저항에 부딪치지 않을 수 없게 되어 있다. 아무리 이상적인 정책이라도 이 고비를 지혜롭게 극복하지 못하면, 의외로 혼란이나 실패로 끝나버리기 십상이다. 특히 사회체제를 정보사회로 탈바꿈하는 데는 상상할 수 없는 과제들이 그 앞을 가로막고 있다. 무력에 의한 사회 개혁은 신속한 결과를 끌어낼 수 있지만 많은 피와 희생, 탄압과 보복이

따른다. 숨어있는 저항의 불씨가 오랫동안 사회갈등으로 나타나 불안한 세월을 거치지 않을 수 없다. 체질화가 되지 않았기 때문이다.

반면에 지식사회에서의 체질개선은 비 폭력적이며 눈에 잘 안 띄는 대신, 기대와는 달리 유야무야로 끝나버리든가 지지부진하기 마련이다. 이를 위해서는 한국적 환경, 한국인의 기질을 최대한 활용해야 한다. 강압보다는 설득으로 문제를 해결해야 하며 설득을 할 때에는 한국인 특유의 순발력, 도전성, 모험심, 성취욕, 명예욕, 속도감에서 민족적 자존심까지 동기를 불어 넣어 주어야 한다. IT 산업은 이 모두를 수용할 수 있는 매우 정밀하면서도 역동적인 분야이다. 공감대 형성에 불만 붙여주면 그 다음에는 말려도 듣지 않는 동조정신이 발동한다. 김재익은 정보사회를 예견하고 경제기획원과 청와대에서 정보산업을 국가정책에 반영해낸 선각자이다. 안타깝게도 그는 아웅산 테러로 인해 순직했지만 그의 꿈은 오명등에 의해 보다 체계적이고 선명한 모습으로 살아나게 되었다. 김재익은 짧은 공직생활에서도 한국의 정보화 강국의 밑그림은 물론 한국의 선진화, 국제사회 적응력을 높이는 데도 많은 기여를 했다.

「그가 제창한 시장경제, 금융실명제, 부가가치세, 금리자율화, 개방화, 특혜금융철폐, 세제혜택철폐, 공정거래제도, 한국은행의 독자성 등은 현재 우리 경제현실 속에서 굳건히 자리 잡아 가고 있다.」[21]

이런 일련의 정책들은 한국경제가 국제경제의 큰 틀 속에서 유연하게 적응할 수 있는 체질개선과 국제적 내성을 기르는 데 결정적 역할을 했다. 너군다나 이런 정책은 전두환 정권 때 이루어진 것이다. 정권의 정통성과 도덕성 시비에서도 자유롭지 못한 데다, 독재정권이라는 거친 이미지로 인해 많은 지식인들이 냉소와 비판, 증오의 눈길을 받아야 했던 시절에 그가 현실 참여를 선택한 것에는 많은 의미가 함축되어 있다.

「당시 전두환 대통령의 경제수석비서관인 김재익에게 대학생인 그의 아들이 아버지가 독재정권에 협력하고 있는 것을 항의했다. 이때 아버지는 아들을 향해서 경제의 개방화와 국제화는 결국 독재체제를 어렵게 하고 시장경제가 자리 잡으면 정치의 민주화는 자연히 따라 온다고 일러주었다. 경제의 자율화와 개방화의 파급효과란 경제에만 국한되지 않고 정치적, 사회적으로 큰 파장을 불러일으켜 결국 민주사회를 유도한다는 것은 너무나도 자명한 이치이다. 이러한 의미에서 김재익이 주장한 경제적 자율화는 세월의 흐름 속에서 열매를 맺으면서 이 땅에 민주사회를 건설하는 데 밑거름의 역할을 했다고 확신한다.」[22]

김재익의 성공은 당시 고조되고 있었던 극단적인 이분법적 사고, 증오와 전복 등에 물들어 있는 파괴적 풍조를 따르기보다는 보다 실용적이고 유연한 사고로 현실을 인정하면서 점진적 사회개선의 길을 선택했기에 가능한 일이었다. 이것은 곧 순응과 조화, 인내와 적응을 통해 질긴 생명력을 유지해온 한국역사, 한국인 기질의 원류에 부합되는 지혜로운 생존의 법칙과도 일치된다. 오늘날에도 그가 많은 사람들로부터 추모의 대상이 되는 것은 공직자로서 깨끗한 처신으로 청백리의 귀감이 되었다는 점과 그의 평화적인 정책 접근태도가 한국인의 정서에 믿음과 친화력을 심어주었기 때문이다. 이것이 거대한 사회개혁의 물꼬를 순조롭게 터주었다고 본다. 그의 통신혁명에 대한 구상도 이런 한국경제의 큰 그림 속에서 추진된 것이다.

1980년대 초반 한국의 정보화사업에 본격적인 시동이 걸렸을 때 그 현장에 있었던 정홍식(전 정보통신부 차관)은 이렇게 말하고 있다. "1980년 8월 말에 전두환 대통령이 청와대에서 대통령집무를 시작했으며, 9월 초에는 김재익 박사가 대통령 경제수석비서관에 임명되었다. 이어서 9월 하순에는 오명 박사와 홍성원 박사가 정보통신산업 담당 경제비서관과 연구관에 임명되었다. 의도적인 인선인지는 몰라도 김 박사는 경제학 박사이며, 오 박사와 홍 박사는 모두 전자공학 박사였다. (중략) 전자·정보통신산업의 전략적 리더는 김재익 박사였으며, 그 전략의 실천자는 공학박사들이었던 것이다. 그것은 정책 우선순위 결정자와 관련 분야 전문가의 완벽한 조화였다고 볼 수 있다. 그 후 그들은 오랫동안 뚜렷한 소신과 전문지식을 가지고 소관업무를 성심껏 추진했다. (중략) 이런 일이 가능했던 것은 그들이 유능하고 성실했던 점도 있지만, 보다 큰 이유는 전두환 대통령의 개인적인 리더십과 용인술이 있었기 때문이다. 즉 '한 번 믿고 맡긴 일은 끝까지 간다', '경제문제는 김재익 수석이 대통령이다'라는 경제정책 운영원칙을 흔들림 없이 관철했던 점이 크게 작용했다." [23]

오명은 현장 부서로 자리를 옮긴 뒤 체신부를 정보화 선도부서로 탈바꿈시키고 일관성 있는 국가정보화 정책을 실질적으로 이끌어 간 정책입안자이자 추진자, 조정자 역을 해냈다. 그는 10여 년 동안 체신부에 봉직하면서 정보사회라는 큰 틀이 자리를 잡을 수 있도록 행정부서 간, 행정부와 기업을 하나로 묶어 한 목소리를 내게 하는 팀워크 조성에 선도적 역할을 했다. 그는 정보화의 체계화, 대중화를 위해 국가기간망 계획, 정보고속도로 계획 등 굵직굵직한 정책개발로 가장 평온하면서 정체성을 가졌던 체신부를 가장 역동적인 첨단기술부처로 바꾸어 놓았다. 또 앞으로 다가 올 정보환경 변화에도 선견지명을 발휘, 치밀한 대비책을 갖추어 놓았다.

이를 위해 그는 일찍부터 복잡하고 광범위한 정보화정책을 뒷받침하고 실질적으로 이끌어 나갈 유능한 전문연구·기술 집단을 조직화해 나갔다. 세계와 겨룰 만한 첨단 정보기술을 개발할 전자통신연구소(ETRI), 정보화정책변화에 대처할 통신정책연구원(KISDI), 국가전산화와 전자정부를 위한 전산원, 정보화에 대한 사회적 인식을 바꾸기 위한 계몽기관인 정보문화진흥원(KADO) 등이 모두 그의 재임 중에 설립된 정부 산하기관들이다. 이에 앞서 그가 국가 행정전산망 사업과 전산 전문 인력양성을 전담할 전위근직인, (주)데이콤을 설립한 것은 당시 불모지나 마찬가지인 우리 나라 소프트웨어 산업과 보다 체계적인 정보화 로드맵을 위한 옥토를 조성해준 준 계기가 되었다.

한마디로 이용태는 정보화의 야전사령관과 같은 존재였다. 그는 행정전산망사업의 책임자로서 정보화에 대한 인식이 전무하다시피 한 국가 및 공공기관 관료들의 의식변화에 골몰했다. 이와 함께 학생, 일반 대중에 대한 정보문화 계몽 그리고 산업계 최일선에서의 공감대 형성에 전력 투구했다. 그는 1982년 데이콤의 창설자이자 초대 사장으로 부임했다. 초창기 데이콤은 공공기관이나 다름없었다. 체신부의 주도로 산하기관인 한국통신(KT)을 최대의 주주로 하여 삼성, 금성, 현대, 대우, 국제상사, OPC 등 당시 국내 최대 재벌들이 주주로 망라되어 있었다.

이사회 구성도 체신부, 총무처, 과학기술처, KBS, ETRI와 투자기업들이 참여하고 있어서 마치 관·산·학·연구기관이 한 자리에 모여 국가 정보화를 이끌고 가는 통합체와 같았다. 데이콤의 사업 중에는 지금까지 음성중심의 통신망 외에 정보만을 나르는 정보통신망을 구축하는 사업과 국가 5대 기간 전산망(행정망, 금융망, 교육연구망, 국방망, 공안망) 중에서도 가장 방대하고 복잡한 행정전산망 사업을 전담하는 일이었다. 행정전산망 사업은 국가정보화의 성패를 좌우하는 대형 국책사업이며 모험적 프로젝트였다.

이용태는 당시 절대 부족했던 국내 소프트웨어 전문 인력을 모으고, 외국 전문가를 초빙하여 배우고 익히고 실험하면서 어렵게 사업을 끌고 나갔다. 이때의 난관 중에 기술 부족보다 심각한 것이 있었다. 바로 국정을 이끌고 있는 정치인, 행정관료 대부분과 언론인들의 부정적 인식이었다. 이들은 정보화가 인간정신의 말살을 가져오는 기계적 사회라는 선입감에다 정보화로 인해 자기 영역이 축소 또는 침해받는다는 피해의식으로 동참을 꺼리고 있었다. 이들은 협력보다는 사사건건 의심하고 반대하면서 발목을 잡기 일쑤였다. 또 굳이 해야 한다면 사용할 컴퓨터는 물론 개발업무도 검증된 선진국 제품과 기술에 의존하자는 의견을 지속적으로 피력했다.

그러나 이용태는 지금이야말로 정보산업에서 외국의 지배를 벗어나, 우리 독자기술을 개발하고 노하우를 축적할 수 있는 유일한 기회라는 확신을 가지고 있었다. 그는 국산 컴퓨터의 제작을 처음 시도하는 등 컴퓨터 자립의지가 남달랐다. 그는 주민등록업무 등 5대 선도사업을 순수 우리 인력으로 개발하기로 했다. 또 행정전산망 전용 주 전산기를 구입하는 기준에서도 획기적인 조건을 붙였다. 주 전산기 제작에서 부품은 특정회사의 것이 아닌 누구나 정보기자재 가게에만 가면 쉽게 구할 수 있는 것이어야 했다. 또 컴퓨터를 작동하게 하는 소프트웨어도 특정업체의 것이 아닌 누구나 공유하는 오픈시스템(Open system)을 택하기로 했다.

또 정보량이 늘어나면 거액의 돈을 들여 새 컴퓨터를 사는 낭비를 줄이기 위해 기존의 컴퓨터를 그대로 쓰면서 양을 늘려 갈 수 있는 확장성이 있어야 했다. 이런 요구조건에 세계시장을 장악하고 있는 유명 컴퓨터 회사들은 냉소로 참여를 거절했다. 그들의 조건은 모두 그들만의 독점적 기술과 소프트웨어를 써야 한다는 것이었다. 골치 아프지 않고 쉽고 말썽 없이 행정망사업을 끝내려면 당시 최대의 외국 개발업체, 컴퓨터 제조회사와 계약하면 수일하게 일이 끝났을 것이다. 하지만 그렇게 했다면 대신 행정망사업이 활성화되고 이용자가 늘어날수록 철저한 기술 예속에 빠져들고 매년 엄청난 규모의 기술사용료, 소프트웨어사용료를 물어야 하는 무거운 짐을 지어야 했을 것이다.[24] 실제로 외국 유명 거대기업의 로비스트는 이용태를 부정한 축재기업가로까지 몰아가기도 했다.

그러나 이용태는 이 거친 풍파를 용케 이겨냈다. 이 과정에서 국산 컴퓨터 '타이컴'이 탄생했으며, 행정전산망 사업도 당당히 당초 목표를 달성했다. 이때 이룬 5개의 선도사업인 주민등록정보, 부동산거래정보, 자동차정보, 통관정보, 경제통계업무 전산화사업 등은 한국 사회의 정보화와 국가정보화의 초석이 된 성공사례들이다. 이 사업의 성공이 없었더라면 오늘날 전자정부나 금융실명제 등의 선진국 자리는 꿈으로 끝났을 것이고, 부동산정책이나 공평과세정책 등도 모두 불확실한 수작업을 면치 못했을 것이다. 또 행정망사업은 한국 소프트웨어산업의 가능성을 몇 단계나 높여 놓았다. 네트워크사회에 걸맞게 각 부처, 각 기업 간의 정보공유와 중복투자를 최소화하는 능률적 사회체제 구축에 미친 영향과 경제효과는 금액으로 환산할 수 없을 만큼 엄청난 것이다.

또 하나 데이콤사업의 한 축인 정보통신 전담망 구축사업은 오늘날의 초고속 정보통신망이나 인터넷사업의 효시가 된 것이다. 1983년 이용태는 KAIST의 전길남 박사가 운영하는 SDN이란 시험사업을 인수해서 그 첫 사업으로 '정보 사랑방'이란 사이버 사랑방을 열었다. 이 커뮤니티에 참여한 회원은 서울대 조순 교수, 전 정신문화연구원의 이현재 교수, 오명 차관, 홍성원 비서관, 소설가 한수산 그리고 데이콤의 이용태, 유경희 등 20여 명이 채 안 되었다. 이들은 16비트급 PC로 전화망을 통해 메일을 주고받기 시작했다. 이것이 한국에서 인터넷이 사용된 첫 사례이다. 지금으로부터 20여 년 전 일이다. 그동안 한국의 인터넷 사용 인구는 3,000만 명이 넘었으니 줄잡아도 10만 배 이상이 늘어난 것이다. 기적이란 바로 이럴 때 쓰는 말일 것이다.

국제사회에서 한국을 인터넷 강국으로 부르고 있는 데는 많은 의미가 담겨있다. 여기에는 인터넷이 잘 되는 고속의 정보통신망이 전국 곳곳에 깔려있어야 하고, 인터넷을 통해 오가는 수많은 정보들이 디지털화되어 있어야 하며, 인터넷에 빠져들 만한 소일거리(콘텐츠와 서비스)들이 샘물 솟듯이 경쟁적으로 불어나야 한다. 물론 그 전에 PC 보급이 충분하게 이루어져야 하고 이를 능숙하게 쓸 줄 아는 사용자들이 남녀노소 계층에 관계없이 넘쳐나야 한다. 한국은 이 모든 것을 불과 10여 년 만에 이루어냈다.

전화망에 답답해하는 성급한 한국인 기질에 맞추기 위해 업체들은 다투어 좀 더 빠른 통신망, 좀 더 새로운 기술과 서비스 개발에 열을 올렸고, 자신도 모르게 세계 최고수준의 고속 정보통신 인프라구축에 성공해 다채로운 인터넷 서비스의 길을 터 놓았다. 놀이문화라면 사족을 못 쓰는 한국인의 구미에 맞추기 위해 쏟아져 나온 온라인 콘텐츠들은 게임 강국에 각종 정보서비스 선도국의 지위를 차지하게 했다. 인터넷 쇼핑몰이 우후죽순처럼 솟아나는 등 전자상거래가 활성화되고, 휴대전화를 가득 채우는 온갖 정보서비스, 인터넷 방송, 이동식 전자기기로 보는 TV방송(DMB)서비스 등이 환상적인 사이버 시장을 주름 잡아 가고 있다.

이런 환경 덕분에 PC 등 정보기기 업체는 신기술 개발로 신제품 출시에 선두 주자가 되었으며, 국가의 정보문화 계몽사업으로 인한 컴퓨터 배우기 열풍은 수많은 인터넷 마니아를 양산하게 되었다. 아마도 한국인의 뛰어난 감성 속에 숨어있는 풍류정신, 성급성, 호기심, 도박심리 등이 동조성을 부추기지 못했다면 한 편의 드라마 같은 극적인 힘의 결집과 폭발력을 일으키지 못했을 것이다.

'한강의 기적'과 국민적 잠재력을 이끌어낸 리더십

〈중앙일보〉는 창간 40주년 특집으로 가장 존경하는 대통령에 대한 여론조사를 실시했다(2005.7.21). 일반 국민을 대상으로 한 여론조사 결과는 박정희 56%, 김대중 25%, 전두환 3%, 이승만 2%, 김영삼 2%, 최규하

1%, 노태우 0.4%로 나타났다. 지난 2001년 7월에도 국내 대학교수 3,644명을 대상으로 이메일 조사를 했다. 결과는 박정희 58.4%, 김대중 22.9%, 김영삼 7.2%, 이승만 3.5%, 전두환 3.3%, 최규하 1.8%, 노태우 0.4%였다.[25] 이 두 조사에서 찾아볼 수 있는 특이한 사실은 2005년의 조사에서 역대 대통령, 특히 전두환 전 대통령에 대한 평가가 달라진 점이다. 부정축재자이며 군부 쿠데타로 규탄의 대상이 되어 온 그가 민주세력의 구심체로서 처음 정권을 잡은 김영삼을 누르고 세 번째로 존경받는 대통령에 오른 것이다. 또 그는 이승만 초대 대통령까지 제쳤다. 이를 보면 국민여론의 향배가 어떤 방향으로 흘러가고 있는지를 읽을 수 있다. 여기서 일관되게 변치 않은 것은 일반 국민이나 엘리트 집단인 대학교수들이 박정희 전 대통령을 '가장 존경하는 대통령'으로 뽑은 것이다. 그것도 압도적 비중으로. 이런 지지율은 박정희 대통령 사후 30여 년이 지났는데도 불구하고 한결 같다.

과거 박정희 정권 아래에서 탄압을 받아 온 김영삼, 김대중 등 민주화 세력들이 문민, 국민의 정부 이름으로 정권을 잡은 지 10년이 훌쩍 넘었는데도 탄압자의 인기와 '존경심'이 조금도 식지 않은 것을 보면 예사로운 일이 아니다. 고려대 김호진 교수는《박정희를 어떻게 볼 것인가》에서 박정희 향수의 원천을 4가지로 분석했다.[26] 첫째는 보릿고개를 없앤 산업화 기적. 둘째 개발형 독재자였을 뿐이지 축재형 독재자가 아니었다. 셋째 부패나 친인척비리가 없다. 넷째 부인인 육영수 여사의 학과 같은 이미지도 영향을 주었다.

마하티르 모하마드 전 말레이시아 총리는 2004년 싱가포르의 한 대학에서 '민주주의와 아시아의 지도력'이란 주제의 강연을 했다. 그는 이 자리에서 한국의 박정희 대통령과 중국의 덩샤오핑(鄧小平)을 대표적 지도자로 꼽았다. 비록 비민주적 지도자였지만 국가를 발전시킨 인물로 높이 평가한 것이다. 이 외에도 싱가포르의 리콴유 전 총리를 비롯해서 중국, 동남아는 물론 미국, 유럽사회의 정·학계에서조차 '한강의 기적'은 박정희 대통령의 리더십 때문이라는 데 공감하고 있다. 한강의 기적을 통해 결과적으로 한국의 경제자립을 이루어냈으며, 민주적, 문화적 욕구의 터전까지 마련해 주었다는 것이다.

한 국가의 국민으로서 바라는 최우선의 가치를 들라면 두 가지로 압축할 수 있다. 하나는 국가의 안전보장이고, 또 하나는 빵 문제 해결이다. 이 두 가지는 근원적 생존문제이다. 어느 것이 먼저랄 수 없는 표리관계로 상호공존·상승관계에 있다. 이 두 가지 문제가 해결되고 나서야 삶의 질이나 문화적 욕구가 중요한 자리를 차지하게 된다. 아무리 꿈이 거창해도 외부침략을 이겨내고 먹고 사는 문제를 해결하지 않고서는 무의미한 공론에 그치고 만다. 역사적으로 민주주의가 발달되고, 문예부흥의 꽃을 피운 시기는 대부분 사회가 안정되고 경제적 풍요가 뒷받침된 시기이다. 아테네의 융성기가 그러했고, 이탈리아 르네상스기에도 무수한 도시국가들이 경제적 풍요의 절정기에 있었다.

박정희 대통령은 재임 중 빵과 국가안전에 모든 것을 걸었다. 그의 모험정신은 전통적인 경제원칙에 구애받지 않았다. 미국 경제학자 앨리스 암스덴 교수가 '정부주도에 의한 경제개발을 서구 자본주의사회에서는 찾아 볼 수 없는 동아시아의 발명품'으로 평가하고 있는 것도 이런 이유 때문이다.[27] 박정희는 항상 강대국의 틈새에서 국가안전을 의지해 살아온 타성에서 벗어나 자주국방의 기치를 내걸고 방위산업에 공을 들였다. 무엇보다 큰 업적은 농업사회에서 산업사회로 사회구조를 바꾸어 빵 문제를 해결한 점이다. 그는 절대 부족한 나라살림 속에서 20여 년이 채 안돼 중화학공업의 틀을 닦아놓았고 사회 인프라를 산업사회에 맞게 다져놓았다. 이 과정에서 그는 일관되게 현장 확인과 강력한 독려의 끈을 조이는 한편, 수출실적, 공장건설 등 가시적인 성과들로 국민들의 긍지를 심어주고 감성적 분발을 자극했다. 새마을운동이라는 국민운동 역시 환경개선운동이라는 친근한 물리적 운동에서부터 산업사회로의 체질을 바꾸는 정신운동으로 사회적 공감대를 넓혀나가는 유연한 접근방식으로 성공을 거두었다.

국가경영의 꼭지점에 서 있는 대통령은 기업의 운명을 책임지고 있는 CEO와 크게 다를 바 없다. 기업도 살아남으려면 급변하는 외부환경에서 자신을 지키면서 주주와 소속 직원들을 먹여 살려야만 한다. 성공적인 CEO들의 공통점은 밖으로는 소비자의 욕구변화에 맞는 양질의 상품을 꾸준히 개발하고, 유통환경을 원활히 하면서 기업에 대한 우호적 이미지 굳히기에 전력을 다한다는 것이다. 또한 안으로는 내부인력에게 희망적인 비전으로 구체적인 꿈과 목표를 심어주고 자기계발과 적응기회를 넓혀준다. 이와 함께 부단한 구조조정과 자원의 효율적 배분으로 능률과 긴장, 변화를 통한 경영합리화의 끈을 늦추지 않는다. 이때 현명한 CEO는 기업의 전통 속에 녹아있는 기업문화에서 지혜를 찾아내, 여기에 힘을 얹어 공감대를 형성해가는 점진적인 개혁방법을 선택한다. 이것이야말로 안팎으로부터 갈등소지를 줄이고 신뢰도, 호응도를 높여가는 첩경이 된다.

이상적인 국가발전 모델은 빵과 꿈을 대표하는 경제성장과 민주주의 정착이라는 두 바퀴의 수레에 비유된다. 수레가 뒤뚱거리지 않고 제대로 굴러가려면 두 바퀴의 크기나 모양, 속도가 균형을 이루어야 한다. 우리 역사는 빵과 꿈의 불균형으로 얼룩진 고난으로 가득 차 있다. 그중에서도 '백성들의 가난구제는 나라님도 어찌 할 수 없는' 풀기 힘든 최대의 난제였다. 국고가 허술하니 강력한 군사력을 기를 수 없었고 백성구제에는 더더욱 손을 놓을 수밖에 없었다. 그래서 약소국의 멍에를 벗어나지 못한 것이 이상향에 대한 불합리한 꿈을 키운 원인이 되었다.

그중에서도 사회주의 이념이 지향하는 이상향에 대한 열정은 꿈 많은 한국인들에게 엄청난 재앙을 불러왔다. 이때 뿌려진 갈등의 씨앗들은 동족상잔의 비극을 불러오고, 사사건건 국론분열을 첨예화시키면서 아직도 민족의 화합과 동질성에 큰 상처를 남겨주었다.

그러나 한국문화, 한국인의 잠재력은 항시 위기와 갈등 속에서 살아났고 꽃피웠다. 이 갈등구조야말로 국민의 위기의식을 부추겨 새로운 발상과 경쟁력과 강력한 현실극복 의지를 강화시키는 자극제가 되어 온 것이다. 박정희 대통령이 한강의 기적을 향해 강력한 지도력으로 속도를 낼 수 있었던 것은 북한과의 체제경쟁에서 우위를 점하고, 국내의 민주세력에게도 당위성을 돋보이려는 의욕이 컸기 때문이다. 한국인의 정치적 동조성은 희망을 주는 리더에 대한 광적열기를 통해 자주 나타났다. 이는 오랫동안 약소국의 비애를 겪으면서 초자연적 능력을 가진 특출난 카리스마에 의존하고 싶어 하는 기대심리와 무관치 않다. 이승만과 김구의 독립운동은 나라 잃은 국민에게 횃불 같은 존재였다. 그러나 이승만은 대통령이 된 후 더 이상의 꿈과 빵을 주지 못했다.

박정희는 이 열기를 산업사회건설에 쏟아 넣은 데 성공한 인물이다. 김대중 대통령은 가장 탄압받은 민주인사로서 남북정상 간의 회담을 성사시킨 정치적 성과의 주인공이기도 하지만, 벤처열풍을 이끌어내 경제 분야에 새로운 활력을 불어 넣어준 사실도 무시할 수는 없을 것이다. 외환위기로 무거운 짐을 물려받은 그는 사기가 꺾인 국내 경제계에 벤처기업 육성책이란 신선한 메뉴를 들고 나와 경제회복의 전기를 마련했다. 그의 정책은 국내 벤처붐에 맞추어 코스닥 활성화에도 가능성을 열어주었다.

모험산업은 한국인의 적성에 부합되는 창의와 도전, 속도와 도박성까지 띠고 있는 동조성이 강한 산업이다. 물론 미숙한 운영으로 각종 비리가 드러나면서 모처럼의 벤처열풍에 찬바람이 불기도 했지만 이를 계기로 국내에 패기 넘치는 창의적인 젊은 기술인력들이 다투어 현장으로 달려 나가 발랄한 활기를 불어 넣어준 것은 큰 공로로 보아야 할 것이다.

전두환 대통령은 시대를 읽는 예리한 안목과 남다른 용인술로 국민의 기질적 특성을 노련하게 활용한 인물이다. 그는 성급하고 변덕스러운 한국인이 깊이 빠져들 수 있는 아이템 개발과 신선한 국정환경 구축에 승부를 걸었다. 그는 각종 역기능이 불거져 나오는 산업화에 식상해진 틈새에서 정보화와 정보기술(IT)이란 새로운 방향을 제시했다. 정보사회라는 이상사회의 청사진은 국민적 관심을 집중시키기에 충분히 매력적인 주제였다. IT 강국의 꿈은 국가 최고경영자의 전략적 필요에 따라 때마침 IT 선구자들의 열정과 재능을 펼칠 기회가 열리면서 국민적 호응이 맞물려 이루어낸 합작품이다. 이때 전두환은 컬러TV 방송을 허용하고, 통행금지를 해제하며, 중·고등학생의 교복자율화 등을 단행하는 등 경직된 민심을 푸는 데 앞장섰다. 이것 역시 정보화된 개방사회의 흐름에 맞춘 결과가 되었고, 창조활동과 자유경쟁의 시장논리 활성화에 물꼬를 터주는 의외의 순기능을 가져왔다.

그런데 왜 김영삼, 노태우 두 대통령은 다른 대통령들에 비해 상대적으로 국민적 관심과 존경을 받지 못하고 있을까. 그들 역시 누구보다 바쁘게 정열적으로 국정업무에 매달려 살아왔다. 역사가의 눈에는 얼마든지 다른 평가가 나올 수도 있다. 그러나 국가 CEO로서 볼 때 그들은 국민의 식을 하나로 묶는 가슴 벅찬 비전을 제시하지 못했다. 장기적으로 희망적인 꿈과 긍지를 심어주는 전략과 신선한 실천의지도 보여주지 못했다. 앞으로 한국인들이 간절하게 바라고 있는 새로운 CEO상은 정보사회, 글로벌네트워크사회의 생리를 누구보다 잘 이해하고 여기에 국가발전의 동력을 창출하려는 배포 큰 포용력과 꿈, 야망에 불타는 인물이 될 것이다.

21세기는 질주하는 속도의 시대이자 현란한 문화융합, 디지털화된 영상문화에 매료된 신인류의 시대가 될 것이다. 이들은 네트워크 생리에 익숙해져 있어 종적·연속적 업무 처리방식으로는 능률을 올릴 수 없다. 하나를 개운하게 끝내고 다른 문제로 넘어가는 계열화된 수직적 연속업무는 아날로그적 사고방식에서 나온 업무처리 방식이다. 디지털 사회는 서로 연결되어 있는 수많은 문제들이 동시에 한 그릇에 담겨져 함께 풀어가고 함께 종결 짓는 입체적·수평적·융합적 업무처리 방식이 습관화된다.

또 국민국가의 기능이 점점 쇠퇴해지면서 세계화의 조류에 맞게 사람과 자본의 국제이동이 훨씬 자유로워지는 글로벌 사회로 체제도 바뀌게 된다. 따라서 이기적이고 대결구도를 버리기 힘든 지역주의, 국수주의, 민족주의, 국가지상주의 신봉자들은 어디서도 발 붙이기 힘들어지는 자유개방, 호혜공존의 시대가 열린다. 이런 시대에 살고 있는 사람들에게는 국가나 지역의 선택은 물론 직업에서도 폭넓은 선택의 자유와 기회가 열리게 된다. 이들에게 증오와 분열, 갈등, 불신, 책임추궁이 넘쳐나는 국가는 당연히 기피대상이 될 수밖에 없다. 국정을 책임진 CEO는 구성원들에게 밝은 미래와 화합, 관용, 공유의 공존문화를 활짝 열어주어야 한다. 기업에게는 활동의 자유 폭을 넓혀주고, 불필요한 간섭을 최소화하며, 일관성 있는 정책 아래 투명하고 공정한 조정자로서 신뢰감을 심어주는 것만큼 중요한 것도 없을 것이다.

한국의 선진국 전략, 희망적 감성 자극이 열쇠

우리는 앞으로 무엇으로 먹고 살 것인가. 날로 격심해지고 있는 국제경쟁 환경 속에서 우리는 어떤 기술, 어떤 산업으로 국민들을 먹여 살리고 국력을 증강시킬 수 있을까. 이는 단순한 경제과제가 아니다. 국가와 국민의 생존이 걸린 미래사회의 화두이다. 이를 위해 정부는 청와대에서 노무현 대통령 주재로 제18회 국가과학기술위원회를 열었다(2005. 8. 29).

이 자리에서 '미래 국가 유망기술 21'을 확정했다. 2015년 이후 한국을 세계 10위권의 선진국으로 올려놓을 유망기술 21개를 선정, 범국가적으로 힘을 모아 추진해 나가기로 한 것이다. 선정된 21개의 유망한 기술에는 재생 의·과학기술, 핵융합기술, 맞춤 의학·신약기술, 생태계 보전·복원기술, 인공위성기술, 디지털 컨버전스(Digital Convergence)기술 등을 세분화시킨 기술들이 포함되어 있다. 이들 기술은 우선 시장성이 있어야 하며, 삶의 질 향상에 기여도가 커야 하며, 국가위상을 높이고, 국가안위에도 도움이 되는 공공성이 있어야 하는 등 3개 기준에 따라 결정된 것이다.

이 안은 과학기술부가 중심이 되어 부처별 실무자와 전문가 토론을 거쳐 선정된 8개 분야 761개 과제들 중에서 미래국가유망기술위원회가 189개 분야를 추려내고, 다시 그중에서 최종적으로 확정한 것이다. 이 기술 선정 작업은 정부 혼자서 결정한 것이 아니라 다양한 분야의 전문가들의 폭넓은 참여 속에서 이루어진 것이어서 객관성과 신뢰성도 최대한 높인 것이다. 이들 기술에 대한 투자와 개발이 순조롭게 진행되면, 그 과실을 거둘 수 있는 시기를 대략 2015년으로 잡았다. 이때에는 1인당 GDP가 3만 5,000달러 이상으로 올라가며, 삶의 질도 OECD 30개 국가 중 현재 순위인 26위를 20위권으로 끌어 올려, 세계 10위 선진국 진입이란 희망적인 목표도 달성하게 된다.

과학기술부 외에 산업자원부, 정보통신부 등에서도 미래 기술한국의 희망이 될 만한 화려한 청사진들이 여러 차례 발표되었다. 산업자원부는 2004년 실용화가 끝난 신기술 중에서 경제·기술의 기대가치가 높은 10개의 유망신기술을 선정 발표했다(2005.1.19). 제철기술, DMB폰, 싱글 스캔 PDP, 디지털 디스플레이, 울트라 슬림 DLP TV, AMOLED, 전기 자동차, 제어장치, 신소재 화장품, 원자 현미경 등이다. 이중에는 전자정보 분야가 50%를 차지하고 있으며 앞으로 2, 3년 후에는 100억 달러 이상의 수출도 가능하다고 진단한 바 있다.

정보통신부도 야심적인 정보화전략 아래 초고속정보망 등 정보통신 인프라 구축과 신기술개발에 수십조 원을 투입해 왔다. 매년 정보화 기본계획을 부단히 가다듬고 '사이버 코리아 21(Cyber Korea 21)', 'IT 839' 정책 등 매력적인 정보화 청사진을 내놓고 있다. 이희범 산업자원부 장관은 한국이 기술입국으로 들어가기 위한 나름의 비책을 내 놓았다. 국제사회에서 남보다 앞서 기술개발에 성공한 기업이나 국가는 승자독점원칙(A winner takes all)에 따라 막대한 경제적 부가 따르게 되어 있다. 한국의 전반적인 기술 수준은 선진국의 70~80%에 불과하다. 한국 전체의 연간 연구개발비는 미국 자동차 3사(포드, GM, 크라이슬러)의 연구개발비를 합친 것보다 적다. 제일 중요한 원천기술이 부족한 데다 범용기술과 공정기술에 치중하고 있어 구조적 한계를 보이고 있다. 이러한 한계에 대한 해답은 창조적 장인(Creative craftman)양성, 핵심기술(Core technology)선점, 산·학·연 연계(Collaboration), 집적화(Clustering)를 통한 기술혁신, 기술문화(Culture)의 확산에서 찾아야 한다는 것이다.[28] 실제로 과학기술위원회가 심의 확정한 '2005년 기술수준 평가결과안'(2006.8.24)에 따르면, 2005년 미래국가 유망기술 21개 영역수준은 세계 최고대비 평균 64.7%로 최고국가와의 기술격차가 8.1년 뒤진 것으로 평가되고 있다. 미국의 99.6%, 유럽의 87.9%, 일본 84.4%에 비해 갈 길이 몹시 바쁜 것이다.

그동안 한국이 추진해온 무수한 국가발전 전략, 경제개발 계획 등 짜임새 있는 미래계획들이 모두 다 성공한 것은 아니다. 물론 한국만의 사정은 아니다. 선후진국을 가릴 것 없이 세계 모든 나라마다 야심적인 국가발전전략을 가지고 있다. 모두가 국내외의 지혜를 모으고 가다듬어 내놓은 것들이라 신뢰도도 높다. 그래도 국가에 따라, 여건에 따라 결과는 크게 달라진다. 그 이유는 무엇일까.

아무리 신기술로 무장된 거창한 국가전략이라도 계획이 곧 실천으로 연결되고, 그것이 다시 성공으로 이어지려면 계량화할 수 없는 무형의 기세가 뒷받침되지 않으면 안 된다. 무형의 기세란 국민적 공감대와 참여의지를 말한다. 한국이 이룬 경제 발전은 국제사회에서도 '경제 기적'으로 불릴 만큼 특수한 성공사례로 지목되고 있다. 그 비결은 매우 상식적이면서도 단순하다. 한국에서 성공한 국가정책은 예외 없이 국민들의 폭넓은 공감대 위에서 시작되었고, 그것이 정부와 기업, 국민의 참여욕구를 고취시켜주면서 기대 이상의 결집력을 보여 왔다. 이때 공감대 형성은 한국인 특유의 감성적인 기질에 희망적 미래상을 담아주는 데 성공함으로써 상승효과를 나타낼 수 있었다. 아무리 탁월한 기술과 정책이라도 이것들이 각 단위 부서, 단위 부문의 목표로 끝나 버려서는 국민적 감동을 끌어 모을 수 없다. 이것들을 하나로 묶어 특유의 리더십을 통해 밝고 희망찬 국가, 국민의 미래상으로 연결지을 때 비로소 국민적 공감대와 열기를 끌어 모을 수 있다.

인간생활에서 '희망'이라는 것은 단순히 긍정적 삶의 한 방편으로 끝나지 않는다. 구성원 모두가 신선하고 역동적인 기운을 공유할 때 그곳에서 강력한 힘을 생성할 수 있다. 최근 들어 의학 분야에서는 희망이라는 감정이 개인생활에서 예상외로 강력한 질병 치유능력을 가진 것을 밝혀냈다.[29]

한국인은 유난히 감성적 영향을 많이 받는 민족이다. 희망과 절망의 감정적 변화의 기복이 어느 나라 국민보다 심한 편이다. 희망에 벅차 있을 때 나타나는 무서운 잠재력은 국가도약을 만들어 내지만, 그 희망이 꺾일 때에는 그 못지않은 좌절과 포기, 파괴 본능으로 폭발할 수가 있다. 한국이란 국가 역시 마찬가지이다. 국가 최고 지도자의 리더십이 국민들에게 희망적인 미래상을 보여주고 그것이 국민적 참여욕구에 불을 지필 때 국민적 역량은 순식간에 분열에서 통합의 기류를 타게 될 것이다. 그 때에는 사회에 만연되고 있는 자잘한 갈등의 응어리들도 거대한 목표 속에서 쉽게 치유 될 수 있다.

1970년대 산업화전략은 '천 년 동안의 가난을 몰아내자'는 희망적 주제가 국민적 공감대와 참여욕구를 분출시키면서 기적의 징후를 보였다. 정보화강국의 꿈 역시 IT를 통한 정보사회의 기대감이 국민의식 속에서 부풀어지면서 사회 전반에서의 투자욕구를 자극하고 기업과 국민, 학계까지 우선적 사업으로 동참, 붐 조성에 앞장서 성공할 수 있었다. IT 산업의 분발이 결과적으로 다른 산업의 발전과 경쟁력을 앞당겨 주는 선도 산업이자 견인차가 된 데서도 알 수 있다.

한국인들은 여건만 갖춰지면 감춰져 있는 기질이 일시에 분출한다. 다원적 이해집단들도 유별나게 제각각의 이기적 목소리를 내는 곳이 한국이다. 그러나 한국인 특유의 동조성 때문에 한 번 공감대가 형성되기만 하면 결집력과 집중력 또한 강해진다. 그럼에도 불구하고 다채롭게 뿜어져 나오는 국민적 힘을 한 곳으로 모은다는 것은 어려운 일이다. 잘못하면 아무리 좋은 목적이라도 선입관, 편견, 비판적 분석 등으로 힘의 분산을 가져오고 갈등의 증폭을 불러 올 수 있다. 동방의 '해 뜨는 나라' 답게 한국인의 바탕 기질은 밝고 긍정적이며 공존과 공유의 평화적인 풍토를 이어 왔다. 어둡고 음침한 갈등으로 얼룩진 '밤의 문화'는 사회갈등을 부추기고 있어 미래지향적인 사회와는 체질이 맞지 않는다. 항상 새로운 도약을 준비하는 한국인의 기질과는 더더욱 거리가 멀다.

문화는 사회와 시대정신을 비춰주는 거울과 같다. 전쟁으로 황폐한 곳에는 고단한 삶과 비참한 살육을 그린 전쟁소설과 드라마가 유행을 한다.

시청자의 관심사가 그리로 몰리기 때문이다. 요즘 TV 등 안방극장 풍속도를 살펴보면 역사물, 불륜과 갈등 아니면 코믹프로그램이 대세를 이루고 있다. 우리 사회의 문화적 특성을 그대로 반영하고 있는 것이다. 주몽, 연개소문, 대조영, 이순신 등을 내 세운 역사물은 민족주의 주체성을 주제로 한 이념성향을 띤 것들이다. 가정파탄과 젊은 세대의 파괴본능을 자극하는 드라마 역시 사회적 갈등을 대변하고 있는 것들이다. 반면에 코믹물이 많아지고 인기 또한 높아지고 있는 것은 사회갈등으로 얼룩진 세상을 잊고 싶어 하는 사람들이 많아졌다는 증거이다.

「한국의 현실은 실증보다는 '주체성, 민족, 통일, 민중, 민주화' 등의 명분, 이상, 염원 같은 추상적인 대의명분에 집착하고 있다. 이것은 역사학을 학문의 영역이 아닌 종교의 영역으로 넘기고 있는 것이다. (중략) 통일, 민족 등의 거창한 대의명분을 걸어 놓고, 나와 다른 인식을 하는 사람은 반 민족주의자라고 몰아붙이는 횡포는 없어져야 한다. 현대사 관련 책 중에는 분단된 대한민국은 태어나지 말았어야 할 정부, 이승만과 박정희 등은 전부 다 독재자, 못 쓸 사람으로 매도하는 책도 있다. 그렇다면 대한민국이 어떻게 우리 민족 5,000년 역사상 처음으로 가난을 벗어나게 해준 나라가 되었고, 반 세기만에 세계 11위의 경제대국으로 발전했는 지 설명할 것인가. (중략) 역사란 연속되는 것이지 무 자르듯 잘라내 버릴 수 있는 것이 아니다.」[30]

최근 세계은행(IBRD)이 발표한 정부 부문 경쟁력분석 결과에 따르면, 한국은 세계 209개 국가 가운데 60위로 나타났다(2005. 9). 2002년의 50위보다 10단계나 떨어진 순위이다. 그 원인으로 높아진 정치 불안, 부정부패, 법치주의 후퇴, 정부정책에 대한 국민의 신뢰도 추락을 들고 있다. 그 해법으로는 개혁만을 우선시하여 법치주의를 손상시키지 말아야 하며 정치안정과 올바른 경제정책으로 국민신뢰 회복, 과도한 규제완화, 과도한 공공부문의 지출을 줄일 것을 권고하고 있다. 미국 시카고 대학 여론조사센터가 세계 민주주의 체제국가들을 대상으로 '국가 자부심' 조사를 실시했다. 조사 대상 34개국 중 미국은 1위, 한국은 31위로 바닥권을 헤매고 있는 것으로 나타났다.[31]

한국청소년개발원이 발표한 한국, 중국, 일본 청소년들의 역사인식과 국가관 조사에서도 비슷한 성향을 보이고 있다. 한·중·일 고등학교 2학년생 및 대학생 등 총 2,939명을 대상으로 '전쟁이 일어나면 어떻게 할 것인가?'에 대한 질문에서 '앞장서서 싸우겠다'고 답한 학생이 일본은 41%, 중국은 14%, 한국은 10%였다. 한국 젊은이의 애국심이 꼴찌를 차지한 것이다. 국가비전의 부재와 가치관 혼란이 가져온 결과이다.[32]

치기(稚氣)란 단순하지만 잔인성이 있다. 어린이가 벌레를 밟아 죽이는 것이나 동급생을 왕따시키는 행위는 아직 지적, 문화적 성숙이 덜 된 때문이다. 남을 배려할 만큼의 공존의식이나 질서의식도 부족하고, 자신을 해롭게 한 사람에 대한 적대감이나 복수심도 직접적으로 나타나곤 한다.

국가경영에서 가장 금기시해야 할 것이 바로 이 '치기'이다. 국가경영자는 편견에 빠져서는 안 되며 누구에게나 배려의 손길이 닿을 만큼 포용력이 있어야 한다. 매사가 공정하고 투명해야 한다. 치기를 못 벗어나면 자신에게 보이는 것과 알고 있는 것만 최대의 사건으로 단정하려는 편협한 눈을 가지게 된다. 그것만 풀면 세상사가 다 원만해질거라는 착각에 빠지게 된다. 치기를 못 벗어난 젊은이가 아무리 정의와 행복한 사회를 부르짖어도 불안해지는 것은 이 때문이다. 난세에는 난세의 격동과 무질서를 잠재우기 위해 과격하고 단호한 법질서를 동원할 수밖에 없다. 그러나 평화 시에도 난세의 법으로 사회를 다스리려 하면 국민은 국가를 떠나고 싶어 한다. 나라와 리더에 대한 신뢰와 사랑이 식으니 국가에 대한 자부심이나 국가경쟁력이 살아날 리가 없는 것이다.

한국에는 지금 엄청난 힘이 분출되고 있다. 그런데 이상스럽게도 이 힘들이 하나로 모아지지 않고 흩어져 따로 놀고 있다. 여기에는 정제되지 않은 불순물도 끼어있고, 뚜렷한 목표나 바람직한 도덕관도 자리 잡지 못한 상태이다. 여기에다 합의훈련이 부족한 무수한 목소리들이 각계에서 분출되고 있다. 오랫동안 억눌려왔던 풍부한 감성, 지식욕, 창조, 진취, 풍류적 특성들이 둑이 터진 듯 뿜어져 나고 있는 것이다. 은둔과 인내, 겸양을 한국적 덕목으로 체념해온 때문에, 자신들의 내재적 잠재력에 눈을 뜰 겨를이 없었던 만큼 그 반동이 의외로 무질서해 보일 만큼 거칠고 강렬하게 솟구친 것이 사실이다. 그래서 지금 한국인은 여기저기 인간의 발길이 닿고 힘이 모이는 곳에서 역동적 힘을 뿜어내고 있다. 국내외 시장과 정치현장에서 교육현장에서 그리고 호기심과 꿈이 실린 산업현장에서 다투어 꿈틀 대고 있다.

뛰어난 CEO는 이 거대한 힘을 신의 축복으로 받아들일 줄 안다. 그래서 어떻게 해야 이를 조직발전의 기폭제로 끌어 모을 수 있을지를 고민한다. 시의적절하게 밝고 희망 찬 놀이마당을 만들어 국민적 열기를 북돋워 주면 이것이 곧 국력이 되어 선진국으로의 도약을 이끄는 거대한 활화산이 될 것이다. 끓어오르는 힘이 버겁다고 피해가거나 억눌러서는 안 된다. 희망과 감동이 담긴 국가청사진 속에 다양함을 수용하는 발상전환이 필요하다. 그렇게 될 때에야만 우리는 또 다른 성공신화를 만들어 낼 수 있을 것이다.

〈참고자료〉

(1) 성상현 외,《격동기, 사람이 경쟁력이다. 글로벌 인사 7대 트렌드》, 삼성경제연구소, 2004. 7. 21
(2) 김종년 외,《기업가정신의 약화와 복원방안》, 삼성경제연구소, 2004. 6. 30
(3) 최인철 외,《기업순위변천과 그 의미》, 삼성경제연구소, 2000. 4. 12
(4) Tower Perrin, *Worldwide Total Remuneration*, 1999
(5) '리더의 행동논리바탕 7가지 분류', 하버드비즈니스리뷰, 2005. 4
(6) 한창수 외,《전환기 CEO의 역할과 경쟁력》, 삼성경제연구소, 2001. 5. 16
(7) 김성표 외,《한국 기업경쟁력의 실상과 과제》, 삼성경제연구소, 2002. 12. 4
(8) '대기업 2년 연속 최상위, 노동, 시민단체 뒷걸음', 중앙일보, 2006. 8. 15
(9) 변용식, '결국 한국이 옳았다', 조선일보, 2005. 12. 30
(10) '스타기업 해체시키려는 나라, 한국 외에는 상상하기 힘들어', 동아일보, 2006. 2. 20
(11) '경영권 승계, 세계의 기업들은 창업자 가문 경영인 해도 감시는 한다', 중앙일보, 2006. 5. 25
(12) '조현재, 경영권상속 결론 내자', 매일경제, 2006. 5. 26
(13) '이건희, 정몽구 없었다면, 삼성과 현대차는?', 매일경제, 2006. 5. 16
(14) '우리 일본엔 왜 이건희가 없는가', 조선일보, 2005. 12. 12
(15) 백완기,《참여정부의 이념지향과 국정운영 우선순위》, 행정학회, 2005. 11. 9
(16) 최도석, '삼성 CEO강좌', 성균관 대학, 2005. 5. 16
(17) '한국 노사관계 협력성, 세계 60위, 최하위권', 문화일보, 2006. 6. 28
(18) 신정록, '한국외교의 무기 IT', 조선일보. 2005. 9. 16
(19) '세계 정상급 IT 업체들 한국시장선 체면 안 서네', 조선일보, 2005. 8. 17
(20) 남덕우, '김재익과의 인연,《80년대 경제개혁과 김재익 수석》, 삼성경제연구소. 2003
(21) 백완기, '행정가로서의 김재익',《80년대 경제개혁과 김재익 수석》, 삼성경제연구소. 2003
(22) 백완기,《80년대 경제개혁과 김재익 수석》, 삼성경제연구소. 2003
(23) 정홍식,《80년대 경제개혁과 김재익 수석》, 삼성경제연구소. 2003
(24) 이용태,《선진국 마음먹기에 달렸다》, 정보시대, 1998
(25) '가장 존경하는 대통령', 중앙일보, 2005. 7. 21
(26) 김호진,《박정희를 어떻게 볼 것인가》, 2004
(27) 한국경제신문사·삼성경제연구소,《21세기 성장엔진을 찾아라》, 삼성경제연구소, 2000
(28) 이희범,《한국의 기술 입국정책》, 2005
(29) 제롬 그루프먼, 이문회 역,《희망의 힘(*The Anatomy of Hope*)》, 넥서스Books, 2005
(30) 이주영, '역사를 정쟁의 무기로 휘둘러서야', 동아일보, 2005. 10. 7
(31) '한국 국가 자부심 겨우 31위', AM 7, 2006. 6. 27
(32) '전쟁 나면 앞장서서 싸우겠다. 한10%, 중14%, 일41%', 중앙일보, 2006. 8. 14

맺음말

　　　　　　현재 사회를 하이브리드(Hybrid)사회라고 한다. 모든 분야에서 화합, 혼성, 접목, 공존, 공유 없이는 살아가기 어려운 시대라는 뜻이다. 네트워크체제에서 벗어나서는 존립이 힘든 세상이라는 뜻도 된다. 국가나 기업은 물론이고 대학이나 사회단체들이 지속적 성장이나 발랄한 생명력을 이어가려면 폐쇄나 대립이 아닌, 화합과 공존정책을 펴야 한다는 말이다. 국민화합이 잘 되는 나라나 노사화합이 잘 되는 기업만이 번영할 수 있다는 의미로도 볼 수 있다.

　따라서 앞으로의 사회에서는 이런 경쟁력 있는 조직체계와 진로를 책임질 리더의 역할과 능력이 더 중요해 질 수밖에 없다. 그것도 과거보다는 미래에 대한 밝은 꿈을 심어줄 수 있어야 한다. 리더나 리더그룹의 역량은 어떻게 조직 안팎에서 일어나는 갈등을 조정하여, 시원하게 풀어낼 것인가 하는 능력에서 우열이 결정 난다. 이때 리더의 역량은 곧 그 조직의 운명과 직결된다. 이는 세계가 글로벌화되면서 피할 수 없는 대세가 되어 버렸다.

　국제사회에서도 공존의 이념에 안착하지 않으면 믿을 수 있는 동반자를 얻을 수 없다. 기업도 수단과 방법을 가리지 않고 이윤추구만을 쫓다가는 시장을 잃고 만다. 아무리 치열한 세계시장이라지만 소비자의 마음을 사로잡고, 경쟁자들의 이해를 얻지 못한다면 설 자리를 잃을 수밖에 없다. 전 세계 기업이나 개별 상품은 물론 국가의 우열마저도 이런 기준에 따른 브랜드가치로 서열을 매기기에 이르렀다. 따라서 현대 조직이 갖추어야 할 기본 조건은 자신만의 전문성 못지않게 공정성, 신뢰성, 일관성, 공존공유의 윤리적 가치관이 정립되어야 한다. 최소한 그런 방향으로 부단히 노력이라도 해야 국제사회에서 발 붙이고 살 수 있게 되었다. 이미 대다수 초국적기업들은 장기 전략을 수립할 때부터 이런 기준에 맞추어 소비자의 사랑과 신뢰를 얻으려는 데 정성을 쏟고 있다.

이제는 아무리 잘난 리더나 조직이라도 자신의 뜻대로 조직의 운명을 결정할 수 없다. 신뢰받는 진로를 설정하려면, 여러 대안들에 대한 선택의 문제 못지않게 비판적 의견에 대한 설득과정이 필요하다. 이때 리더의 역량에 따라 그 효과가 커질 수도, 상승기류를 탈 수도 있다. 더구나 정보교류가 빨라지면서 감성적 집단 여론이 무서운 영향력을 발휘하고 있다.

그런데 우리 사회는 빠른 속도로 기술혁신 사회에 끼어들면서 글로벌화된 국제경제의 영향을 한꺼번에 받다보니 사회계층의 구조자체가 해체의 위험을 안게 되었다. 조직계층이 점점 얇아지고 신속하고 순발력 있는 사회적응이 절실해지면서 조직을 지탱해 온 중간계층이 와해되고 있는 것이다. 이는 조직의 능률향상이라는 이점은 가져오지만 반대로 심각한 폐해를 동반하기도 한다. 이때 이념이나 가치관의 절충이나 소화 기능이 마비되면 극단적 사고가 판을 치게 되고 조직의 장기적 생존과 안정에도 커다란 불안을 낳게 한다. 이런 조직에서는 우군도 마음을 풀고 함께 어울리려 하지 않을 것이며, 적극적인 투자의욕도 시들해져 버릴 것이다. 믿음이 없기 때문이다. 한국인의 정체성은 곧 한국인 기질의 근원이다. 정체성이 흔들리면 기질적 특성이 개성을 잃게 되고, 기질이 흐려지면 한국만의 경쟁력도 살려낼 수 없다.

한국은 지금 어려운 기로에 서 있다. 기존의 성장모델이 한계에 와 있어 보다 역동적인 새로운 진로모색이 절실해지고 있다. 한국인 1인당 국민소득이 10년째 1만 달러대에서 벗어나지 못하고 있는 데다, 국가경제 규모도 2년 사이에 두 단계나 떨어져 12위로 내려앉았다. 지금까지 세계를 놀라게 한 고속성장의 신화도 사려져 버렸고, 2003년부터는 경제성장률이 3.1~4.0%로 세계경제성장률(4.1~5.3%)보다 낮은 수준으로 떨어져 버렸다. 근로자의 근로의욕만 해도 IMD 평가에서 10점 만점에 5.62로 조사대상 60개국 중에 37위에 그쳤다(주간조선, 2006.9.11). 한국 근로자 특유의 역동적인 도전의식과 신바람문화가 사라져 버린 탓이다.

자유개방사회에서 정부와 기업은 국가를 이끌어가는 두 개의 축과 같다. 이 중에서도 기업은 국가를 떠받들어 올리는 엔진과 같은 역할을 한다. 그러나 한국은 민주주의 역사가 짧고, 자본주의 시장경제의 연륜도 길지 않다. 우리 기업이 노련한 경험과 강력한 힘으로 무장한 선진기업, 선진국가를 이겨내기에는 아직 벅찬 상황이다. 그래서 국가의 특별한 지원과 배려를 필요로 한다. 모든 산업의 성쇠가 시장원리에 따라 저절로 굴러가는 단계에는 아직 이르지 못하고 있기 때문이다. 따라서 국가정책의 방향이나 국가경영자의 의지에 따라 기업의 운명이나 나라 경제의 진로는 얼마든지 바뀔 수 있다.

국가 정책이 대하(大河)의 큰 물줄기라면, 기업은 지류(支流)에 해당한다. 본류가 풍부한 수원(水源)에서 힘을 얻어 뻗어 주어야 지류가 그 물을 받아 주변 유역을 기름진 땅으로 바꾸어 나갈 수 있다. 본류가 안정된 물길을 유지하면 지류도 평온을 찾게 되고, 본류가 강한 힘을 뻗치면 지류도 생동감이 넘치게 되며, 본류가 맑으면 지류도 저절로 맑아지는 것이다. 반대로 물의 흐름을 거스르면 혼란이 거듭되면서 수고로움은 많은데 얻는 것은 적어진다. 현명한 리더는 물이 흐르는 길을 따라 물의 힘을 빌려 일을 한다. 당연히 수고는 적지만 얻는 것은 많아진다.

그런데 우리나라는 본류는 제쳐놓고 지류 문제에만 연연해 한다는 기분이 든다. 정체성 문제만 해도 국가정체성과 국민정체성은 다르다. 국민정체성은 5,000년 동안 배어 있는 한국 민족만이 지녀온 본질적 특징이다. 이것은 남북한을 망라한 공통정신으로 홍익인간, 재세이화 등 평화주의, 인정주의, 민본주의와 순리를 존중하는 세계정신으로서의 특색을 지니고 있다. 그러나 국가정체성은 반세기 동안 남북한이 각각 정반대되는 정치체제를 선택하여 자기들끼리만 동질감을 키워온 체제이다. 북한의 체제는 사회주의 혁명을 주요가치로 삼는 데다 이는 우리가 추구해온 민주주의와는 본질적으로 다른 체제이다. 한국은 자유민주주의 기본질서를 근간으로 하는 자본주의 체제로 전혀 다른 길을 걸어왔다. 한국 사회에서 자본주의 질서와 민주주의가 문화로서 자리를 잡는 데만도 반세기가 걸렸다.

그런데 이렇게 이질적 체제를 성급하게 하나로 통합하자는 발상에는 무리가 따른다. 전쟁을 통한 승자 중심의 통합이 아니라면, 이러한 국내의 격앙된 이념논쟁으로 풀어가려는 발상부터가 무리이다. 국토통합, 민족통합만을 무조건적인 지고의 목표요, 가치로 삼으려는 발상에서 쫓겨다니는 피해자들의 초조함이나, 다분히 감정을 내세운 낭만적인 치기(稚氣)마저 느낄 수 있다.

이미 국경이 해체되면서 문화적 결집력이 강화되어가고 있는 것이 오늘날 세계의 추세이다. 기업과 개인도 국적에서 해방되어 가고 있다. 인류 보편의 평화적 이념과 동질문화 중심으로 '헤쳐 모여' 시대가 점점 무르익고 있는 중이다. 그런데 국토통일만을 유일한 가치로 내세워, 여기에 방해가 되는 사람들을 제거, 청산의 대상으로 삼아 살벌한 투쟁논리로 몰아가는 행위는 대세를 역행하는 아집이요, 나라의 장래를 어둡게 하는 행위이다. 문화적 동질감에서 우러나오지 않은 인위적, 물리적 통합이란 끝없는 보복과 갈등의 반복만을 부를뿐이다. 구소련이나 유고의 해체현상을 보면 금방 알 수 있다.

　따라서 북한체제 속에 자리 잡은 북한국민의 기질적 특징을 살려 경제적 힘을 길러주고, 국제사회에서의 동질문화를 익히게 도와주는 것이 서로를 위한 바르고 순탄한 통일전략이 될 것이다. 이제는 더 이상 자멸적 이념전쟁에 빠져들어서는 안 된다. 이런 선동의 뒤에는 투쟁과 폭력, 사회체제 전복이라는 살벌한 함정이 숨어있다. 어렵게 이루어 낸 국가발전의 경험과 성과를 일거에 날려버리는 실수를 저질러서는 안 된다. 50여 년에 걸쳐 익힌 문화체질이란 그렇게 쉽고 빠르게 바뀔 수 있는 것이 아니다.

　문화통합이란 오랜 세월을 통한 생활관습의 공유와 이해, 수긍, 타협 속에서 이루어지는 것이다. 지혜로운 CEO는 문화적 통일을 기본목표로 설정하고 평화적이고 인정주의 전통문화와 민족정체성을 되살리는 방식의 문화접근에 힘 써야 할 의무가 있다.

　지금 정부는 각종 의욕적인 대책을 내놓고 있다. 풍요하고 살맛 나는 선진국을 만들겠다는 의도에서이다. 광범한 지역개빌사입도 그 중 하나이다. 이런 국책사업으로 낙후된 지역까지 고르게 성장의 혜택이 주어진다면 얼마나 좋겠는가. 행정도시, 기업도시, 혁신도시, 복합도시 등 각종 지역개발사업에다 자주국방과 국방개혁, 동북아 물류중심 등의 사업들만으로도 전 국민을 들뜨게 하기에 충분하다.

　그뿐만이 아니다. 나라 도처에 도사리고 있는 고질적인 권위주의와 편집광적 보수주의라는 편협된 계층문화를 무너뜨리는 데도 새로운 기원을 마련했다. 또 생사의 기로에서 헤매고 있는 무수한 저소득자, 환자, 노령자, 미취업자들에게 실속 있는 혜택이 돌아가는 제도적 장치도 처음으로 실천에 옮겼다. 부정부패가 제도권 안에서 발붙일 수 없는 엄청난 일도 해냈다. 이 모두가 역사에 남을 빛나는 업적들이다.

그런데 이상한 것은 대다수 국민들이 이런 계획에 별로 가슴 벅차하지도 않고 동참하려는 의사도 시들하다는 사실이다. 왜 그럴까. 이 중에서도 특히 사회적 관심의 초점이 되고 있는 것은 거대 국책개발사업과 이념적 경직성이다. 개발사업은 덩치가 너무 커서 국민적 관심이 그 쪽으로만 쏠리고 있는데다 또 이들 사업은 20여 년 이상이 걸리는 대형의 장기적인 국가 전략사업들이다. 예산만도 540조 원을 책정해 놓았다. 이런 거창한 계획이 충분한 토론과 합의 과정을 통해 거르고 추린 결과라 해도 쉽지 않다. 엄청난 예산도 힘겹지만 이들 사업이 벌여놓기만 하고 수습이 잘 안 되는 한국적 공약사업의 전철을 밟을지 모른다는 의구심이 지워지지 않기 때문이다. 또 이로 인한 사회적 풍선효과에 불경기까지 겹치고 있어 이런 분위기를 더욱 부추기고 있다.

앞으로 실현가능성 있는 지역발전이나 경제계획을 세우려면 정부 혼자의 힘으로는 어림도 없다. 민간 기업들의 자발적 참여를 유도할 만한 합당한 이유가 있어야 한다. 또 정부가 전 국민을 대신해서 특정지역에 예산을 집중투자하려면 도덕적 당위성이 있어야겠지만 그 이상으로 그럴 만한 경제논리의 뒷받침도 따라주어야 한다. 그렇지 않으면 예산을 부담하는 많은 이해관계자와의 새로운 갈등을 각오해야 한다. 아무리 추구하는 목표가 아름답다 해도 방법과 과정이 순조롭고 유연하지 않으면 성공할 수 없다.

그러자면 장기적인 국가비전에 대한 국민적 합의가 먼저 이루어져야 한다. 그 다음으로 지역주민의 개성과 궁합에 맞는 산업설정이 설득력 있게 특화되어야 하며, 이를 뒷받침할 만한 입지조건이 뒤따라야 한다. 관련 전문인력, 유통망, 관련 분야 전문가집단 등이 어떻게 공조체제를 갖출 수 있는지 클러스터(Cluster)화하는 장기발전 계획이 짜임새 있게 만들어져야 한다. 그래야 국민적 공감대가 형성되고 참여욕구도 생겨나게 된다. 정권을 벗어난 장기 국가사업으로 자리 잡을 수 있게 된다.

현재로서는 환경에 맞는 사업설계보다는 파격적인 사업설계로 새 환경을 만들어가겠다는 어렵고 비능률적인 힘든 길을 선택하고 있다는 인상이 짙다. 주변여건을 고려하지 않은, 또 국민적 합의 없는 국가정책은 사상누각에 불과하다. 앞으로 20년이면 대통령이 4번 이상 바뀌어야 한다. 가뜩이나 관여의식이 강해 남의 것을 넘겨받아 정성들여 마무리 짓기를 꺼려하는 한국인의 특성으로 보아 이를 제대로 마무리 짓기를 기대하기는 힘들다. 고치고 없애고 책임 묻고를 반복할 때마다 그 후유증은 모두 국민에게 돌아온다. 이를 알면서도 과도하고 무리한 계획을 만든 사람에게 지울 수 없는 책임이 있다.

한국의 도시환경을 보면 서양과는 너무 다르다. 파리, 런던, 피렌체, 프라하, 모스크바 등 유서 깊은 도시들을 보면 하나의 공통점이 있다. 도시 전체가 마치 고미술 전시장 같이 꾸며져 있다는 것이다. 도시 안에 영광과 치욕이 병존하는 역사의 교육장으로 전통을 이어오고 있다.

그런데 한국은 몇몇 유적지를 빼고는 뚜렷한 역사의 흔적이 별로 없다. 그 어느 나라보다 긴 역사를 갖고 있는데도 말이다. 물론 침략자에 의한 파괴 때문이기도 하지만 그보다는 우리 스스로 가꾸지 않은 책임이 더 크다. 이는 조급하고 바꾸기를 좋아하는, 남을 수용하는 데 인색하고 편협한 성질에다 변덕스럽고 즉흥적이면서도 망각 또한 남보다 심한 한국인의 기질에서 원인을 찾을 수 있다.

한국처럼 건물을 헐고 다시 짓는 재건축 붐이 심한 곳은 없을 것이다. 이런 타성은 법률, 정책 개편 등 제도와 정신세계에도 그대로 이어지고 있다. 과거를 포기하면서도 과거청산을 위해 과거의 잘잘못을 들쳐 내서 옳고 그름을 재판하겠다는 것은 자기모순이 아닐 수 없다. 이런 처사는 장기적인 국민공감대를 얻기 힘들다. 그런가 하면 다른 한편에서는 정부가 사회 각계각층의 이익충돌이 있는 곳마다 끼어들어 교통정리를 하려는 수고스런 업무에 매달려 있다. 국가발전을 한 단계 높이려면 몇몇 단위 기술이나 지엽적 정책만으로는 문제해결이 안 된다.

판을 바꾸려면 출발이 달라야 한다. 국량이 큰 리더는 대하의 물결을 담을 수로를 넉넉하게 잡아 순탄하게 흘러갈 수 있도록 온 정성을 쏟는다. 그러나 그릇이 다른 리더는 비록 아는 것이 많고 참여의지가 강렬해도 대국을 주관하지 못하고 자질구레한 문제에서 헤어나지 못한다. 아무리 부지런하고 깊은 고민 속에서 이루어낸 성과들이라도 시원찮은 결과로 끝나버릴 수 있다. 그러나 대국을 크게 주재하는 리더는 큰 줄기만 잘 관리하고서도 수많은 과실을 거둬들인다. 주변의 환경이 좋아지면 가만두어도 스스로 풍부한 산물을 생산하기 때문이다. 작은 노력들이 큰 힘을 얻어 살아나려면 전체를 하나로 묶는 시스템적 경영능력이 절대적으로 필요하다.

기업의 경쟁력은 사람에 의존도가 더욱 더 커지고 있다. 기업들은 인력의 잠재력을 끌어 올리고 효율성을 높이기 위해 갖은 방법을 총동원하고 있다. 물질적인 면으로는 임금과 보너스로 경쟁력을 높이고, 정신적으로는 창의력을 높이기 위해 쾌적한 근로환경을 조성해 주는 등 다양한 방법을 동원하고 있다. 또한 가족 챙기기나 문화 동질그룹인 각종 동아리 활동을 장려하여 구성원들 간에 정신적 유대감과 소속감을 강화시켜 나가는 데에도 적극적이다.

국가도 마찬가지다. 아무리 화려한 청사진이라도 설득력 없는 건조한 계획은 휴지로 끝나버린다. 감동과 공감이 없으면 빛을 낼 수 없다. 국민을 하나로 묶는 감성적, 축제적 분위기를 통해 새로운 나라 만들기 운동이 뒤따라야 한다. 그러자면 공존, 공유, 평화, 용서, 화해라는 밝고 희망인 목표가 있어야 한다. 학대 받고 피해 받은 국민을 구제하고 사회복지를 강화하는 것은 매우 바람직하면서도 국가가 꼭 해야 할 사안들이다. 그러나 국가가 여기에만 매달려 있으면 사회단체도 같은 길을 걷게 된다. 누구나 흥겹고 희망적 분위기에 쌓이게 되면 힘겨운 고난이나 고통도 어렵잖게 이겨낼 수 있다. 국민의 감성적 기질에 불을 질러 보다 큰 목표를 설정하고 국민 모두의 참여욕구를 부채질하는 적극정책을 통해 우리가 나가야 할 진로를 찾아야 한다.

　지금 우리의 국가경영은 기업경영보다도 못하다는 생각이 지배적이다. 오히려 국가경영이 기업의 발전을 가로막는 장애가 되고 있다는 주장도 있다. 우리 기업이 국제경쟁력을 기르게 된 것은 한국인 특유의 기질적 특성을 순기능으로 살려내는 데 성공한 때문이다. 그러나 우리 정치권은 밝고 긍정적인 미래상은 제쳐놓고 어둡고 배타적인 역기능에만 매달려 있다. 정부도 뻗어나가는 기업의 진취적 도전정신에 찬물을 끼얹는 우려와 제동을 걸어 김을 빼버린다는 인상이 짙다. 민간 기업이 왜소하고 바깥 사정에 어둡던 시절에는 정부가 고마운 존재였다. 이때에는 정부가 앞장서서 길을 터주고, 돈도 빌려주고, 기술과 인재를 공급해 주는 등 어린아이처럼 기업을 키워 주었다. 그러나 지금의 기업은 이미 성년식을 치룬지 한참 지난 후이다. 그런데도 정부는 옛날처럼 자기들이 나서지않으면 이 나라 기업들이 곧 무너질 거라고 믿고 있다. 성년이 된 자식에게는 부모의 역할도 달라져야 한다. 최대한 스스로 인생을 개척하게 풀어주고 몇 걸음 뒤에 떨어져서 값진 충고와 지원을 잊지 않는 믿음직한 후원자로 역할을 바꾸어야 한다. 부모가 너무 고집장이면 자식은 부모를 무시하고 자기 하고픈 일을 하려 들지 결코 옛날로 되돌아가지는 않는다. 이미 우리 기업들은 뿌리 깊은 적대관계에 있던 앙숙하고도 갈등을 풀고 윈윈전략으로 공조체제를 선택할 만큼 성숙해 있다.

　김원기 국회의장은 임기 마지막 날, 국회에서 고별사를 했다(2006. 5.

29). "최근 한 조사에 의하면 국회에 대한 국민의 신뢰도가 미국은 70%인 반면, 우리는 10%대였다. 이런 불신 속에서 제대로 된 정치는 불가능하다. 대형권력만을 최고로 치다 보니 이를 쟁취하는 데 도움이 된다고 생각되면, 국회에서 어떤 언사와 작태를 해도 괜찮고 상대에게 어떤 흠집을 내도 상관없다는 비 민주주의적 사고방식이 정치권에 팽배해 있는 것이다. 국회의원들이 이런 당리당략에 매몰돼 극단적인 대결정치에서 벗어나지 못하는 한 정치 불안과 정치 불신은 해소되지 않는다."

한국인 스스로 "한국인은 동(同)하되 화(和)하지 못 한다"는 말을 자주 한다. 신바람이 작용되어 동조정신이 속도를 얻게 되면 강력한 단결력을 보여주지만 그것이 오래 가지를 못하는 것이 흠이다. 이를 지속적으로 묶어주는 끈이 없을 경우, 구성원 간의 갈등이 심해지면 힘이 분산되어 '큰 파이'를 만들지 못한다는 뜻이다.

한국이 세계 일류국가로 나가기 위해서는 갈등의 에너지를 화합의 에너지로 전환시켜야 한다. 이제는 가장 위험하고 해악의 뿌리가 깊은 이념갈등을 그칠 때가 되었다. 오히려 이제는 국민공감대가 이런 갈등의 선동자를 추려내 발을 못 붙이게 할 때가 되었다. 그들은 결코 이 나라, 이 국민을 사랑하는 사람이 아니다. 남을 제거하고 항복을 시켜가면서 낙원을 만들겠다는 꿈은 처음부터 잘못된 설계이다. 지금 한국인의 역동적인 힘은 이를 담고 흘려보낼 거대한 본류를 못 찾고 있다. 국민적 열기가 모이는 곳에는 항상 강한 폭발력을 나타내곤 했다. 남보다 잘 배우고 가르치려는 교육열, 말리기 힘든 풍류기질, 모험정신, 풍부한 감성, 성급한 도전정신 등은 그 하나하나가 모두 제어하기 힘든 폭발적 에너지들이다. 이를 억누르기만 하면 범법자만 양산하게 된다. 정부가 할 일은 이 뻗치는 힘을 한 곳으로 모아 시원하게 풀어줄 거대한 대하를 마련해 주는 일이다.

지금 한국인들은 보다 밝고 희망적인 목표에 목말라 있다. 월드컵이나 올림픽 때의 열기는 희망과 꿈과 화합에 대한 국민적 갈망이 얼마나 절실한지 보여준 증거들이다. 이런 움직임은 지금도 사회 여기저기에서 자생적으로 일어나고 있다. 정치권에서는 선동적 여론몰이를 지양하자는 '매니패스토(Manifesto)' 시민운동이 과열선거문화를 바꾸어 가고 있다.

불우청소년들에게 의료혜택, 후견인 맺어주기, 특기 교육 등으로 희망을 심어주자는 '위스타트(We Start)' 운동 같은 것이 생겨나면서 정부의 '희망스타트 운동'으로 확대되고 있다. 그런가 하면 남을 치켜세우면서 배려하고 도와주는 '추임새 운동'도 사회지도층 인사들을 중심으로 생겨나고 있다.

"우리 민족 고유의 추임새 문화는 월드컵 응원전에서 가장 멋진 모습으로 되살아났다."(이어령) 과거의 새마을운동은 이런 잠재된 희망적 욕구를 국가가 주도하는 범국민운동으로 발전시킨 경우이다.

폴 케네디는 "한국은 대외적으로 미국, 일본, 중국과의 외교관계에도 밝은 눈을 가져야 한다"고 했으며, 잭 웰치는 "수익을 창출하는 승리한 기업을 장려하고 노사불안을 해결하는 데에도 지혜롭게 대처하라"고 말했다. 이와같이 우리나라에 대한 세계국가들과의 우호선린관계 유지에 대한 충고가 잇따르고 있다.

네트워크사회에서는 수많은 길이 한없이 열려있다. 지도자는 국가와 기업에 이롭고 국민과 소비자들에게 희망을 주는 길이 무엇인지 지혜를 모으고 중론을 모아 국론으로 이끌어야 할 책임이 있다. 나라의 지도자나 기업의 경영자가 모처럼 일고 있는 국민적 활화산을 국력이나 경쟁력으로 또한 자아실현의 동력으로 승화시키지 못할 때 우리 역사는 정체와 퇴보를 자초하게 될 것이다.